R 언어 첫걸음

컴퓨터 비전공자를 위한
빅데이터 활용의 시작

R 언어 프로그래밍

박성호·문경희·양자영·이윤정·조미숙 지음

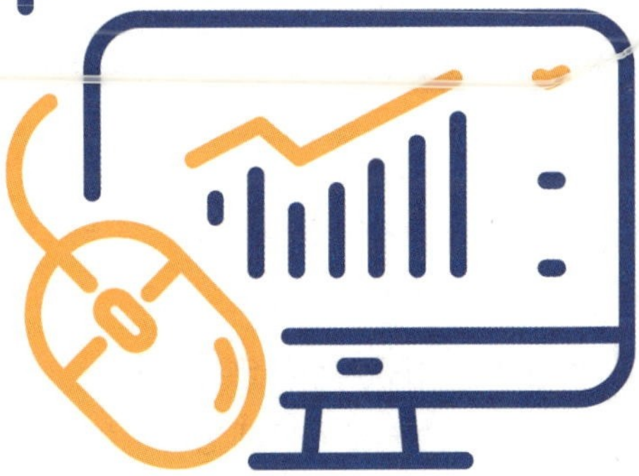

부산대학교출판문화원

머리말

이미 4차 산업혁명의 시대는 시작되었다. 4차 산업혁명의 시대에는 우리에게 주어진 문제를 프로그래밍 언어를 활용하여 해결할 수 있는 역량을 요구한다. 즉, 우리 주위에서 발생하는 많은 문제 중에는 인간의 사고와 추론이 문제 해결의 핵심이 되는 경우도 있지만 빠른 계산과 데이터의 처리가 문제 해결에 핵심이 되는 경우도 많다. 그러므로 문제 해결을 위해 인간보다 월등하게 빠른 속도와 처리 능력을 갖춘 컴퓨터를 이용한다면 대부분은 문제 해결의 효율성을 높일 수 있다. 그러나 컴퓨터 프로그램을 만드는 작업은 어렵다는 막연한 두려움 때문에 컴퓨터를 전공하지 않는 학생들은 프로그램 학습을 꺼리고 있다.

본 교재에서는 R언어를 사용하여 인문학, 사회학, 경제학 등 컴퓨터를 전공하지 않는 학생들도 쉽고 간단하게 컴퓨터 프로그래밍을 이용하여 주어진 문제를 해결하는 방법을 기술하고 있다. 특히, R언어는 편리하게 자료를 처리할 수 있는 기능이 있어 자신의 전공분야와 관련된 자료를 처리하여 요약하고 시각화하는 프로그램을 직접 제작하여 문제 해결에 적용해 봄으로써 컴퓨터 프로그램 활용의 유용성을 확인할 수 있다.

Part I

R언어 시작하기

R언어를 처음 접하는 독자를 위해 1장에서는 R언어에 대한 소개와 R언어를 사용하기 위해 구축해야 하는 환경에 대하여 설명한다. 또한, 간단한 R언어 명령어로 구성된 R언어 프로그램을 무조건 따라 하기 형식으로 수행해 봄으로써 R언어 프로그램 환경을 이해하고 R언어로 처리할 수 있는 작업을 둘러본다. 2장에서는 컴퓨터를 이용하여 문제를 해결하고자 할 때, 그 문제를 해결하기 위한 여러 가지 데이터를 R언어가 이해할 수 있도록 표현하고 관리하기 위해 도입된 데이터 유형이라는 개념과 이들 데이터에 대한 연산에 대하여 알아본다. 그리고 이 파트의 마지막 3장에서는 R언어에서 문제 해결의 도우미로 불리는 다양한 함수와 이들 함수를 분류하여 관리하는 패키지에 대하여 알아본다. 그리고 R언어에서 제공하는 함수를 문제 해결 과정에 적용해 봄으로써 많은 문제를 함수로 간단하게 해결할 수 있음을 경험해 본다.

Part II

효율적인 데이터 관리

많은 양의 데이터를 다루는 문제를 해결하기 위해 R언어에서 제공하는 데이터 관리 방법을 이해한다. 또한, 이미 컴퓨터에 저장된 자료를 R언어 프로그램에 활용하고 R언어 프로그램 수행 결과로 생성된 데이터를 컴퓨터에 저장하는 방법에 대하여 학습한다. 4장에서는 동일한 유형의 수많은 데이터를 하나의 변수 이름으로 관리하는 방법인 벡터와 행렬에 대하여 학습한다. 벡터와 행렬로 관리되는 데이터는 한 번의 명령으로 모든 원소에 동일한 명령을 적용할 수 있을 뿐 아니라 벡터와 행렬의 원소들은 집합이라는 개념도 같이 가지고 있으므로 합계 구하기, 평균 구하기 등 하나의 집합을 대상으로 수행할 수 있는 다양한 작업을 함수로 처리해 본다. 5장에서는 다른 유형의 데이터도 하나의 변수 이름으로 관리할 수 있는 리스트, 데이터 프레임에 대하여 알아본다. 이들 데이터 관리 방법을 활용하여 편리하게 프로그래머가 원하는 작업을 수행할 수 있는 기능에 대하여 학습한다. 그리고 6장에서는 이미 파일로 저장된 데이터를 R 프로그램으로 읽어오고 R 프로그램에서 생성된 데이터를 파일로 저장하는 방법을 살펴본다.

Part Ⅲ

데이터의 시각화와 분석

데이터 처리의 자동화와 데이터를 시각화함으로써 데이터가 가진 정보를 편리하게 찾을 수 있는 정보의 시각화에 대하여 설명한다. 7장에서는 데이터 처리의 자동화에 필요한 조건 명령어와 반복 명령어의 활용에 대하여 살펴본다. 8장에서는 데이터를 시각화할 수 있는 다양한 R언어의 시각화 함수들에 대하여 살펴보고 실제 현장 데이터에 적용해 본다. 또한, 9장에서는 텍스트와 같은 비정형데이터의 처리에 대하여 알아본다. 즉, 연설문이나 뉴스 기사와 같은 비정형 텍스트 데이터에서 필요한 텍스트 데이터를 추출하여 처리가 용이한 형태로 가공하여 문제 해결에 활용하는 과정을 살펴본다.

Part Ⅳ

빅데이터와 만남

4차 산업 혁명의 핵심인 빅데이터의 활용에 대하여 알아본다. 10장에서는 빅데이터의 특성을 이해하고 R언어 프로그래밍을 이용하여 빅데이터를 수집하고 활용하는 방법에 대하여 살펴본다. 11장에서는 웹 공간에서 제공되는 수많은 데이터 중에서 우리에게 주어진 문제 해결에 필요한 데이터를 찾고 이 데이터를 확보하여 활용할 수 있는 방법에 대하여 살펴본다. 마지막 12장에서는 인공지능 기능으로 데이터를 분석하는 방법에 대하여 살펴본다. 이를 통해 항상 새로운 데이터가 생성되는 인터넷 환경에서 더욱 빠르게 정보를 수집하고 분석하여 여러분에게 주어진 문제를 빠르게 해결할 수 있는 역량을 강화한다.

저자 일동

목차

Part I R언어 시작하기

Part II 효율적인 데이터 관리

Part Ⅲ 데이터의 시각화와 분석

Part Ⅳ 빅데이터와의 만남

Part Ⅰ
R언어 시작하기

우리 주위에서 발생하는 많은 문제 중에는 인간의 사고와 추론이 문제 해결의 핵심인 경우도 있지만 빠른 계산이 문제 해결의 관건인 경우도 많다. 그러므로 문제 해결을 위해 인간보다 월등하게 빠른 속도와 처리 능력을 갖춘 컴퓨터를 이용한다면 대부분은 문제 해결의 효율성을 높일 수 있다. 이와 같이 문제 해결에 컴퓨터를 이용하기 위해서 회계프로그램이나 엑셀, 워드와 같이 특정한 업무를 수행하는 프로그램을 활용하는 경우도 있지만, 업무가 정형화되지 않아 처리가 어려운 문제들도 많이 있다. 이와 같이 특정 프로그램으로 개발되어 있지 않은 문제의 경우에는 컴퓨터 프로그램 도구를 활용하여 주어진 문제에 적합한 프로그램을 개발하지 않는다면 주어진 문제 해결에 컴퓨터를 활용할 수 없다. 그러나 많은 사람들은 컴퓨터 프로그램 개발을 어려워하고 있다. 이러한 상황을 고려하여 컴퓨터 공학에 대하여 전문적인 지식이 없더라도 컴퓨터 프로그램을 개발할 수 있는 R언어와 같은 간략한 프로그램 제작 환경이 개발되어 제공되고 있다. 이러한 간략한 프로그램 제작 환경은 컴퓨터 비전공자도 프로그래밍을 통해 문제 해결을 위한 프로그램을 만들 수 있도록 한다.

본 교재에서는 R언어를 사용하여 인문학, 사회학, 경제학 등 컴퓨터를 전공하지 않는 학생들도 쉽고 간단하게 컴퓨터 프로그래밍을 이용하여 주어진 문제를 해결하는 방법을 기술하고 있다. 특히, R언어는 편리하게 자료를 처리할 수 있는 기능이 있어 자신의 전공 분야와 관련된 자료를 분석하고 시각화하는 프로그램을 직접 제작하여 문제 해결에 적용해 봄으로써 컴퓨터 프로그램 활용의 유용성을 확인할 수 있다. 교재를 접하는 여러분은 대부분 R언어를 처음 접할 것이다. 어쩌면 R언어에 대하여 처음 듣는 사람도 있을 수 있다. 그러나 걱정할 필요는 없다.

본 파트에서는 R언어를 처음 접하는 독자를 위해 1장에서는 R언어에 대한 소개와 R언어를 사용하기 위해 구축해야 하는 환경에 대하여 설명한다. 또한, 간단한 R언어 명령어로 구성된 R언어 프로그램을 따라 하기 형식으로 수행해 봄으로써 R언어 프로그램 환경을 이해하고 R언어로 처리할 수 있는 작업을 둘러본다. 2장에서는 컴퓨터를 이용하여 문제를 해결하고자 할 때, 그 문제를 해결하기 위한 여러 가지 데이터를 R언어가 이해할 수 있도록 표현하고 관리하기 위해 도입된 데이터 유형이라는 개념과 이들 데이터에 대한 연산에 대하여 알아본다. 그리고 이 파트의 마지막 3장에서는 R언어에서 문제 해결의 도우미로 불리는 다양한 함수와 이들 함수를 분류하여 관리하는 패키지에 대하여 알아본다. 그리고 R언어에서 제공하는 함수를 문제 해결 과정에 적용해 봄으로써 많은 문제를 R언어에서 제공하는 함수로 간단하게 해결할 수 있음을 경험해 본다.

컴퓨터 비전공자를 위한 빅데이터 활용의 시작

R 언어 프로그래밍

01 R환경에서의 프로그래밍

1 R언어와 프로그래밍 환경

우리 주위에서 발생하는 많은 문제 중에는 인간의 사고와 추론이 문제 해결의 핵심이 되는 경우도 있지만 빠른 계산이나 검색이 문제 해결의 핵심이 되는 경우도 많다. 그러므로 문제 해결을 위해 인간보다 월등하게 빠른 속도와 처리 능력을 갖춘 컴퓨터를 이용한다면 대부분은 문제 해결의 효율성을 높일 수 있다.

이러한 문제들을 컴퓨터를 이용하여 해결하기 위해서 프로그래밍 도구를 활용하여 컴퓨터 프로그램을 작성하여야 한다. 이러한 행위를 컴퓨터 프로그래밍이라고 한다. 컴퓨터 프로그래밍을 하기 위해서는 프로그래밍 언어라는 도구가 필요하다. 프로그래밍 언어는 사람이 문제 해결을 위해 컴퓨터에 원하는 작업을 시키기 위한 언어라고 할 수 있다. 즉, 사람과 컴퓨터와의 의사소통 수단이다. 우리가 영어권 사람들과 의사소통을 위해 영어를 학습하듯이 컴퓨터에 프로그래밍을 시키기 위해서는 프로그래밍 언어에 대한 학습이 필수적으로 요구된다.

1.1 R언어란?

컴퓨터 프로그래밍 언어는 엔트리, 스크래치와 같은 블록형 프로그래밍 언어와 R언어, C언어, Python 등과 같은 텍스트 기반 프로그래밍 언어로 나뉠 수 있다. 주로 프로그래밍 원리를 교육하기 위한 교육용 프로그래밍 언어에는 엔트리, 스크래치와 같은 블록형 프로그래밍 언어를 많이 사용한다. 블록형 프로그래밍 언어는 프로그래밍에 필수적인 요소인 명령어를 그래픽 형태로 제공하여 초보자도 쉽게 코딩으로 문제를 해결할 수 있는 환경을 제공한다. 그러나 이들 블록형 언어의 제한된 블록 명령어들의 기능은 다양하고 복잡한 문제들을 해결하는 데에는 한계를 가지고 있는 반면에 R언어, C언어, Python 등과 같은 텍스트 기반 프로그래밍 언어는 유연하고 다양한 명령어를 제공함으로써 실제 업무를 구현하는 데 충분한 기능이 있다. 특히, 다양한 기능을 함수 형태로 제공하는 R언어와 Python은 교육용으로도 활용할 수 있을 정도로 학습하기 쉬우며, 실제 업무에서 만날 수 있는 다양하고 복잡한 문제들을 해결하는데 효율적이다.

R언어는 통계를 포함한 데이터 분석과 그래픽 처리에 매우 효율적인 프로그래밍 언어이다. R언어는 오픈소스 소프트웨어로 CRAN 사이트에서 무료로 배포되고 있어 SAS, MATLAB, SPSS와 같은 상용 통계 프로그램을 구매하지 않아도 상용 프로그램에서 제공하는 기능 이상의 문제 해결이 가능한 프로그래밍 언어로 주목받고 있다.
R언어 프로그래밍을 수행하기 위해서는 R언어 번역기뿐만 아니라 다양한 문제 해결 도구를 제공하는 R 패키지(Package), R언어 프로그래밍 작업을 편리하게 수행할 수 있는 작업 도구(Tool) 등이 필요하다. 그러므로 일반적으로 통칭되는 R은 "R언어 번역기", "R 프로그래밍 작업 도구", 통계분석과 그래픽 작업 등을 위한 "R 패키지"가 통합적으로 제공되는 환경을 말한다. R의 공식 사이트 (https://www.r-project.org/)에서도 "R is a language and environment for statistical computing and graphics."라고 R을 소개하고 있다. 따라서 R 또는 R 환경은 R언어 프로그래밍에 필요한 모든 기능을 갖춘 환경이라고 이해하면 된다.

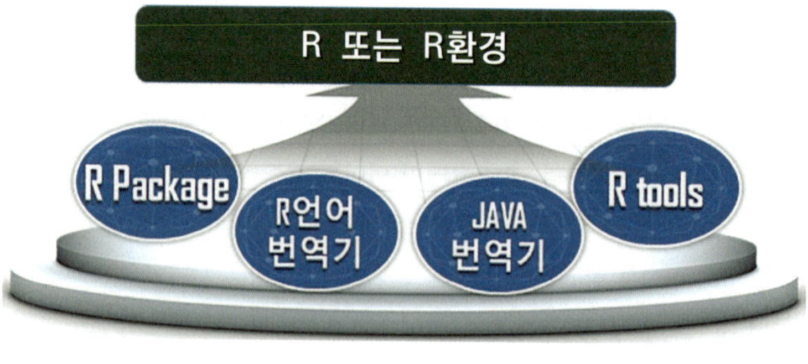

Tip **R언어의 탄생과 성장**

R언어는 뉴질랜드 오클랜드 대학교의 로스 이하카(Ross Ihaka)와 로버트 젠틀맨(Robert Gentleman)에 의해 만들어진 것으로, 현재는 R Development Core Team에 의해 유지보수 및 확장이 이루어지고 있다. 1990년대에 처음 등장한 R언어는 초기에 통계적 문제 해결을 목표로 삼았으며, 현재는 통계 분야뿐만 아니라 다양한 분야의 문제를 해결하는 프로그래밍 언어로 자리 잡고 있다. 18년 동안 R로 프로그래밍을 해왔고 대학과 코세라(Coursera) 온라인 플랫폼에서 R을 가르치기도 하는 베테랑 프로그래머인 로저 펭은 "R언어는 확장 가능하고 개발자에게 데이터 분석을 위한 자체 도구와 방법을 만들 수 있는 풍부한 기능을 제공한다. 시간이 지나면서 생명과학이나 인문학 등 다른 분야에서 R언어를 활용하는 사람이 많아졌다"라고 말했다.

다양한 문제 해결에 도움을 주는 R언어는 아래의 그림과 같이 오픈소스로 무료로 사용할 수 있으며, 풍부한 패키지 함수 제공, 강력한 그래픽 처리, 단순한 문법, 강력한 통계함수, 다양한 플랫폼 지원 등의 특성이 있다.

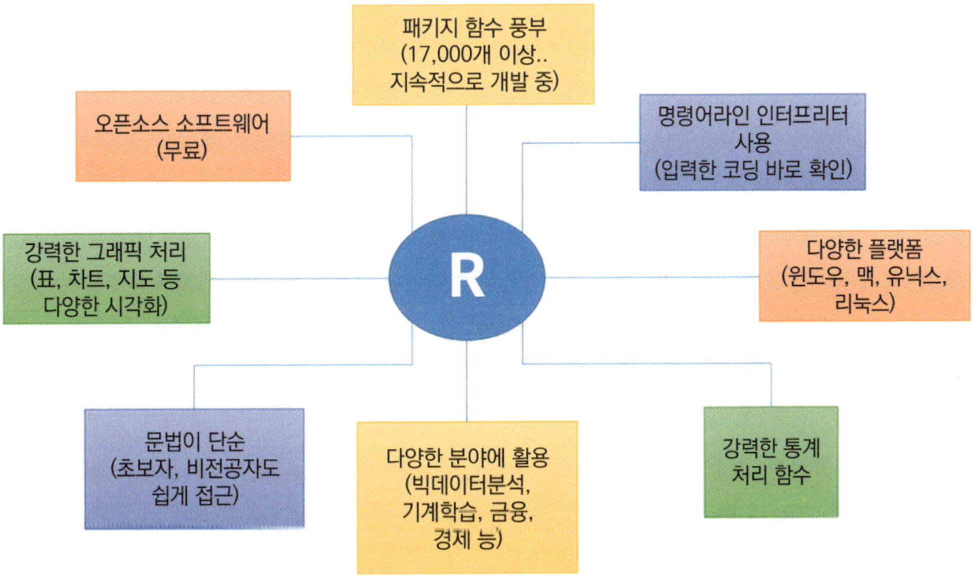

R언어가 통계처리와 그래픽 처리에 효율적인 프로그래밍 언어라고 해서 결코 통계 전문가나 컴퓨터 전공자만 배워서 사용할 수 있는 것은 아니다. R은 현재 금융, 기계학습, 경제, 자연언어처리 등 다양한 분야에서 활용할 수 있는 17,000개 이상의 패키지(처리 함수들의 모음)들이 개발되어 무료로 제공되고 있으므로 필요한 패키지들을 가져다가 약간의 코딩 작업만 하더라도 쉽게 문제를 해결할 수 있는 환경을

제공하고 있다. 따라서 비전공자나 프로그래밍 언어를 잘 모르는 사람들도 기본적인 원리를 학습하여 필요한 패키지를 내려받아 사용함으로써 자신의 전공 또는 업무에서 필요한 기능을 구현하여 사용할 수 있어, 최근 학교뿐만 아니라 기업에서도 R언어를 다룰 수 있는 인재에 대한 요구가 증가하고 있다.

R언어는 윈도우즈, 맥, 유닉스, 리눅스 등의 다양한 플랫폼에서 사용할 수 있으며, 명령어 라인 인터프리터를 통해 실행 가능하므로 입력한 코딩 결과를 바로 확인해 볼 수 있다. 또한, 명령의 문법이 단순하기 때문에 프로그래밍에 익숙하지 못한 초보자들도 쉽게 접근할 수 있다는 장점이 있다.

R의 가장 두드러진 특징은 확장성이다. R에서 제공하는 기본 패키지 함수와 앞서 언급한 다양한 분야의 데이터 처리를 도와주는 17,000개 이상의 추가 패키지들이 제공되고 있을 뿐 아니라, 지금 현재도 전 세계 사용자들에 의해 새로운 패키지들이 개발되어 공식 사이트에 등록되고 있다. 이러한 패키지들은 다양한 분야에서 전문 R언어 프로그래머가 처리하고자 하는 기능들을 함수로 만들어 제공하고 있다. 일반 R언어 사용자는 이런 패키지 함수를 잘 활용하여 몇 줄 안 되는 코딩만으로도 자신의 전공분야에서 주어지는 문제들을 쉽게 해결할 수 있다.

또한, 앞으로의 미래는 여러분이 상상하는 이상의 규모로 데이터가 생성되는 빅데이터 시대이다. 구글의 전 CEO이자 현재 Alphabet, Inc.의 회장인 에릭 슈미트(Eric Schmidt)는 2003년까지 인류가 축적해 온 전체 데이터가 5엑사바이트(exabyte) 수준인데 이제는 단 하루 만에 그 정도의 분량을 쏟아내는 시대라고 말하며 데이터 처리의 중요성을 강조하였다. 그가 말하는 데이터 처리의 중요성이란 매일 매일 쏟아져 나오는 수많은 데이터를 처리하여 꼭 필요한 정보를 얻어내는 것이다. 앞서 언급한 바와 같이 R언어는 통계처리와 그래픽 처리에 매우 효율적이며 빅데이터 분석 등의 문제 해결에도 효율적인 프로그래밍 언어로 인정받고 있다. 또한, 다양한 시각화 함수들을 이용하여 워드 클라우드나 그래프, 지도 등으로 시각화하여 보여줌으로써 얻어진 정보에 대한 이해를 도울 수 있다.

만약 최근 며칠 동안 뉴스에서 가장 이슈가 되고 있는 일이 무엇인지를 알아보고 싶다고 가정해 보자. 며칠 동안의 뉴스 기사라 하더라도 양이 적지 않아 일일이 읽어서 가장 이슈가 되는 것을 분석해 내는 것은 많은 시간이 걸리는 작업이다. 이 경우 뉴스 기사를 수집해 오고, 수집한 뉴스 기사에서 나오는 단어들을 추출한 후, 그 단어들의 빈도수를 계산하고, 이를 워드 클라우드로 시각화해 주는 일련의 작업을 R 프로그래밍으로 구현한다면 우리는 최근 며칠간 뉴스에서 이슈가 되고 있는 일을 쉽고 편리하게 파악할 것이다. 또한, 다음에는 별다른 프로그래밍 작업을 진행하지 않고 데이터만 변경함으로써 다른 시점에 이슈를 간단하게 파악할 수 있을 것이다. 아래 그림은 네이버 사이트(https://www.naver.com)의 뉴스 기사를 읽어 와서 나타나는 단어들의 빈도수를 구한 후 워드 클라우드로 나타낸 것이다.

최근 우리나라에 청년 실업이 심각한 문제로 지적되고 있다. 이러한 문제를 막연하게만 이야기할 것이 아니라 실제 데이터를 가지고 시각화하여 제공한다면 독자들의 이해를 효율적으로 높일 수 있다. 국가 통계포털 사이트(http://kosis.kr/) 등에서 최근 몇 년간 연령계층별 실업률 데이터를 다운로드 받을 수 있으나 표 형식으로 제공하고 있어 한눈에 알아보기는 쉽지 않다. 따라서 아래 오른쪽 그림과 같이 그래프로 표현한다면 장년, 노년층에 비해 매년 청년층의 실업률이 훨씬 심각해짐을 한 눈에 분석할 수 있을 것이다. 이러한 문제도 R언어를 이용하면 간단하게 해결할 수 있다.

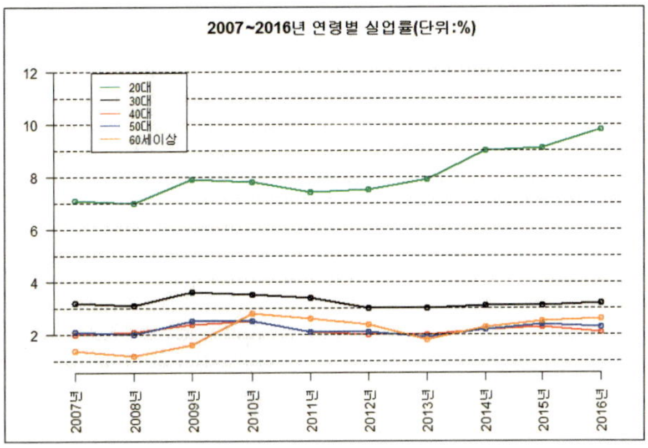

위의 예들에서 보듯이 R언어는 다양한 분야의 수많은 데이터로부터 문제 해결을 위한 유용한 정보들을 가공·추출하여 시각적으로 표현해 주는 데 아주 유용하다. 또한, R언어의 기본적인 프로그래밍 방법을 학습하고 이를 다양한 문제 해결에 활용해 봄으로써 컴퓨터 프로그래밍으로 주어진 문제들을 해결할 수 있는 능력을 키울 수 있다.

1) 프로그래밍을 위한 R환경

R언어 프로그래밍을 위해서는 여러분의 컴퓨터에 R환경 구축을 위한 소프트웨어를 설치하여야 한다. 기본적인 R환경을 구축하기 위해서는 R언어 번역기와 기본 및 추천 패키지가 포함되어 있는 오픈소스 R을 CRAN 사이트(https://cran.r-project.org/)에서 다운 받아 설치해야 한다. 오픈소스 R에는 프로그래머가 R언어 프로그래밍 작업을 진행할 수 있는 R GUI(Graphic User Interface)를 제공하지만 조금 더 편리한 사용자 인터페이스를 원한다면 RStudio를 설치하여 R환경을 관리하고 R언어 프로그래밍을 할 수 있다. 또한 R언어의 몇몇 패키지는 JAVA언어의 기능을 시용하여 구현되어 있으므로 이 패키지에 포함된 함수를 사용할 경우에는 JAVA 번역기가 요구된다. 이때를 대비하여 R환경 구축 시에

JAVA 번역기를 같이 설치해 두는 것이 좋다. 다음의 그림은 R 프로그래머가 R환경을 사용하여 R언어 프로그램을 작성하고 그 프로그램을 실행하여 결과를 확인하는 과정을 보여준다.

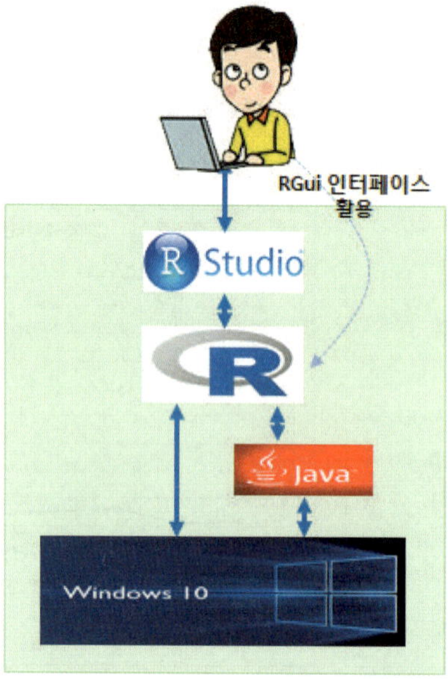

기본 R 소프트웨어에서 제공하는 R GUI(Graphic User Interface)는 초보자가 사용하기에는 불편한 점이 많으므로 R환경을 조금 더 편하게 이용할 수 있는 IDE(Integrated Development Environment : 통합개발환경)인 RStudio를 설치하여 사용할 것을 권장한다. 통합개발환경인 RStudio는 에디터 및 관리 도구만을 제공하므로 반드시 기본 R 소프트웨어를 설치하여야 한다. RStudio는 사용자 계정이 한글인 경우 경로를 제대로 인식하지 못하는 문제가 있어 수행 도중 에러가 나는 경우가 종종 있다. 따라서 자신의 사용자 계정 이름이 한글로 되어 있다면 새로운 영문 사용자를 만들어 사용해야 한다. 새로운 영문 사용자 계정을 만든 후 해당 계정으로 로그인하여 아래 프로그램들을 설치하고, R 프로그램 작성 시에도 해당 계정으로 로그인하여 작업하여야 한다. R뿐만 아니라 RStudio 및 JAVA도 기업이 아닌 개인에게는 무료로 제공되는 프로그램이므로 별도의 비용 없이 컴퓨터에 설치하여 사용할 수 있다. 또한, 앞에서 언급하였듯이 R언어 프로그래밍 작업에서 몇몇 패키지들은 Java의 기능을 사용하는 경우가 많으므로 R을 원활하게 사용하기 위해서는 Java도 설치해야 한다.

이 절에서는 R과 RStudio, Java를 설치하여 R 프로그래밍을 할 수 있는 환경을 구축하는 과정을 설명한다.

Tip 윈도우즈 10 사용자 계정 추가

① 윈도우 메뉴에서 ⚙(설정) → "계정" 클릭

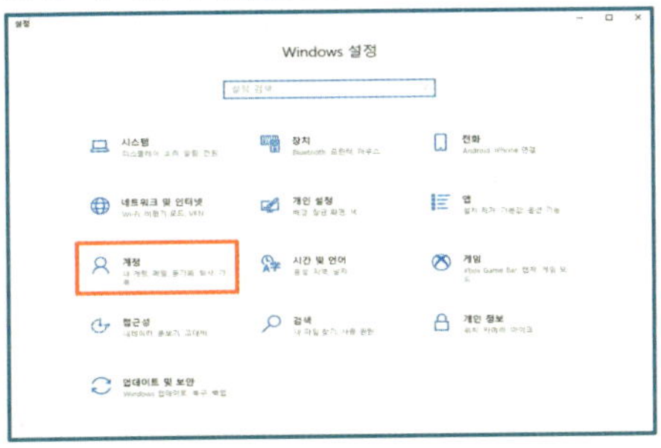

② 자신의 계정 확인 후 한글이면 "가족 및 다른 사용자" 클릭

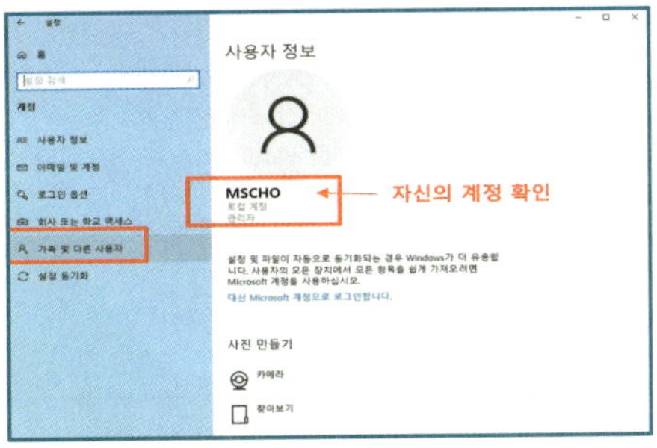

③ "이 PC에 다른 사용자 추가" 클릭

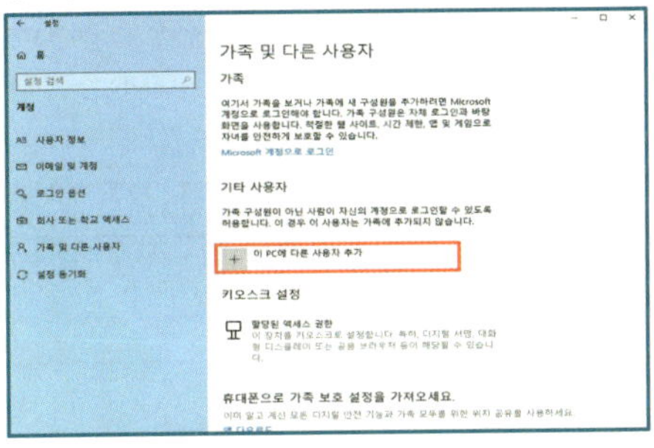

④ "이 사람의 로그인 정보를 가지고 있지 않습니다" 클릭

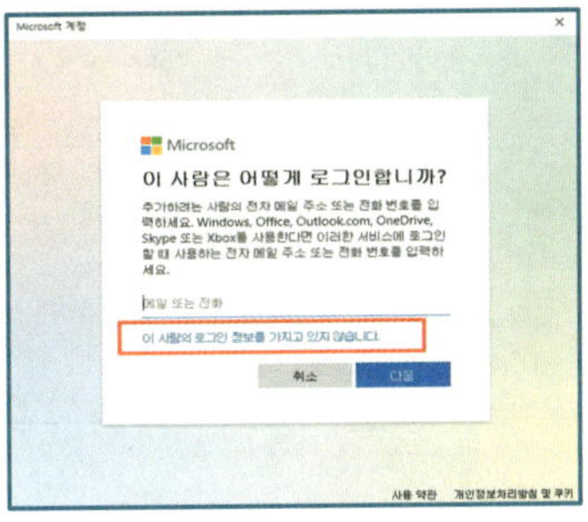

⑤ "Microsoft 계정 없이 사용자 추가" 클릭

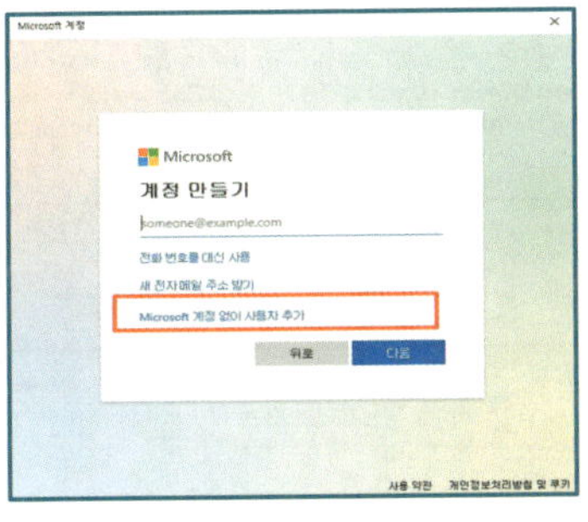

⑥ 신규정보 입력 → "다음" 버튼 클릭

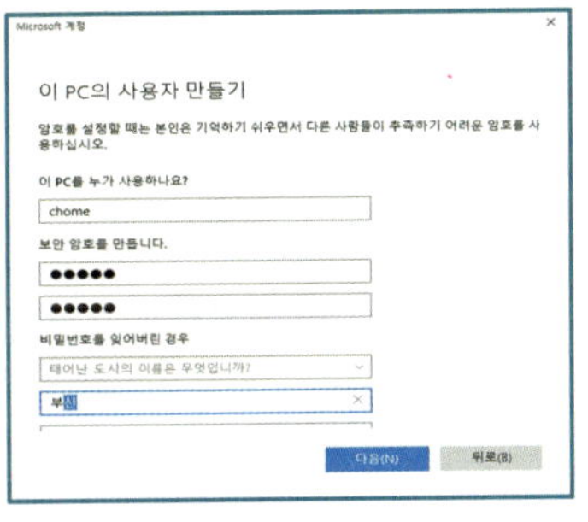

⑦ "추가된 계정" 클릭→ "계정유형변경" 클릭

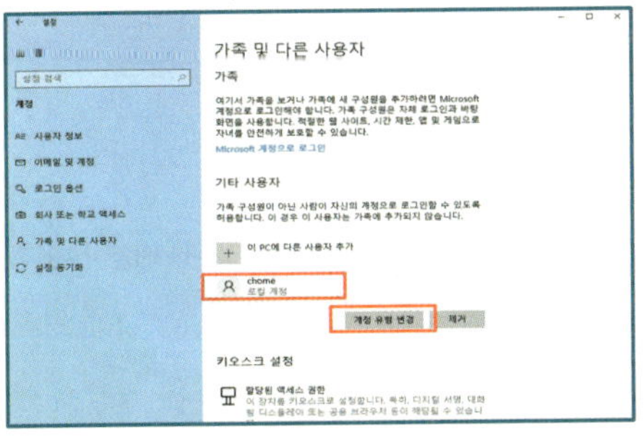

⑧ "관리자 계정" 확인 후 컴퓨터 재부팅

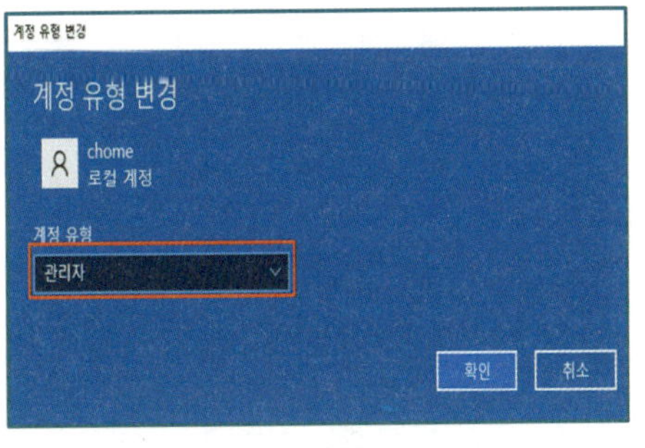

■ R 설치하기

오픈소스인 R을 설치하기 위해 R 공식 사이트 (https://cran.r-project.org/)에 접속한다. 해당 사이트에서는 운영체제별 소프트웨어를 제공하고 있다. 사용하고 있는 컴퓨터의 운영체제가 윈도우즈 환경이라면 윈도우즈용 R을 다운로드 받아 설치하여야 한다. 윈도우즈용 R을 다운로드 받기 위해서는 다음의 그림과 같이 "Download R for Windows"를 클릭해서 들어간 후, base를 선택하고 "Download R 4.X.X for Windows(86 megabytes, 32/64 bit)"를 클릭하여 32비트 또는 64비트용 윈도우즈 버전 R을 다운로드 받는다.

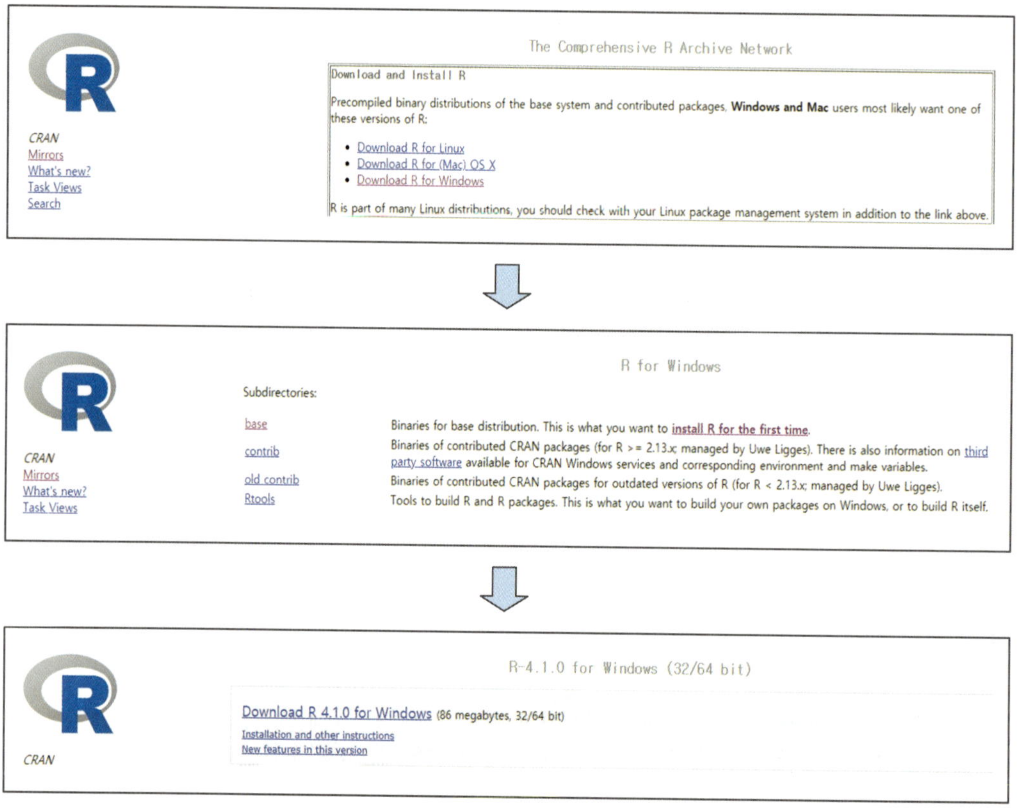

다운로드 받은 프로그램을 설치할 때, 자신의 운영체제의 종류가 32비트용인지 64비트용인지 확인하여 설치 중 그에 맞는 옵션을 선택하여야 한다.

Tip 운영체제 종류 확인(윈도우즈 10 환경)

운영체제 종류는 윈도우 메뉴에서 ⚙(설정) → 시스템 → 정보, 장치 사양의 시스템 종류에서 확인 할 수 있다.

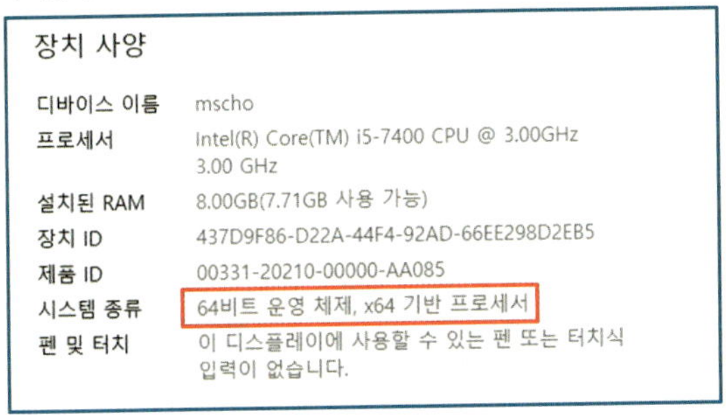

다운로드된 R 설치 프로그램 "R-4.1.0-win.exe"를 더블 클릭하여 실행시키면 R 설치가 시작된다. R 설치 프로그램의 이름에서 버전을 표시하는 수치값 "4.1.0"은 프로그램의 업데이트에 따라 변경된다. R 설치는 다음 그림과 같이 여러 단계로 진행되어 복잡하게 느껴질 수 있지만 초보자의 경우에는 기본값을 유지하면서 "다음" 버튼을 눌러주기만 하면 설치를 완료할 수 있다.

① 설치 언어 선택 → 한국어 선택 후 "확인" 버튼 클릭

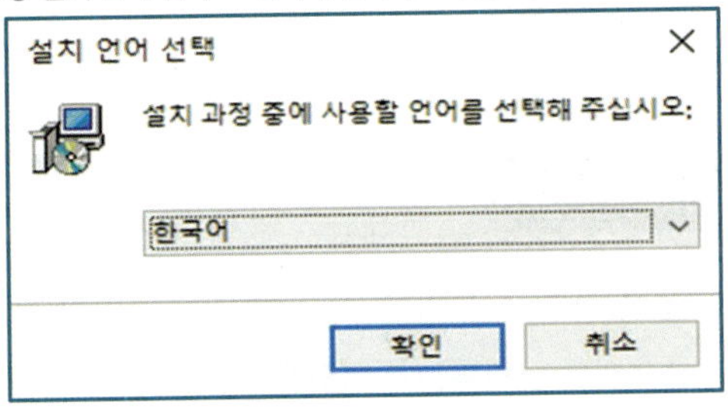

② R설치 정보 내용 확인 → "다음" 버튼 클릭

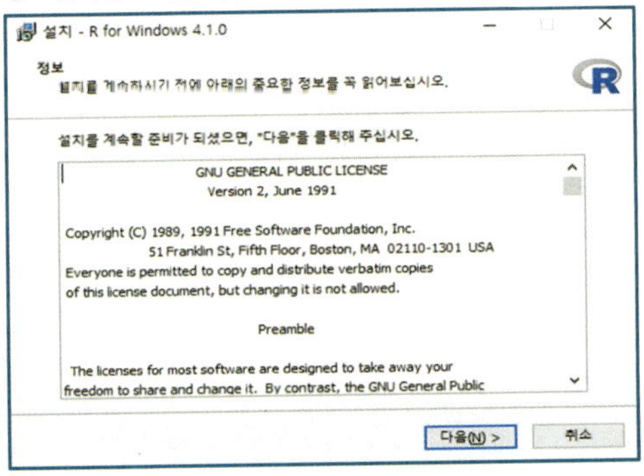

③ 설치할 위치 선택 → "다음" 버튼 클릭

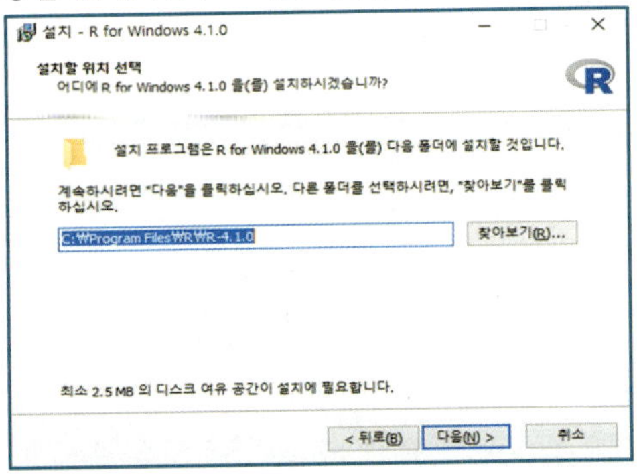

④ 설치 구성 요소 선택 → 자신의 컴퓨터의 시스템 종류 일치 여부 확인 후 "다음" 버튼 클릭

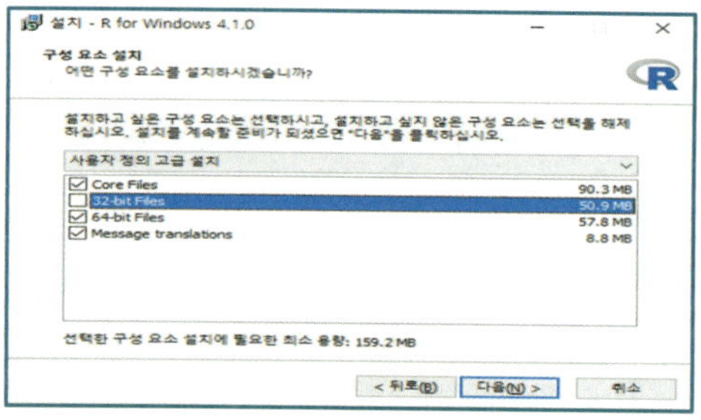

⑤ 스타트업 옵션 선택 → No(기본값 사용) 선택 후 "다음" 버튼 클릭

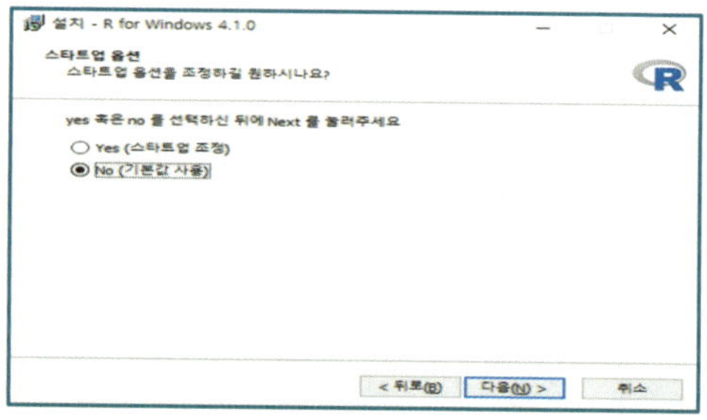

⑥ 시작메뉴 폴더 선택 → 기본값(R)을 유지하고 "다음" 버튼 클릭

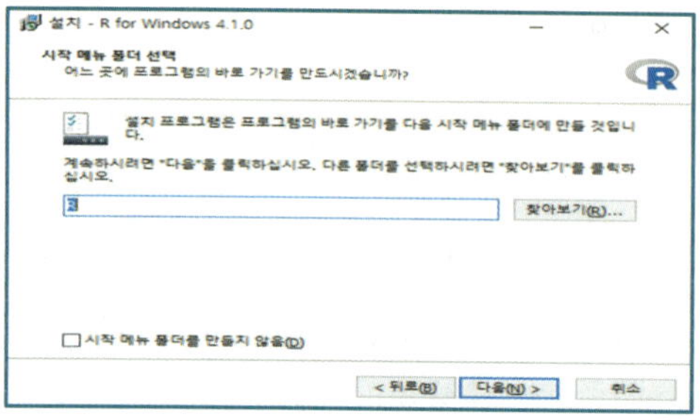

⑦ 추가 사항 적용 선택 → 기본값을 유지하고 "다음" 버튼 클릭

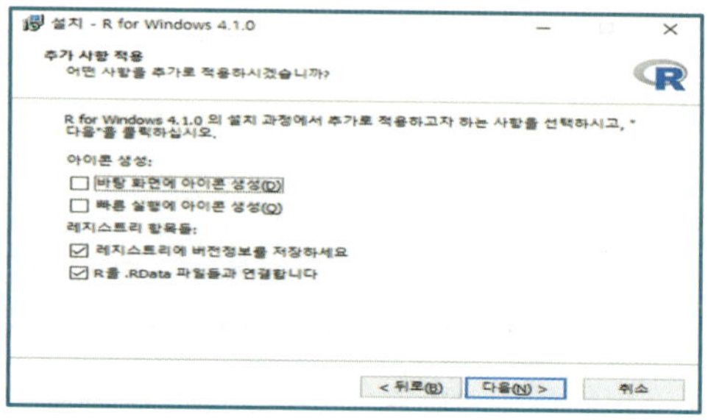

⑧ R 설치 중 → 완료창으로 넘어갈 때까지 대기

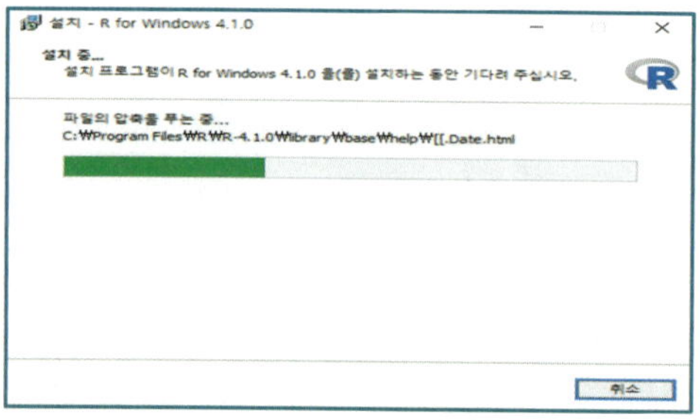

⑨ R설치 완료 → "완료" 버튼 클릭

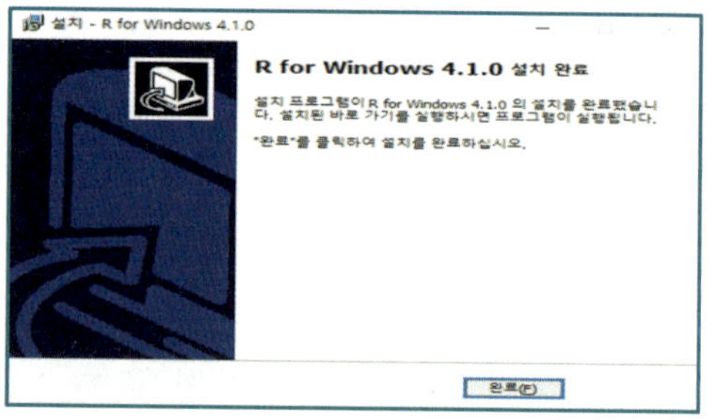

설치가 완료되면 윈도우 시작 메뉴에서 R을 클릭하여 정상적으로 실행되는지 확인한다.

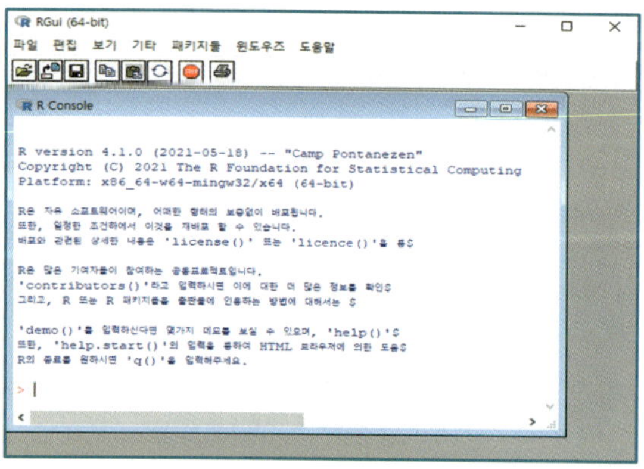

■ RStudio 설치하기

RStudio를 설치하기 위해서는 RStudio 공식사이트(https://www.rstudio.com/)에 접속하여 무료로 제공되고 있는 RStudio Desktop Open Source License 중 자신의 운영체제에 맞는 RStudio 설치 프로그램을 다운로드 받아 설치하여야 한다.

RStudio 설치 프로그램을 다운로드 받는 과정은 다음 그림과 같다.

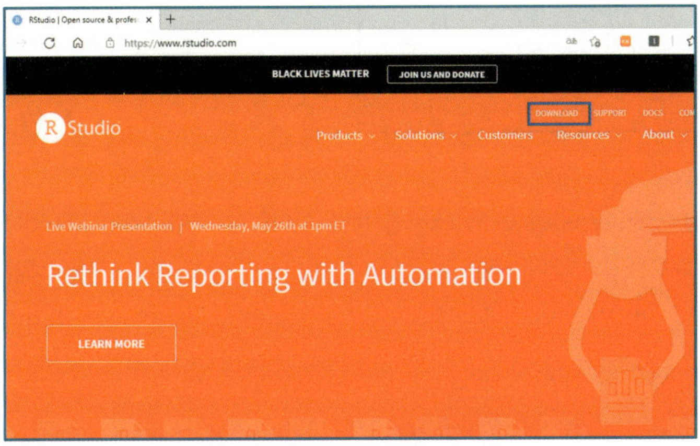

① RStudio 공식사이트 (https://www.rstudio.com)에 접속하여 홈페이지 상단에 있는 “DOWNLOAD”를 클릭한다.

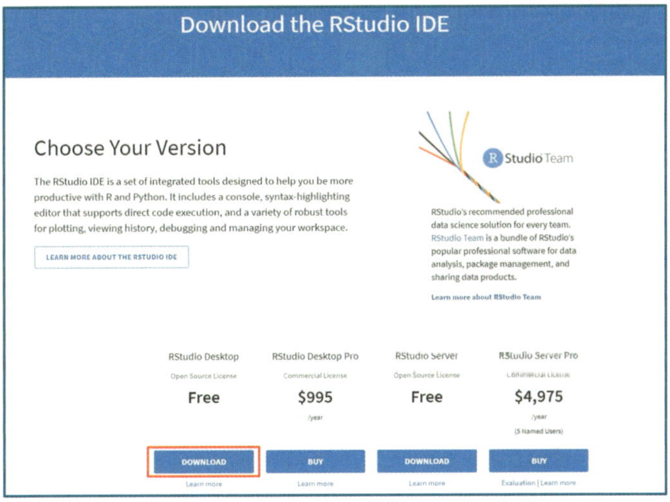

② RStudio Desktop Open Source License “Free” 아래에 있는 “DOWNLOAD” 버튼을 클릭한다.

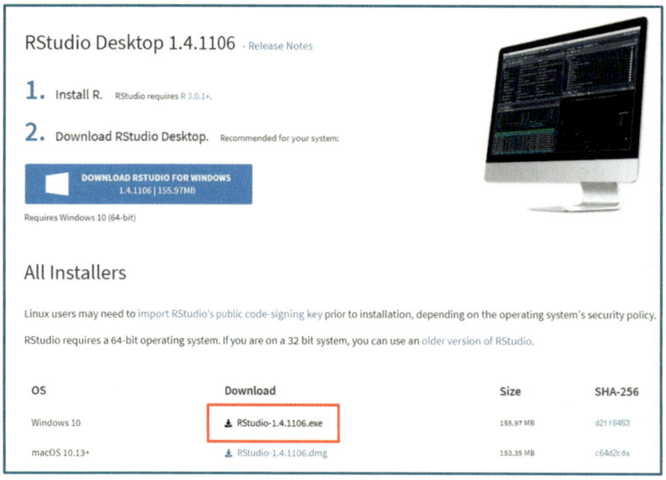

③ 자신의 운영체제에 맞는 링크를 클릭하여 RStudio 설치 프로그램을 다운로드 받는다.

다운로드된 RStudio 설치 프로그램 "RStudio-1.4.xxxx.exe"를 더블 클릭하여 실행시키면 RStudio 설치가 시작된다. RStudio 설치는 다음 그림과 같이 "RStudio 설치" 안내, "설치 위치 선택", "시작 메뉴 폴더 선택" 순서로 진행된다. 여러분은 안내에 따라 다음 버튼과 설치 버튼을 클릭하면 RStudio 설치를 완료할 수 있다. RStudio 설치 전에 먼저 R을 설치해 두는 것이 오류를 줄일 수 있는 좋은 방법임을 명심하여야 한다.

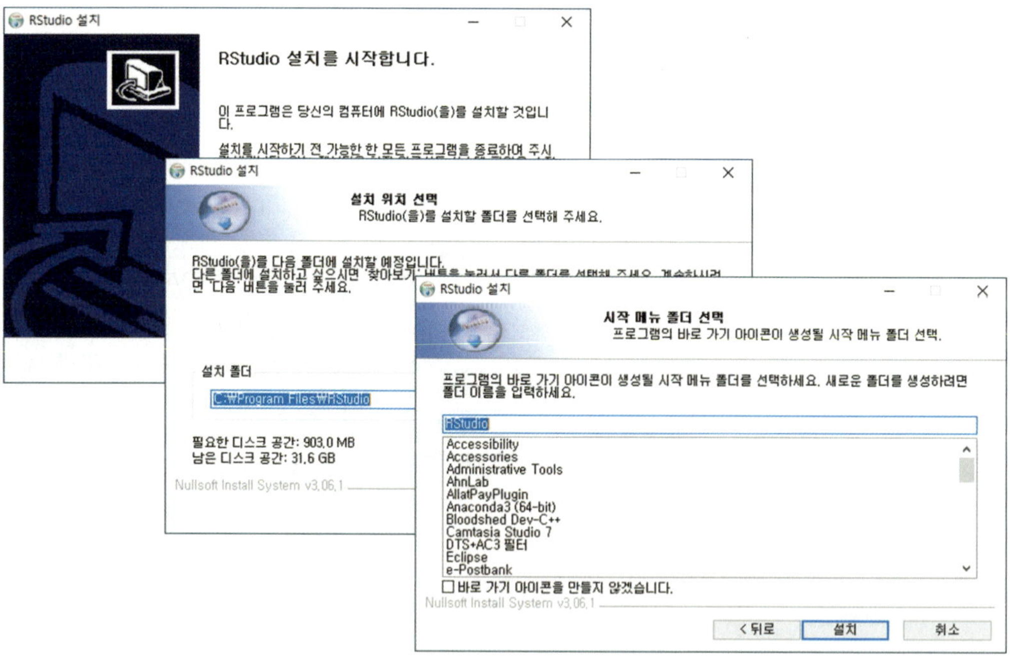

■ **Java 설치하기**

Java를 설치하기 위해서는 http://www.java.com/ko에 접속하여 무료 Java 다운로드 버튼을 클릭한다. 만약 32비트 운영체제를 사용한다면 "동의 및 무료 다운로드 시작" 버튼을 클릭하여 Java 프로그램을 다운로드 받으면 되지만 64비트 운영체제를 사용한다면 아래 그림의 "모든 Java 다운로드 보기"를 클릭하여 "윈도우즈 오프라인(64비트)"를 선택하여 프로그램을 다운로드 받은 후 설치한다.

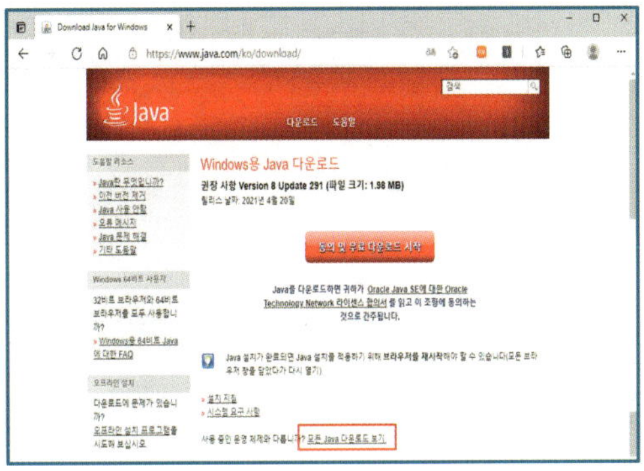

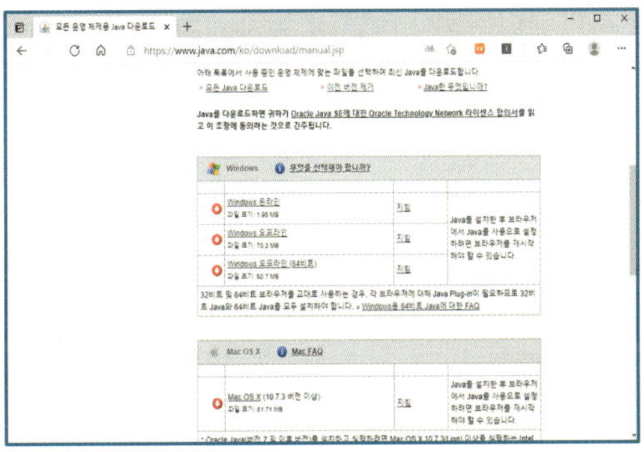

JAVA의 설치 방법은 R과 RStudio의 설치 방법과 유사하게 내려받은 JAVA 설치 파일(예시 : "jre-8u291-windows-x64.exe")을 더블 클릭한 후 설치 마법사의 지시에 따라 "다음" 버튼을 클릭하면 설치를 완료할 수 있다.

2) RStudio 둘러보기

앞에서의 설치 작업이 모두 마무리되었다면 이제 설치된 RStudio를 이용하여 R 프로그래밍을 할 수 있다.

■ RStudio 화면

RStudio를 처음 실행시키면 다음과 같은 화면이 나타난다.

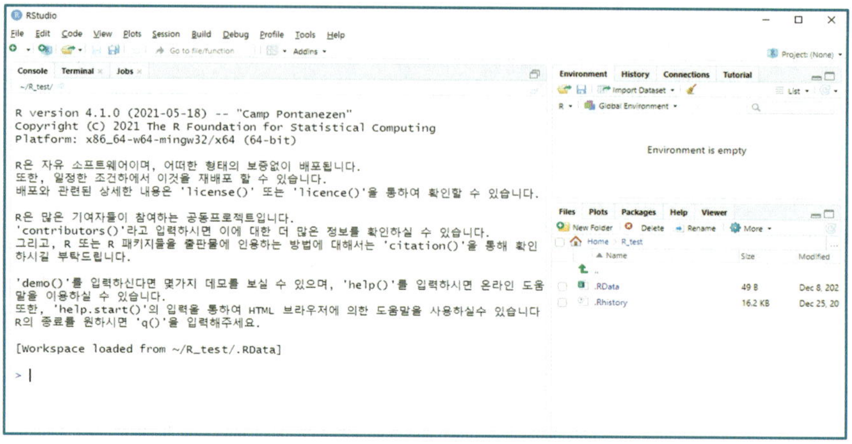

이때, [File]-[New File]-[R Script]를 클릭하면 다음의 그림과 같이 하나의 창이 추가로 생성되어 4개의 창이 된다.

RStudio 화면은 스크립트 창, 콘솔 창, Environment/History/Connections/Tutorial 탭 창, Files/Plots/Packages/Help/Viewer 탭 창으로 구성된다.

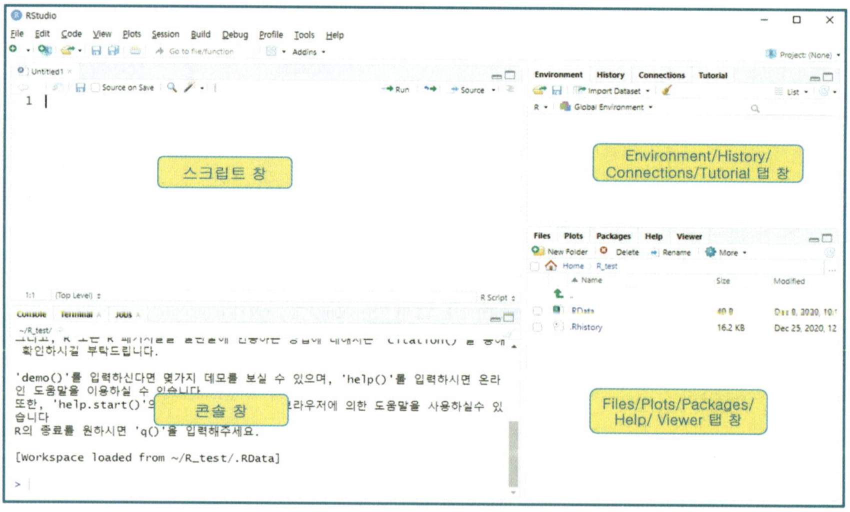

콘솔 창에서는 직접 명령어를 입력하고 바로 수행 결과를 확인할 수 있다. 콘솔 창의 '>' 다음 위치에 1+2 〈Enter〉를 입력해 보면 바로 결과가 나타나는 것을 볼 수 있다. 콘솔 창에서는 명령어를 입력하면 바로 수행 결과를 확인할 수 있다는 장점은 있으나, 명령어를 수정하거나 연속된 명령어들을 저장하고 재활용하는 것이 어렵다. 따라서 스크립트 창에서 R언어 명령어를 순서대로 나열하고 그 명령들의 실행 결과는 콘솔 창에서 확인하면 편리하게 R 프로그래밍을 할 수 있다. 스크립트 창은 편집이 용이하고 스크립트 창에 기술된 R 프로그램을 파일로 저장하여 다시 재사용할 수 있다는 장점이 있다. 스크립트 창에 3+4를 입력한 후 커서를 그 줄에 두고 스크립트 창의 오른쪽 위쪽의 "Run" 버튼을 클릭하거나 Ctrl + Enter를 누르면 콘솔 창에 결과가 나타난다.

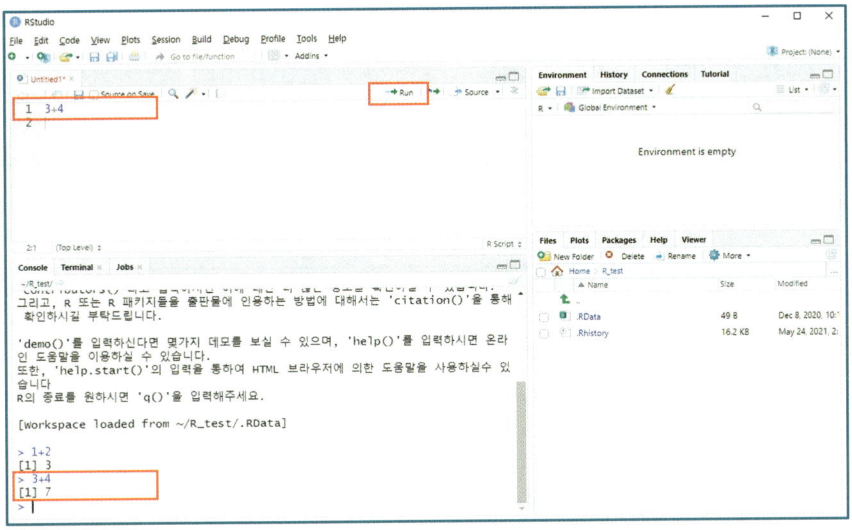

간단한 실행 정도는 콘솔 창에서도 할 수 있으나 앞에서 설명한 바와 같이 수정이 용이하고 프로그램을 작성하여 저장했다가 필요할 때 불러와서 사용하는 것이 가능한 스크립트 창에서 프로그램을 작성하여 실행시키는 습관을 지니는 것이 좋다.

Environment/History/Connections/Tutorial 창의 Environment 탭에서는 데이터세트 정보, 변수 정보들이 표시되며, History 탭에서는 수행했던 R 명령어들에 대한 이력이 표시된다. Connections 탭은 R과 데이터 관리를 위한 서버를 연결하는 창이며 1.3 버전부터는 R을 따라하며 배울 수 있는 Tutorial 창이 추가 되었다.

Files/Plots/Packages/Help/Viewer 창의 Files 탭에서는 현재 작업 중인 폴더 정보를 확인하고 파일 및 폴더를 관리할 수 있으며 윈도우의 파일 탐색기와 동일한 역할을 한다. 즉, 특정 파일을 불러오거나 복사, 삭제, 이동 등의 작업을 수행할 수 있다. Plots 탭에서는 R 프로그래밍 결과로 나타나는 그래프를 확인하고 이를 이미지나 PDF 형식으로 저장할 수도 있다. Packages 탭에서는 설치된 패키지들을 볼 수 있고 이들을 업데이트도 할 수 있으며, 새로운 패키지를 설치할 수도 있다. Help 탭에서는 패키지나 함수들에 대한 도움말 정보를 검색해서 볼 수 있다.

■ RStudio 환경 설정

RStudio를 원활하게 사용하려면 몇 가지 설정이 필요하다.

R 프로그램을 작성할 때 프로그램에서 사용하는 데이터 파일들이나 작성한 프로그램 파일이 여기저기 흩어져서 저장되면 관리가 어려워진다. 따라서 사용하는 데이터 파일이나 작성한 프로그램 파일이 사용자가 원하는 폴더에 자동으로 저장되도록 하기 위해서는 작업 폴더를 지정해 주어야 한다. 작업 폴더를 지정하면 기본적으로 그 폴더에서 파일들을 읽어오고 저장하게 되며 작업 환경도 그 폴더에 .RData 파일로 저장한다. RStudio에서 작업 폴더를 변경하는 방법은 다음과 같다. RStudio 메뉴의 [Tools]-[Global Options]을 선택하여 Option 창을 연다. 열린 Option 창의 [General] 메뉴에서 Default working directory 항목을 원하는 폴더로 설정한다. 여기서 "~/"는 Windows 환경에서 사용자의 문서 폴더를 가리킨다. 이와 같이 작업 폴더를 지정해 주면 RStudio를 다시 실행하여야 적용되며, 그 이후부터는 RStudio를 실행시킬 때마다 그 폴더가 R 프로그래밍 작업을 위한 작업 폴더가 된다.

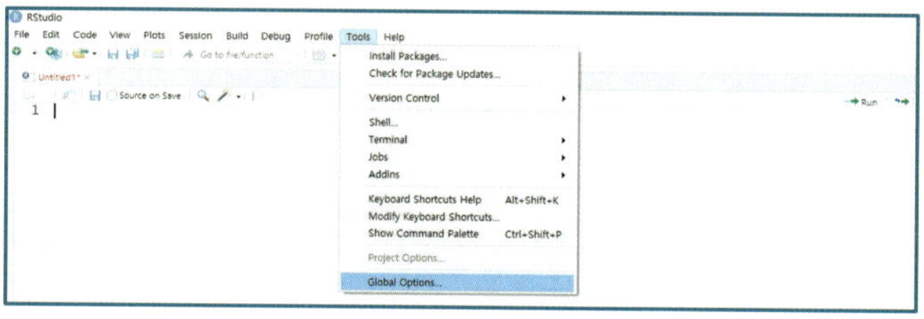

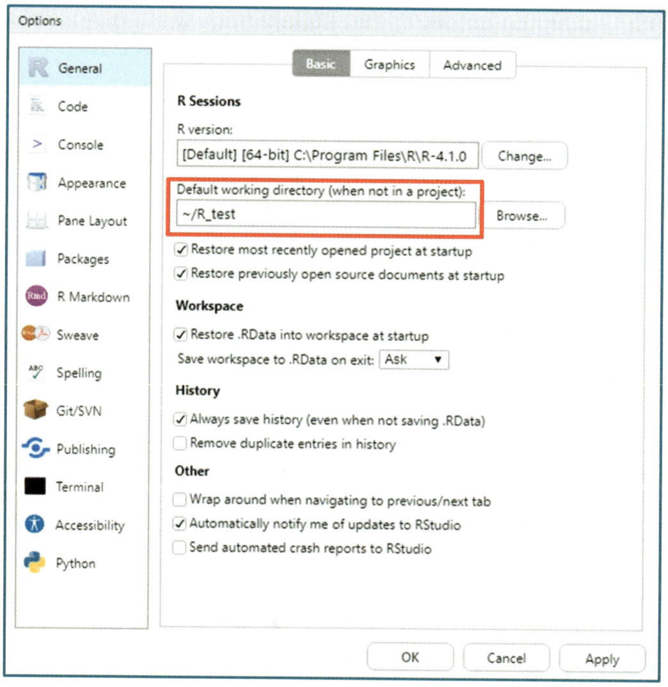

이제 기본적인 R 프로그래밍을 할 수 있는 환경은 준비되었다. 그 외의 설정이나 사용법은 차후 그 기능들이 필요할 때 설명한다.

Tip **옵션(Options)창**

한글을 다루다 보면 “X.ec.뾇.ed.솕細.85.留ㅆ”
등과 같이 한글이 깨져 보이는 경우 [Code] - [Saving] 탭에서 “Default Text Encoding” 항목을 “UTF-8”로 변경한다.

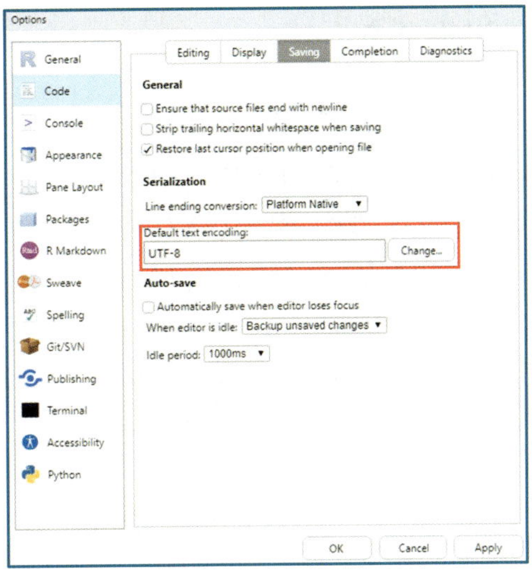

Tip **“UTF-8” Option 환경에서도 한글 깨짐 문제가 해결되지 않을 때**

RStudio의 메뉴에서 [File]-[Reopen with Encoding]을 선택하여 생성된 “Choose Encoding” 창에서 “CP949(System default”)로 변경해 본다.

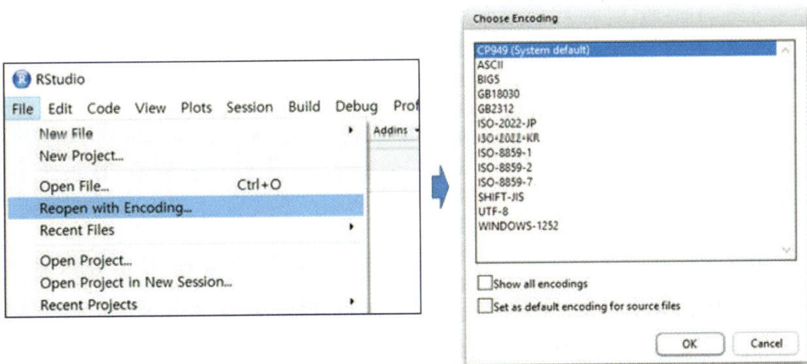

1.2 처음하는 R 프로그램

이 절에서는 학생 1명의 국어, 영어, 수학 점수의 합계를 구하고 그 결과를 출력하는 간단한 R 프로그램 따라 해 보기를 통해 RStudio의 기본적인 사용법을 설명한다.

1) 데이터와 변수

R언어에서 데이터를 계산하기 위해서는 데이터는 컴퓨터의 기억공간인 메모리에 탑재되어야 한다. 그러나 사용자는 국어 성적이 탑재된 기억공간의 데이터를 활용하기 위해 이 공간을 무엇이라고 해야 할지 막막할 것이다. 그러나 이 부분을 사용자가 걱정할 필요는 없다. R언어에서는 변수라는 개념을 이용하여 기억공간에 이름을 붙일 수 있는 기능을 제공하고 있다. 그러므로 데이터를 메모리에 탑재할 때 변수에 데이터값을 할당하면 R언어는 변수와 기억공간을 연결하고 연결된 기억공간에 할당된 값을 저장한다. 그뿐만 아니라 사용자는 변수를 이용하여 기억공간에 탑재된 값에 접근할 수 있다.

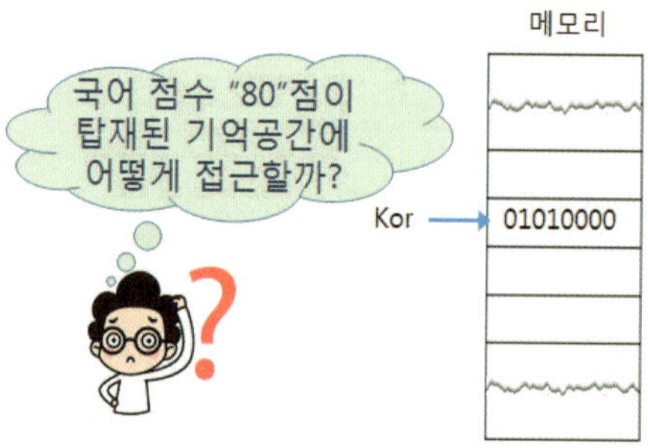

국어, 영어, 수학 점수를 이용하여 합계나 평균을 구하기 위해서는 먼저 각 점수를 변수에 저장하여야 한다. 변수란 데이터의 저장과 참조를 위해 할당된 메모리 공간을 의미한다. 각 변수는 자신만의 이름을 가지고 있어서 프로그램에서는 변수 이름을 이용하여 데이터를 저장하고 변수 이름을 이용하여 데이터 값을 참조한다. 따라서 변수 이름은 그 데이터의 특징을 잘 나타내는 이름을 부여해야 프로그램에서 값을 저장하고 참조할 때마다 그 기억공간에 저장된 데이터의 내용을 쉽게 파악할 수 있으며, 나아가 프로그램을 읽기 쉽게 만듦으로써 프로그래밍의 효율성을 높일 수 있다. 변수 이름, 생성 규칙과 변수에 값을 할당하는 과정에 대하여 설명한다.

R에서 변수의 이름을 정할 때는 다음과 같은 몇 가지 규칙을 고려하여 변수 이름을 정하여야 한다.

첫째, R에서 변수 이름은 알파벳, 숫자, "_"(언더바), "."(마침표)로 구성될 수 있다. 따라서 kor1, sum_of_kor, .avg 등의 변수 이름은 허용되나 sum#, sum-of-kor 등의 변수 이름은 허용되지 않는다. 특히, 변수명에 공백 문자는 사용할 수 없다.

둘째, 첫 글자는 반드시 알파벳 또는 " . "으로 시작하여야 하며, " . " 뒤에는 숫자가 올 수 없다. 따라서 sum_of_kor, .avg는 가능하나, 1sum, _sum, .1avg 등의 변수 이름은 불가능하다.
셋째, R에서는 대소문자를 구분하여 사용하므로 num이라는 변수와 Num이라는 변수는 서로 다른 변수이다.
넷째, "if", "else", "for", "while" 등과 같이 조건 분기, 반복 등의 작업 처리를 요청하는 예약된 명령어는 변수명으로 사용할 수 없다.
다섯째, R은 다양한 함수를 제공하고 있다. 제공되고 있는 함수명은 변수의 이름으로 사용하지 않는 것이 좋다.

R에서 값을 변수에 대입하여 저장할 때는 대입 연산자인 "<-" 기호를 사용한다. 대입 연산자에는 "<-" 뿐만 아니라 "->", "=" 도 사용될 수 있으나, 그 중 "<-"이 가장 많이 사용된다. 변수가 오른쪽에 위치하는 "80 -> kor" 라는 표현보다는 변수가 왼쪽에 위치하는 "kor <- 80"라는 표현이 좀 더 일반적으로 사용되는 표현이며, 대입 연산자로서의 = 은 함수나 명령어 안에서 사용하면 에러가 발생하는 경우가 있다. 따라서 대부분의 R 프로그램들이 대입 연산자로 "<-"을 사용하고 있으며, 본 교재에서도 대입 연산자는 "<-"을 사용한다.

2) RStudio 사용해 보기

RStudio를 실행시키고, [File] - [New File] - [R Script]를 선택하여 새로운 스크립트 창을 연 후 다음 그림과 같이 스크립트 창에 R 프로그램을 입력한다.

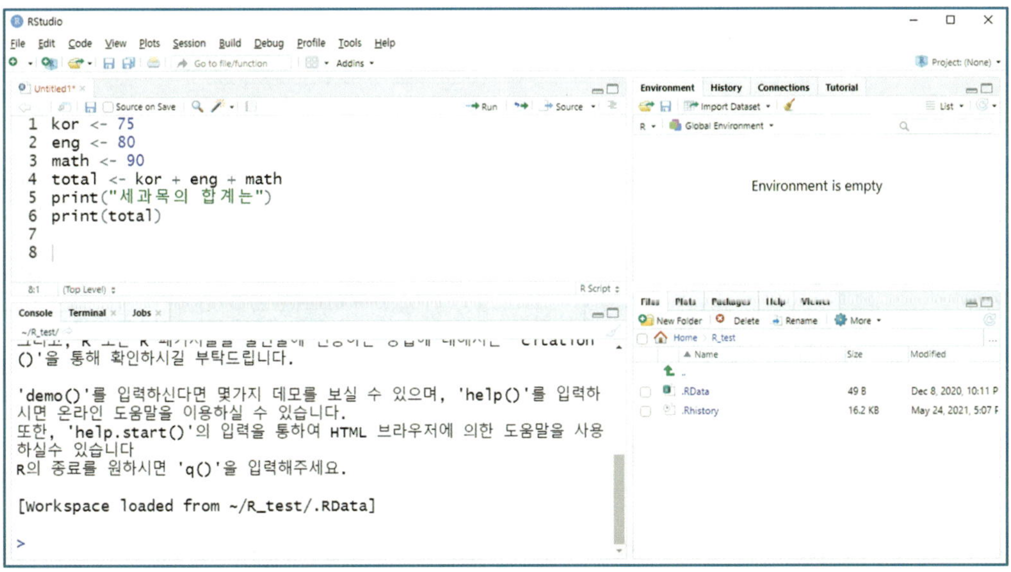

Tip 콘솔 창 청소하기 : Ctrl + L

RStudio를 시작하거나, R 프로그램을 실행시키면 콘솔 창에 실행 결과나 다양한 메시지가 출력된다. 사용자는 이때 콘솔 창에 출력되는 메시지를 보고 R 프로그램의 실행 결과, 환경 변화 등을 확인할 수 있다. 그러나 이전 작업의 출력 내용이 콘솔 창에 남아 있다면 새로 실행한 작업에 대한 출력 메시지 확인이 어려울 수 있다. 이 경우 Ctrl + L을 누르면 콘솔 창을 깨끗하게 지울 수 있다. 그러므로 먼저 콘솔 창을 지우고 스크립트 창에서 작성한 프로그램을 실행시키는 것이 좋다.

Tip Global Environment 청소하기

이전 작업에서 사용된 변수 정보들이 남아 있을 경우 새로운 작업에 이전 변수들이 의도하지 않게 영향을 미칠 수 있다. 이런 경우 오른쪽 그림과 같이 "Clear object from the workspace" 버튼을 클릭하여 "Global Environment" 창을 청소할 필요가 있다.

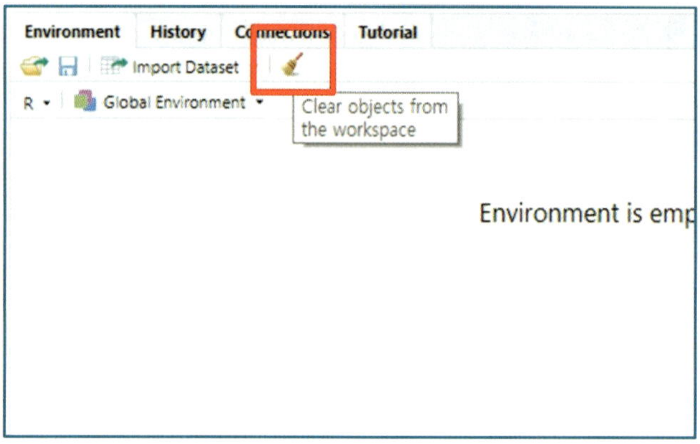

■ 한 줄씩 실행하기

"한 줄씩 실행하기"는 작성된 R 프로그램을 한 줄씩 그 결과를 확인하여 프로그램이 원하는 대로 진행되는지 단계별로 결과를 확인하는 방법이다. 프로그램을 한 줄씩 실행시키고자 한다면, 실행시키고자 하는 줄을 클릭한 후 Ctrl + Enter 또는 스크립트 창 위에 있는 Run 버튼을 클릭한다. 다음의 그림은 스크립트 창의 첫 번째 줄에 커서를 두고 Ctrl + Enter를 눌러 첫 번째 줄의 명령어인 "kor <- 75"를 실행시킨 화면이다. "kor <- 75"는 국어 점수를 위한 변수 kor에 75를 대입하여 저장하는 과정이다. 콘솔 창에 "kor <- 75"가 수행되었음이 표시되고, Environment 창에 kor라는 변수 기억 공간에 75가 저장되었음을 보여준다. 만일 앞 단계의 명령을 실행하지 않은 상태에서 앞 단계에서 생성된 정보가 필요한

명령어 줄을 실행한다면 오류가 발생할 것이다. 즉, 다음 그림의 상태에 4번째에 커서를 위치시키고 “Run” 버튼을 클릭한다면 “에러: 객체 'eng'를 찾을 수 없습니다” 와 같은 오류 메시지가 발생한다. 그러므로 해당 명령어 줄에 영향을 미칠 수 있는 이전 단계의 명령어를 반드시 실행시킨 후 해당 명령어 줄을 실행시켜야 한다.

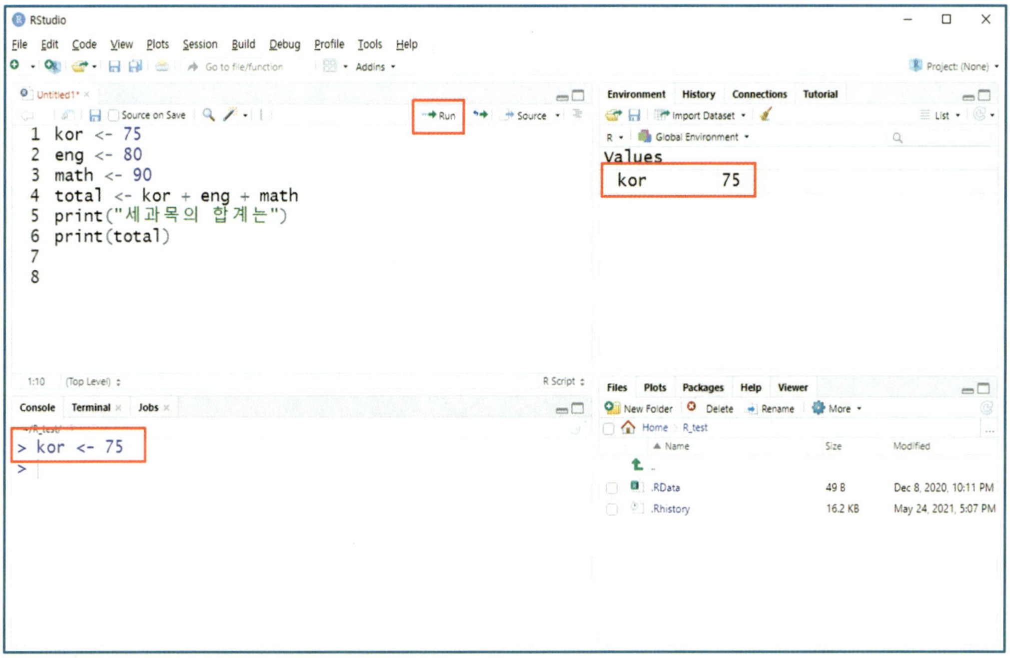

■ 특정 범위의 R 명령어 한 번에 실행하기

R 프로그램을 한 줄씩 단계적으로 실행해 나가면서 한 줄, 한 줄의 명령어의 정확성을 확인하는 것은 중요하다. 그러나 이미 명령줄의 정확성 여부가 확인되었거나 명령줄이 간단명료하여 단계별 정확성 여부 확인이 필요 없는 경우에는 한 줄씩 실행시켜 결과를 확인하는 과정은 귀찮은 작업이 된다. 그러므로 RStudio는 중간결과를 일일이 체크하지 않고 특정 범위의 R 명령어를 한꺼번에 실행시킬 방법을 제공한다. 이 방법은 특정 범위의 R 명령어를 블록으로 설정하여 Ctrl + Enter 또는 스크립트 창 위에 있는 Run 버튼을 누른다. 다음 그림은 1~6줄까지를 블록으로 설정하여 실행시킨 화면이다. 콘솔 창에는 6줄의 R 명령과 명령으로 요청된 출력을 보여주며, Environment 창에는 1~6줄의 R 명령이 수행된 결과 생성 또는 변경된 변수들의 값을 보여주고 있다. 6줄의 print(total)는 변수 total에 저장된 값을 출력하라는 의미이다.

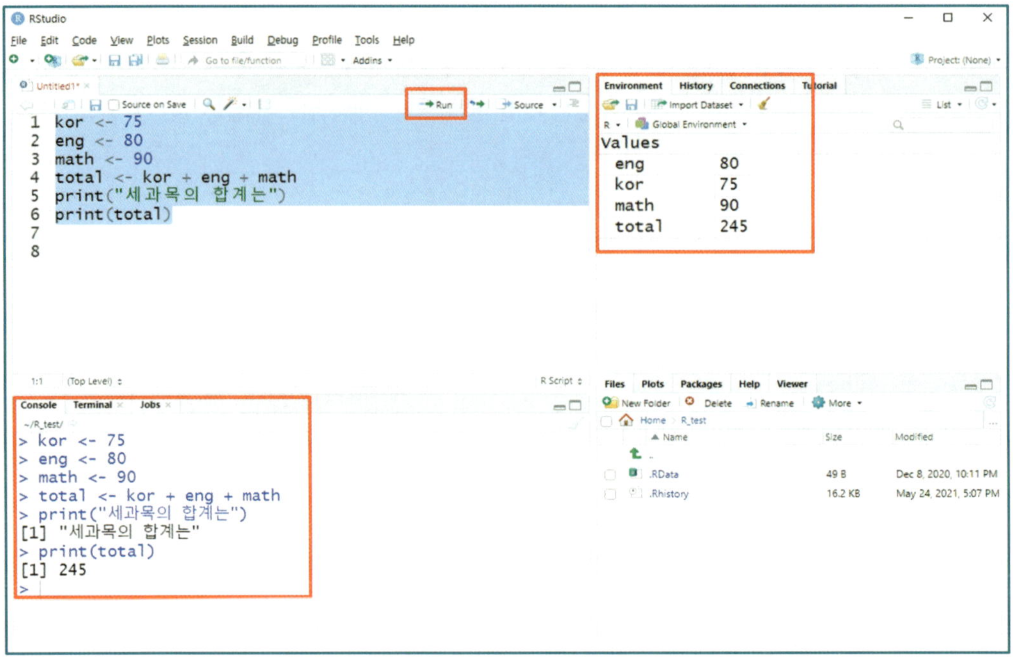

■ R 프로그램 파일 한 번에 실행하기

프로그램을 한 번에 실행하기 위해서는 먼저 작성한 스크립트를 [File] - [Save] 메뉴를 이용하여 파일로 저장하는 것이 좋다. 만약 파일 이름을 ch1_1_2_1로 하여 저장했다면 확장자 .R이 붙어 ch1_1_2_1.R이라는 파일이 생성되는 것을 Files 창에서 확인할 수 있다.

스크립트 파일을 한꺼번에 실행시키는 방법은 두 가지가 있다.

- 스크립트 창 위의 [Source] - [Source] (단축키 : Ctrl + Shift + S)
- 스크립트 창 위의 [Source] - [Source with echo] (단축키 : Ctrl + Shift + Enter)

다음 화면은 ch1_1_2_1.R 프로그램에 대해 Source with echo로 실행한 경우이다. R 프로그램 파일 내에 있는 전체의 명령어들이 순차적으로 실행되며, 파일 콘솔 창에서 ch1_1_2_1.R 프로그램 내의 명령어를 확인할 수 있다.

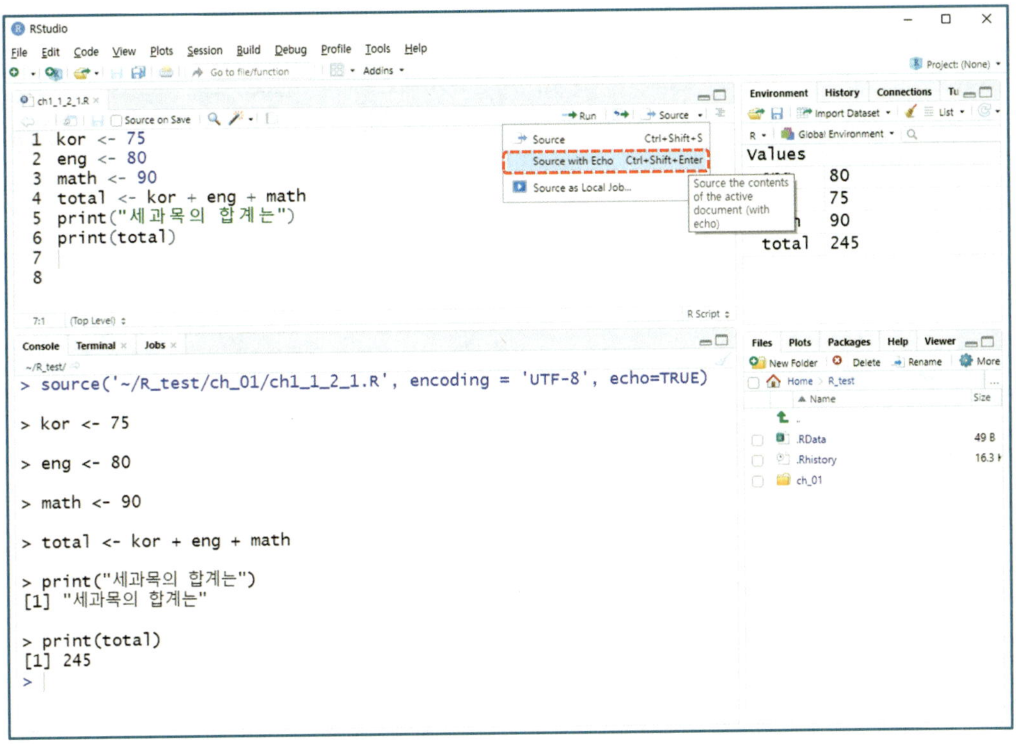

〈Ctrl + Shift + Enter (Source with echo)로 실행한 경우〉

다음 화면은 ch1_1_2_1.R 프로그램에 대해 Source로 실행한 경우이다. 이 경우도 ch1_1_2_1.R 프로그램 내의 스크립트가 모두 순차적으로 실행되지만 Source with echo로 실행한 것과는 콘솔 창에서 차이가 있음을 확인할 수 있다. Source with echo로 실행한 경우는 콘솔 창에 각 단계의 실행 과정이 모두 표시되는 반면, Source로 실행하면 콘솔 창에 모든 단계가 표시되지 않고 print()와 같은 출력함수를 이용하여 출력하고자 하는 결과만 출력한다. 따라서 Source로 실행하면 콘솔 창에서 필요한 결과만 간단하게 출력해 볼 수 있다. RStudio의 [Code] 메뉴에서 해당 기능이나 스크립트 창의 Run, Source 등의 버튼을 클릭하여 실행시킬 수 있고, 단축키를 사용해도 된다.

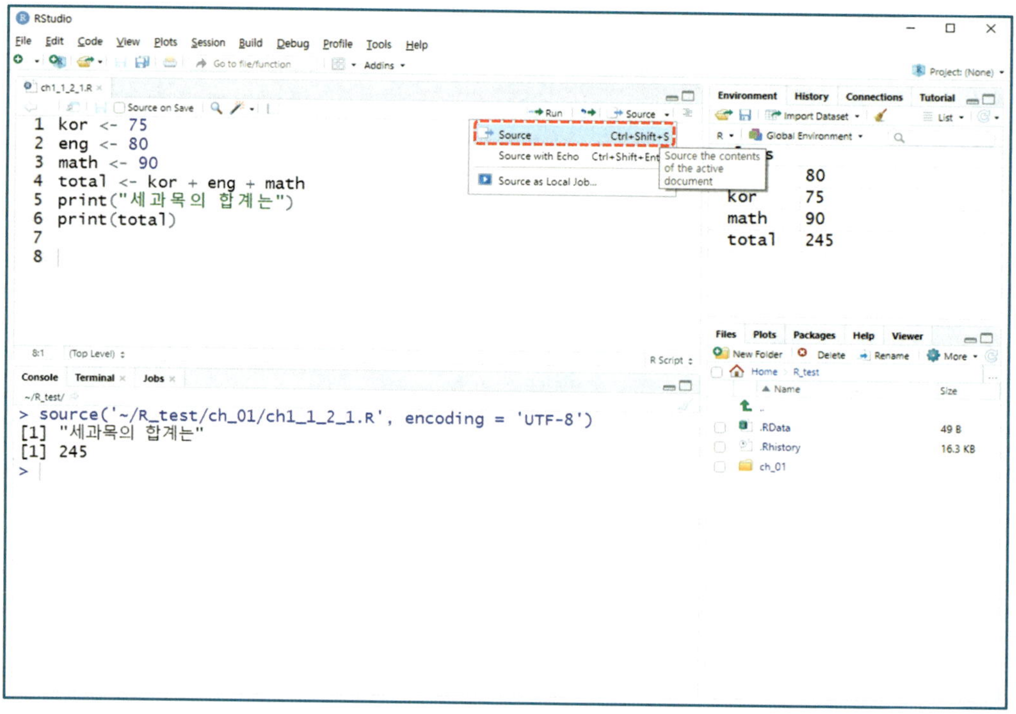

〈Ctrl + Shift + S (Source)로 실행한 경우〉

Tip 한 줄에 여러 개의 명령문 작성

R 프로그램은 한 줄에 하나의 명령어를 나열하는 것을 기본으로 한다. 한 줄에 두 개 이상의 명령어를 나열할 경우, 하나의 독립적인 명령이 완료될 때 마다 " ; "(세미콜론)을 넣어 작성하면 된다.

```
[ Script ]
kor <- 75 ; eng <- 80 ; math <- 90
```

Tip 사용하는 변수 확인 및 삭제

- 프로그래밍을 하다 보면 변수들을 많이 만들게 되는데 변수는 environment 창에서 확인할 수 있으며, ls()명령어를 실행시키면 생성해서 사용 중인 변수를 확인해 볼 수 있다.

```
> ls()
```

- 필요 없는 변수를 삭제하려면 rm(변수명)을 실행시키면 된다.

```
> rm(kor)            # 변수 kor 삭제
> rm(list = ls())    # 현재 사용 중인 모든 변수 삭제
```

■ 작업내용 저장 및 종료

작성한 스크립트 프로그램을 파일로 저장하려면 [File] - [Save] 또는 [File] - [Save As]를 클릭한다. 또는 아래 왼쪽 그림과 같이 RStudio 상단의 저장 아이콘을 클릭해도 된다. 저장 폴더를 선택하고 스크립트 파일이름만 기입하면 확장자는 ".R"로 자동 저장된다.

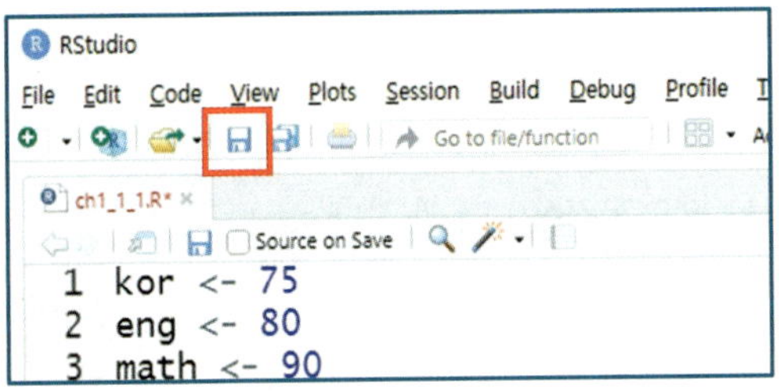

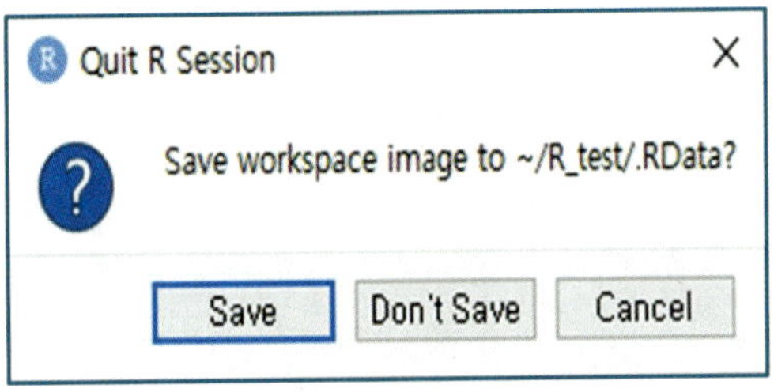

RStudio 작업을 종료하면 위 오른쪽과 같은 메시지를 볼 수 있다. 현재 작업 중인 내용과 환경을 그대로 저장했다가 다음에 이어서 작업을 하고 싶은 경우 [Save] 버튼을 클릭한다. 하지만 대부분의 경우 저장할 필요는 없다. 작성한 R 프로그램 파일만 갖고 있으면 된다.

2 간단한 R 프로그래밍

1.1절에서 소개한 바와 같이 R은 통계처리와 그래픽 처리에 효율적인 프로그래밍 언어 및 환경이며 현재 금융, 기계학습, 경제, 자연어처리 등 다양한 분야에서 활용할 수 있다. 특히, 다양한 패키지들이 개발되어 무료로 제공되고 있으므로 필요한 패키지들을 가져다가 약간의 코딩 작업만 하면 쉽게 문제를 해결할 수 있는 장점이 있다. 따라서 R 프로그래밍은 통계 전문가나 컴퓨터 전공자만 배워서 사용할 수 있는 것은 아니다. 비전공자나 프로그래밍 언어를 잘 모르는 사람들도 기본적인 원리를 학습하여 필요한 패키지를 내려받아 사용하면 자신의 전공 또는 업무에서 필요한 기능을 구현하여 사용할 수 있다.
이 절에서는 간단한 산술연산 문제를 해결하고 단순히 따라 해 보면서 주어진 문제를 해결하는 R 프로그래밍 과정을 경험해 본다.

2.1 원의 둘레와 넓이 구하기

반지름이 16인 원의 둘레와 넓이를 계산하는 문제를 해결해 보자. 어쩌면 여러분은 연필이나 전자계산기로 이 문제를 해결하는 것이 더 빠르다고 생각할 수 있다. 그런데 이런 원이 하나만 있는 것이 아니라 반지름이 다양한 원이 수십, 수백 개가 있다면 이 문제를 해결하는데 매우 오랜 시간이 소요될 것이다. 그러나 R언어를 조금 더 학습한다면 반지름이 수백 개가 주어진다고 하더라도 쉽게 문제를 해결할 수 있음을 알게 될 것이다. 이 절에는 먼저 1개의 반지름에 대하여 R 프로그램으로 해결해 봄으로써 R언어 사용법을 익히도록 한다.

이 문제를 해결하기 위한 원의 둘레, 원의 넓이를 구하는 필요한 식은 다음과 같다.

원의 둘레 = 2 * 3.14 * 반지름
원의 넓이 = 3.14 * 반지름 * 반지름

```
[ Script ]
# ch1_2_1_1.R
radius <- 16                           # 반지름을 변수에 저장한다.
circumference <- 2*3.14*radius         # 2*3.14*반지름으로 원의 둘레를 구한다.
area <- 3.14*radius*radius             # 3.14*반지름*반지름으로 원의 넓이를 구한다.
print("원의 둘레는")
print(circumference)                   # 원의 둘레를 출력한다.
print("원의 넓이는")
print(area)                            # 원의 넓이를 출력한다.
--------------------------------------------------------------------
[ Console ]
> source('~/R_test/ch_01/ch1_2_1_1.R', encoding = 'UTF-8')
[1] "원의 둘레는"
[1] 100.48
[1] "원의 넓이는"
[1] 803.84
```

실행 결과, 원의 둘레는 100.48, 원의 넓이는 803.84로 출력된다. 사용되는 다른 변수들의 값은 RStudio의 Environment 창에서 확인할 수 있다. 이 예제에서는 콘솔 창에 스크립트 명령어가 출력되지 않음을 알 수 있다. 스크립트 명령어가 콘솔 창에 출력되지 않고 깔끔하게 사용자가 원하는 정보만 출력되길 원한다면 스크립트 창 오른쪽 위에 있는 "Source" 버튼을 클릭하면 된다.

Tip 주석(코멘트)의 활용

주석(코멘트) 기능은 프로그래밍 과정에서 필요한 메모를 프로그램 내부에 기록해 두는 기능으로서 프로그램의 요약이나 변수에 저장된 값에 대한 설명 등을 프로그램 파일 내에 기록할 수 있도록 지원한다. R언어는 주석문 # 기호 다음에 텍스트를 입력하면 R언어 번역기는 # 이후의 문장을 수행하지 않으므로 주석문은 프로그램 수행에 아무런 영향을 미치지 않고 메모의 기능을 제공한다. 프로그램에 주석을 달아놓으면 나중에 프로그램을 이해하기 쉬워지므로 설명이 필요할 때는 #을 이용해서 주석을 달아놓을 수 있다.

2.2 성적 분포 정보를 그래프로 그리기

다음과 같이 우리 반 학생 20명의 국어, 영어, 수학 성적이 데이터로 주어졌을 때 성적 분포 정보를 분석해 보려고 한다.

국어	80	90	70	65	55	30	60	90	88	100	76	30	55	61	89	68	78	70	88	82
영어	70	95	88	75	55	42	66	89	95	98	88	35	60	68	90	70	75	80	78	88
수학	88	90	86	80	62	50	65	84	88	92	80	45	66	77	89	80	80	85	70	90

우리 반 학생들이 받은 각 과목 성적을 위와 같이 숫자들로 나열해 놓고 성적 분포를 분석해 보자. 어느 점수대에 성적이 많이 몰려 있는지 또는 최저 점수대는 얼마인지 등을 분석하기가 쉽지 않다. 그러나 만약 이러한 성적 데이터를 이용하여 각 학생의 평균을 구하고 평균을 그래프 등으로 시각화해서 볼 수 있다면 우리 반 학생들의 성적 분포를 한 눈에 분석할 수 있을 것이다. R 프로그래밍은 이러한 문제를 몇 줄 안 되는 코딩만으로도 간단히 해결하여 데이터 분석을 쉽게 해 준다. R 프로그래밍을 경험해 보기 위해 아래와 같이 성적 데이터가 미리 변수에 저장되어 있는 R 파일을 불러와서 학생들의 평균을 구하고 이를 그래프로 시각화하는 프로그램을 따라 해 보고 결과를 확인해 본다.

1) R 파일 불러오기

강의 사이트에서 제공되고 있는 ch1_2_2_1.R 파일을 내려 받은 후, 내려 받은 자료 파일에서 ch1_2_2_1.R 파일을 RStudio의 "Default working directory" 내에 있는 작업 폴더로 복사한다.

그리고 RStudio에서 [File] - [Open File]로 불러온다. 이 파일에는 다음과 같이 우리 반 학생 20명의 국어, 영어, 수학 성적이 변수 kor, eng, math에 각각 저장되어 있다.

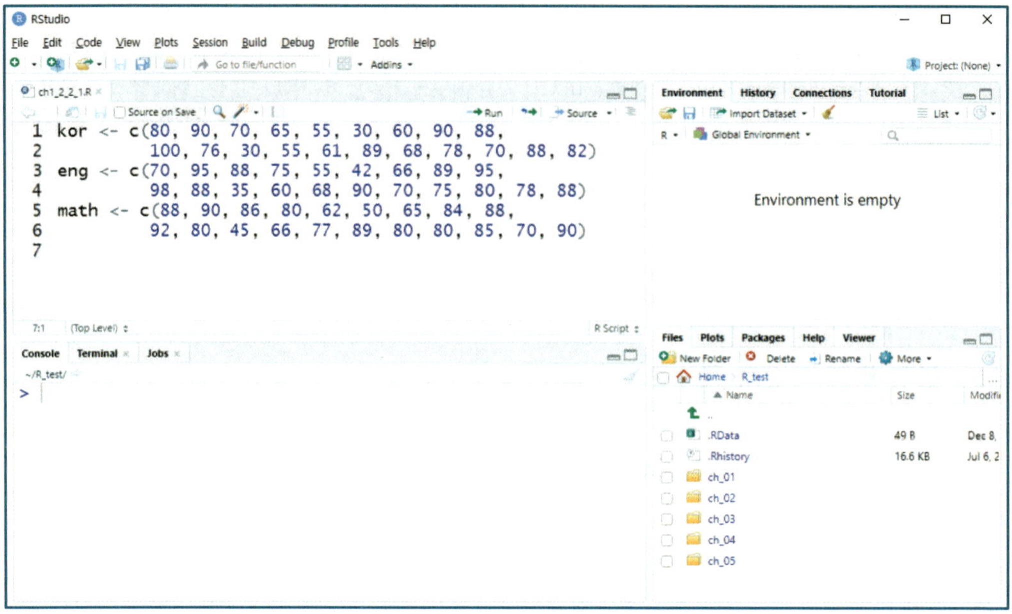

2) 성적 평균 분포도를 그래프로 그리기 위한 프로그램 추가하기

성적의 합계와 평균을 구해서 출력하고 평균의 분포를 그래프로 그리기 위해서는 제공한 파일의 아랫부분에 다음 스크립트 코드를 추가한다.

```
[ Script ]
# 각 학생의 국어, 영어, 수학 성적의 합계와 평균을 계산
total <- kor + eng + math
avg <- total / 3

# 평균값 출력
print(avg, digit = 3)

# 평균의 분포도를 그래프로 나타내기
hist(avg, col = rainbow(10), xlab = "평균", ylab = "빈도수")
```

제공된 파일에 위의 스크립트 코드를 추가했다면 스크립트 창 위의 Source 또는 Ctrl + Shift + S로 실행시켜 보자. 아래 그림과 같이 콘솔 창에 20명의 학생에 대한 성적 평균값을 출력한 결과가 나타나는 것을 볼 수 있으며, Environment 창에는 사용된 변수에 대한 정보가 나타나는 것을 볼 수 있다. 또한, Plots 창에는 평균값들에 대한 성적 분포가 그래프로 그려짐으로써 우리 반 성적 분포를 한 눈에 살펴볼 수 있다.

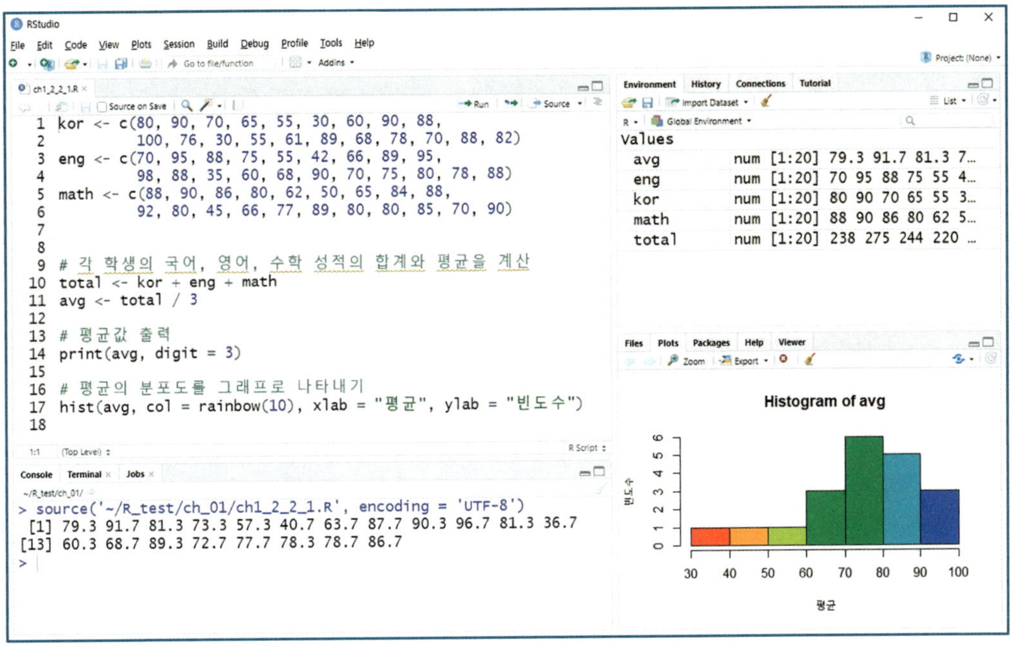

위의 프로그램을 해 보면서 여러 명의 학생에 대한 성적 합계 및 평균을 구하고 성적 분포를 그래프로 시각화하기 위해서 주어진 데이터에 단 3~4줄의 코딩 작업을 추가하는 것만으로도 충분함을 알 수 있다. 이처럼 R 프로그래밍은 주어진 문제를 해결하는데 몇 줄 안 되는 코딩만으로도 충분한 결과를 도출할 수 있는 특징을 가지고 있다. 따라서 기본적인 원리만 익힌다면 초보자들도 주어진 문제를 해결하는데 R 프로그래밍을 쉽게 이용할 수 있다.

연습문제

01 RStudio의 Help 창에서 다음 함수들에 대한 도움말을 찾아보시오.

(1) print()
(2) hist()
(3) ceiling()

02 https://cran.r-project.org/ 사이트에서 제공하는 패키지 목록을 보고 자신의 전공과 관련 있는 패키지를 3개 이상 찾아보시오.

※ 패키지 목록 확인하는 방법
https://cran.r-project.org/ – [Packages] – [Table of available packages]

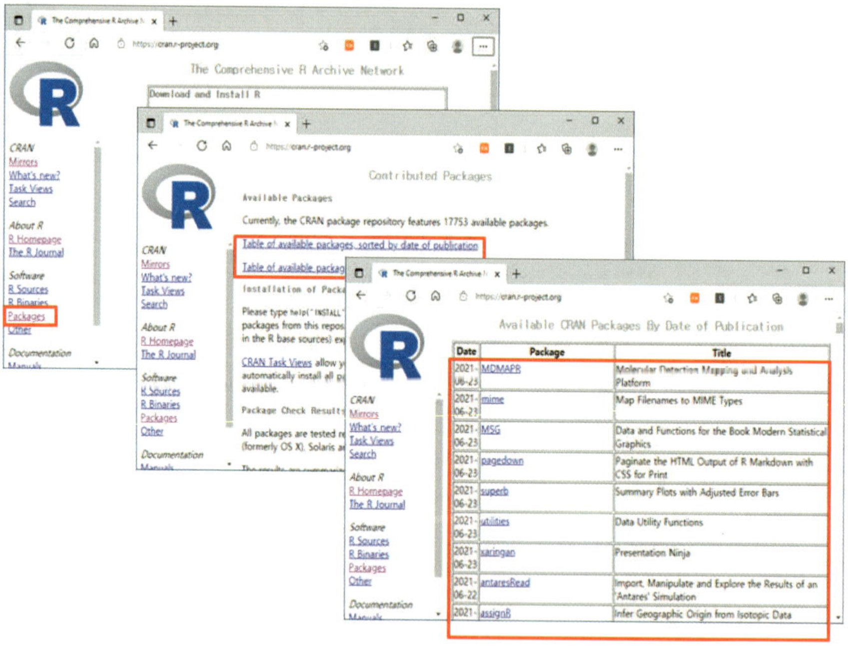

02 R언어에서의 데이터 유형과 연산

1 데이터 유형과 연산자

어린아이에게 "사과 한 개와 사과 두 개를 더하면 몇 개가 될까?"라고 물어보았다. 아이가 이 문제를 해결하려면, '한 개', '두 개', '몇 개'라는 의미가 무엇인지를 알아야 하며 '더하다'라고 하는 의미가 무엇인지를 알아야 한다. 이 의미를 모른다면 아이는 이 말이 무슨 말인지 몰라 이 문제를 해결할 수 없을 것이다.

또한 컴퓨터를 이용하여 문제를 해결하고자 한다면, 그 문제를 해결하는데 필요한 여러 데이터의 의미를 이해하고 각각의 데이터가 가지는 의미를 고려하여 연산하여야 한다. 다음의 그림은 엑셀 프로그램에서 한 학급이 4명인 반 학생들의 성적을 계산하는 과정에서 발생한 하나의 문제를 보여준다. 6행은 2행부터 5행까지의 데이터의 합계를 더하기 연산(예 : "=C2+C3+C4+C5")을 사용하여 계산한 결과이다. 그러나 결괏값이 사용자의 예상과 다른 결과가 표시되거나 계산을 수행하지 못하는 경우가 발생한다. 다음 그림에서 국어와 영어는 과목별 반 합계 성적이 정확하게 계산되는 반면에 다른 열의 결과는 그렇지 못하거나 계산 결과에 의미를 부여하기 어렵다. 그렇다면 동일한 계산 방법을 사용하였는데 왜 이런 현상이 발생한 것일까? 이 현상은 사용자가 데이터의 특성인 유형을 고려하지 않고 동일한 계산식을 적용하거나 데이터 유형이 혼용된 상태에서 계산하였기 때문에 발생한 문제이다.

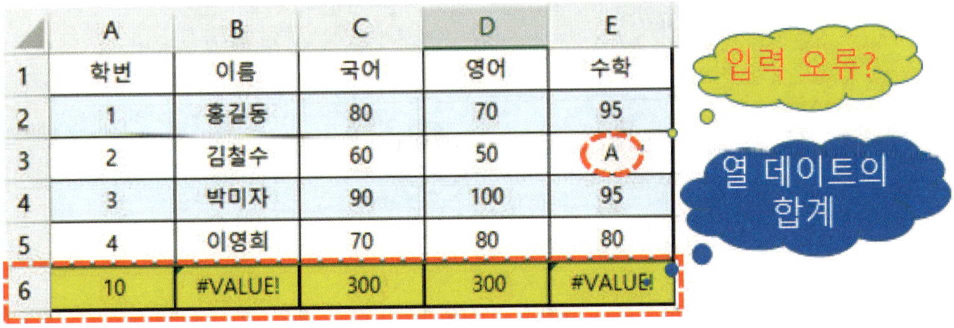

	A	B	C	D	E
1	학번	이름	국어	영어	수학
2	1	홍길동	80	70	95
3	2	김철수	60	50	A
4	3	박미자	90	100	95
5	4	이영희	70	80	80
6	10	#VALUE!	300	300	#VALUE!

학번의 숫자형식 문자는 물리량을 표현하는 것이 아니므로 연산이 무의미할 수 있다. 즉, 1번 학생과 2번 학생을 더한다고 하더라도 3번 학생이 되지 않는다. 그러므로 프로그래머는 학번 데이터에 합계나 평균을 구하는 작업을 하지 않을 것이다. 즉, 숫자형식의 데이터라고 하더라도 모두 수치 데이터의 특성을 가진다고 할 수 없다. 또한 앞 그림의 2열인 이름 데이터 열에서 합계를 구하라는 명령을 내린다면 엑셀 프로그램은 "#Value!"라는 결과를 표시한다. 이것은 계산하고자 하는 값이 수치 값이 아니므로 "계산을 할 수 없다."라는 결과의 표시이다. "홍길동"과 "김철수"를 더할 수 없으므로 사용자는 "이러한 연산을 시도하면 안 된다." 라는 것을 잘 알고 있고 현실에서는 이러한 시도를 하지 않을 것이다. 그러나 앞 그림의 사용자는 엑셀 프로그램에서 이러한 시도를 하였고, 잘못된 결과를 나타내었다.

R언어를 이용하여 컴퓨터 프로그래밍을 할 때도 마찬가지이다. 컴퓨터를 이용하여 문제를 해결하고자 한다면, 그 문제에 나타나는 여러 가지 데이터를 R언어가 이해하는 방법으로 표현해 주어야 한다. 또한 R언어에서 제공하는 여러 가지 연산자나 함수를 이용하여 데이터를 처리할 수 있도록 프로그래밍함으로써 우리는 원하는 결과를 얻을 수 있다.

1.1 데이터 유형

디지털 기기인 컴퓨터는 모든 정보를 "0"과 "1"을 이용하여 표현한다. 컴퓨터에서의 기억공간은 "0"과 "1"을 표현할 수 있는 소자(Element)를 일정한 길이로 묶어서 관리하는 매체라 할 수 있다.

이때 "0"과 "1"을 표현할 수 있는 소자의 단위를 비트(bit)라고 하며, 1비트짜리 8개의 소자를 묶어 1바이트(Byte)로 부른다. 이는 일반적인 기억공간을 가리키는 기본 단위로 사용되고 있다. 여러분은 자신의 소유하고 있는 스마트폰을 구매할 때 기억공간의 단위나 평소에 가지고 다니는 USB 메모리의 용량을 표현할 때도 GB라는 단위를 사용한다. 여기서 GB는 10억(10^9)개의 바이트 기억공간을 말한다. 이렇게 큰 기억공간에 저장되는 데이터라도 "0"과 "1"의 묶음으로만 표현된다. 그렇다면 컴퓨터의 기억공간에서 임의의 위치에 저장된 "00101000"이라는 비트열은 무엇을 의미할까? 결론부터 말한다면, 나열된 이진 비트열만으로는 그 비트열이 의미하는 데이터를 특정할 수 없다는 것이다.

다음의 그림은 1바이트의 이진 비트열 데이터인 "00101000"을 해석할 수 있는 세 가지 예를 보여주고 있다. 즉, 이 비트열을 문자 데이터로 간주한다면, 이 비트열의 이진수로 계산하여 생성된 값 72를 이용하여 문자표에서 72번째 위치한 문자 "H"를 표현한다. 만일 이 비트열을 정수로 간주한다면 이진수 계산식에 따라 "72"라는 정숫값을 표현한다. 또한, 이 비트열을 실수로 간주한다면 표준 실수 계산 방식에 따라 이 비트열은 부호 비트, 지수 비트, 유효수 비트로 분리되어 계산된 결과인 "1.5"라는 실숫값을 표현한다. 뿐만 아니라, 이 비트열이 논릿값으로 간주되느냐? 날짜로 간주되느냐? 하나의 데이터를 표현하는 비트열의 묶음이 1바이트냐? 2바이트냐? 4바이트냐?에 따라 다른 의미로 해석될 수 있다.

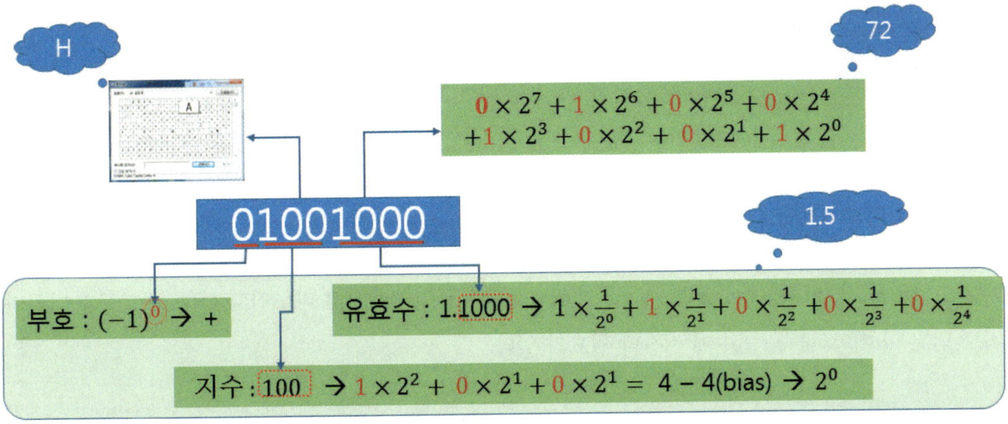

컴퓨터 언어에서는 이러한 비트열의 해석 방법을 컴퓨터 프로그램 과정에서 명시하여야 한다. 이때 변수에 저장된 비트열을 컴퓨터 프로그램이 수행하는 과정에서 어떻게 해석할 것인지를 명시하는 것이 바로 데이터 유형이다. R언어는 데이터 유형을 사용자가 변수에 할당되는 값을 참조하여 자동으로 지정한다. R언어 사용자는 변수에 저장된 데이터의 유형을 기억하고 이를 참조하여 관계식을 구성할 때 계산이 불가능한 데이터 유형을 가진 변수 간의 관계식을 정의하지 말아야 한다.

R언어에서 다루는 기본 데이터 유형에는 숫자형, 문자형, 논리형, 날짜형이 있다. 이들은 하나의 변수에 동일한 유형의 데이터만 할당할 수 있다. 2장에서는 이 기본 데이터 유형만 다루고. 하나의 변수에 여러 개의 데이터가 저장되는 복합 데이터 유형인 벡터나 리스트, 행렬, 데이터 프레임과 같은 데이터 유형은 4장과 5장에서 설명한다.

1) 숫자형(numeric type, 실수형)

국어, 영어, 수학 성적을 이용하여 합계와 평균을 구하기 위해 이 데이터들을 변수에 저장해야 한다. 각 과목 성적의 공통점은 이들이 모두 숫자로 이루어져 있다는 것이다. 이러한 숫자 데이터를 변수에 저장하면 R에서는 정수 형태인 국어 점수 80이든 실수 형태인 영어 점수 81.67이든 모두 기본적으로 숫자형으로 데이터 유형을 지정한다. 따라서 다음과 같은 스크립트 코드에서 kor, eng, math에 저장된 데이터는 모두 숫자형에 해당하며, 이러한 숫자형 데이터에는 사칙연산 등이 가능하고, 사칙연산으로 계산된 값 total, avg 또한 숫자형에 해당한다.

```
[ Script ]
kor <- 80
eng <- 81.67
math <- 90.0
total <- kor + eng + math          # total = 251.67
avg <- total / 3                   # avg = 83.89
```

2) 문자형(character type)

다음 그림의 성적 데이터에서 이름과 등급 데이터를 R 프로그래밍으로 다루려고 한다. 숫자형과 마찬가지로 먼저 이 데이터들을 변수에 저장할 필요가 있다.

학번	이름	국어	영어	수학	합계	평균	등급
1	홍길동	80	70	95	245	81.67	B
2	김철수	60	50	70	180	60.00	D
3	박미자	90	100	95	285	95.00	A
4	이영희	70	80	80	230	76.67	C

한 글자로 이루어진 "A", "B"나 여러 글자로 이루어진 "홍길동" "김철수"는 모두 문자형 데이터에 해당된다. 문자형 데이터는 프로그래머가 홑따옴표나 쌍따옴표로 묶어서 문자형임을 나타낸 후 변수에 할당하면, R언어는 이 데이터의 유형을 문자형으로 인식하고 해당 변수의 데이터 유형을 문자형으로 설정한다. 다음 프로그램은 쌍따옴표로 묶어 표현한 "A"와 "홍길동"이 저장된 변수가 "character" 유형임을 보여준다.

```
[ Script ]
sgrade <- "A"                              # 문자 "A"를 변수에 저장
mode(sgrade)
sname <- "홍길동"                           # 문자열 "홍길동"을 변수에 저장
mode(sname)
--------------------------------------------------------------------
[ Console ]
> sgrade <- "A"                            # 문자 "A"를 변수에 저장
> mode(sgrade)
[1] "character"
> sname <- "홍길동"                         # 문자열 "홍길동"을 변수에 저장
> mode(sname)
[1] "character"
```

우리가 주로 다루는 1은 숫자형 데이터이므로 num <- 1과 같이 변수에 값을 저장하면 num 변수는 숫자형 변수로 사용된다. 하지만 종종 1을 문자로 다루어야 하는 경우가 있다. 다음 프로그램과 같이 cnum <- "1"과 같이 값을 저장하면 "1"은 문자형 데이터이므로 변수 cnum은 문자형 변수로 다루어 진다.

```
[ Script ]
cnum <- "1"                                # 문자 1 저장
mode(cnum)
num <- 1                                   # 숫자 1 저장
mode(num)
--------------------------------------------------------------------
[ Console ]
> cnum <- "1"                              # 문자 1 저장
> mode(cnum)
[1] "character"
> num <- 1                                 # 숫자 1 저장
> mode(num)
[1] "numeric"
```

같은 1이라는 데이터가 숫자형 또는 문자형으로 표현되었을 때 이에 적용되는 연산이 달라진다. 따라서 만약 사칙연산 등에 1을 사용하고자 한다면 숫자형으로 표현하면 되지만 "1"을 다른 문자와 결합하고자 한다면 문자형 "1"로 표현하여야 한다.

3) 논리형(logical type)

"국어 성적이 90점 이상인가?"라는 문제에 대한 답은 "그렇다" 또는 "아니다"로 말할 수 있다. 이러한 문제를 컴퓨터 프로그래밍으로 다루려면 "그렇다"에 해당하는 "참" 또는 "아니다"에 해당하는 "거짓"과 같은 값을 다룰 수 있어야 한다. 이러한 값을 다룰 수 있는 데이터 유형을 논리형이라고 한다. R에서 논리형은 "참"은 TRUE, "거짓"은 FALSE로 나타낸다. 다음 프로그램에서 "kor >= 90"은 "kor에 저장된 값이 90 이상이다"라는 표현이고 이게 "참"이라면 변수 above90에 TRUE가, "거짓"이면 "FALSE"가 저장된다. kor에 95를 대입하여 저장해 놓았으므로 above90에는 TRUE, below90에는 FALSE가 저장된다. 이때 R언어는 자동으로 변수 above90, below90의 데이터 유형을 논리형으로 지정한다.

```
[ Script ]
kor <- 95                      # kor에 95 저장
above90 <- kor >= 90           # kor 값이 90점 이상인가?
below90 <- kor < 90            # kor 값이 90보다 작은가?
print(above90)
print(below90)
---------------------------------------------------------------------
[ Console ]
> kor <- 95                    # kor에 95 저장
> above90 <- kor >= 90         # kor 값이 90점 이상인가?
> below90 <- kor < 90          # kor 값이 90보다 작은가?
> print(above90)
[1] TRUE
> print(below90)
[1] FALSE
```

Tip TRUE, FALSE 대신에 T, F 사용

TRUE는 T, FALSE는 F로 대신해서 쓸 수도 있다. T와 F는 TRUE, FALSE로 미리 초기화된 변수이므로 중간에 다른 값들로 대입해 두었다면 T가 TRUE가 아닐 수도 있음을 기억해 두자. 또한 R언어는 대소문자를 구분하므로 True, False 등은 변수로 사용될 수 있다.

4) 날짜형(date type)

R언어에서 날짜 데이터는 어떻게 관리가 될까? "2021-05-28"의 예에서 보듯이 날짜 데이터는 숫자로 구성되지만 문자형 데이터와도 유사점을 가지고 있다. 즉, 숫자가 위치에 따라서 의미하는 바가 다르기 때문에 연산을 단순하게 적용할 수 없다. 그러나 "오늘부터 며칠 후의 날짜는?", "오늘부터 며칠 전의 날짜는?"과 같이 계산이 요구되는 경우도 자주 있다. 그러므로 R언어에서는 날짜형이라는 데이터 유형을 제공함으로써 이러한 문제를 해결하고 있다. 이와 같은 이유로 R언어에서는 시간형 데이터 유형도 같이 제공하고 있다.

변수를 날짜형으로 데이터 유형을 설정하기 위해서는 변수에 날짜의 값을 할당하여야 한다. 그러나 키보드로는 날짜형의 값을 생성하지 못하므로 날짜형 데이터값을 반환하는 함수(예 : Sys.Date())나 문자열을 날짜형 데이터값으로 바꾸어 주는 함수 "as.Date()"를 사용하여 날짜형 변수를 생성할 수 있다. 또한, 시간형 변수를 생성하기 위해서는 날짜형 데이터값을 반환하는 함수(예 : Sys.time())를 활용하면 된다. 이들 함수에 대한 추가적인 사용법은 2절에서 조금 더 자세히 설명한다.

```
[ Script ]
today1 <- Sys.Date()                    # 현재의 날짜 출력
print(today1)
today2 <- Sys.time()                    # 현재의 날짜와 시간 출력
print(today2)
--------------------------------------------------------------------
[ Console ]
> today1 <- Sys.Date()                  # 현재의 날짜 출력
> print(today1)
[1] "2021-05-28"
> today2 <- Sys.time()                  # 현재의 날짜와 시간 출력
> print(today2)
[1] "2021-05-28 23:43:47 KST"
```

Tip mode() vs. class()

다음 프로그램에서 날짜 데이터인 date1에 대해 class()함수는 "Date" 형으로, mode() 함수는 "numeric"형으로 나타내고 있다. class() 함수는 그 데이터 객체의 추상 자료형을 나타내는 반면, mode() 함수는 그 데이터 객체를 메모리에 어떻게 저장할 것인가를 나타낸다. 따라서 date1는 날짜형 객체인데 실제 메모리에는 숫자형으로 저장됨을 알 수 있다.

```
[ Console ]
> date1 <- Sys.Date()
> class(date1)
[1] "Date"
> mode(date1)
[1] "numeric"
```

1.2 R언어의 기본 연산자

R언어는 성적 데이터에서 국어, 영어, 수학 성적을 숫자형 데이터로, 등급, 이름을 문자형 데이터로, 국어 성적이 90점 이상인지 아닌지에 대한 답은 데이터값이 TRUE, FALSE인 논리형 데이터로 설정하여 관리한다. 또한, 날짜나 시간 데이터를 관리하기 위해서 날짜형, 시간형 데이터 유형을 제공하고 있다. 이렇게 관리되는 데이터는 여러 가지 연산자에 의해 처리되어 새로운 정보를 생성한다. 즉, 연산자란 데이터를 가공하고 처리하기 위한 도구이다. 따라서 이 절에서는 앞에서 다룬 유형의 데이터를 가공하고 처리하기 위한 연산자에 대하여 설명한다.

1) 산술 연산자

1.1절에서 살펴본 다음 프로그램은 숫자형 데이터인 국어, 영어, 수학 성적에 더하기와 나누기 연산을 적용하여 합계와 평균을 계산한다. 이와 같이 숫자형 데이터 또는 날짜형 데이터에 더하기, 빼기 등의 산술 계산하기 위한 연산자를 산술 연산자라고 한다.

```
[ Script ]
kor <- 80
eng <- 81.67
math <- 90.0
total <- kor + eng + math          # total = 251.67
avg <- total / 3                   # avg = 83.89
```

다음 표는 R언어에서 제공하는 산술 연산자이다. 숫자형 데이터에는 아래의 모든 산술 연산자를 적용할 수 있으나 날짜형 데이터에는 아래의 산술 연산자 중 더하기와 빼기만 지원된다. 따라서 프로그래머는 데이터 유형에 따라 적용되는 연산자가 다를 수 있음을 이해하여야 한다.

연산자	의미	사용 예	결과
		x <- 10; y<- 3 일 때	
+ - * /	더하기, 빼기, 곱하기, 나누기	x + y	13
^ 또는 **	거듭제곱	x ^ y	1000
%%	나머지	x %% y	1
%/%	정수 나눗셈 (몫)	x %/% y	3

또한, 숫자형 데이터와 문자형 데이터를 산술연산하면 다음과 같이 오류가 발생한다.

```
[ Script ]
class <- "202109"
kor <- 80
classkor <- class + kor
----------------------------------------------------------------------
[ Console ]
> class <- "202109"
> kor <- 80
> classkor <- class + kor
class + kor에서 다음과 같은 에러가 발생했습니다:이항연산자에 수치가 아닌 인수입니다
```

다음과 같이 논리형 TRUE와 FALSE는 덧셈과 같은 산술연산을 적용하면 TRUE는 1로, FALSE를 0으로 변환되어 계산에 사용된다.

```
[ Script ]
res <- TRUE + TRUE
a <- TRUE
b <- F

print(res)
print(a)
print(b)
print(a + b)
--------------------------------------------------------------------------
[ Console ]
> res <- TRUE + TRUE
> a <- TRUE
> b <- F
> print(res)
[1] 2
> print(a)
[1] TRUE
> print(b)
[1] FALSE
> print(a + b)
[1] 1
```

산술 연산자를 이용하여 다음의 문제를 해결해 보자. 해외여행을 위해 150만원을 미국 달러로 환전하고자 한다. 현재 미국 달러의 환율이 1달러가 1,120원이라고 할 때 150만원에 대해 몇 달러를 환전 받을 수 있을까? 그리고 환전 후 남은 금액(잔액)은 얼마인지 계산하려고 한다. R언어에서 제공하는 산술 연산자 중 정수 나눗셈(몫) %/% 과 나머지를 구하는 %% 연산자를 사용하면 간단히 해결할 수 있다.

```
[ Script ]
# ch2_1_2_1.R
money <- 1500000                                  # 가진 돈
exchange_rate <- 1120                             # 달러환율
exchange_money <- money %/% exchange_rate         # 환전액 계산
balance <- money %% exchange_rate                 # 잔액 계산

cat("환전액은", exchange_money, "달러\n")
cat("남은 금액은", balance, "원\n")
--------------------------------------------------------------------------
[ Console ]
> source('~/R_test/ch_02/ch2_1_2_1.R', encoding = 'UTF-8')
환전액은 1339 달러
남은 금액은 320 원
```

지금까지는 결과 출력을 명시하기 위해 print() 함수를 사용했다. 그런데, print() 함수는 한 번에 한 가지 데이터만 출력할 수 있으므로 한 줄에 문자열과 exchange_money 변수값을 한꺼번에 출력할 수 없다. 따라서 문자열과 변수값을 같이 출력하기 위해서는 cat() 함수를 사용하여야 한다. cat() 함수는 위의 프로그램에서와 같이 출력하고자 하는 문자열, 변수 등을 나열해 주는 대로 출력한다. 위의 예에서 '\n' 기호는 줄 바꿈을 지시하는 특수문자이다.

2) 비교 연산자

앞 절에서 논리 연산자를 학습할 때, "국어 성적이 70점 이상인가?"라는 질문을 해 보았다. 이 질문에 답하기 위해서는 국어 성적이 저장된 변수 kor와 70을 비교하여 kor에 저장된 값이 70점 이상인지에 대한 답을 해야 한다. 이때, 데이터값을 비교하는 연산이 필요하고 이러한 연산자를 비교 연산자라고 한다. 비교 연산자는 숫자형 데이터뿐만 아니라 문자형, 날짜형 데이터에도 모두 적용할 수 있다. 다음 표는 R언어에서 지원하는 비교 연산자다.

연산자	의미	사용 예	kor <- 80 일 때 결과
<	작다	kor < 70	FALSE
>	크다	kor > 70	TRUE
<=	이하 (작거나 같다)	kor <= 70	FALSE
>=	이상 (크거나 같다)	kor >= 70	TRUE
==	같다	kor == 70	FALSE
!=	같지 않다	kor != 70	TRUE

"국어 성적이 70점 이상인가?"를 비교 연산자를 이용하여 R언어로 표현하면 다음과 같다. kor에 저장된 값이 80이므로 kor >= 70의 결과는 TRUE가 된다. 이와 같이 비교 연산자의 결과는 논리형(TRUE/FALSE)로 나타난다.

```
[ Script ]
kor <- 80
above70 <- kor >= 70                # kor가 70점 이상인가?
print(above70)
------------------------------------------------------------------
[ Console ]
> kor <- 80
> above70 <- kor >= 70              # kor가 70점 이상인가?
> print(above70)
[1] TRUE
```

3) 논리 연산자

다음의 스크립트와 같이 성적이 주어졌을 때, "국어 성적이 70점 이상이고 영어 성적이 70점 이상인가?"라는 질문에 대한 해답을 R로 해결하고자 한다.

```
[ Script ]
kor <- 80
eng <- 70
```

이때, "국어 성적이 70점 이상이다"는 "kor >= 70", "영어 성적이 70점 이상이다"는 "eng >= 70"과 같이 비교 연산자로 표현할 수 있으며, 그 결과는 각각 TRUE 또는 FALSE로 나타날 것이다. 그런데 "국어 성적이 70점 이상이고 영어 성적이 70점 이상인가?"라는 질문에서는 이러한 두 개의 비교 연산 결과가 모두 TRUE인 경우 이 질문에 대한 대답을 "참(TRUE)"라고 할 수 있다. 이와 같이 논릿값에 대한 연산을 논리 연산자라고 한다. 논리 연산자는 조건이 두 개 이상일 경우, 조건을 결합할 때 사용한다. R언어에서 지원하는 논리 연산자는 다음과 같다.

연산자	의미	사용 예	결과
!	논리연산자(not)	!TRUE !FALSE	FALSE TRUE
&	논리연산자(and)	TRUE & TRUE TRUE & FALSE FALSE & TRUE FALSE & FALSE	TRUE FALSE FALSE FALSE
|	논리연산자(or)	TRUE | TRUE TRUE | FALSE FALSE | TRUE FALSE | FALSE	TRUE TRUE TRUE FALSE

"국어 성적이 70점 이상이고 영어 성적이 70점 이상인가?"와 "국어 성적이 75점 이상이거나 영어 성적이 75점 이상인가?"를 논리 연산자를 이용해서 R로 표현해 보면 다음과 같다.

```
[ Script ]
kor <- 80
eng <- 70
above70 <- (kor >= 70) & (eng >= 70)       # kor가 70점 이상이고 eng가 70점 이상인가?
aboveOr75 <- (kor >= 75) | (eng >= 75)    # kor가 75점 이상이거나 eng가 75점 이상인가?
print(above70)
print(aboveOr75)
------------------------------------------------------------------------
[ Console ]
> kor <- 80
> eng <- 70
> above70 <- (kor >= 70) & (eng >= 70)
> aboveOr75 <- (kor >= 75) | (eng >= 75)
> print(above70)
> print(aboveOr75)
[1] TRUE
[1] TRUE
```

1.3 사용자와 상호작용을 위한 입력

지금까지 여러분은 주어진 문제를 해결하기 위해 프로그램 내에서 "kor <- 80"과 같이 변수에 직접 값을 대입하고 이 값을 화면에 출력하는 방법을 사용하였다. 처리하는 데이터가 변하지 않거나 양이 적고 프로그램의 사용자가 출력되는 변수의 의미를 미리 잘 알고 있다면 프로그램 내에서 직접 변수에 값을 대입하고 그 결과를 화면에 출력하는 방식이 간단할 수 있다. 하지만 많은 경우 프로그램 수행 중에 필요한 데이터나 프로그램 수행에 필요한 지시사항 등을 직접 입력해야 할 수도 있다.

다음의 그림에서 보듯이 완성된 프로그램을 사용하는 사용자는 프로그램 내의 명령어가 어떻게 구성되어 있는지 모두 알 필요는 없다. 단지 프로그램의 지시에 따라 데이터를 제공하고 원하는 정보를 획득하면 된다.

이 경우 "kor <- 80"과 같이 프로그램 내에서 값을 입력하는 방법으로는 처리할 수 없다. 그러므로 필요에 따라 사용자로부터 콘솔 창의 명령라인을 통해 직접 입력을 받을 수 있어야 한다. 이와 같은 상호작용 프로그램은 사용자로부터 데이터를 입력받고 그 데이터를 이용하여 문제를 해결하며 그 결과를 사용자에게 출력함으로써 프로그램 사용자와 상호작용을 할 수 있다. 이때, 사용자로부터 데이터를 입력받고 결과를 출력해 주는 작업을 편리하게 수행해 주는 도구가 있다면 프로그래머는 수월하게 상호작용 프로그램을 작성할 수 있을 것이다. R언어에서는 프로그램 실행 중에 사용자로부터 값을 입력받는 방법을 제공한다. 프로그램 수행 중에 데이터를 직접 입력받는 다양한 입력 함수에 대하여 알아본다.

R언어에서는 프로그램 수행 중에 데이터를 입력받을 수 있는 여러 가지 함수 도구를 제공하고 있다. 콘솔 창의 명령라인에서 데이터를 입력하기 위한 도구로 readline(), scan(), edit() 등의 함수가 있다. readline() 함수는 주어진 지시문을 콘솔 화면에 출력하고 사용자로부터 숫자나 문자 등의 데이터를 한 줄 단위로 입력받아 처리한다. scan() 함수는 명령라인에서 벡터 형태의 데이터를 입력받을 때 유용한 함수이며, edit() 함수는 표 형식의 데이터 편집기를 이용하여 데이터 프레임이나 행렬을 입력할 때 유용하게 사용될 수 있다. 따라서 사용자가 입력하고자 하는 데이터 유형에 따라 선택해야 할 입력 함수가 달라질 수 있다. 여기서는 readline() 함수와 scan() 함수의 사용 용도 및 방법을 살펴보고 edit() 함수는 5장에서 살펴본다.

- readline("지시문장") – 지시문장을 출력하고 명령라인에서 한 줄씩 입력받는 함수
- scan() – 명령라인 또는 파일에서 벡터형태로 데이터를 입력받는 함수
- edit() – R 데이터 편집기를 이용하여 데이터 프레임이나 행렬 형태로 데이터를 입력받는 함수

■ readline() 함수

프로그램의 사용자로부터 몸무게와 키를 입력받아 BMI 지수를 계산해주는 문제를 해결하는 R언어 프로그램을 만든다고 가정해 보자. 프로그래머는 프로그램 사용자가 입력하는 데이터가 몸무게인지 키인지를 어떻게 구분할 수 있을까? 사용자가 입력한 수치 값만으로 이 정보를 구분할 수 없다. 그러므로 프로그래머는 사용자가 몸무게와 키를 구분하여 입력할 수 있도록 안내문을 제시하여야 한다. R언어에서 이러한 기능을 제공하는 함수가 readline() 함수이다.

readline() 함수는 한 단어 또는 여러 단어로 구성된 문자열 한 줄을 콘솔 창을 통해 입력을 받을 수 있다. readline() 함수는 입력받는 모든 값을 기본적으로 문자열로 간주한다. 그러므로 만일 입력된 값이 숫자 값으로 처리되길 원한다면 프로그래머는 프로그램 내에 문자열 값을 숫자 값으로 변경하라는 명령으로 명시하여야 한다. 문자 "1"과 숫자 1은 컴퓨터 내부에서 다른 값을 가지고 있음을 여러분은 이미 알고 있을 것이다. 다음 프로그램에서와 같이 readline() 함수 안에 문자열을 입력해 줌으로써 명령라인에 입력받을 내용을 안내할 수도 있다.

```
[ Console ]
> name <- readline("Input your name : ")
Input your name : 홍길동
> print(name)
[1] "홍길동"
```

다음 프로그램은 상호작용을 하는 BMI지수를 구하는 프로그램과 상호작용을 하지 않는 BMI지수를 구하는 프로그램이다. 물론 상호작용을 하는 프로그램이 조금 더 복잡해 보일 수 있다. 그러나 한 번만 개발해 둔다면 많은 사람이 편리하게 사용할 수 있을 것이다.

상호작용을 하는 프로그램	상호작용이 없는 프로그램

# ch2_1_3_1.R 	
inWei <- readline("당신의 몸무게는 ? ")
inHei <- readline("당신의 키는 ? ")
# 입력된 문자열을 숫자값으로 변경 	
wei <- as.numeric(inWei)
hei <- as.numeric(inHei)
# BMI 지수 계산 	
vBmi <- (wei * 10000) / (hei^2);
 	
cat("당신의 BMI 지수는 ", vBmi, "입니다.\n")
	# ch2_1_3_2.R
	wei <- 71
	hei <- 177
	# BMI 지수 계산
	vBmi <- (wei * 10000) / (hei^2);
	
	cat("당신의 BMI 지수는 ", vBmi, "입니다.\n")

--------------------------------------- > source('~/R_test/ch_02/ch2_1_3_1.R') 당신의 몸무게는 ? 71 당신의 키는 ? 177 당신의 BMI 지수는 22.66271 입니다.	--------------------------------------- > source('~/R_test/ch_02/ch2_1_3_2.R') 당신의 BMI 지수는 22.66271 입니다.

위의 상호작용이 있는 BMI지수 구하는 프로그램에서는 as.numeric() 함수가 사용된다. 이 함수는 readline() 함수를 통해 입력받은 숫자 형식 문자열을 숫자 값으로 변경해 주는 역할을 수행한다. 즉, 숫자 형식 문자열 "123"(일이삼)을 숫자 123(백이십삼)으로 변경해 줌으로써 사칙연산 등을 수행할 수 있는 숫자형 데이터로 변경해 주는 역할을 수행한다. 또한 BMI 지수 계산은 다음의 수식에 의해 구해진다.

$$\text{BMI 지수} = \text{몸무게} \times 10000 / \text{키}^2$$

■ scan() 함수

scan() 함수를 이용하면 숫자형, 문자형, 논리형의 데이터 유형을 콘솔 창의 명령라인에서 입력할 수 있다. 아래 예제와 같이 scan() 함수를 실행시키면 사용자가 입력할 수 있는 상태의 줄이 차례로 표시되고, 입력하고 싶은 데이터 수만큼 데이터를 입력한 다음, 빈 줄에서 〈Enter〉를 입력하면 데이터 입력의 종료로 인식되며 변수 kor에 입력된 숫자들이 벡터 형식으로 저장된다.

```
[ Script ]
kor <- scan()
print(kor)
----------------------------------------------------------------------
[ Console ]
> kor <- scan()
1: 80
2: 90
3: 70
4:
Read 3 items
> print(kor)
[1] 80 90 70
```

scan() 함수는 기본적으로 숫자형 데이터를 입력받는다. 따라서 문자형 또는 논리형의 데이터를 입력받고자 한다면 옵션 what을 이용하여 다음과 같이 입력받을 수 있다.

```
[ Script ]
charValue <- scan(what = character()) # 논리형은 scan(what = logical())
----------------------------------------------------------------------
[ Console ]
> charValue <- scan(what = character())
1: a
2: b
3:
Read 2 items
> print(charValue)
[1] "a" "b"
```

2 연산자를 이용한 간단한 문제 해결

1절에서 R언어에서의 데이터 유형과 연산자에 대하여 살펴보았다. 이 절에서는 R언어의 데이터 유형과 연산자를 활용하여 주어진 문제를 해결해 보자.

2.1 페트병 개수 구하기

다음 그림과 같이 밑면의 지름은 40cm, 높이는 50cm인 원기둥 형태의 큰 물통에 물이 가득 담겨있다. 이를 500ml짜리 페트병에 옮겨 담으려고 할 때 500ml 페트병은 몇 개나 필요한지 R 프로그래밍으로 해결해 보자. 이 문제는 전자계산기나 수기로 해결이 가능할 것이다. 그런데 이런 원기둥이 하나만 있는 것이 아니라 지름과 높이가 다양한 원기둥 물통이 수십, 수백 개가 있다면 이 문제를 해결하는데 매우 오랜 시간이 소요될 것이다. 그러나 R언어를 이용하면 원기둥 물통이 수백 개가 주어진다고 하더라도 쉽게 문제를 해결할 수 있다. 이 절에는 먼저 1개의 원기둥 물통에 대하여 R 프로그램으로 해결해 봄으로써 R언어 사용법을 익히도록 한다.

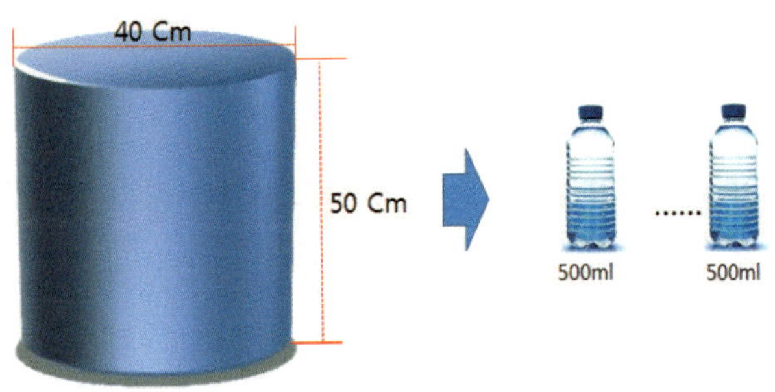

이 문제를 해결하기 위해서 먼저 큰 물통의 부피를 계산하여 그 안에 있는 물의 양을 알아야 한다. 물통의 부피를 구하는 데 필요한 식은 다음과 같으며 이 계산식들은 순서대로 처리되어야 한다. 또한, 이 식을 이용하여 구한 원기둥의 부피를 500ml로 나누면 페트병의 개수를 구할 수 있다.

```
밑면의 반지름 = 밑면의 지름 / 2
밑면의 넓이 = 3.14 * 밑면의 반지름 * 밑면의 반지름
원기둥의 부피 = 밑면의 넓이 * 원기둥의 높이
```

이 일련의 작업들을 순서대로 나타내면 다음과 같다.

① 밑면의 지름과 원기둥의 높이를 각각 변수에 저장한다.
② 지름을 2를 나눈 값을 반지름으로 정한다.
③ 3.14 * 반지름 * 반지름을 계산하여 원의 넓이를 구한다,
④ 원의 넓이 * 원기둥의 높이를 계산하여 원기둥의 부피를 구한다.
⑤ 원기둥의 부피를 500ml로 나누어 페트병 수를 구한다.
⑥ 페트병 수를 출력한다.

다음은 페트병 개수를 구하는 R 프로그램이다.

```
[ Script ]
# ch2_2_1_1.R
diameter <- 40                    # 밑면의 지름을 변수에 저장한다.
height <- 50                      # 원통의 높이를 변수에 저장한다.
radius <- diameter / 2            # 지름을 2로 나눈 값을 반지름으로 정한다.
area <- 3.14 * radius * radius    # 3.14*반지름*반지름으로 밑면의 넓이를 구한다.
volume <- area * height           # 밑면의 넓이*원기둥의 높이로 부피를 구한다.
pnum <- volume / 500              # 원기둥의 부피/500ml로 페트병 개수를 구한다.
pnum <- ceiling(pnum)             # pnum이 실수이므로 올림해서 개수를 구한다.

print("페트병 갯수는")
print(pnum)                       # 페트병 개수를 출력한다.
---------------------------------------------------------------------------
[ Console ]
> source('~/R_test/ch_02/ch2_2_1_1.R', encoding = 'UTF-8')
[1] "페트병 갯수는"
[1] 126
```

위 프로그램에서 ceiling(pnum)은 pnum이 125.6과 같이 실수형으로 계산되므로 이를 올림하는 함수이다. R언어에서 실수의 올림값을 얻기 위해서는 함수를 사용하여야 한다. 함수에 대한 내용은 3장에서 자세히 다룬다.

실행 결과, 필요한 페트병 개수는 126개로 출력된다. 사용되는 다른 변수들의 값은 RStudio의 Environment 창에서 확인할 수 있다. 이 예제에서는 콘솔 창에 스크립트 명령어가 출력되지 않음을 알 수 있다. 스크립트 명령어가 콘솔 창에 출력되지 않고 깔끔하게 사용자가 원하는 정보만 출력되길 원한다면 스크립트 창 오른쪽 위에 있는 "Source" 버튼을 클릭하면 된다.

2.2 기념일 계산하기

R언어에서 숫자형 데이터에는 더하기나 빼기, 곱하기, 나누기와 같은 산술 연산자나 비교 연산자가 주로 이용되는 반면에, 문자 데이터에는 문자열을 분리하고 부분 추출하고 연결하는 등의 연산이 주로 이용된다. R언어에서는 이러한 연산이 함수 형태로 정의되어 있어 함수를 이용하면 문자형 데이터를 원하는 방식으로 처리할 수 있다. 이 절에서는 문자형 데이터를 처리하는 함수를 이용하여 주어진 문제를 해결하는 방법을 다룬다. 또한, 기념일을 계산하기 위하여 문자열 형식으로 입력된 날짜를 날짜형 데이터로 처리하여 기념일을 계산하는 방법도 알아본다.

1) 문자형 데이터 문제 해결

프로그래밍으로 문제를 해결하려고 할 때 숫자형 데이터뿐만 아니라 문자형 데이터들을 처리해야 하는 경우도 많다. 그리고 어떤 경우는, 우리는 숫자라고 인식하지만 프로그램에서는 문자형 데이터로 다루어야 하는 경우도 있다. 예를 들어, 인터넷 사이트에 개인정보를 입력할 때 편리성을 위해서 생년월일은 "98년 12월 14일" 보다는 "981214"와 같은 방식으로 입력하는 경우가 많다. 입력할 때는 서식 없이 입력하는 것이 편할 수 있으나, 보기에는 가독성이 떨어진다. 따라서 출력할 때 "98년 12월 14일"과 같이 보여준다면 가독성을 높일 수 있다. 이러한 처리를 위해서라면 생년월일 981214는 숫자보다는 문자열로 다루어져야 하며, 문자열을 부분 추출하고 연결하는 등의 과정을 통해 원하는 결과를 얻을 수 있다.
입력받은 "981214" 형태의 생년월일을 알아보기 편하게 "~년 ~월 ~일" 형태의 문자열로 나타내는 문제를 R 프로그래밍으로 해결하기 위해서는 "981214"를 2자씩 추출해서 년, 월, 일의 앞에 차례로 들어가도록 하여 문자열을 생성하는 과정이 필요한데 이 일련의 작업들을 순서대로 나타내면 다음과 같다.

① 문자열 "981214"를 변수(str)에 저장한다.
② str의 처음 2글자를 부분추출하여 변수(year)에 저장한다.
③ str의 다음 2글자를 부분추출하여 변수(month)에 저장한다.
④ str에서 다음 2글자를 추출하여 변수(day)에 저장한다.
⑤ year, "년", month, "월", day, "일"을 순서대로 문자열 연결하여 변수(date1)에 저장한다.
⑥ date1를 출력한다.

"981214"에서 2글자씩을 부분 추출하는 작업은 문자열 함수 substr()을 사용하면 쉽게 해결할 수 있다. 또한, year, "년", month, "월", day, "일"을 연결하여 하나의 문자열로 만드는 작업은 문자열 함수 paste()를 사용하면 된다. substr()과 paste() 함수의 사용법은 다음과 같다.

```
substr ( s,                          # 문자열
         start,                      # 문자열에서 추출할 처음 위치
         end)                        # 문자열에서 추출할 마지막 위치
```

```
paste ( s1, s2, s3 ...)              # 여러 개의 문자열 연결
```

다음은 문자열 함수 substr()과 paste()를 이용하여 프로그램으로 작성한 것이다. 실행 결과 "98년 12월 14일"로 나타나는 것을 확인할 수 있다.

```
[ Script ]
# ch2_2_2_1.R
str <- "981214"                  # 문자열 "981214"를 변수(str)에 저장
year <- substr(str, 1, 2)        # str에서 처음 2글자를 추출하여 변수(year)에 저장
month <- substr(str, 3, 4)       # str에서 다음 2글자를 추출하여 변수(month)에 저장
day <- substr(str, 5, 6)         # str에서 다음 2글자를 추출하여 변수(day)에 저장
date1 <- paste(year, "년", month, "월", day, "일")    # year, "년", month, "월",
                                 # day, "일"을 순서대로 문자열
                                 # 연결하여 변수(date1)에 저장
print(date1)                     # date1을 출력
-------------------------------------------------------------------------
[ Console ]
> source('~/R_test/ch_02/ch2_2_2_1.R', encoding = 'UTF-8')
[1] "98 년  12 월  14 일"
```

R에서는 문자열을 쉽게 다루기 위한 도구로 substr(), paste() 함수 외에도 다음과 같은 여러 함수가 제공되고 있다. 이 함수들은 이후 R언어를 학습하면서 예제들을 통해 다루어 본다.

문자열 처리에 필요한 기능	문지열 처리함수
숫자형 데이터로 변환하기	as.numeric(s)
문자열의 길이 알아보기	nchar(s)
문자열 연결하기	paste(s1, s2, s3,..., sep = " ")
문자열 부분 추출하기	substr(s, start, end)
구분자로 문자열 분할하기	strsplit(s, 구분자)
첫 번째 해당 문자열 다른 문자열로 대체하기	sub(s_old, s_new, s)
모든 해당 문자열을 다른 문자열로 대체하기	gsub(s_old, s_new, s)

2) 날짜형 데이터 문제 해결

대학 새내기인 길동이는 2021년 5월 20일에 처음으로 소개팅을 하였다. 여자 친구가 마음에 든 길동은 만난 지 100일, 300일, 1,000일 되는 날을 기념일로 정해 여자 친구에게 이벤트를 해주려고 해당 날짜를 계산하려고 하는데 계산이 쉽지 않다. 어떻게 하면 정확하고 쉽게 해당 날짜를 계산해 낼 수 있을까? 이 문제는 R언어를 사용하면 쉽게 해결할 수 있다. 이 문제를 해결하기 위해서는 해당 날짜를 R언어로 입력하고 날짜에 기념되는 일수를 더한 후 그 결과를 문자로 출력하면 된다.

다음 프로그램에서 "2021-5-20"과 "2021/5/20"은 "character" 타입으로 표현된 반면, 현재 날짜를 반환하는 함수인 Sys.Date() 함수의 반환 값은 "Date" 타입으로 표현되고 있다. 주로 날짜를 입력할 때 "2021-5-20", "2021/5/20" 등과 같이 입력하는데 R에서는 이러한 형식은 문자형 데이터로 취급한다. 그러므로 날짜 형식의 문자형 데이터를 날짜형으로 변경하여야 한다.

```
[ Console ]
> date1 <- "2021-5-20"
> class(date1)
[1] "character"
> date2 <- "2021/5/20"
> class(date2)
[1] "character"
> date3 <- Sys.Date()
> class(date3)
[1] "Date"
```

위와 같이 "2021-5-20"이나 "2021/5/20" 같은 표현을 날짜로 인식하지 않고 문자열로 인식하더라도 단순히 입력받아 그대로 출력하는 경우는 문제가 되지 않는다. 그러나 문자열에는 산술연산이 불가능하므로 기준 날짜로부터 1,000일 후를 계산한다든지 입사한 지 며칠이 되었는지 등의 계산하는 문제는 처리하기가 어렵다. 그러므로 문자열 형식의 데이터를 날짜형으로 변경해 주는 것이 필요하다.

두 사람이 처음 만난 날짜를 "2021-5-20"과 같은 형식으로 입력하고 1,000일째 되는 날을 계산하여 "~년 ~월 ~일" 형식으로 출력해 주려고 한다. 그런데, 입력받은 날짜는 문자열로 인식되기 때문에 1,000일째 되는 날을 계산하기 어렵다. 따라서 더하기, 빼기 등의 연산이 가능한 날짜형 데이터로 바꾸어 준 후, 날짜형 데이터에 1000을 더하고 원하는 형태로 출력해 주면 1,000일째 되는 날을 출력할 수 있다. 이 문제 해결을 위해 필요한 작업을 순서대로 나타내면 다음과 같다.

① 날짜 "2021-5-20"을 변수(s_date)에 저장
② 문자형 데이터인 s_date를 날짜형 데이터로 변환하여 변수(first_date)에 저장
③ first_date에 1000을 더하여 변수(date_1000)에 저장
④ date_1000를 "~년 ~월 ~일"형식으로 변환하여 변수(s_date_1000)에 저장
⑤ s_date_1000을 출력

②의 문자형 데이터를 날짜형 데이터로 변환하는 작업은 as.Date() 함수를 사용하고 ④의 날짜형 데이터를 "~년 ~월 ~일" 형식인 문자형 데이터로 변환하는 작업은 as.character() 함수를 사용하면 쉽게 날짜의 출력 형식을 바꾸어 줄 수 있다.

```
as.Date( s,                    # 문자열 형태의 날짜
       format = " " )          # s의 날짜 형식
```

```
as.character(date,             # 날짜형 데이터
            format = " ")      # 날짜를 문자열로 변환하는 형식
                               # 예) as.character(date, format="%Y년 %m월 %d일")
```

다음은 프로그램으로 작성한 것이다. 실행 결과 "2024년 02월 14일"이 "2021년 5월 20일"로부터 1,000일째 되는 날임을 확인할 수 있다.

```
[ Script ]
# ch2_2_2_2.R
s_date <- "2021-5-20"                    # 날짜 "2021-5-20"를 변수(s_date)에 저장
first_date <- as.Date(s_date)            # 문자형 데이터인 s_date를 날짜형 데이터로
                                         # 변환하여 변수(first_date)에 저장
date_1000 <- first_date + 1000  # first_date에 1000을 더하여 변수(date_1000)에 저장
# date_1000을 "~년 ~월 ~일" 형식으로 변환하여 변수(s_date_100)에 저장
s_date_1000 <-  as.character(date_1000, format="%Y년 %m월 %d일")

print(s_date_1000)                       # s_date_1000을 출력
```

```
[ Console ]
> source('~/R_test/ch_02/ch2_2_2_2.R', encoding = 'UTF-8')
[1] "2024년 02월 14일"
```

R언어에서는 날짜형 데이터를 쉽게 다루기 위한 도구로 as.Date(), as.character() 등의 함수가 다음 표와 같이 제공되고 있다.

날짜 및 시간 처리에 필요한 기능	날짜형 데이터 처리함수
현재 날짜 가져오기	Sys.Date()
현재 날짜와 시간 가져오기	Sys.time()
미국식 날짜와 시간 가져오기	date()
문자 유형 데이터를 날짜 유형 데이터로 변경하기	as.Date(s)
날짜 유형 데이터를 문자 유형으로 변경하기	as.character(date)

또한, 주어진 문제를 해결해야 할 때 데이터 유형을 변환하면 간단히 해결될 때가 종종 있다. 다음은 R언어에서 자주 사용하는 데이터 유형 변환 함수들이다.

데이터 유형 변환 함수	설명
as.numeric()	수치형으로 변환
as.chracter()	문자형으로 변환
as.logical()	논리형으로 변환
as.vector()	벡터로 변환
as.factor()	범주형으로 변환
as.matrix()	행렬로 변환
as.data,frame()	데이터 프레임으로 변환

Tip 어떻게 날짜형 변수는 +, - 연산이 가능할까?

R언어에서의 날짜형 변수는 "1970년 1월 1일"을 기준일로 정하고 이 때 값을 0으로 지정하고 있다. 그리고 해당 날짜는 기준일로부터 초과한 날짜 수를 수치값으로 관리하고 있다. 예를 들면, "2000년 1월 1일"은 "1970년 1월 1일"로부터 경과한 날짜 수인 10957의 수치값으로 관리된다. 이러한 관리 방법은 날짜형 변수에 +, - 연산을 편리하게 적용시킬 수 있다.

연습문제

01 현재 20kg 단위의 쌀 가격이 50,000원이라고 한다. 매년 쌀 가격이 4%씩 인상된다고 한다면 10년 후의 20kg 단위의 쌀 가격은 얼마인지 계산하는 프로그램을 작성하시오.

02 섭씨온도와 절대온도, 화씨온도는 다음과 같은 관계를 가진다. 다음 식들을 이용하여 절대온도 200K를 화씨온도로 바꾸는 프로그램을 작성하시오.

> 화씨온도(℉) = 1.8 * 섭씨온도(℃) + 32
> 절대온도(K) = 섭씨온도(℃) + 273

03 제품종류, 크기, 색상 정보가 나타나 있는 제품코드(ex. TVLED48W)에서 정보를 분리 추출하여 TVLED-48-W와 같이 문자열을 재구성한 후 출력하시오.(단, 제품종류는 5글자, 크기는 2글자, 색상은 1글자라고 가정)

03 문제해결의 도우미 - 함수

1 R에서 패키지와 함수

여러분은 이미 함수라는 용어를 알고 있을 것이다. 아마 여러분이 떠올리는 함수는 수학시간에 사용하였던 "변수 x와 y 사이에 x의 값이 정해지면 y값이 정해진다"는 수학적 함수의 개념이 대부분일 것이다. 그러나 컴퓨터 언어에서는 함수의 역할이 확장되어 특정한 작업을 수행하는 도구의 개념으로 사용되고 있다. 전자계산기에 있는 'sin값'이나 'cos값'을 구하는 함수를 보았을 것이다. 대부분의 컴퓨터 언어에서는 이와 같은 수학적 함수보다 다양하고 복잡한 작업을 처리하는 여러 가지 함수를 제공하여 프로그래머가 쉽고 편리하게 원하는 문제를 해결할 수 있도록 지원한다.

본 교재에서 학습하는 R언어는 다양한 문제를 해결할 수 있는 많은 함수를 제공하는 컴퓨터 언어로 유명하다. 즉, R언어는 세밀한 명령이나 여러 곳에 사용되는 범용적인 함수를 나열하여 문제를 해결하는 명령어 중심의 컴퓨터 언어와 달리 특정한 문제에 특화된 함수를 이용하여 문제를 해결하는 방식을 채택하고 있다. 그러므로 R언어는 다른 언어와 비교하여 매우 많은 함수를 제공하고 있으며, 사용자들이 직접 만든 함수를 쉽게 공유하여 사용할 수 있는 환경을 제공하고 있다. 이러한 R언어의 환경은 처음 R언어를 접하는 사용자에게 매우 복잡하게 보일 수 있다. 그러나 기본적인 함수와 사용법만 배우더라도 주어진 문제 해결에 필요한 적절한 함수를 찾고, 찾은 함수를 사용하여 몇 줄의 코딩으로 주어진 문제를 쉽게 해결할 수 있다.

R언어에서 사용되는 함수의 종류를 살펴보면, 아래의 표와 같이 크게 네 가지로 분류할 수 있다. R언어에서 제공되는 함수는 기본 패키지(Base Packages)에 포함된 기본 패지키 함수, 추천 패키지(Recommend Packages)에 포함된 추천 패키지 함수, 개별 추가 설치 패키지(Other Packages)에 포함된 추가 설치 패키지 함수가 있으며, R언어에서 제공되지 않는 기능을 구현하기 위해 프로그래머가 직접 작성하는 사용자 정의 함수로 나눌 수 있다.

함수 분류	패키지 설치 및 메모리 탑재	사용 방법
기본 패키지 함수	R 프로그램 개발 환경 설치 시에 사용자 컴퓨터에 설치되며, R 프로그램 개발 환경을 시작할 때 자동으로 메모리에 탑재되어 언제든지 사용할 수 있도록 준비된 함수	특별한 사전 작업 없이 사용 가능
추천 패키지 함수	R 프로그램 개발 환경 설치 시에 사용자 컴퓨터에 설치되며, 사용자가 필요할 경우 패키지 불러오기를 수행한 후 사용할 수 있는 함수	불러오기 작업을 수행한 후 사용 가능
추가 설치 패키지 함수	R 프로그램 개발 환경 설치 시에 사용자 컴퓨터에 설치되지 않으므로 프로그래머가 해당 함수를 사용하기 위해서는 R언어의 공식 사이트인 CRAN(http://cran.r-project. org/)에 접속하여 해당 함수가 포함된 패키지를 설치(install)한 후 메모리 탑재 과정인 불러오기를 수행 후 사용할 수 있는 함수	패키지 설치와 불러오기 수행 이후 사용 가능
사용자 정의 함수	R언어에서 제공되지 않는 기능이나 R언어의 여러 함수를 활용하여 특정한 문제를 해결하는 과정을 반복적으로 사용할 경우에 해당 부분을 함수로 정의하고 함수의 이름과 매개 변수만을 이용하여 마치 기존의 R언어 함수와 동일하게 사용하는 함수	사용자가 직접 수행 기능을 함수 형식으로 정의한 후 사용

1.1 기본 패키지 함수

1) 기본 패키지 함수란?

앞의 1장과 2장에서 간단한 R 프로그램을 작성하여 프로그램 수행 결과를 콘솔 창 등을 통해 확인하였다. 이 과정에서 "print()", "cat()", "mode()" 등과 같은 몇몇 함수를 이미 사용해 보았다. 어쩌면 여러분은 이미 R언어 프로그램은 "이들 함수를 논리적으로 잘 나열하는 작업이다"하는 것을 간파하였는지도 모른다. 그러나 아직 "R언어 프로그램이 뭐지?", "어떻게 하여야 하지?"라는 막연한 두려움을 가지고 있을 수 있다. 그러나 "천 리 길도 한 걸음부터"라는 속담처럼 R언어, 특히 함수에 대하여 하나씩 하나씩 알아간다면 여러분도 모르는 사이에 자신감을 가지게 될 것이다. 기본 패키지 함수에 대한 학습은 R언어에 대한 두려움을 없애고 자신감을 가지게 해 줄 것이다.

외국인과 간단한 의사소통을 할 때, 몇몇 단어만을 알아도 가능하듯이 R언어에서는 해결하고자 하는 문제와 관련된 몇몇 함수와 그 사용법을 알고 있다면 그 문제를 쉽게 해결할 수 있다. 특히, R 프로그램 개발 환경 설치 시에 사용자 컴퓨터에 설치되어 R 프로그램 개발 환경을 시작할 때 자동으로 메모리에 탑재됨으로써 언제든지 사용할 수 있도록 준비된 함수인 기본 패키지 함수는 R언어 학습에 필요한 대부분의 기능을 제공한다. 이들 기본 패키지 함수들은 자동 탑재되는 7개의 기본 패키지에 포함되어 있다. 이들 7개의 패키지를 확인하고자 한다면 콘솔 창에서 아래 그림과 같이 "path.package()" 명령을 실행시키면 기본 패키지를 확인할 수 있다. 이때 사용하는 명령어인 "path.package()"도 기본 패키지 함수에 포함된다.

```
> path.package()
[1] "C:/Program Files/R/R-4.1.0/library/stats"
[2] "C:/Program Files/R/R-4.1.0/library/graphics"
[3] "C:/Program Files/R/R-4.1.0/library/grDevices"
[4] "C:/Program Files/R/R-4.1.0/library/utils"
[5] "C:/Program Files/R/R-4.1.0/library/datasets"
[6] "C:/Program Files/R/R-4.1.0/library/methods"
[7] "C:/PROGRA~1/R/R-41~1.0/library/base"
```

R언어에서 "base", "methods", "datasets", "utils", "grDevices", "graphics", "stats"의 7개의 패키지를 자동으로 로드시켜줌으로 사용자는 별다른 작업을 하지 않아도 이들 패키지에 포함되어 있는 기본 패키지 함수를 사용할 수 있다. 이들 패키지가 어떤 역할을 수행하고 이들 패키지에 어떤 함수가 포함되어 있는지 알고자 한다면 기본 패키지 함수인 "library()"를 사용하면 된다. 만일 "base" 패키지에 대하여 알아보길 원한다면, 아래 예시와 같이 library(help = "패키지명")을 사용하면 된다.

```
> library(help="base")
```

```
match                  Value Matching
match.arg              Argument Verification Using Partial Matching
match.call             Argument Matching
match.fun              Extract a Function Specified by Name
matmult                Matrix Multiplication
matrix                 Matrices
max                    Maxima and Minima
max.col                Find Maximum Position in Matrix
mean                   Arithmetic Mean
mem.maxVSize           Query and Set Heap Size Limits
memCompress            In-memory Compression and Decompression
memory.profile         Profile the Usage of Cons Cells
merge                  Merge Two Data Frames
message                Diagnostic Messages
missing                Does a Formal Argument have a Value?
mode                   The (Storage) Mode of an Object
name                   Names and Symbols
names                  The Names of an Object
nargs                  The Number of Arguments to a Function
nchar                  Count the Number of Characters (or Bytes or
```

<"base" 패키지에 포함된 함수의 일부분>

위의 명령이 수행되면 RStudio 스크립트 창 영역에 해당 패키지에 대한 설명이 출력된다. 그러나 출력된 설명을 훑어본 사용자는 다시 한 번 정신적 충격을 받아 R언어를 멀리하려고 할 수도 있다. 그 이유는 이 기본 패키지에 포함된 함수의 수가 너무 많고 무엇을 어떻게 사용해야 하는지를 알 수 없기 때문이다. 기본 패키지 중의 하나인 "base" 패키지에 포함된 함수만 하여도 무려 400개가 넘는다. 그러므로 이 기본 패키지에 포함된 함수를 간략하게 설명하는 것은 불가능에 가깝고 설명을 하더라도 모든 함수를 이해하는 것 또한 불가능에 가깝다. 그러나 걱정할 필요가 없다. 프로그래머가 R언어 프로그램을 하기 위해 여기에 있는 모든 함수를 다 알 필요는 없다. 또한, 기본 패키지 함수는 어느 패키지에 있는지 몰라도 해결하고자 하는 문제에 필요한 함수를 사용자가 찾아 단순히 사용하면 된다.
여기서 많은 사용자들은 또 다시 한 가지 의문을 가질 것이다. "이렇게 많은 함수 중에서 내가 원하는 함수를 어떻게 찾아 사용할 수 있다는 말인가?"라고 반문할 것이다. 맞는 말이다. 여러분은 이제 R언어라는 세계에 첫발을 내디디고 있다. 그러므로 어린아이가 벽에 붙여진 그림을 보고 그림에 해당하는

단어를 하나씩 알아가듯이 간단한 문제를 해결해 주는 함수를 하나씩 알아가면 된다. 그리고 어느 정도 익숙해진다면 사전에서 단어를 찾아보듯이 도움말을 이용하여 원하는 고급 기능의 함수를 찾아 사용하면 된다.

2) 함수의 사전 : help

R언어는 무수히 많은 함수를 제공하고 있으므로 사용자가 모든 함수 기능을 이해하고 사용 방법을 기억하여 사용하기는 불가능하다. 이런 문제를 해결하기 위해 R언어에서 모든 함수의 기능 및 사용법을 "help"를 통해 제공하고 있다. R 프로그래머는 필요한 기능을 가진 함수를 찾거나 찾은 함수를 사용하는 방법을 모른다면 R언어에서 제공하는 Help를 사용하면 된다. R에서 Help를 이용하여 해당 함수의 도움말을 참조하는 방법은 다음과 같이 크게 두 가지가 있다.

첫 번째는 아래 그림과 같이 RStudio의 오른쪽 아래의 Files/Plots/Packages/Help/Viewer 탭 창의 Help 탭을 활성화 시킨 다음 활성화 된 "Help 탭"의 오른쪽 위에 있는 검색 상자에 검색을 원하는 단어를 입력해 관련 함수의 기능과 사용 방법을 확인할 수 있다.

두 번째는 아래의 그림과 같이 콘솔 창에서 help() 함수를 이용하거나 함수 이름 앞에 물음표(?)를 붙이는 방법이다.

```
[ Console ]
> help(length)                # help(함수명), ?함수명은 같은 결과가 나옴.
> ?length
```

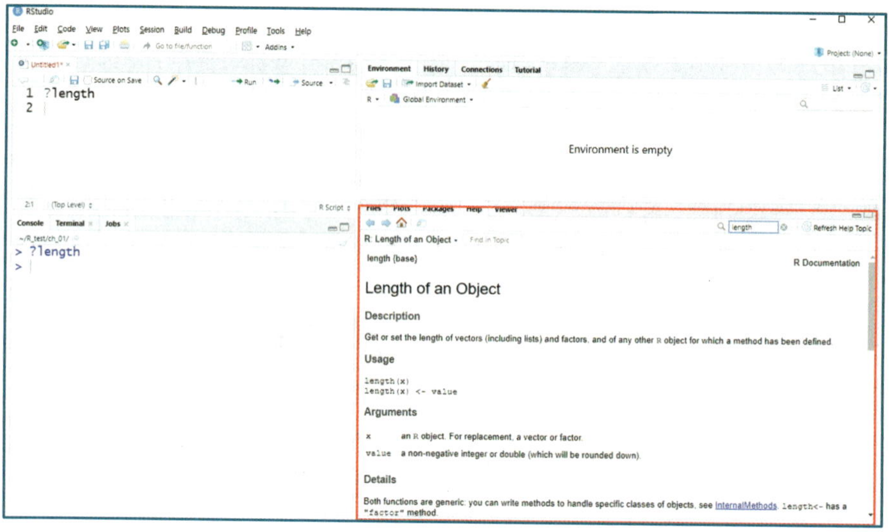

이 두 가지 방법 모두 검색이 완료되면 사용자는 검색한 함수의 설명(Description), 사용법(Usage), 매개변수(Arguments), 반환 값(Value), 관련 함수(See Also), 예제(Examples) 등의 사용법을 제공받을 수 있다.

Tip 특정 단어가 포함된 도움말 문서 찾기

도움말 문서 중에서 "max"라는 단어를 포함하는 문서를 검색하길 원한다면, 아래와 같이 "??"나 help.search() 함수를 사용하면 된다.

```
[ Console ]
> ??max                          # "max"단어가 포함된 도움말 문서 찾기
> help.search("max")
```

3) 생활 속에서 익숙한 일과 함수

우리의 생활 속에는 주어진 자료에 특정한 규칙을 적용하여 정보를 찾아내는 다양한 일들이 있다. 간단하게 예를 들어 보면, 한 반에 10명의 학생이 시험에 응시하여 나온 성적이 있다고 가정할 때, "반 합계 점수", "반 평균 점수", "최고 점수", "최저 점수", "최고 점수의 위치", "최저 점수의 위치", "반의 표준편차" 등의 다양한 자료로 가공하여 새로운 정보를 생성하길 원할 것이다. 이 경우 사용자는 어떠한 작

업을 수행하여야 원하는 정보가 생성되는지는 알고 있지만, 이를 구하기 위해서는 별도의 노력을 하여야 한다. 즉, 반 평균 점수를 구하고자 한다면 한 명씩 한 명씩 10명의 성적을 더하여 이것을 다시 학생의 수인 10으로 나누는 작업을 수행하여 반 평균 점수를 구할 수 있다. 그러나 만일 반 평균의 성적을 구할 학생의 수가 수십 명, 수백 명이면 어떻게 할 것인가? 이 작업을 수행해야 하는 사람은 매우 난감할 것이다. 그런데 만일 자료만 주면 이 작업을 자동으로 수행하는 도구가 있다면 어떻게 하겠는가? 아마 대부분 사용자는 이 도구를 이용하여 위의 작업을 수행할 것이다. 이 도구가 R언어에서는 바로 함수이며, 기본 패키지 함수에 포함되어 있다. 아래의 표는 위에서 언급한 성적 자료를 가공하여 새로운 정보를 생성할 때 필요한 기본 패키지 함수를 나열한 예이다. 아래의 표에서 보듯이 함수 이름은 수행하는 일의 특성을 나타내는 영어 단어로 되어 있으므로 쉽게 기억을 할 수 있다.

[성적 처리에 필요한 기본 패키지 함수의 예]

수행해야 할 일	함수 이름
반 합계 점수 구하기	sum()
반 평균 점수 구하기	mean()
반 중간값 점수 구하기	median()
최고 점수 구하기	max()
최저 점수 구하기	min()
학생의 수 구하기	length()

■ 한 과목 성적 데이터 처리

R언어는 수치 정보를 처리할 수 있는 다양한 함수들을 기본 패키지 함수로 제공하고 있다. 기본 패키지 함수를 이용하여 한 과목 성적에 대하여 반 총점과 반 평균을 구하는 문제와 반에서 해당 과목의 최고 점수 또는 최저 점수를 구하는 문제를 해결해 본다.

반 학생의 수가 적다면 수기나 전자계산기를 이용하여 이 문제를 해결할 수도 있을 것이다. 그러나 한 반의 학생 수가 많고, 이 문제를 적용해야 할 학급 수가 여러 개이며, 이 일을 매달 한 번씩 해야 한다고 가정하면 수기나 전자계산기로 이 문제를 해결하는 것은 결코 만만한 일이 아닐 것이다.

이때 컴퓨터 프로그래밍을 활용한다면, 여러분은 데이터만 변경해 줌으로써 이 문제를 편리하게 해결할 수 있을 것이다. 아직은 프로그래밍을 배우는 초기 단계이므로 데이터를 프로그램 내에 넣어서 프로그래밍하지만 조금 더 프로그래밍을 학습한다면 프로그램과 데이터 파일을 분리하여 관리할 수 있고 자동으로 여러 개의 데이터 파일을 차례로 읽어 들여 문제를 해결할 수 있도록 프로그램을 할 수 있다. 이와 관련된 부분은 6장에서 학습하게 될 것이다.

번호	1	2	3	4	5	6	7	8	9	10	11	12	13	14	15	16	17	18	19	20
성적	80	90	70	65	55	30	60	90	88	100	76	30	55	61	89	68	78	70	88	82

위의 표와 같이 반 학생들의 성적이 주어졌을 때, 여러분이 직접 프로그래밍을 통해 과목의 총점과 평균을 구하는 문제나 최고 점수 또는 최저 점수를 구하는 문제를 해결해 보자. R언어에서는 여러분이 생각하는 대부분 기능이 기본 패키지 함수 또는 추가 패키지 함수 형태로 제공되고 있다. 그러므로 제공된 함수를 가져다 쓰기만 하면 된다. 다음 프로그램은 반 학생들의 한 과목 총점과 평균을 구하는 문제를 R 프로그램으로 구현한 것이다.

```
[ Script ]
# ch3_1_1_1.R
score <- c(80, 90, 70, 65, 55, 30, 60, 90, 88, 100, 76, 30, 55, 61, 89,
68, 78, 70, 88, 82)
sumScore <- sum(score)        # 반 총점 구하기
avgScore <- mean(score)       # 반 평균 구하기
cat("총점 = ", sumScore, "평균 점수 = ", avgScore)
-----------------------------------------------------------------------
[ Console ]
> source('~/R_test/ch_03/ch3_1_1_1.R', encoding = 'UTF-8')
총점 =  1425 평균 점수 =  71.25
```

Tip 여러 개의 데이터를 하나의 변수 이름으로 관리

프로그램에서는 "성적"이라는 동일한 의미를 가지는 여러 개의 데이터를 "score <- c(80, 90, ..., 82)"와 같이 하나의 변수 이름에 저장하고 있다. sum()과 같은 함수를 이용하여 데이터를 처리하기 위해서는 동일한 의미나 특성을 가지는 데이터를 하나로 묶어서 관리하여야 한다. 하나의 변수에 여러 개의 동일한 값을 모아서 저장하기 위해서는 함수 c()를 이용하면 묶어서 하나의 변수 이름에 대입된다. 이러한 데이터 유형을 벡터라고 하는데 이에 대해서는 4장에서 자세히 다룬다.

학생들의 성적이 주어졌을 때, 성적을 score 변수 공간에 저장하고 반 총점을 구하기 위해서는 sum(score) 함수, 반 평균 성적을 구하기 위해서는 mean(score) 함수만 적용하면 된다. 그리고 그 결과를 사용자가 쉽게 알아볼 수 있는 형식으로 출력함으로써 이 문제를 해결할 수 있다. 여러분은 위의 그림에서 4줄의 명령으로 한 과목에 대한 반 총점과 반 평균 성적을 구하는 문제를 해결할 수 있음을

확인할 수 있다.

다음 프로그램은 주어진 성적에 대해 반 총점과 평균, 반 학생의 성적 중에서 중간 성적, 학생 수, 최고 점수, 최저 점수를 구하는 문제를 R의 기본 패키지 함수를 이용하여 구현한 것이다. 각 기능이 하나의 함수만으로 해결됨을 확인할 수 있다. 학생의 수는 직접적인 데이터는 없지만 성적의 개수로 학생 수를 대체하여 사용할 수 있다.

```
[ Script ]
# ch3_1_1_2.R
score <- c(80, 90, 70, 65, 55, 30, 60, 90, 88, 100, 76, 30, 55, 61, 89,
68, 78, 70, 88, 82)
sumScore <- sum(score)         # 반 총점 구하기
avgScore <- mean(score)        # 반 평균 구하기
midScore <- median(score)      # 반 성적 가운데 위치한 성적 구하기
stdNum <- length(score)        # 학생 수 구하기
maxScore <- max(score)         # 최고 점수 구하기
minScore <- min(score)         # 최저 점수 구하기

cat("총점 = ", sumScore, "학생 수 = ", stdNum, "\n")
cat("평균 점수 = ", avgScore, "가운데 점수 = ", midScore, "\n")
cat("최고 점수 = ", maxScore, "최저 점수 = ", minScore, "\n")
----------------------------------------------------------------------
[ Console ]
> source('~/R_test/ch_03/ch3_1_1_2.R', encoding = 'UTF-8')
총점 =  1425 학생 수 =  20
평균 점수 =  71.25 가운데 점수 =  73
최고 점수 =  100 최저 점수 =  30
```

위의 프로그램에서 한 줄에 총점과 학생 수를 한꺼번에 출력하기 위해 cat() 함수를 사용하였다. 결과 데이터를 좀 더 다양한 형식으로 출력하기 위해서는 sprintf() 함수를 사용하면 된다.

■ sprintf() 함수

sprintf() 함수는 print() 함수나 cat() 함수에 비해 다양한 형식으로 데이터를 출력할 수 있도록 옵션을 제공하지만, 단독으로 화면에 출력하는 함수가 아니라 출력하고자 하는 문자열을 생성하고 cat() 함수를 이용하여 생성된 문자열을 출력하는 방식을 사용한다. 또한 프로그래머가 원하는 문자열을 생성하고자 할 때도 활용할 수 있다. sprintf() 함수의 사용법은 다음과 같다.

문자열 변수 <- sprintf("문자열 생성 형식", 형식에 포함될 변수들)

```
outMsg <- sprintf("%s 학생의 총점은 %d 이고, 평균은 %.3f입니다.₩n", name, sum, avg)
```

문자열에 포함될 데이터는 프로그래머가 지정한 형식에 따라 출력 데이터가 차지할 자릿수, 자릿수 내에서 정렬 방식, 소수점 이하 출력 자릿수 등을 지정할 수 있다. 출력되는 데이터의 형식을 지정하는 방식은 아래 그림과 같다.

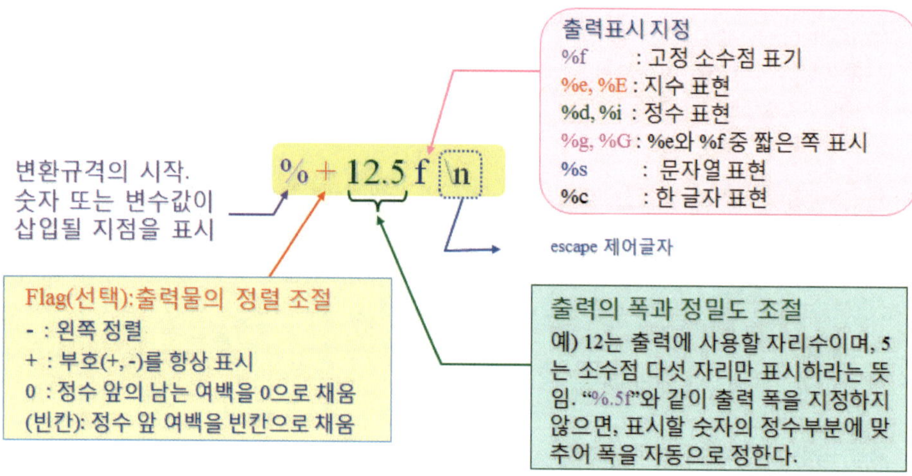

다음 프로그램은 name = "홍길동", total = 254, avg = 84.666667일 때, 아래 그림과 같은 형태로 출력하는 프로그램이다.

출력 형태 : 홍길동 학생의 총점은 254 이고, 평균은 84.667입니다.

물론 cat() 함수를 이용하여도 name이나 total의 출력은 위의 형식으로 출력할 수 있지만 avg의 출력은 cat() 함수로는 소수점 3자리를 지정할 수 없다. 그러나 sprintf() 함수를 이용하면 가능하다. 출력 결과의 "홍길동"은 %s 형식으로 name 값을, 254는 %d 형식으로 total 값을, 84.667은 실수인데 소수 셋째 자리까지만 나타나므로 %.3f 형식으로 avg를 나타내면 된다.

```
[ Script ]
# ch3_1_1_3.R
name = "홍길동"
total = 254
avg = total / 3
outMsg <- sprintf("%s 학생의 총점은 %d 이고, 평균은 %.3f입니다.", name, total, avg)
cat(outMsg)
-------------------------------------------------------------------
[ Console ]
> source('~/R_test/ch_03/ch3_1_1_3.R', encoding = 'UTF-8')
홍길동 학생의 총점은 254 이고, 평균은 84.667입니다.
```

다음 프로그램의 예시는 2장에서 살펴본 BMI지수를 구하는 프로그램에서 sprintf() 함수를 이용하여 BMI지수 값을 소수점 1자리까지만 출력하도록 지정하여 가독성을 높이고 있다.

<table>
<tr><th>cat 함수만 사용</th><th>sprintf 함수와 cat 함수 사용</th></tr>
<tr><td><pre>
# ch2_1_3_1.R
inWei <- readline("당신의 몸무게는 ? ")
inHei <- readline("당신의 키는 ? ")
# 입력된 문자열을 숫자값으로 변경
wei <- as.numeric(inWei)
hei <- as.numeric(inHei)
# BMI 지수 계산
vBmi <- (wei * 10000) / (hei^2);

cat("당신의 BMI 지수는 ", vBmi, "입니다.\n")
</pre></td><td><pre>
# ch2_1_3_2.R
inWei <- readline("당신의 몸무게는 ? ")
inHei <- readline("당신의 키는 ? ")
# 입력된 문자열을 숫자값으로 변경
wei <- as.numeric(inWei)
hei <- as.numeric(inHei)
# BMI 지수 계산
vBmi <- (wei * 10000) / (hei^2);
outMsg <- sprintf("당신의 BMI 지수는 %.1f
               입니다.", vBmi)
cat(outMsg)
</pre></td></tr>
<tr><td><pre>

> source('~/R_test/ch_02/ch2_1_3_1.R')
당신의 몸무게는 ? 71
당신의 키는 ? 177
당신의 BMI 지수는 22.66271 입니다.
</pre></td><td><pre>

> source('~/R_test/ch 02/ch2_1_3_2.R')
/* 생략 */
당신의 BMI 지수는 22.7 입니다.
</pre></td></tr>
</table>

1.2 다양한 패키지 함수의 활용

R언어의 가장 두드러진 특징은 확장성이다. 이 확장성을 지원하기 위하여 R언어는 패키지라는 함수 및 데이터 묶음을 활용한다. R언어는 아래의 그림과 같이 R Base System에 사용자가 필요로 하는 패키지를 불러들여 사용하는 구조를 채택하고 있어 R언어의 다양한 기능들 때문에 프로그램 개발 환경 자체가 비대해지는 것을 방지하고 있다.

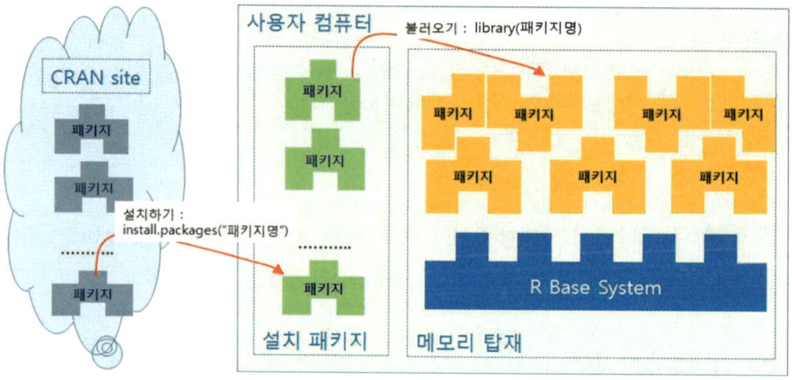

이미 앞 장에서 언급하였듯이 R에서는 다양한 분야의 데이터 처리를 수행하는 17,000개 이상의 패키지들이 제공되고 있을 뿐 아니라, 지금도 전 세계 많은 사용자에 의해 새로운 패키지들이 개발되어 CRAN(The Comprehensive R Archive Network) 사이트에 등록되고 있다. 이렇게 많은 패키지가 모두 사용자의 컴퓨터에 설치되어야만 R언어를 사용할 수 있다면 R언어 개발 환경은 너무나 방대하여 설치 시간도 오래 소요될 뿐 아니라 R언어 개발환경 프로그램을 시작하고 종료하는 데 많은 시간이 소요되어 매우 느린 프로그램으로 인식될 것이다. 그러나 실제 R언어는 수행시간이 빠른 프로그램으로 알려져 있다. R언어는 빠른 설치와 수행을 위해 모든 패키지를 한 번에 모두 설치하는 것이 아니라 사용자의 필요에 따라 CRAN 사이트에서 내려받아 설치한다. 또한 R언어는 설치된 모든 패키지를 메모리에 탑재하는 것이 아니라 각 프로그램에서 사용되는 함수가 포함된 패키지는 그 함수의 사용 여부에 따라 메모리에 불러들이고 사용하지 않는 경우 패키지를 메모리에서 해제하여 R언어 개발환경이 최적으로 유지될 수 있도록 한다.

1) 설치 패키지 함수의 활용

컴퓨터에 설치된 패키지에 포함된 함수를 사용하기 위해서는 패키지를 메모리에 있는 R Base System에 탑재하여야 한다. RStudio에서는 아래의 그림과 같이 RStudio 오른쪽 아래에 있는 "Packages" 탭에서 해당 패키지 앞에 있는 "체크 박스"에 체크를 하면 된다.

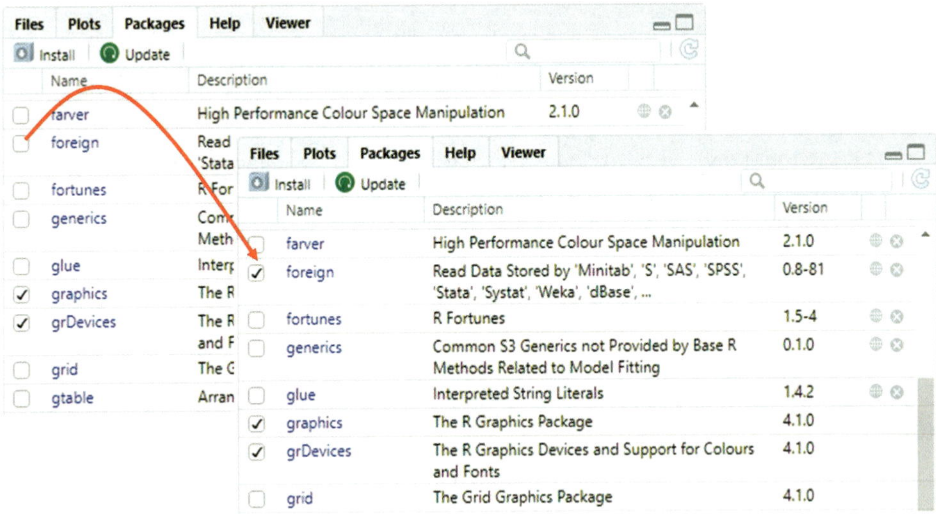

마우스로 패키지 체크박스에 체크를 하면 콘솔 창에서는 아래의 명령이 수행되어 메모리로 해당 패키지가 탑재되어 R Base System이 해당 패키지를 활용할 수 있는 환경이 구성된다.

```
[ Console ]
> library(foreign)
```

```
[ Console ]
> library(foreign)
> search()
 [1] ".GlobalEnv"          "package:foreign"      "tools:rstudio"
 [4] "package:stats"       "package:graphics"     "package:grDevices"
 [7] "package:utils"       "package:datasets"     "package:methods"
[10] "Autoloads"           "package:base"
```

만일 해당 패키지의 사용이 완료된 경우 해당 패키지를 계속 메모리에 탑재시켜두는 것은 R 개발 환경을 비대하게 하여 수행 속도를 저하하는 요인이 될 수 있다. 사용이 완료된 패키지나 현재 작업에 필요로 하지 않는 패키지는 메모리에서 해제하는 것이 좋다. RStudio에서 패키지를 메모리에서 해제하는 방법은 "Packages"탭에서 해당 패키지의 체크박스의 체크를 해제하면 된다. 마우스로 패키지 체크박스에 체크를 해제하면 콘솔 창에서는 아래의 명령이 수행되어 메모리에서 해당 패키지를 제거한다. 그 결과 R Base System이 해당 패키지에 포함된 함수를 더 이상 활용할 수 없다.

```
[ Console ]
> detach("package:foreign", unload = TRUE)
> search()
 [1] ".GlobalEnv"        "tools:rstudio"       "package:stats"
 [4] "package:graphics"  "package:grDevices"   "package:utils"
 [7] "package:datasets"  "package:methods"     "Autoloads"
[10] "package:base
```

Tip search() 함수의 용도

R Base System에 탑재된 패키지 현황을 보여주는 또 다른 함수로 search() 함수가 있다. 메모리에 탑재된 함수가 많을 경우 설치된 위치 정보까지 출력하는 path.package() 함수는 콘솔창의 많은 라인을 차지할 수 있다. 이때는 search() 함수가 효과적일 수 있다. search()함수는 탑재된 패키지뿐만 이니라 환경, 도구 등의 정보도 함께 보여준다.

```
[ Console ]
> search()
[1] ".GlobalEnv"        "tools:rstudio"       "package:stats"
[4] "package:utils"     "package:datasets"    "package:methods"
[7] "Autoloads"         "package:base"
```

2) CRAN site 패키지 함수

추가 설치 패키지 함수를 사용하려면 R 패키지 저장소인 CRAN 사이트에서 패키지와 그에 관련된 파일들을 내려받아 설치해야 한다. 이 작업은 복잡한 작업일 수 있으나 RStudio에서는 간단하게 설치할 수 있는 기능을 제공하고 있다.

"dplyr"패키지 설치의 예를 통해 CRAN site에 있는 패키지 설치 방법을 설명한다. 다음 그림과 같이 "Packages" 탭의 왼쪽 위에 있는 "Install" 버튼을 클릭하여 "Install Packages" 창을 띄운다. "Install Packages" 창에서 "dp"라고 입력하면 dp로 시작하는 패키지 리스트가 생성되는데 여기에서 "dplyr"을 선택하고 Install 버튼을 클릭하면 콘솔 창에 해당 명령이 생성되어 컴퓨터에 "dplyr" 패키지가 설치된다.

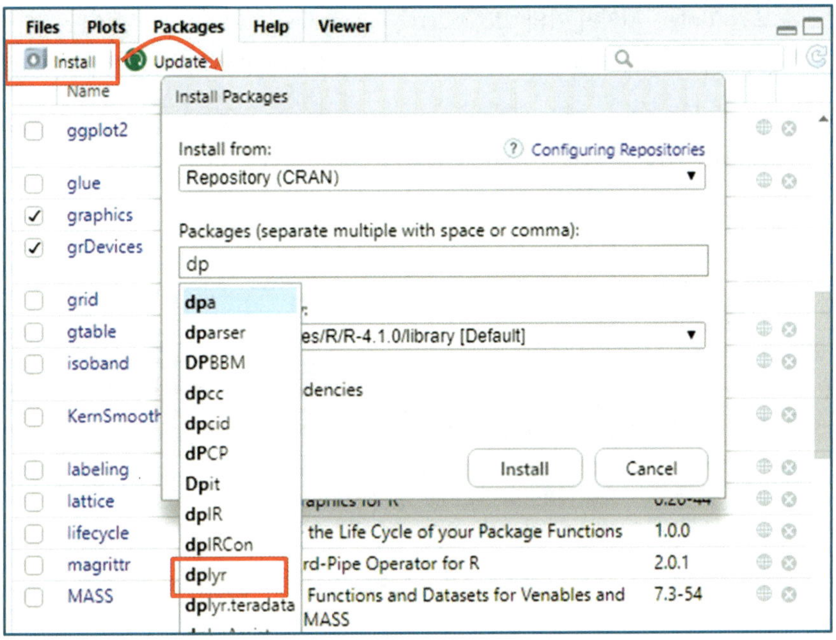

콘솔 창에서는 해당 명령어와 명령의 수행결과를 아래와 같이 보여준다.

```
[ Console ]
> install.packages("dplyr")
'purrr', 'generics', 'tidyselect'(들)을 또한 설치합니다.

URL 'https://cran.rstudio.com/bin/windows/contrib/4.1/purrr_0.3.4.zip'을 시도합니다
Content type 'application/zip' length 427065 bytes (417 KB)
downloaded 417 KB

... 생략 ...

package 'purrr' successfully unpacked and MD5 sums checked
package 'generics' successfully unpacked and MD5 sums checked
package 'tidyselect' successfully unpacked and MD5 sums checked
package 'dplyr' successfully unpacked and MD5 sums checked

The downloaded binary packages are in

C:\Users\mscho\AppData\Local\Temp\RtmpYri4At\downloaded_packages
```

위 수행결과를 보면 "dplyr" 패키지 이외에도 "purrr", "generics", "tidyselect" 패키지를 설치한다. 이것은 "dplyr" 패키지가 다른 패키지("purrr", "generics", "tidyselect")내에 있는 함수를 사용하기 때문에 같이 설치되는 것이다.

RStudio의 "Packages" 탭을 살펴보면 "dplyr" 패키지뿐만 아니라 "purrr", "generics", "tidyselect" 패키지도 설치된 것을 확인 할 수 있다.

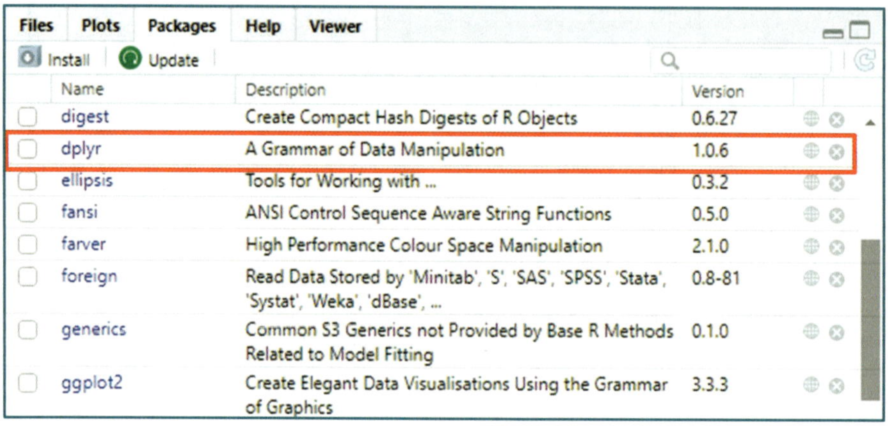

만일 콘솔 창에서 명령으로 패키지를 설치하고 불러오기를 수행하기 위해서는 아래의 그림과 같이 install.packages() 함수와 library() 함수를 이용한다.

```
[ Console ]
> install.packages("dplyr")   # 패키지 설치
> library(dplyr)              # 패키지 불러오기
```

3) R언어 패키지 업데이트

CRAN site에 저장된 패키지는 개발자에 의해 새로운 기능이 추가되는 등의 수정이 수시로 발생한다. 그러나 CRAN site에 있는 패키지에 업데이트가 발생한다고 하여 컴퓨터에 이미 설치되어 있는 패키지가 자동으로 업데이트되지 않는다. 그러므로 R언어 프로그래머가 최신의 기능을 사용하길 원한다면 사용자가 직접 원하는 패키지를 업데이트하면 된다.

아래 그림과 같이 "Packages" 탭의 왼쪽 위에 있는 "Update" 버튼을 클릭하여 "Update Packages" 창을 띄우면, 현재 설치되어 있는 패키지의 버전과 CRAN site에 탑재된 패키지의 버전을 비교하여 차이

가 있는 패키지 리스트를 보여준다. 사용자는 업데이트가 필요하다고 판단되는 패키지의 체크박스에 체크하여 “Install Updates” 버튼을 클릭하면 RStudio는 해당 패키지를 최신의 버전으로 업데이트한다. 만일 콘솔 창에서 명령으로 업데이트를 수행하기 위해서는 아래의 그림과 같이 update.packages() 함수를 이용한다. 이때 RStudio의 체크박스를 대신하여 패키지마다 업데이트 여부를 물어본다.

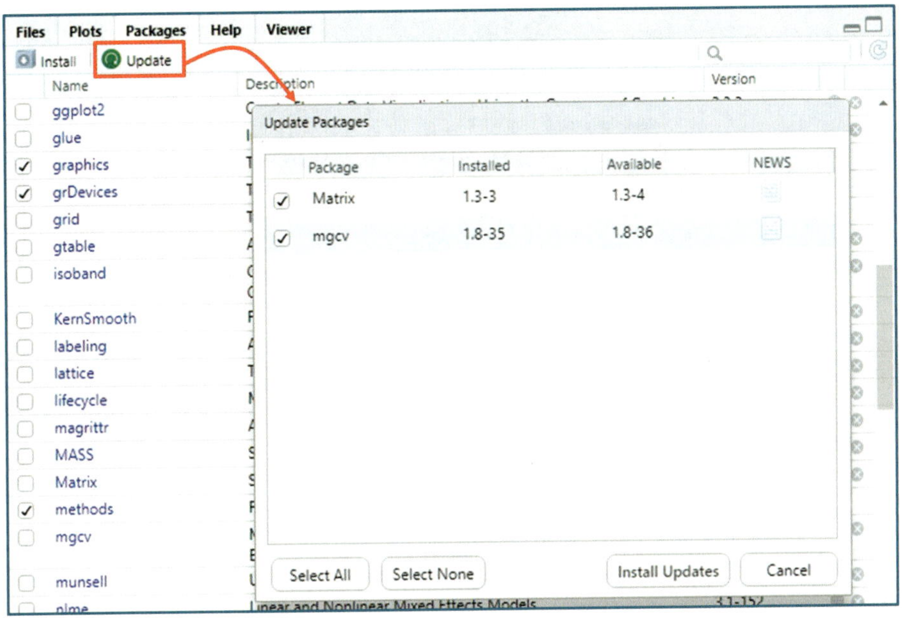


```
[ Console ]
> update.packages()
Matrix :
 Version 1.3-3 installed in C:/Program Files/R/R-4.1.0/library
 Version 1.3-4 available at https://cran.rstudio.com
```

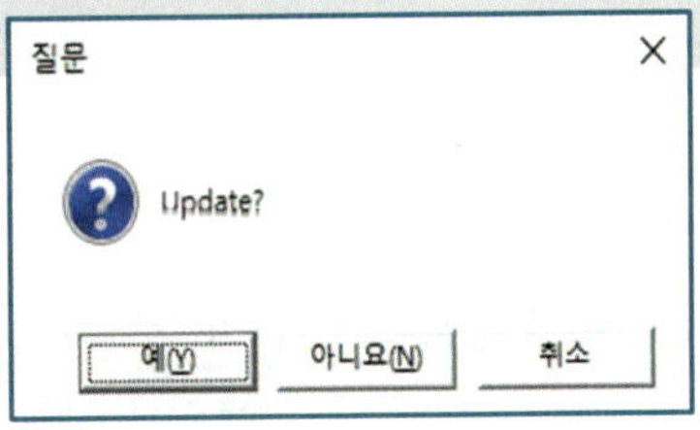

이미 설치된 패키지를 사용자의 컴퓨터에서 삭제하길 원한다면, 아래 그림과 같이 RStudio의 “Packages” 탭에서 각 패키지 리스트의 오른쪽에 있는 ⊗버튼을 클릭하여 삭제하면 된다.

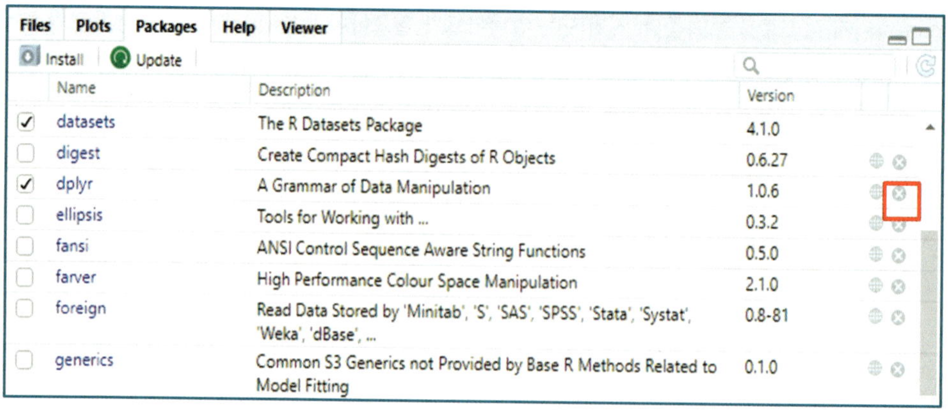

또한 콘솔 창의 명령어를 사용하여 삭제하려면 remove.packages() 함수를 이용한다.

```
[ Console ]
> remove.packages("dplyr")
패키지(들)을 ‘C:/Program Files/R/R-4.1.0/library’으로부터 제거합니다
(왜냐하면 ‘lib’가 지정되지 않았기 때문입니다)
```

Tip 현재 설치된 패키지의 도움말 보기

```
[ Console ]
> library(help="ggplot2")
```

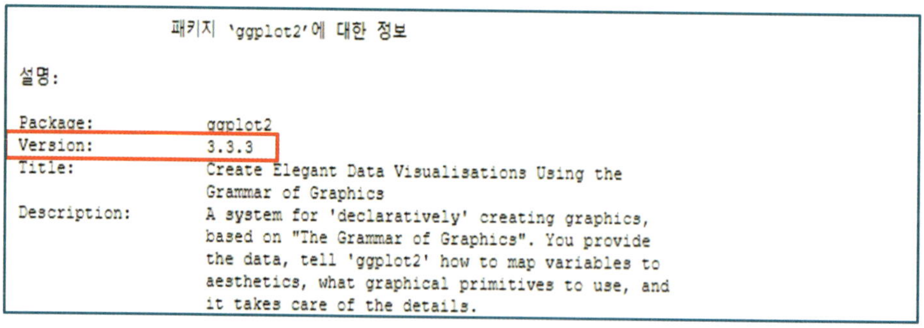

```
                패키지 'ggplot2'에 대한 정보

설명:

Package:          ggplot2
Version:          3.3.3
Title:            Create Elegant Data Visualisations Using the
                  Grammar of Graphics
Description:      A system for 'declaratively' creating graphics,
                  based on "The Grammar of Graphics". You provide
                  the data, tell 'ggplot2' how to map variables to
                  aesthetics, what graphical primitives to use, and
                  it takes care of the details.
```

4) 추가 설치 패키지 cowsay

"cowsay" 패키지를 설치하여 문자를 이용해 동물이나 인물 그림 위에 말풍선을 나타내 보자. 이를 위해서는 "cowsay" 패키지의 say() 함수를 사용하면 된다. "cowsay " 패키지는 say() 함수 하나로 구성되어있다. 사용 가능한 동물, 인물 이름은 도움말에서 확인 할 수 있다.

```
[ Console ]
> install.packages("cowsay")
'fortunes', 'rmsfact'(들)을 또한 설치합니다.

URL 'https://cran.rstudio.com/bin/windows/contrib/4.1/fortunes_1.5-4.zip'을 시도합니다

... 생략 ...

> library(cowsay)
> say("Hello world!", by = "cat")
 --------------
Hello world!
 --------------
    \
      \
        \
            |\___/|
          ==) ^Y^ (==
            \  ^  /
             )=*=(
            /     \
            |     |
           /| | | |\
           \| | |_|/\
      jgs  //_// ___/
               \_)
> say("R언어 재밌다.", by = "monkey")
 -------------
R 언어 재밌다.
 --------------
              \
               \
                \
                 .="=.
               _/.-.-.\_     _
              ( ( o o ) )    ))
               |/  "  \|    //
                \'---'/    //
          jgs   /`"""`\\  ((
               / /_,_\ \\  \\
               \_\\_'__/  \  ))
               /`  /`~\   |//
              /   /    \  /
         ,--`,--'\/\    /
         '-- "--'  '--'
```

2 패키지 함수의 활용

우리 반 학생들의 성적 처리를 한다든지 매장이나 회사에서 판매 실적을 분석한다든지 하는 일련의 일들은 많은 수치 정보를 다루게 된다. R언어는 이러한 수치 정보를 처리할 수 있는 다양한 함수들을 기본 패키지 함수 또는 추가 패키지 함수로 제공하고 있다. 이 절에서는 기본 패키지 함수를 이용하여 수치정보 처리 문제와 추가 설치 패키지인 "lubridate" 패키지 함수를 이용하여 근무 기간 계산하기를 해결해 본다.

2.1 판매 실적 데이터 처리

여러분이 어떤 회사의 판매 실적 데이터를 처리하여 필요한 정보를 생성해야 한다고 가정해 보자. 다음의 표와 같이 월별 판매 금액이 저장되어 있을 때, 필요한 정보를 정의하고 그 정보를 생성해 보자. 이 데이터도 개수가 많지 않기 때문에 전자계산기나 손으로 원하는 정보를 생성할 수 있다고 생각할 수 있다. 그러나 처리해야 할 데이터가 월 데이터가 아니라 일 데이터면 어떻게 할 것인지? 판매 금액이 전체 판매 금액이 아니라 제품별 판매 금액이라면 어떻게 할 것인지? 고민하여야 한다. 그때도 전자계산기나 손으로 처리하는 것은 매우 비효율적인 방법이 될 것이다. 그러므로 R 프로그램에서 이런 문제들을 어떻게 간단하게 해결하는지를 알아보자.

월	1	2	3	4	5	6	7	8	9	10	11	12
판매금액	1200	1500	2500	2700	3000	2200	3200	4000	2800	3500	2400	1800

위의 표는 1년 동안의 월별 판매 실적이다. 이때 판매 실적을 분석하기 위해 1년간 판매 총액, 월평균 판매 금액, 월 최대 판매 금액, 최대 판매한 달, 월 최소 판매 금액, 최소 판매한 달을 구하고 판매 금액이 높은 순으로 정렬하려고 한다. 이 문제를 R 프로그램으로 해결해 보자. 이를 위해 필요한 R 기본 패키지 함수는 다음과 같다.

[판매 실적 정보 처리에 필요한 기본 패키지 함수의 예]

수행해야 할 일	함수 이름
판매 총액 구하기	sum()
월평균 판매 금액 구하기	mean()
월 최대 판매 금액 구하기	max()
최대 판매한 달 구하기(최댓값의 위치)	which.max()
월 최소 판매 금액 구하기	min()
최소 판매한 달 구하기(최솟값의 위치)	which.min()
판매 금액이 높은 순으로 정렬하기	sort()

위의 기본 패키지 함수를 가지고 판매 실적을 분석하기 위한 문제를 해결한 R 프로그램은 다음과 같다.

```
[ Script ]
# ch3_2_1_1.R
sellingPrice <- c(1200, 1500, 2500, 2700, 3000, 2200, 3200, 4000, 2800, 3500, 2400, 1800)
sumPrice <- sum(sellingPrice)                # 1년 판매 총액 구하기
avgPrice <- mean(sellingPrice)               # 월평균 판매 금액 구하기
maxprice <- max(sellingPrice)                # 월 최대 판매 금액 구하기
posMaxPrice <- which.max(sellingPrice)       # 최대 판매한 달 구하기
minPrice <- min(sellingPrice)                # 월 최소 판매 금액 구하기
posMinPrice <- which.min(sellingPrice)       # 최소 판매한 달 구하기
sortedSellingPrice <- sort(sellingPrice, decreasing = TRUE)
                                             # 판매 금액 높은 순으로 정렬하기

cat("판매 총액 = ", sumPrice, "월평균 판매 금액 = ", avgPrice, "\n");
cat("월 최대 판매 금액 = ", maxprice, "최대 판매한 달 = ", posMaxPrice, "\n");
cat("월 최소 판매 금액 = ", minPrice, "최소 판매한 달 = ", posMinPrice, "\n")
cat("판매 금액 높은 순으로 정렬한 결과\n ", sortedSellingPrice, "\n")
-------------------------------------------------------------------
[ Console ]
> source('~/R_test/ch_03/ch3_2_1_1.R', encoding = 'UTF-8')
판매 총액 =  30800 월 판매 평균 =  2566.667
월 최대 판매액 =  4000 최대 판매한 달 =  8
월 최소 판매액 =  1200 최소 판매한 달 =  1
판매 금액 높은 순으로 정렬한 결과
  4000 3500 3200 3000 2800 2700 2500 2400 2200 1800 1500 1200
```

위 프로그램에서 다른 함수들은 괄호 안에 함수가 처리하고자 하는 데이터인 SellingPrice 매개변수 하나만 필요하지만 sort() 함수는 SellingPrice 변수 외에도 decreasing = TRUE라는 옵션이 사용되고 있다. 이 옵션은 내림차순으로 정렬하라는 조건을 옵션으로 표시한 것이며 만약 오름차순으로 정렬하기를 바란다면 옵션을 생략하거나 decreasing = FALSE를 옵션으로 주면 된다. 이처럼 함수들은 각각 필요로 하는 매개변수와 옵션이 다르다. 그러나 그것을 외우고 있을 필요는 없다. 그에 대한 설명은 필요할 때 함수에 대한 도움말을 참조하면 된다.

2.2 근무 기간 계산하기

철수는 2015년 3월 2일에 회사에 입사했다. 입사하고 얼마나 되었는지 알고 싶지만 쉽게 계산이 되지 않았다. 어떻게 하면 정확하고 쉽게 며칠이나 되었는지 계산할 수 있을까? 이 문제 또한 R 프로그래밍을 사용하면 쉽게 해결할 수 있다. 그런데 그 차이를 일수로만 나타내면 실제 얼마나 지났는지 명확하게 느껴지지 않을 수 있다. 그러므로 근무 기간을 입사한 지 "며칠"이나 되었는지, "몇 개월 며칠"이나 되었는지, 또는 "몇 년 몇 개월 며칠"이나 되었는지의 형태로 출력해 주면 훨씬 더 정보를 명확하게 표현할 수 있을 것이다.

이 문제를 해결하기 위해서는 현재 날짜를 구하고 현재 날짜와 입사한 날짜의 차이를 구하면 된다. 그리고 그 차이에 해당하는 기간을 출력하기를 원하는 방법으로 "며칠", "몇 개월 며칠", "몇 년 몇 개월 며칠"로 계산하여 출력해 주면 된다.

2장 2.2절에서 날짜형 데이터를 처리하는데 as.Date()와 Sys.Date()와 같은 기본 패키지 함수를 사용하였다. 날짜를 다루는 함수들에는 이러한 기본 패키지 함수뿐만 아니라 추천 패키지 함수, 추가 설치 패키지 함수들도 제공되고 있다. 다루고자 하는 문제를 해결하기 위한 기본 패키지 함수가 적당한 게 없다면 추천 패키지 함수나 추가 설치 패키지 함수 중 관련된 함수를 찾아보면 쉽게 문제가 해결될 수도 있다. 따라서 이 절에서는 근무 기간을 계산하기 위한 문제를 해결하는 데 필요한 기능들이 함수로 잘 정의된 추가 설치 패키지인 "lubridate" 패키지의 날짜 관련 함수를 사용하여 프로그램을 작성해 본다.

"lubridate" 패키지는 추가 설치 패키지이므로 프로그램 작성 전에 다음 두 가지 방법 중 하나로 패키지를 설치하고 로드하여야 한다.

- [Packages] 창의 [Install]에서 설치하고 패키지 이름이 나타나면 왼쪽 네모 칸을 클릭해서 로드
- 콘솔창에서

```
[ Console ]
> install.packages("lubridate")
> library(lubridate)
```

근무 기간을 계산하기 위해서는 “2015-03-02”나 “20150302”와 같은 문자열 형식의 날짜를 날짜형으로 바꾼 다음, 오늘의 날짜와의 차이를 계산하고, 그 차이를 “며칠”, “몇 개월 며칠”, “몇 년 몇 개월 며칠”로 표현해 주는 기능이 필요하다. 이러한 기능을 위해 “lubridate” 패키지에서 제공하는 함수를 살펴보면 다음과 같다.

[근무 기간 계산에 필요한 “lubridate” 패키지 함수]

수행해야 할 일	함수 이름
문자열 형식의 날짜를 날짜형으로 변환	ymd()
두 날짜 사이의 기간 계산	interval()
날짜 기간을 일 수 또는 월 수 또는 년 수로 나타냄	as.period()

이 문제 해결을 위해 필요한 작업을 순서대로 나타내면 다음과 같다.

① 문자열 형식의 입사일을 날짜형으로 바꾸기
② 오늘 날짜 구하기
③ 입사일과 오늘 날짜 차이로 근무기간 구하기
④ 근무 기간을 “며칠”, “몇 개월 며칠”, “몇 년 몇 개월 며칠”로 표현하기

먼저, 문자열 형식의 입사일 “20150302” 또는 “2015-03-02”을 날짜형으로 바꾸기 위해서는 다음 프로그램에서와 같이 ymd() 함수를 사용하면 된다. class(hiredDate) 명령을 이용하여 hiredDate의 데이터 유형을 확인할 수 있다.

```
[ Script ]
# 문자열 형식의 날짜를 날짜형으로 바꾸기
hiredDate <- ymd("20150302")
class(hiredDate)
print(hiredDate)
--------------------------------------------------------------------------
[ Console ]
> source('~/R_test/ch_03/ch3_2_2_1.R', encoding = 'UTF-8')
[1] "Date"
[1] "2015-03-02"
```

오늘 날짜는 기본 패키지 함수인 Sys.Date() 함수를 이용하면 쉽게 구할 수 있다.

```
[ Script ]
# 오늘 날짜 구하기
today <- Sys.Date()
print(today)
--------------------------------------------------------------------------
[ Console ]
> source('~/R_test/ch_03/ch3_2_2_1.R', encoding = 'UTF-8')
/* 생략 */
[1] "2021-06-04"
```

다음과 같이 입사일과 오늘 날짜의 차이를 구하면 근무 기간을 구할 수 있다.

```
[ Script ]
# 입사일과 오늘 날짜 차이로 근무 기간 계산하기
diffDate <- interval(hiredDate, today)
print(diffDate)
--------------------------------------------------------------------------
[ Console ]
> source('~/R_test/ch_03/ch3_2_2_1.R', encoding = 'UTF-8')
/* 생략 */
[1] 2015-03-02 UTC--2021-06-04 UTC
```

그런데, 두 날짜 간 기간을 위와 같이 출력하면 근무 기간이 어느 정도인지 파악하기가 힘들다. 따라서 다음과 같이 as.period() 함수를 사용하면 근무 기간을 출력해 볼 수 있다. 이때, 옵션을 "days"로 하면 "며칠"로, "months"를 사용하면 "몇 개월 며칠"로, "years"를 사용하면 "몇 년 몇 개월 며칠"로 출력해 볼 수 있다.

```
[ Script ]
# 근무 기간을 "며칠", "몇 개월 며칠", "몇 년 몇 개월 며칠"로 출력하기
diffDays <- as.period(diffDate, unit="days")
diffMonths <- as.period(diffDate, unit = "months")
diffYears <- as.period(diffDate, unit = "years")
print(diffDays)
print(diffMonths)
print(diffYears)
---------------------------------------------------------------------
[ Console ]
> source('~/R_test/ch_03/ch3_2_2_1.R', encoding = 'UTF-8')
/* 생략 */
[1] "2286d 0H 0M 0S"
[1] "75m 2d 0H 0M 0S"
[1] "6y 3m 2d 0H 0M 0S"
```

오늘이 2021년 6월 4일이라고 할 때 입사일인 2015년 3월 2일로부터 2,386일, 75개월 2일, 6년 3개월 2일 동안 근무했음을 확인할 수 있다.

이 문제 해결을 위한 전제 프로그램은 다음과 같다.

```
[ Script ]
# ch3_2_2_1.R
# 문자열 형식의 날짜를 날짜형으로 바꾸기
hiredDate <- ymd("20150302")

# 오늘 날짜 구하기
today <- Sys.Date()

# 입사일과 오늘 날짜 차이로 근무 기간 계산하기
diffDate <- interval(hiredDate, today)

# 근무 기간을 "며칠", "몇 개월 며칠", "몇 년 몇 개월 며칠"로 출력하기
diffDays <- as.period(diffDate, unit="days")
diffMonths <- as.period(diffDate, unit = "months")
diffYears <- as.period(diffDate, unit = "years")
print("< 입사한 날짜로 부터 오늘까지의 기간 >")
print(diffDays)
print(diffMonths)
print(diffYears)
```

```
[ Console ]
> source('~/R_test/ch_03/ch3_2_2_1.R', encoding = 'UTF-8')
[1] "< 입사한 날짜로 부터 오늘까지의 기간 >"
[1] "2286d 0H 0M 0S"
[1] "75m 2d 0H 0M 0S"
[1] "6y 3m 2d 0H 0M 0S"
```

위의 프로그램에서는 추가 설치 패키지인 "lubridate"에서 제공하는 함수를 이용하여 문제를 해결하고 있다. 물론, 이 문제를 기본 패키지 함수를 이용하여 해결하고자 하면 할 수도 있으나 여기서 지원하는 as.period() 함수 기능을 지원하지 않아 여러 단계를 거쳐야 as.period()와 같은 기능을 수행함으로 사용자들은 불편할 수 있다. 따라서 해결하고자 하는 문제에서 필요한 기능을 제공하는 함수를 기본 패키지 함수에서든 추가 설치 패키지 함수에서든 잘 찾아서 사용할 수만 있다면 훨씬 쉽고 효율적으로 프로그래밍할 수 있다. 그리고 변환된 변수의 데이터형을 확인하고자 한다면 class() 함수를 이용하여 변수의 데이터형이 "Date"형인지 "Period"형인지 등을 확인할 수 있다.

Tip "lubridate" 패키지의 함수

(1) "lubridate" 패키지에서 문자열 형식의 날짜를 날짜형으로 변경하는 함수는 문자열 형식에 따라 ymd(), mdy(), dmy() 중 선택하여 사용하면 된다.

함수	설명	예제
ymd()	"년월일" 형식일 때 사용	ymd("20150302") ymd("2015-03-02")
mdy()	"월일년" 형식일 때 사용	mdy("03022015") mdy("03-02-2015")
dmy()	"일월년" 형식일 때 사용	dmy("02032015") dmy("02-03-2015")

(2) as.period() 함수를 이용하면 년, 월, 일 뿐만 아니라 시, 분, 초로도 나타낼 수 있다.

```
[ Console ]
> as.period(diffDate, unit="seconds")
[1] "197510400S"
> as.period(diffDate, unit="minutes")
[1] "3291840M 0S"
> as.period(diffDate, unit="hours")
[1] "54864H 0M 0S"
```

연습문제

01 ch3_ex01.R 파일은 학생 20명의 국어, 영어, 수학 성적 데이터이다. 주어진 파일을 이용하여 국어, 영어, 수학 성적에 대해 각 과목의 평균 점수와 최대 점수를 구하는 프로그램을 작성하시오.

02 다음은 월별 강우량을 표로 나타낸 것이다. 이 데이터를 이용하여 1년 총 강우량의 평균과 비가 가장 많이 온 달, 비가 가장 적게 온 달을 출력하는 프로그램을 작성하시오.

월	1	2	3	4	5	6	7	8	9	10	11	12
강우량	100	50	150	120	80	300	600	300	200	100	70	100

03 두 사람의 생년월일이 "19980618", "19901214"와 같이 주어졌을 때, 두 사람의 나이 차이를 계산하여 출력해 주는 프로그램을 작성하시오.

Part Ⅱ
효율적인 데이터 관리

여러분은 Part Ⅰ에서 R언어의 특성을 살펴보고 R언어를 사용할 수 있는 환경을 컴퓨터에 구축해 보았다. 또한, 우리 일상에서 발생하는 숫자나 텍스트 같은 자료들이 어떻게 디지털화되고 컴퓨터에 관리되는지에 대해서 살펴보고 이해하였다. 그리고 주어진 문제를 해결하기 위해 수행해야 하는 복잡한 작업을 R언어에서 제공하는 함수를 적절하게 사용하면 간단하게 해결할 수 있음을 경험해 보았다.

그리고 Part Ⅰ에서 R언어에서 지원하는 데이터의 유형과 데이터 유형별 처리 방법에 대하여 살펴보았다. 특히 데이터를 처리하기 위해서는 데이터가 저장되는 기억공간을 관리하는 변수라는 개념을 사용한다는 것을 이해하였을 것이다. 그러나 관리해야 할 데이터가 많다면 어떻게 될까? 데이터 하나하나에 이름을 붙이고 관리하는 것이 가능할까? 물론 가능할 수도 있다. 그러나 만일 데이터의 수가 많다면 모든 데이터에 이름을 붙여 관리하는 것은 효율적인 관리 방법이 아닐 것이다.

본 파트에서는 많은 양의 데이터를 다루는 문제를 해결하기 위해 R언어에서 제공하는 데이터 관리 방법을 이해한다. 또한, 이미 컴퓨터에 저장된 자료를 R언어 프로그램에 활용하고 R언어 프로그램 수행 결과로 생성된 데이터를 컴퓨터에 저장하는 방법에 대하여 학습한다. 4장에서는 동일한 유형의 수많은 데이터를 하나의 변수 이름으로 관리하는 방법인 벡터와 행렬에 대하여 학습한다. 벡터와 행렬로 관리되는 데이터는 한 번의 명령으로 모든 원소에 동일한 명령을 적용할 수 있을 뿐 아니라 벡터와 행렬의 원소들은 집합이라는 개념도 같이 가지고 있으므로 합계 구하기, 평균 구하기 등 하나의 집합을 대상으로 수행할 수 있는 다양한 작업을 함수로 처리해 본다. 5장에서는 다른 유형의 데이터도 하나의 변수 이름으로 관리할 수 있는 리스트와 데이터 프레임에 대하여 알아본다. 이들 데이터 관리 방법 역시 벡터나 행렬에 비해 약간의 제한은 있으나 편리하게 프로그래머가 원하는 작업을 수행할 수 있도록 제공하는 다양한 기능에 대하여 학습한다. 그리고 6장에서는 파일로 저장된 데이터를 R 프로그램으로 읽어오고, R 프로그램에서 생성된 데이터를 파일로 저장하는 방법을 살펴본다.

컴퓨터 비전공자를 위한 빅데이터 활용의 시작

R 언어 프로그래밍

04 동일한 유형의 데이터 묶음 처리

1 동일한 유형의 데이터란?

여러분은 2장에서 데이터의 유형에 대하여 알아보았다. 컴퓨터는 데이터 유형에 따라 "0010...1000"의 이진 비트열 데이터를 어떻게 해석하여 사용자에게 표현할 것인지를 결정한다. 또한 컴퓨터는 사용자가 입력하는 문자, 숫자, 날짜 등의 다양한 형태의 데이터를 어떻게 관리할지를 데이터 유형에 따라 결정한다. 그러므로 R언어에서 지원하는 데이터의 유형과 데이터 유형별 처리 방법을 이해하는 것은 R언어 프로그래밍을 위한 기초지식에 해당한다.

컴퓨터는 기억공간인 메모리에 저장된 데이터를 관리하기 위한 변수라는 매개를 사용하여 데이터를 관리한다. R언어 프로그래밍 과정에서 데이터가 메모리의 어느 부분에 저장되는지 몰라도 변수를 이용하여 데이터를 저장하고 저장된 데이터에 대한 연산과 출력을 할 수 있다. 그러나 관리해야 할 데이터가 많다면 어떻게 될까? 데이터 하나, 하나마다 이름을 붙이고 관리하는 것이 가능할까? 물론 가능할 수도 있다. 그러나 만일 데이터의 수가 많다면 모든 데이터에 이름을 붙여 관리하는 것은 효율적인 관리 방법이 아니다.

3장에서 다루었던 한 반 학생의 성적을 계산하는 문제를 생각해보자. 10명의 성적을 관리하기 위해서는 10개의 기억공간이 필요하다. 그리고 이 10개의 기억공간에 저장된 데이터의 관리를 위해 R언어 프로그래머는 10개의 변수명을 만들어야 한다. 만일 100명의 학생이 있어 100개의 변수명을 만들어야 한다면 프로그래머에게는 이 일이 너무나 힘든 일이 될 것이다. 이러한 문제점을 해결하기 위해 컴퓨터 프로그램에서 연속된 공간을 확보하고 그 기억공간에 저장된 데이터를 하나의 변수 이름으로 관리한다. 예를 들어, 국어 성적이 들어 있는 상자에 이름을 붙인다고 가정하면 "국어1 상자", "국어2 상자", "국어3 상자"가 아니라 "국어 상자들"로 이름을 붙이고 국어 성적이 저장된 상자들을 모아서 관리하는 방법이다. 이 상자들은 모여 있으므로 자연스럽게 순서가 정해진다. 개별 상자 내용을 살펴볼 때는 "국어 상자 중 첫 번째"와 같은 방식으로 개별 상자를 가리킬 수 있다.

R언어의 기본 데이터 유형인 숫자형, 문자형, 논리형 등의 하나의 변수 이름은 하나의 기억공간을 관리하는 단일 값 형태를 가진다. 그러므로 하나의 변수 이름으로 여러 개의 묶음 기억공간을 관리하기 위해서는 R언어 프로그래머는 프로그램 과정에서 "이 변수 이름은 여러 개의 기억공간을 묶어서 관리함"을 도구인 함수로 명시해야 한다.

R언어는 같은 데이터 유형을 묶어서 관리하기 위해 사용하는 벡터(vector), 행렬(matrix)을 도구로 제공하고 있으며, 데이터 유형과 관계없이 여러 가지 데이터 유형을 묶어서 관리하기 위해 리스트(list)와 데이터 프레임(data frame) 도구를 제공한다. R언어에서는 벡터, 행렬, 리스트, 데이터 프레임 형식으로 묶어서 관리되는 데이터들을 데이터 객체라고 하며, 이와 같이 관리하는 형식을 데이터 구조라고 부른다.

R언어는 데이터의 효율적인 처리와 분석을 위해 다양한 유형의 수많은 데이터를 다룬다. 이를 위해 R언어는 다른 언어들보다 다양한 데이터 구조를 제공한다. R언어가 제공하는 데이터 구조가 다양하여 R언어 사용자들은 "R언어는 복잡하다"라고 생각할 수 있다. 그러나 데이터 구조를 잘 이해한다면 R언어가 제공하는 함수와 패키지를 이용하여 문제를 쉽게 해결할 수 있으므로 결과적으로는 R언어가 제공하는 다양한 데이터 구조는 R언어를 쉽고 편리하게 사용할 수 있도록 하는 주요 기능을 담당한다.

4장에서는 동일한 유형의 데이터를 저장하는 벡터(vector), 행렬(matrix)에 대하여, 5장에서는 다른 유형의 데이터도 저장할 수 있는 리스트(list)와 데이터 프레임(data frame)에 대해 알아본다.

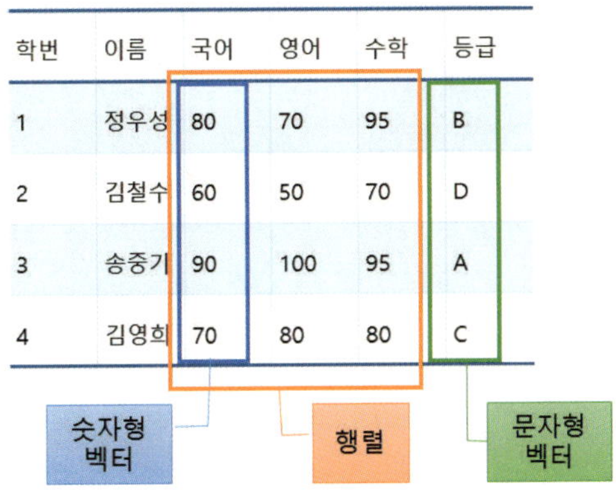

학번	이름	국어	영어	수학	등급
1	정우성	80	70	95	B
2	김철수	60	50	70	D
3	송중기	90	100	95	A
4	김영희	70	80	80	C

위의 성적 데이터에서 각 학생의 국어, 영어, 수학 성적은 모두 숫자형 데이터로 구성되어 있다. 만약 프로그램에서 1번 학생 한 명의 국어 성적만을 다루려고 한다면 kor <- 80과 같이 하나의 변수에 하나의 값만 저장하여 사용하면 된다. 그러나 한 반의 학생이 30명이라고 할 때 30개의 국어 성적을 각각의 변수(kor1, kor2, kor3, ...)에 저장하는 것은 매우 비효율적이다. 따라서 이처럼 동일한 데이터 유형의 여러 개의 데이터를 하나의 변수에 저장하여 처리할 수 있도록 R에서는 벡터라는 데이터 구조를 제공하고 있다. 또한, 국어 성적뿐만 아니라 영어, 수학 성적도 모두 같은 데이터 유형이므로 30명의 학생에 대해 국어, 영어, 수학 성적 데이터를 모두 하나의 변수에 저장하여 처리할 수 있도록 행렬이라는 데이터 구조도 제공하고 있다. 이 장에서는 동일한 유형의 여러 개의 데이터를 하나의 변수에 저장하여 다루는 벡터와 행렬에 대해 알아본다.

1.1 일렬로 묶인 동일한 유형의 데이터 – 벡터

앞의 그림의 성적 데이터에서 4명의 국어 점수는 모두 숫자형으로 동일한 유형을 가지며, 4명의 성적을 일렬로 나열하여 관리하면 편리한 구조이므로 기억공간에 저장된 4개의 데이터를 하나의 변수 kor로 관리하는 것이 효율적이다.

1) 벡터 만들기

4개의 데이터를 하나의 변수 이름으로 관리하는 데이터 묶음을 생성하기 위해서, R언어에서는 c() 함수를 제공한다. c() 함수의 "c"는 combine을 뜻하며, 여러 원소가 하나의 벡터로 결합한다는 의미이다.

다음 그림과 같이 4개의 점수 데이터(80, 60, 90, 70)가 저장된 기억 공간 4개를 묶어 하나의 변수로 관리하도록 하는 기능을 c() 함수가 제공한다. R언어에서는 c() 함수에 의해 일렬로 묶인 동일한 유형의 데이터를 "벡터(vector)"라 한다.

```
[ Console ]
> kor <- c(80, 60, 90, 70)
> print(kor)
[1] 80 60 90 70
```

c() 함수는 기존 벡터를 결합하여 새로운 벡터를 반환한다. 다음 예제에서 "korEng <- c(kor, eng)" 명령은 4개의 값을 가지는 벡터 "kor" 값과 3개의 값을 가지는 벡터 "eng" 값을 결합하여 7개의 값을 가지는 새로운 벡터 "korEng"를 생성하라는 명령이다. 이 명령이 수행된 결과를 다음 예제에서 확인할 수 있다.

```
[ Console ]
> kor <- c(80, 60, 90, 70)      # kor 는 80 60 90 70 의 4개의 원소를 갖는 벡터
> print(kor)
[1] 80 60 90 70
> eng <- c(70, 50, 100)         # eng 는 70, 50, 100의 3개의 원소를 갖는 벡터
> print(eng)
[1]  70  50 100
> korEng <- c(kor, eng)
> print(korEng)
[1]  80  60  90  70  70  50 100
```

벡터의 구성 원소는 모두 같은 데이터 유형이어야 한다. 즉 한 유형의 데이터로만 구성되어 있어야 하며, 벡터 내에 서로 다른 데이터 유형이 섞여서는 안 된다. 만약, 벡터 안에 서로 다른 자료형의 데이터를 입력하면, R언어는 모든 원소를 하나의 데이터 유형으로 자동 변환한다. 아래 코드에서 math <- c(95, 70, "95", 80)와 같이 벡터 안에 서로 다른 자료형의 데이터(숫자와 문자)를 입력하면 숫자를 문자형으로 변환한다. 즉, 벡터에 문자형과 숫자형이 섞여 있으면 R언어는 벡터에 있는 숫자형 데이터를 자동으로 문자형으로 변환한다. 그리고 벡터에 논리형과 숫자형만 있으면 R언어는 논리형 데이터를 자동으로 숫자형으로 변환한다.

```
[ Console ]
> math <- c(95, 70, "95", 80)  # 숫자형와 문자형이 섞여 있으면 문자형으로 자동 변환
> print(math)
[1] "95" "70" "95" "80"
> kor <- c(90, 80, T, TRUE)    # 숫자형와 논리형이 섞여 있으면 숫자형으로 자동 변환
> print(kor)
[1] 90 80  1 1
```

R언어로 벡터를 생성하고 관리할 경우 자동 데이터 유형 변환으로 논리적인 오류가 발생하지 않도록 특히 주의해야 한다.

```
[ Script ]
# ch4_1_1_1.R
kor <- 80
math <- 90
eng <- "B"
score <- c(kor, math, eng)
tot <- sum(score)
--------------------------------------------------------------------
[ Console ]
> source('~/R_test/ch_04/ch4_1_1_1.R', encoding = 'UTF-8')
sum(score)에서 다음과 같은 에러가 발생했습니다:인자의 'type' (character)이 올바르지
않습니다
```

위의 예제와 같이 국어와 수학 성적은 점수로 영어 성적은 등급으로 데이터를 관리한다고 가정해 보자. 이때 데이터를 편리하게 관리하기 위해 성적 데이터를 결합하여 벡터로 만들고 sum()함수를 이용하여 성적의 합계를 구하려고 한다면 위의 예시와 같이 에러가 발생한다. 이는 eng 변수에 담긴 데이터가 문자형이라는 것은 고려하지 않았기 때문에 발생하는 문제이다. 그러므로 여러 데이터를 결합하여 하나의 벡터를 생성하여 관리할 경우에는 데이터 유형 관리에 세심한 주의가 필요하다.

벡터는 데이터의 결합으로 생성하지만 특수한 규칙을 가진 데이터인 경우에는 일일이 데이터를 입력하는 것은 매우 비효율적인 방법이다.

R언어는 이러한 비효율적인 방법을 해결하기 위해 벡터 생성 연산자와 함수를 제공하고 있다.

■ 연속적인 숫자로 이루어진 벡터

콜론(:) 연산자를 사용하여 순차적으로 1씩 증가 또는 감소하는 수열(sequence)로 이루어진 벡터를 생성한다.

```
[ Console ]
> x <- 1:5                      # x는 1, 2, 3, 4, 5 의 5개의 원소를 갖는 벡터
> print(x)
[1] 1 2 3 4 5
> y <- 10:5                     # y는 10, 9, 8, 7, 6, 5 의 6개의 원소를 갖는 벡터
> print(y)
[1] 10  9  8  7  6  5
```

■ 일정한 간격의 숫자로 이루어진 벡터

콜론(:) 연산자는 1씩 증가 또는 감소하는 숫자 벡터만 만들 수 있다. 숫자 간의 간격이 규칙적인 값을 갖는 벡터를 생성하거나 벡터의 개수를 지정하려면 seq() 함수를 사용한다. seq() 함수의 전달 값은 아래와 같다.

```
seq(from, to,  by)              # 초기값,  종료값, 증가분
seq(from, to, length.out)       # 초기값,  종료값, 생성할 벡터의 개수(생략 불가)
```

seq() 함수를 사용하면 숫자형 데이터의 입력을 편리하게 처리할 수 있다. 다음의 예제에서 보듯이 만일 1에서 20까지 홀수가 필요하다면 seq() 함수를 이용하여 "1부터 20까지 2씩 증가"하는 원소를 가진 벡터를 생성하면 된다. 만일 1에서 10까지 길이를 6등분하는 위칫값을 구하고 싶다면 seq() 함수를 이용하여 "1부터 10까지 7개(length.out = 7)"라는 명령을 사용하면 된다. 벡터 원소는 등분의 시작과 끝이 모두 포함되므로 등분의 개수보다 한 개가 더 많다. seq() 함수의 전달 값의 의미를 표시하는 옵션 이름 중에서 "from", "to", "by"는 생략이 가능하나 원소의 개수라는 의미의 전달 값 이름인 "length.out"은 생략할 수 없다. R언어 초보 사용자는 이러한 전달자 이름 사용에 익숙하지 않아 함수 사용이 복잡하다고 생각하는 경우가 많다. 그러나 전달자 이름을 모두 표기할 경우 함수가 복잡하게 보이지만 읽기가 쉬워짐으로 R언어 초보 사용자에게는 모두 표기하는 것을 권장한다.

```
[ Console ]
> seq(from = 1, to = 20, by = 2)       # 시작, 종료, 간격 (1부터 20까지 2씩 증가 )
 [1]  1  3  5  7  9 11 13 15 17 19
> seq(10, 1, -2)                       # 시작, 종료, 간격 (10부터 1까지 -2씩 증가)
[1] 10  8  6  4  2
> seq(1, 10, length.out = 7)           # 1부터 10까지 7개 되는 자료 생성
[1]  1.0  2.5  4.0  5.5  7.0  8.5 10.0
```

■ 반복된 숫자로 이루어진 벡터

반복된 숫자로 이루어진 벡터는 rep() 함수를 이용하여 생성 할 수 있다. 반복 대상값은 하나의 값일 수도 있고 여러 개의 값일 수도 있다. rep() 함수의 사용법은 아래와 같다.

```
[ Console ]
> rep(2, times =5 )                    # 2를 5번 반복
[1] 2 2 2 2 2
> rep(1:5, times = 3)                  # 1, 2, 3, 4, 5를 3번 반복
 [1] 1 2 3 4 5 1 2 3 4 5 1 2 3 4 5
> rep(c(1,5,9), times = 3)             # 1, 5, 9를 3번 반복
[1] 1 5 9 1 5 9 1 5 9
> rep(c("a","b","c"), each = 3)        # a, b, c를 각각 3번 반복
[1] "a" "a" "a" "b" "b" "b" "c" "c" "c"
```

2) 벡터의 접근과 연산

벡터는 동일한 유형의 여러 개의 데이터를 하나의 변수로 관리한다. 그러므로 하나의 변수 이름으로 여러 개의 데이터에 각각 접근할 수 있어야 한다. 또한, 여러 개의 데이터에 대한 연산을 하나의 변수 이름을 가지고 처리해야 하므로 2장에서 다루었던 기본 데이터 유형의 연산과는 차이가 있다. 이 절에서는 다음의 성적 관리표와 같이 동일한 유형의 데이터를 열 또는 행으로 묶어서 하나의 변수인 벡터로 관리할 경우에 이 벡터가 관리하는 개별 값에 접근하는 방법을 알아보고 여러 개의 값을 관리하는 벡터에 대한 연산을 살펴본다.

학번	이름	국어	영어	수학	등급
1	정우성	80	70	95	B
2	김철수	60	50	70	D
3	송중기	90	100	95	A
4	김영희	70	80	80	C

R언어는 데이터를 묶어서 하나의 이름으로 관리할 경우, 그 데이터 묶음 내에 있는 하나의 개별 값을 원소(element)라고 한다. 즉 "kor <- c(80, 60, 90, 70)"라는 벡터를 생성하였을 경우 "벡터 kor은 4개 원소를 가지며, 세 번째 원소 90은 3번 학생의 국어 성적을 의미한다."라고 표현할 수 있다.

R언어는 벡터의 원소를 참조할 때 인덱스 번호를 사용한다. 4개의 원소를 가진 벡터 kor의 경우 다음 그림과 같이 첫 번째 원소는 kor[1], 두 번째 원소는 kor[2], 네 번째 원소는 kor[4]로 벡터의 원소에 접근한다.

kor[1]	kor[2]	kor[3]	kor[4]

다음 표는 벡터 내의 특정 원소에 접근하는 명령의 방법을 보여준다. R언어는 한 번의 명령으로 하나의 원소뿐만 아니라 여러 개의 원소에 접근할 수 있다.

기능	명령 사용법	예시 kor <- c(80, 60, 90, 70)
벡터의 개별 원소에 대한 접근	벡터[인덱스]	> kor[2]　　# kor 의 2번째 원소 접근 [1] 60
벡터의 연속된 일부분에 대한 접근	벡터[인덱스:인덱스]	> kor[2:4]　　# kor 의 2, 3, 4번째 원소 접근 [1] 60 90 70
벡터의 연속되지 않은 일부분에 대한 접근	벡터[벡터]	# kor 의 1, 2, 4번째 원소 접근 => c() 함수로 벡터 생성 > kor[c(1, 2, 4)] [1] 80 60 70
벡터의 특정 원소 배제 접근	벡터[-인덱스] 벡터[-벡터]	# 마이너스를 붙일 경우 kor 의 1, 4번째 원소를 제외하고 접근 > kor[-c(1, 4)] [1] 60 90
벡터의 특정 범위 값 접근	벡터[논리식]	# kor 의 원소의 값이 80 이상인 값들만 접근 > kor[kor >= 80] [1] 80 90

다음의 예제는 입력된 4명의 국어 성적에서 3번 학생의 국어 성적을 90점에서 95점으로 수정하고 2번과 4번 학생의 성적을 "evenStd"라는 벡터에 옮겨 담는 R언어 프로그램이다. 이 예제를 통해 벡터를 구성하는 특정 원소 값들을 접근하여 값을 수정하거나 다른 변수에 옮겨 담는 방법을 알아본다.

```
[ Script ]
# ch4_1_1_2.R
kor <- c(80, 60, 90, 70)
kor[3] <- 95
evenStd <- kor[c(2,4)]        # 벡터 kor의 2, 4번째 원소를 복제하여 벡터 evenStd생성
print(evenStd)                # 벡터 evenStd의 원소 출력
print(kor)                    # 벡터 kor 출력
----------------------------------------------------------------------
[ Console ]
> source('~/R_test/ch_04/ch4_1_1_2.R', encoding = 'UTF-8')
[1] 60 70
[1] 80 60 95 70
```

벡터의 연산은 단일 값 데이터 유형과 동일하게 더하기(+), 빼기(-), 곱하기(*), 나누기(/), 거듭제곱(^), 나머지(%%), 몫(%/%) 등의 연산자를 사용할 수 있다. 그러나 이들 연산자가 벡터에 적용되면, 벡터의 모든 원소에 동일한 연산이 적용된다. 즉, R에서의 벡터 연산은 벡터 내의 원소들에 대해 동일한 인덱스의 원소끼리 동시에 연산을 수행한다. 연산에 관여하는 벡터의 길이에 따라 다음의 표와 같이 연산의 결과가 생성된다.

연산 벡터의 형태	연산 수행 결과	예시
		`a1 <- c(2,3,4,5); a2 <- c(4,5,6,7);`
		`a3 <- c(7,8,9); a4 <- c(2,3);`

두 벡터의 길이가 같을 때 연산인 경우	동일한 위치의 원소끼리 연산 수행	`> a1 + a2        # 2+4, 3+5, 4+6, 5+7` `[1]  6  8 10  12`
두 벡터의 길이가 다를 때 연산인 경우	긴 벡터의 길이가 짧은 벡터 길이의 정수배	`> a1 + a4        # 2+2, 3+3, 4+2, 5+3` `[1]  4  6  6  8`

	긴 벡터의 길이가 짧은 벡터 길이의 정수배 아님. 연산 수행 후 경고 메시지 출력	`> a1 + a3        # 2+7, 3+8, 4+9, 5+7`
		`[1] 9  11  13  12`
		경고메시지(들):
		a1 + a3에서: 두 객체의 길이가 서로 배수관계에 있지 않습니다

벡터와 단일값의 연산인 경우	벡터의 모든 원소와 단일값 각각 연산 수행	`> a1 + 10        # 2+10, 3+10, 4+10, 5+10` `[1] 12 13 14 15`

다음 예시는 벡터 연산을 이용하여 학생별 총점을 계산한다. 벡터 totStu에는 kor, eng, math에서 동일한 인덱스 값을 가진 원소들끼리 연산하여 totStu의 같은 인덱스에 저장한다. 학생 수가 많아도 한 번의 연산으로 모두 계산할 수 있다.

```
[ Script ]
# ch4_1_1_3.R
kor <- c(80, 60, 90, 70)
eng <- c(70, 50, 100, 80)
math <- c(95, 70, 95, 80)
totStu <- kor + eng + math    # kor, eng, math의 같은 위치의 원소끼리 더한다.
cat("totStu : "); print(totStu)
---------------------------------------------------------------------
[ Console ]
> source('~/R_test/ch_04/ch4_1_1_3.R', encoding = 'UTF-8')
totStu : [1] 245 180 285 230
```

Tip 경고(Warning) vs. 에러(Error)

아래의 예제를 살펴보면 "에러"와 "경고" 메시지를 볼 수 있다. R언어는 오류(Error)가 있는 문장을 만나면 프로그램을 더 이상 실행하지 않고 그 자리에서 멈춘다. 반면에 경고(Warning)의 경우 프로그램은 실행되지만 사용자에게 결과에 문제가 있을 수 있음을 알려준다.
아래의 예시와 같이 math+bonus 연산을 수행하면 math 벡터 원소의 개수가 bonus 벡터 원소 개수와 동일하지 않지만 R언어의 벡터 재사용 규칙을 적용하여 연산의 수행은 가능하다. 그러므로 연산을 수행하지만 사용자가 보너스 점수 하나를 적게 입력했을 수도 있으므로 경고 메시지를 발생시켜 준다. 그러므로 연산이 수행되어 결과가 산출되더라도 경고 메시지가 있으면 본인의 의도가 맞는지를 꼭 확인해 볼 필요가 있다. 그러나 res2 <- kor + grade 명령어와 같이 문자와 숫자를 더하는 것은 수행할 수 없는 명령이므로 에러가 발생하고 프로그램은 더 이상 수행되지 않고 그 자리에서 멈춘다.

```
[ Script ]
# ch4_1_1_4.R
kor <- c(80, 60, 90, 70)
math <- c(95, 70, 95, 80)
grade <- c("B", "D", "A", "C")
bonus <- c(2, 4, 5)
# 경고(Warning)메시지 출력
res1 <- math + bonus;
print(res1)
# 에러(Error)가 발생할 경우 발생한 줄에서 프로그램이 멈춤.
res2 <- kor + grade;
print(res2)
------------------------------------------------------------------
[ Console ]
> source('~/R_test/ch_04/ch4_1_1_4.R', encoding = 'UTF-8')
[1]  97  74 100  82
kor + grade에서 다음과 같은 에러가 발생했습니다:이항연산자에 수치가 아닌 인수입니다
추가정보: 경고메시지(들):
math + bonus에서: 두 객체의 길이가 서로 배수관계에 있지 않습니다
```

3) 간단한 문제 해결을 위한 벡터 활용

■ 주어진 범위에서 주어진 자연수의 배수 합 구하기

누군가가 여러분에게 "0에서 10000까지 3의 배수의 합은 얼마냐?"고 질문하였다면 어떻게 할 것인가? 만일 컴퓨터 프로그램 언어를 배우지 않은 사람이라면 전자계산기로 "3+6+9+..... +9999"를 계산할 것이다. 조금 더 생각한 사람은 "3×(1+2+3+...+3333)"으로 변경하고 일반항을 합을 구하는 공식을 이용하여 "3×3333×3334/2"와 같이 변경한 후 구할 수 있을 것이다. 그러나 R언어를 배운 사람이라면 이 계산을 직접하지 않고 컴퓨터에게 R언어로 "0에서 10000사이의 숫자 중에서 3의 배수를 원소로 가지

는 벡터를 생성하라. 그 벡터의 모든 원소의 값을 더하라. 결괏값을 출력하라"로 명령을 할 것이다. 전자의 경우 범위와 구하고자 하는 배수가 바뀔 때마다 새로운 계산을 수행하여야 하지만 후자의 경우에는 범위와 구하고자 하는 배수에 대한 정보만을 변경하면 원하는 결과를 얻을 수 있다.

다음은 0에서 1000까지 숫자 중에서 3의 배수의 합을 구하는 프로그램이다. 첫 번째 줄의 명령어인 "x <- seq(0, 1000, by = 3)"를 적절하게 변경한다면 "주어진 범위에서 주어진 자연수의 배수 합 구하기" 문제를 간단하게 해결할 수 있을 것이다.

```
[ Script ]
# ch4_1_1_5.R
x <- seq(0, 1000, by = 3)   # 0에서 1000사이의 3의 배수를 원소로 가지는 벡터 x 생성
sum_x <- sum(x)             # 벡터 x의 모든 원소를 더하여 sum_x에 저장
cat("0에서 1000까지 3의 배수의 합은", sum_x, "입니다.\n")      #결과 sum_x 출력
--------------------------------------------------------------------------
[ Console ]
> source('~/R_test/ch_04/ch4_1_1_5.R', encoding = 'UTF-8')
0에서 1000까지 3의 배수의 합은 166833 입니다.
```

Tip 팩터(factor)

팩터는 카테고리로 분류할 수 있는 데이터 값, 즉 범주형(factor형) 데이터를 저장하여 분석할 때 사용한다. 성별이 남자인지 여자인지, 아니면 성적 등급이 A, B, C, D, F 중 어디에 해당하는지, 사는 지역이 서울, 부산, 경기 중에 어디에 해당하는지 등의 데이터를 분류하는 기준으로 사용된다. 팩터는 factor() 함수로 생성한다.

```
[ Console ]
> gender <- c("M", "F", "F", "F", "M")  # 문자형 벡터
> print(gender)
[1] "M" "F" "F" "F" "M"
> class(gender)
[1] "character"
> gender_f <- factor(gender)               # 팩터 구조로 gender_f 변수에 할당
> print(gender_f)
[1] M F F F M                              # 만들어진 데이터
Levels: F M                                # 성별의 종류(범주)
> class(gender_f)
[1] "factor"
> levels(gender_f)                         # 범주 확인
[1] "F" "M"
```

levels()함수로 팩터에 저장된 값들의 종류(범주)를 확인 할 수 있다.

1.2 2차원 표 형식으로 묶인 동일한 유형의 데이터 - 행렬

벡터는 일렬로 나열된 데이터 관리 형식이므로 1차원 데이터 구조라고도 한다. 벡터는 1차원이므로 하나의 데이터 객체에 한 과목 점수만을 저장할 수 있다. 그러므로 국어, 영어, 수학의 교과목 성적을 저장하기 위해 3개의 벡터를 이용하여 성적을 관리하여야 한다. 그런데 학생별로 성적의 합계, 평균, 최고 과목 점수, 최저 과목 점수 등을 구해야 한다면 어떻게 해야 할까? 만일 이 문제를 해결하기 위해 학생별로 벡터를 다시 생성하는 것은 매우 어리석은 일이 될 것이다.

이러한 문제를 해결하기 위해 R언어에서는 행렬이라는 데이터 구조를 제공하고 있다. 행렬은 여러 개의 벡터를 결합한 2차원 구조를 가지며, 결합하는 행과 열의 데이터에는 연관된 관계가 있어야 한다. 즉, 같은 열에 있는 데이터는 동일한 의미를 가진 값이어야 하며, 같은 행에 있는 데이터는 같은 대상(개체)에 해당하는 값이어야 한다.

관리해야 할 대상이 여러 개가 있고 이들 대상이 가진 값을 몇 가지로 분류할 수 있다면 이 데이터를 표로 표현하면 간단하다는 것을 알고 있다. 예를 들어 한 반에는 관리해야 할 대상인 학생이 30명이 있고 이들에 대해 관리해야 할 데이터는 국어, 영어, 수학이 있다고 가정하자. 이 경우에 각 점수가 어느 과목에 해당하는 점수인지를 학생마다 표시하는 방법보다는 각 열에 교과목 이름을 지정하고 각 교과목에 해당하는 점수를 적는 표 형식을 이용한다. 즉, 대상을 구분하는 학번, 대상이 가지고 있는 데이터의 분류인 국어, 영어, 수학을 항목 이름으로 정하고 각 학생에 해당하는 학번 및 성적을 같은 행에 위치시킴으로써 같은 행의 데이터는 같은 학생에 대한 데이터임을 명시한다. 이처럼 표의 형식으로 데이터가 정리되어 있다면 행은 학생별 성적을 의미하며, 열은 교과목별 성적을 의미한다는 것을 사용자는 사전에 인지하고 데이터를 관리한다. 이러한 표의 특성 중에서 동일한 데이터 유형만 관리할 수 있도록 R언어에서 제공하는 데이터 구조가 행렬(matrix)이다.

1) 행렬 만들기

성적 데이터에서 학생 4명의 국어, 영어, 수학 점수를 하나의 변수로 관리하려고 하면 R에서는 행렬을 이용하면 된다. 학생 수가 4명이므로 4개의 행과 교과목 수가 3개이므로 3개의 열로 이루어진 행렬로 성적 데이터를 관리할 수 있다. 이때 4개의 행과 3개의 열로 성적 데이터가 관리되므로 이 성적 데이터 객체를 4 × 3 행렬이라고 한다. 행렬도 벡터와 마찬가지로 해당 변수가 관리하는 데이터 구조가 행렬로 구성됨을 명시해 주어야 한다. R에서는 matrix() 함수를 이용하여 행렬 데이터 객체를 생성하고 해당 변수가 관리하는 데이터 객체가 행렬임을 명시할 수 있다. 행렬은 R의 데이터 구조 중에서 가장 일반적으로 사용되는 데이터 구조이다.

R언어에서는 matrix() 함수를 사용하여 원하는 형태의 행렬을 생성할 수 있다. matrix() 함수의 전달값은 아래와 같다.

```
matrix(data,                # 벡터 자료
       nrow = 1,            # 행의 개수
       ncol = 1,            # 열의 개수
       byrow = FALSE,       # data를 행 우선으로 채울지 여부
      )
```

matrix() 함수는 일렬로 열거된 데이터를 2차원 행렬로 변경하는 작업을 수행해야 한다. 이때 일렬로 나열된 데이터를 행부터 먼저 채워갈 것인지, 열부터 먼저 채워갈 것인지에 따라 생성되는 행렬이 달라질 수 있다. 즉, 일렬로 나열된 데이터가 1번 학생의 국어, 영어, 수학, 2번 학생의 국어, 영어 수학 점수 순서로 나열되어 있다면 행 우선으로 행렬을 생성해야 사용자가 원하는 대로 행렬이 생성된다. 반면에 일렬로 나열된 데이터가 1번 국어, 2번 국어, 3번 국어 점수 순서로 나열되어 있다면 열 우선으로 행렬을 생성해야 사용자가 원하는 대로 행렬이 생성된다. 그러므로 일렬로 나열된 데이터의 특성을 잘 알고 있는 R언어 프로그래머는 행렬 생성할 때 matrix() 함수가 이 문제를 결정할 수 있도록 명시해 주어야

한다. matrix() 함수 전달 값에서 "byrow=" 전달 값이 생략되면 matrix() 함수는 열 우선으로 행렬을 생성한다. 반면 "byrow=TRUE" 전달 값을 명시하면 데이터를 행 우선으로 채워진 행렬이 생성된다.

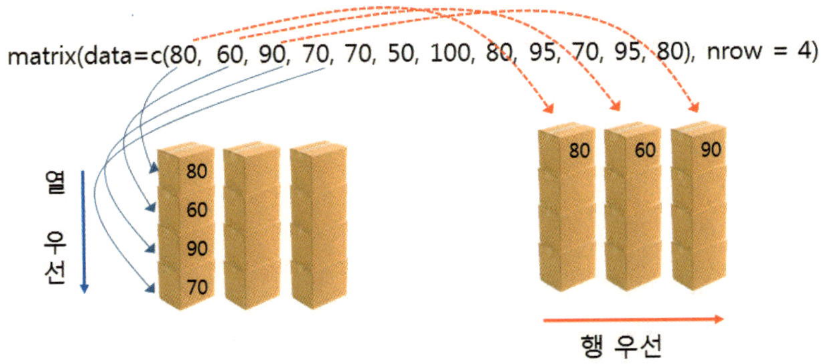

다음의 예시는 12개의 나열된 데이터를 4개의 행을 가진 "열 우선" 행렬 데이터 객체를 생성하여 행렬 변수 score에 할당하는 명령을 보여준다.

```
[ Script ]
# matrix()는 기본적으로 열부터 데이터를 채운다.
# 행의 개수가 4인 행렬, 1열부터 데이터를 채운다.
score <- matrix(data=c(80, 60, 90, 70, 70, 50, 100, 80, 95, 70, 95, 80), nrow = 4)
print(score)
-----------------------------------------------------------------------
[ Console ]
> source('~/R_test/ch_04/ch4_1_2_1.R', encoding = 'UTF-8')
     [,1] [,2] [,3]
[1,]   80   70   95
[2,]   60   50   70
[3,]   90  100   95
[4,]   70   80   80
```

matrix() 함수의 전달 값에 행과 열의 값을 동시에 명시할 필요는 없다. matrix() 함수는 나열된 데이터의 개수를 계산할 수 있으므로 나열된 데이터의 개수에 행이나 열의 값을 나누면 열 또는 행의 값을 계산할 수 있기 때문이다.
다음의 예시는 12개의 나열된 데이터를 4개의 행을 가진 "행 우선" 행렬 데이터 객체를 생성하여 행렬 변수 score1에 할당하는 명령을 보여준다. "행 우선" 행렬 데이터 객체를 생성하기 위하여 전달 값에 "byrow=TRUE"를 명시한다.

```
[ Script ]
# 행의 개수가 4인 행렬, 1행부터 데이터를 채운다,
score1 <- matrix(c(80, 60, 90, 70, 70, 50, 100, 80, 95, 70, 95, 80), nrow = 4,
                 byrow = TRUE)
print(score1)
---------------------------------------------------------------------------
[ Console ]
> source('~/R_test/ch_04/ch4_1_2_2.R', encoding = 'UTF-8')
     [,1] [,2] [,3]
[1,]   80   60   90
[2,]   70   70   50
[3,]  100   80   95
[4,]   70   95   80
```

행렬은 기존의 벡터를 열 방향으로 결합하거나 행 방향으로 결합하여 만들 수 있다. cbind() 함수는 벡터를 열의 방향으로 결합하여 행렬을 생성하며, rbind() 함수는 행의 방향으로 결합하여 행렬을 구성한다.

```
[ Script ]
# ch4_1_2_3.R
kor <- c(80, 60, 90, 70)
eng <- c(70, 50, 100, 80)
math <- c(95, 70, 95, 80)
# 벡터 kor, eng, math를 열 단위로 합쳐 4행 3열 행렬 생성
scoreC <- cbind(kor, eng, math)
cat("cbind : \n"); print(scoreC)
# 벡터 kor, eng를 행 단위로 합쳐 2행 4열 행렬 생성
scoreR <- rbind(kor, eng)
cat("rbind : \n"); print(scoreR)
---------------------------------------------------------------------------
[ Console ]
> source('~/R_test/ch_04/ch4_1_2_3.R', encoding = 'UTF-8')
cbind :
     kor eng math
[1,]  80  70   95
[2,]  60  50   70
[3,]  90 100   95
[4,]  70  80   80
rbind :
    [,1] [,2] [,3] [,4]
kor   80   60   90   70
eng   70   50  100   80
```

행렬의 모든 원소의 값이 같은 값을 가지는 경우에는 matrix() 함수의 "data=" 전달 값을 스칼라 값인 단독형 숫자형 값을 전달하면 된다. 다음의 예시와 같이 "data=" 전달 값으로 벡터 대신 스칼라 값인 "0"이 주어지면 행렬의 모든 원소 값이 0인 행렬을 생성할 수 있다.

```
[ Console ]
> matrix(0, 2, 3)                    # 모든 행렬의 원소가 0인 2행 3열 행렬 생성
     [,1] [,2] [,3]
[1,]    0    0    0
[2,]    0    0    0
> matrix(1, 2, 3)                    # 모든 행렬의 원소가 1인 2행 3열 행렬 생성
     [,1] [,2] [,3]
[1,]    1    1    1
[2,]    1    1    1
```

Tip **R언어의 재활용 규칙(Recycling Rule)**

R언어에서 행렬을 생성할 때, 주어진 데이터의 개수가 항상 명시한 행이나 열 개수의 배수가 되지 않을 수 있다. 예를 들어, 주어진 데이터의 개수는 10개이고 행 개수를 4개로 명시할 경우 matrix() 함수는 행렬이 주어진 모든 데이터를 저장할 수 있는 열 개수를 3개로 정하게 된다. 그러나 열 개수를 3개로 하면 2개의 데이터가 부족하다. 이때 matrix() 함수는 이 부족한 데이터를 입력으로 주어진 벡터의 앞쪽 데이터를 재사용한다. 아래 그림의 예에서는 부족한 2개의 데이터를 재사용하였다. 이처럼 행렬을 생성하거나 연산할 때, 부족한 행이나 열의 개수가 부족할 경우 주어진 벡터의 앞쪽 데이터를 부족한 개수만큼 재사용하는 것을 "R언어의 재활용 규칙"이라고 한다.

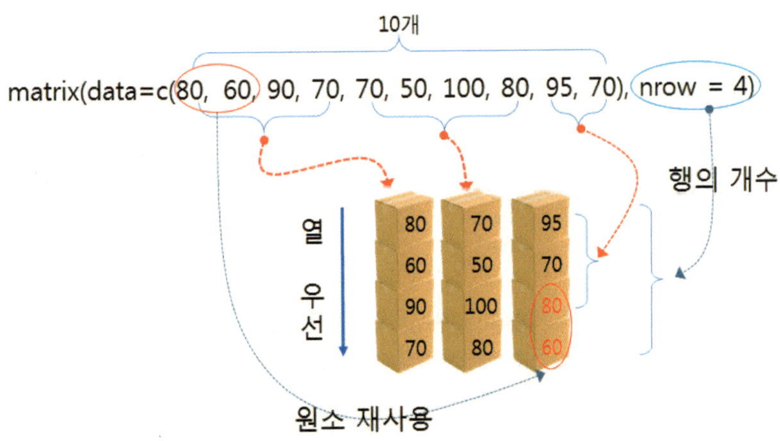

2) 행렬의 접근과 연산

행렬은 여러 개의 동일한 유형 데이터를 2차원 형태로 구성하여 하나의 변수로 관리한다. 행렬은 각각의 데이터에 행, 열의 형태로 접근할 수 있다. 또한 벡터와 마찬가지로 여러 개의 데이터에 대한 연산을 하나의 변수 이름을 가지고 처리한다.

행렬도 벡터와 같은 방법으로 각 원소를 참조할 때, 인덱스 번호를 이용하여 원소 값을 읽어오거나 변경할 수 있다. 행렬은 2차원 배열이므로 콤마(,)를 이용하여 행과 열을 구분한다. A[2,3]는 행렬 A의 2행 3열 위치의 원소를 의미한다. 그리고 콤마(,) 위치 앞에 숫자가 생략되면 모든 행을, 콤마(,) 위치 뒤에 숫자가 생략되면 모든 열을 의미한다.

A → (열)

	[1, 1]	[1, 2]	[1, 3]
	[2, 1]	[2, 2]	[2, 3]
	[3, 1]	[3, 2]	[3, 3]
↓ (행)	[4, 1]	[4, 2]	[4, 3]

다음 표와 같이 행렬 인덱싱 score[1,]에 의해 1번째 행 전체가, score[,1]에 의해서는 1번째 열 전체가 출력된다.

기능	명령 사용법	예시 score <- matrix(c(80, 60, 90, 70), 2)
행렬 개별 원소에 대한 접근	행렬[인덱스, 인덱스]	> score[2, 2] [1] 70
행렬 일부분에 대한 접근	행렬[벡터, 벡터]	> score[2, c(1,2)] [1] 60 70
행렬의 행 전체에 대한 접근	행렬[인덱스,]	> score[1,] [1] 80 90
행렬의 열 전체에 대한 접근	행렬[,인덱스] 행렬[,인덱스, drop=FALSE]	> score[,1] [1] 80 60 > score[,1, drop=FALSE] [,1] [1,] 80 [2,] 60

위의 표와 같이 행렬로부터 하나의 행 또는 열만 선택하면 R언어는 행렬이 아닌 벡터 형식의 데이터를 생성한다. 행렬 값에 접근할 때 선택된 행 또는 열이 2차원 형식을 그대로 유지하게 하려면 인덱스 명령 옵션에 "drop=FALSE"를 지정하면 된다.

다음의 예시는 국어, 영어, 수학 순서의 3과목 성적을 가진 4명의 학생의 성적을 행렬로 관리할 때, 행렬의 생성과 데이터의 관리 예시를 보여준다.

```
[ Console ]
> score <- matrix(c(80, 60, 90, 70, 70, 50, 100, 80, 95, 70, 95, 80), nrow = 4)
> print(score)
     [,1] [,2] [,3]
[1,]   80   70   95
[2,]   60   50   70
[3,]   90  100   95
[4,]   70   80   80
> score[1, 2]                    # 행렬로부터 1번 학생, 영어 성적 추출
[1] 70
> score[1, ]                     # 1번 학생 모든 성적을 벡터로 추출
[1] 80 70 95
> score[ , 3]                    # 모든 학생의 수학 성적을 벡터로 추출
[1] 95 70 95 80
# 행 또는 열이 2차원 형식을 그대로 유지하게 출력하려면 "drop=FALSE"를 지정
> score[ , 3, drop = FALSE]   # 모든 학생의 수학 성적을 행렬로 추출
     [,1]
[1,]   95
[2,]   70
[3,]   95
[4,]   80
> score[ , c(1,3)]               # 모든 학생의 국어, 수학 성적을 행렬로 추출
     [,1] [,2]
[1,]   80   95
[2,]   60   70
[3,]   90   95
[4,]   70   80
```

다음과 같이 행렬의 인덱스 번호로 참조하여 셀 값을 변경할 수 있으며, 특정 행이나 열 전체를 변경할 수 있다.

```
[ Console ]
> score[2, 1] <- 75                              # 행렬 score 의 2행1열 원소값을 75로 변경
> print(score)
     [,1] [,2] [,3]
[1,]   80   70   95
[2,]   75   50   70
[3,]   90  100   95
[4,]   70   80   80
> score[ , 1] <- c(80, 60, 90, 70)    # 행렬 score 의 1열 전체를 변경
> print(score)
     [,1] [,2] [,3]
[1,]   80   70   95
[2,]   60   50   70
[3,]   90  100   95
[4,]   70   80   80
```

숫자형으로 이루어진 행렬은 연산이 가능하다. 행렬의 연산은 벡터와 마찬가지로 원소 대 원소 단위로 연산을 수행하며 기본적으로 두 행렬의 크기가 같아야 한다. 즉, 행렬과 행렬 간의 사칙 연산은 두 행렬의 대응되는 원소끼리 일대일로 수행된다.

연산 행렬 형태	연산 수행 결과	예시
		`a1<-matrix(c(1:6),3)   # 3×2`
		`a2<-matrix(c(-6:-1),3)  # 3×2`
		`a3<-matrix(c(-2:1),2)   # 2×2`

두 행렬의 행과 열의
길이가 같을 때
	동일한 위치의
	원소끼리 연산 수행
		`> a1 + a2`
		`     [,1] [,2]`
		`[1,]   -5    1`
		`[2,]   -3    3`
		`[3,]   -1    5`

두 행렬의 행과 열의 길이가 다를 때	연산 수행 불가, 오류 메시지 출력	`> a1 + a3` a1 + a3에서 다음과 같은 에러가 발생했습니다: 배열의 크기가 올바르지 않습니다

행렬과 단일값의
연산인 경우
	행렬의 모든 원소와
	단일값 각각 연산 수행
		`> a3 + 10`
		`     [,1] [,2]`
		`[1,]    8   10`
		`[2,]    9   11`

중간고사 성적과 기말고사 성적이 다음 표와 같은 때, 학생별 과목 총점을 구하는 문제를 R언어로 해결해 보자. 만일 여러분이 단일값 변수를 사용하여 성적 데이터를 관리하였다면 전체 12번의 더하기 연산 명령을 사용해야 한다. “중간국어”, “기말국어” 등과 같이 과목별 성적을 벡터로 관리한다면 3번의 더하기 명령어로 표현이 가능하다. 그러나 다음의 프로그램은 행렬로 관리함으로써 1번의 더하기 명령으로 여러분이 구하고자 하는 학생별 과목 총점을 계산한다.

학번	이름	중간고사			기말고사		
		국어	영어	수학	국어	영어	수학
202101	정우성	80	70	95	85	80	90
202102	김철수	60	50	70	75	70	85
202103	송중기	90	100	95	95	95	90
202104	김영희	70	80	80	80	90	85

다음의 프로그램에는 중간고사 202103번 학생의 성적이 입력 과정에서 오류로 100점을 10점으로 잘못 입력하였다. 이 부분을 행렬 개별 원소에 접근하는 명령으로 수정하고 있다. 이를 통해 행렬 개별 원소에 접근하는 방법을 익힌다.

```
[ Script ]
# ch4_1_2_4.R
midSco <- matrix(c(80, 60, 90, 70, 70, 50, 10, 80, 95, 70, 95, 80),
nrow = 4)                      # 중간고사
finSco <- matrix(c(85, 75, 95, 80, 80, 70, 95, 90, 90, 85, 90, 85),
nrow = 4)                      # 기말고사
midSco[3, 2] <- 100            # 중간고사 202103번 영어 성적을 100점으로 수정
totalSco <- midSco + finSco    # 학생별 과목 총점(중간+기말) 구하기
print(totalSco)                # 학생별 과목 총점 출력
---------------------------------------------------------------------
[ Console ]
> source('~/R_test/ch_04/ch4_1_2_4.R', encoding = 'UTF-8')
     [,1] [,2] [,3]
[1,]  165  150  185
[2,]  135  120  155
[3,]  185  195  185
[4,]  150  170  165
```

행렬 연산의 경우 벡터와 달리 행과 열의 길이가 다를 경우 오류가 발생하며, 다음 단계의 명령을 수행하지 않는다. 이러한 규칙은 더하기와 빼기뿐만 아니라 모든 연산자에 동일하게 적용된다.

행렬을 이용하여 데이터를 관리할 경우, 각각의 열과 행이 의미하는 것이 무엇인지 기억하기 어렵다. 즉, 앞의 예에서 과목은 국어, 영어, 수학의 순서로 나열되었기 때문에 1번 열은 국어 성적, 2번 열은 영어 성적, 3번 열은 수학 성적을 의미한다. 그러나 이 내용을 프로그래머가 항상 기억하기는 매우 어렵다. 그러므로 R언어에서는 표와 같이 각 행과 열의 이름을 지정할 수 있는 함수를 제공한다.

다음 예시와 같이 "rownames()", "colnames()" 함수를 이용하여 각각의 행들의 값과 열들의 값에 대한 의미를 표시할 수 있는 단어를 행과 열의 이름으로 지정할 수 있다. 행과 열의 이름을 지정한 경우, print() 함수는 행과 열의 인덱스를 대신하여 행과 열의 이름을 출력한다.

```
[ Script ]
# ch4_1_2_5.R
midSco <- matrix(c(80, 60, 90, 70, 70, 50, 10, 80, 95, 70, 95, 80), nrow = 4) # 중간
# 행렬 midSco의 행과 열에 이름 지정
colnames(midSco) <- c("국어", "영어", "수학")
rownames(midSco) <- c("정우성", "김철수", "송중기", "김영희")
print(midSco)
-----------------------------------------------------------------
[ Console ]
> source('~/R_test/ch_04/ch4_1_2_5.R', encoding = 'UTF-8')
       국어 영어 수학
정우성   80   70   95
김철수   60   50   70
송중기   90   10   95
김영희   70   80   80
```

Tip 행렬의 곱셈

행렬의 곱셈이란 두 행렬 A와 B를 곱해서 새로운 행렬을 만드는 연산이다. 일반적인 행렬의 곱셈을 수행하려면 "%*%" 연산자를 이용한다. 곱셈을 하려는 두 행렬의 차원은 행렬 곱셈을 위한 조건을 충족해야 한다. 그렇지 않으면 오류 문장을 보여준다. 즉 행렬 곱셈을 하고자 하는 앞 행렬의 열의 개수와 뒤 행렬의 행의 개수가 같아야 한다.

$$\mathbf{A} = \begin{bmatrix} a_{11} & a_{12} & a_{13} \\ a_{21} & a_{22} & a_{23} \end{bmatrix}, \quad \mathbf{B} = \begin{bmatrix} b_{11} & b_{12} \\ b_{21} & b_{22} \\ b_{31} & b_{32} \end{bmatrix}$$

$$\Rightarrow \quad \mathbf{A} \times \mathbf{B} = \begin{bmatrix} a_{11}b_{11} + a_{12}b_{21} + a_{13}b_{31} & a_{11}b_{12} + a_{12}b_{22} + a_{13}b_{32} \\ a_{21}b_{11} + a_{22}b_{21} + a_{23}b_{31} & a_{21}b_{12} + a_{22}b_{22} + a_{23}b_{32} \end{bmatrix}$$

```
[ Console ]
> A <- matrix(c(1:6), nrow = 2, byrow = T)
> B <- matrix(c(-1:-6), nrow = 2 )
> A %*% B                          # 일반적인 행렬의 곱셈(%*%)
A %*% B에서 다음과 같은 에러가 발생했습니다:적합한 인자들이 아닙니다
> dim(A)                           # dim() 함수 : 행렬의 차원 (행과 열의 개수)
[1] 2 3
> dim(B)
[1] 2 3
# t()함수 : 행렬의 행과 열을 바꾼 전치행렬(transposed matrix)
> t(B)
      [,1]  [,2]
[1,]    -1    -2
[2,]    -3    -4
[3,]    -5    -6
> A %*% t(B)                       # 일반적인 행렬의 곱셈(%*%)
     [,1]  [,2]
[1,]  -22  -28
[2,]  -49  -64
```

3) 간단한 문제 해결을 위한 행렬 활용

행렬을 이용하여 주어진 간단한 문제를 해결해 봄으로써 행렬의 사용법을 익혀본다. 다음의 표는 앞의 예시에서 사용한 네 명 학생의 중간고사 성적이다. 이 표를 보고 다음의 질문에 답해보자.

학번	이름	중간고사		
		국어	영어	수학
202101	정우성	80	70	95
202102	김철수	60	50	70
202103	송중기	90	100	95
202104	김영희	70	80	80

- 송중기의 중간고사 국어, 영어, 수학 점수는?
- 중간고사의 학생별 전 과목 총점은?
- 중간고사의 과목별 평균은?

다음 프로그램은 위의 표를 행렬로 입력하는 프로그램이다. 이 프로그램에서는 rownames() 함수와 colnames() 함수를 이용하여 행렬의 행과 열에 이름을 지정하여 행과 열의 의미를 쉽게 파악할 수 있도록 프로그램에 정보를 추가한다.

```
[ Script ]
# ch4_1_2_6.R
midSco <- matrix(c(80, 60, 90, 70, 70, 50, 100, 80, 95, 70, 95, 80),
nrow = 4)                      # 중간고사
                               # 행렬 midSco의 행과 열에 이름 지정
rownames(midSco) <- c("정우성", "김철수", "송중기", "김영희")
colnames(midSco) <- c("국어", "영어", "수학")
cat("중간고사 : \n"); print(midSco)
-----------------------------------------------------------------
[ Console ]
> source('~/R_test/ch_04/ch4_1_2_6.R', encoding = 'UTF-8')
중간고사 :
       국어  영어  수학
정우성   80   70   95
김철수   60   50   70
송중기   90  100   95
김영희   70   80   80
```

앞의 프로그램을 실행하면 중간고사 성적이 행렬로 관리되고 있음을 확인할 수 있다. 이 때 행과 열의 이름이 프로그래머가 설정한 정보로 출력되므로 사용자는 데이터가 무엇을 의미하는지 쉽게 파악할 수 있다. 그럼 위에서 제시한 3가지 질문에 대한 답을 출력하기 위해 R언어는 어떤 작업을 수행해야 할까? 이때 필요한 R언어의 도구인 함수는 무엇일까?

먼저 "송중기의 중간고사 국어, 영어, 수학 점수는?"에 대한 답을 출력하기 위해서 프로그래머는 송중기의 중간고사 성적을 관리하는 행렬의 이름과 행의 인덱스를 알아야 한다. 이 행렬의 이름은 "midSco"이고 송중기의 성적이 저장된 인덱스는 "3"이다. 그러므로 "res <- midSco[3,]"의 명령으로 송중기의 성적을 행렬 "midSco"에서 벡터 "res"로 추출한 후 출력하면 된다. 또는 rownames() 함수를 이용하여 행에 이름을 붙여 놓았으므로 res<- midSco["송중기",]의 명령을 사용해도 된다. 결과는 다음 예시에서 확인할 수 있다.

```
[ Console ]
> res <- midSco["송중기", ]
> print(res)
국어  영어  수학
 90  100   95
```

"중간고사의 학생별 전 과목 총점은?"에 대한 답은 어떻게 처리할까? 프로그래머는 중간고사가 저장된 행렬의 구조를 파악하여야 한다. 중간고사 성적이 저장된 행렬 "midSco"의 각 행은 학생별 성적이 저

장되어 있으며, 각 열에는 과목별 성적이 저장되어 있다. 그러므로 프로그래머는 행렬 "midSco" 행의 합계를 구하면 이 질문의 답인 학생별 전 과목 합계를 구할 수 있다. R언어는 행렬에서 행의 합계를 구해주는 함수 rowSums()를 제공하고 있다.

그럼 마지막 질문인 "중간고사의 과목별 평균은?"은 어떻게 구할 수 있을까? 앞의 학생별 평균을 구하면서 행렬 "midSco" 구조를 파악하였다. 즉, 각 열에는 과목별 성적이 저장되어 있으므로 각 열의 평균이 곧 과목별 평균을 의미한다. R언어는 행렬에서 열의 평균을 구해주는 함수로 colMeans()를 제공하고 있다. R언어는 행렬의 행과 열에 대한 합계나 평균을 편리하게 구할 수 있도록 rowSums(), colSums(), rowMeans(), colMeans() 함수를 제공한다.

```
[ Script ]
# ch4_1_2_6.R 프로그램에 추가
# 송중기 중간고사 성적 추출 및 출력
res = midSco["송중기", ];
cat("\n송중기 중간 성적 : \n"); print(res);

# 개인별 세 과목 합계
stdMidTotal <- rowSums(midSco)
cat("\n개인별 전과목 총점 : \n"); print(stdMidTotal);

# 중간고사에 대하여 과목별 평균
subjMidAvg <- colMeans(midSco)
cat("\n중간고사에 대하여 과목별 평균 : \n"); print(subjMidAvg)
----------------------------------------------------------------------
[ Console ]
> source('~/R_test/ch_04/ch4_1_2_6.R', encoding = 'UTF-8')
중간고사 :
       국어 영어 수학
정우성   80   70   95
김철수   60   50   70
송중기   90  100   95
김영희   70   80   80

송중기 중간 성적 :
 국어 영어 수학
  90  100   95

개인별 전과목 총점 :
 정우성  김철수  송중기  김영희
   245     180     285     230

중간고사에 대하여 과목별 평균 :
 국어 영어 수학
  75   75   85
```

2 벡터와 행렬을 이용한 문제 해결

2.1 다양한 통계값 구하기

여러분은 주어진 자료를 요약하기 위하여 다양한 통계값을 계산해본 적이 있을 것이다. 간단한 평균을 구하는 작업이라도 모든 원소의 값을 더한 후, 원소의 개수로 나누는 계산을 수행해야 구할 수 있다. 데이터가 수백 개라면 이 작업 또한 간단한 작업은 아니다. 여기에 표준 편차나 중앙값, 최댓값, 최솟값을 구하라고 한다면, 여러분은 수십 분 이상을 서류와 전자계산기 앞을 떠나지 못할 것이다. 그러나 R언어를 배운 사람이라면, 이 데이터를 벡터로 생성하고 해당 함수를 이용하여 한두 개의 명령으로 이 문제를 해결할 수 있다.

다음의 표는 7월의 금정구 최고기온을 모아 둔 표이다. 이 표를 보고 다음의 질문에 답해보자.

날짜	1	2	3	4	5	6	7	8	9	10	11	12	13	14	15	16
최고기온	31	29	30	32	35	36	34	35	32	30	29	28	26	29	34	35
날짜	17	18	19	20	21	22	23	24	25	26	27	28	29	30	31	
최고기온	35	32	30	31	32	30	35	37	35	34	32	35	31	29	28	

- 금정구의 7월 최고기온의 평균은 몇 도인가?
- 금정구의 7월 최고기온의 중앙값은 몇 도 얼마인가?
- 금정구의 7월 중 가장 더운 날은 몇 도인가?
- 금정구의 7월 최고기온 중 35도 이상인 날은 며칠인가?

위의 질문의 경우 전자계산기나 수기로 처리가 가능할 것이다. 그러나 금정구뿐만 아니라 부산시에 있는 모든 구에 대하여 위와 같은 정보를 뽑거나 전국의 시, 구, 읍, 면에 관한 최고기온 데이터를 줬을 때 위의 정보를 구해야 한다면 수기나 전자계산기를 가지고 해결하기 위해서는 매우 많은 시간이 소요될 것이다. 또한 계산의 정확성을 보장하기 위해서는 더 많은 노력이 필요할 것이다.

그러나 위의 문제들에 대해 R언어를 이용하여 컴퓨터로 해결한다면 간단하게 해결할 수 있다. 물론 여러 개의 구의 정보를 한 번에 처리하기 위해서는 조금의 지식이 더 필요하므로 이 절에서는 한 개의 구에 대한 1개월 분량의 데이터에 대하여서만 실습을 해보도록 하겠다.

프로그래머는 7월 최고기온을 원소로 가지는 벡터를 생성한 후, 주어진 질문에 대한 답을 할 수 있도록 적절한 함수를 벡터에 적용하면 된다. 다음의 프로그램은 위의 질문에 대한 답을 구하여 출력한다. 다음의 프로그램에서 35도 이상인 날을 구하라는 명령을 "length(temp7[temp7>=35])"와 같이 사용하였다. "length(temp7[temp7>=35])"는 먼저 temp7 벡터에서 35 이상인 값을 추출하라는 명령인 "temp7 [temp7>=35]"이 수행되면 그 결과 35이상의 값을 가지는 벡터가 생성된다. 이 벡터의 길이를 구한다면 35도 이상인 날짜의 수를 구할 수 있다. 벡터의 길이는 함수 length()가 구해준다.

```
[ Script ]
# ch4_2_1_1.R
temp7 <- c(31,29,30,32,35,36,34,35,32,30,29,28,26,29,34,35,35,32,30,31,32,
           30,35,37,35,34,32,35,31,29,28)
cat("7월 최고기온의 평균은 ", mean(temp7), "도이다.\n")
cat("7월 최고기온의 중앙값은 ", median(temp7), "도이다.\n")
cat("7월 가장 더운 날의 온도는 ", max(temp7), "도이다.\n")
cat("7월 최고기온이 35도 이상인 날은 ", length(temp7[temp7>=35]), "일이다.\n")
--------------------------------------------------------------------------
[ Console ]
> source('~/R_test/ch_04/ch4_2_1_1.R', encoding = 'UTF-8')
7월 최고기온의 평균은  31.96774 도이다.
7월 최고기온의 중앙값은  32 도이다.
7월 가장 더운 날의 온도는  37 도이다.
7월 최고기온이 35도 이상인 날은  9 일이다.
```

위의 5줄의 R언어 프로그램으로 위 질문에 대한 정확한 답을 구할 수 있다. 또한 다른 지역이나 월에 대해서도 벡터의 데이터만 변경할 수 있다면 프로그램의 다른 부분을 변경하지 않고 원하는 정보를 추출할 수 있을 것이다.

2.2 행렬을 이용한 성적 처리

다음과 같이 1반 학생들의 국어, 영어, 수학 성적이 주어졌을 때 학생별 세 과목의 합계와 평균, 과목별 합계와 평균 등을 계산하려고 한다. 국어, 수학, 영어 성적이 모두 숫자형 데이터이므로 이를 행렬 구조로 저장하여 사용하면 더 편리하게 프로그래밍할 수 있다. 따라서 이 절에서는 국어, 영어, 수학 성적을 행렬로 만들어 합계와 평균을 구해 본다.

학번	국어	영어	수학	합계	평균
1번	58	100	98		
2번	63	95	45		
3번	85	99	90		
4번	69	80	89		

행렬을 이용한 성적 처리 문제의 해결 과정을 순서대로 나타내면 다음과 같다.

① student 행렬 생성하기
② 행렬 student의 행과 열에 이름 주기
③ 학생의 세 과목 합계와 평균 구하기
④ 과목별 합계와 평균 구하기
⑤ 행렬 student에 학생의 세 과목 합계와 평균을 결합한 newStudent 행렬 생성하기

행렬을 생성하기 위해서는 matrix() 함수를 많이 사용하지만, matrix() 함수 이외에 cbind() 함수, rbind() 함수를 이용하여 행렬을 생성시킬 수도 있다. 이러한 함수는 벡터나 행렬을 결합해서 새로운 행렬을 생성한다. 여기서는 cbind() 함수를 이용해 벡터 결합에 의한 행렬을 생성해 본다.

```
[ Script ]
# ① student 행렬 생성하기
kor <- c(58, 63, 85, 69, 90)
eng <- c(100, 95, 99, 80, 32)
math <- c(98, 45, 90, 89, 60)
student <- cbind(kor, eng, math)    # cbind() 함수를 이용한 행렬데이터 생성(열 기준)

# ② student 행렬의 행과 열에 이름 주기
rownames(student) <- c("1번", "2번", "3번", "4번", "5번")
colnames(student) <- c("국어", "영어", "수학")
print(student)
--------------------------------------------------------------------------
[ Console ]
> source('~/R_test/ch_04/ch4_2_2_1.R', encoding = 'UTF-8')
    국어 영어 수학
1번   58  100   98
2번   63   95   45
3번   85   99   90
4번   69   80   89
5번   90   32   60
```

student 객체에 출력할 때 보기 좋도록 행렬의 행과 열에 이름을 부여할 수 있다. R은 이름이 정의되어 있는 경우, 이름을 출력해 주기 때문에 가독성을 높일 수 있다. 또한 행과 열에 이름을 붙이면 이름으로 행렬의 원소를 지칭할 수 있다.
행렬에서 합계나 평균, 최댓값 등을 분석하고자 할 때, apply() 함수를 적용하면 행이나 열별로 합계, 평균, 최댓값 등을 쉽게 계산할 수 있다. apply() 함수의 전달 값은 아래와 같다.

```
apply(X,                        # apply() 함수를 적용할 행렬(matrix)
        MARGIN,                 # 함수를 적용할 차원, 1이면 행별로, 2이면 열별로 함수적용
        FUN,                    # 적용할 함수
       )
```

다음 프로그램에서는 5명 학생의 국어, 영어, 수학 성적 합계와 평균, 최댓값을 구하고 평균은 3자리 수로 나타내었다.

```
[ Script ]
# ③ 학생의 세 과목 합계와 평균 구하기
sum_student <- apply(student, 1, sum)     # 행렬 student의 행에 대한 합계 계산,
                                          # rowSums(student)와 동일
mean_student <- apply(student, 1, mean)  # 행렬 student의 행에 대한 평균 계산,
                                          # rowMeans(student)와 동일
max_student <- apply(student, 1, max)     # 행렬 student의 행에 대한 최댓값 계산
cat("\n sum_student : \n"); print(sum_student)
cat("\n mean_student : \n"); print(mean_student, digits = 3)
cat("\n max_student : \n"); print(max_student)
-----------------------------------------------------------------------
[ Console ]
> source('~/R_test/ch_04/ch4_2_2_1.R', encoding = 'UTF-8')
 /* 생략 */
sum_student :
1번 2번 3번 4번 5번
256 203 274 238 182
mean_student :
 1번  2번  3번  4번  5번
85.3 67.7 91.3 79.3 60.7
max_student :
 1번 2번 3번 4번 5번
100  95  99  89  90
```

위 ③의 실행 결과 3번 학생의 세 과목의 합계는 274, 평균은 91.3으로 가장 높은 것을 알 수 있으며, 1번 학생 국어, 영어, 수학 세 과목 중 가장 높은 점수는 100점임을 알 수 있다.

다음 ④에서는 과목별 합계와 평균, 최댓값을 구해 본다. 다음의 ④ 프로그램 실행 결과 영어 과목의 평균이 81.2로 세 과목 중 평균이 가장 높은 것을 알 수 있다. 또한 ⑤에서는 ③에서 구한 합계와 평균을 기존 행렬에 추가하여 새로운 행렬 newStudent을 생성하는 부분이다. 만일 기존의 행렬인 행렬 student에 추가하길 원한다면 행렬 newStudent 대신 행렬 student를 사용하면 된다.

```
[ Script ]
# ④ 세 과목의 합계와 평균 구하기
sum_sbject <- apply(student, 2, sum)      # 행렬 student의 열에 대한 합계 계산,
                                          # colSums(student)와 동일
mean_sbject <- apply(student, 2, mean)    # 행렬 student의 열에 대한 평균 계산,
                                          # colMeans(student)와 동일
max_sbject <- apply(student, 2, max)      # 행렬 student의 열에 대한 최댓값 계산
cat("\n sum_sbject : \n"); print(sum_sbject)
cat("\n mean_sbject : \n"); print(mean_sbject, digits = 3)
cat("\n max_sbject : \n"); print(max_sbject)

# ⑤ 행렬 student에 학생들의 세 과목 합계와 평균을 결합한 새로운 행렬 newStudent 생성
newStudent <- cbind(student, "합계" = sum_student, "평균" = mean_student )
cat("\n New Student : \n"); print(newStudent, digits = 3)
---------------------------------------------------------------------------
[ Console ]
> source('~/R_test/ch_04/ch4_2_2_1.R', encoding = 'UTF-8')
 /* 생략 */
sum_sbject :
 국어  영어  수학
 365  406  382

 mean_sbject :
 국어  영어  수학
73.0 81.2 76.4

 max_sbject :
 국어  영어  수학
  90  100   98

New Student :
     국어 영어  수학  합계  평균
1번   58  100   98  256  85.3
2번   63   95   45  203  67.7
3번   85   99   90  274  91.3
4번   69   80   89  238  79.3
5번   90   32   60  182  60.7
```

위의 문제 해결을 위한 전체 프로그램은 다음과 같다.

```
[ Script ]
# ch4_2_2_1.R
# student 행렬 생성하기
kor <- c(58, 63, 85, 69, 90)
eng <- c(100, 95, 99, 80, 32)
mat <- c(98, 45, 90, 89, 60)
student <- cbind(kor, eng, mat)    # cbind() 함수를 이용한 행렬데이터 생성(열 기준)

# student 행렬의 행과 열에 이름 주기
rownames(student) <- c("1번", "2번", "3번", "4번", "5번")
colnames(student) <- c("국어", "영어", "수학")

# 학생들 세 과목 합계와 평균 구하기
# 행렬 student의 행에 대한 합계 계산 rowSums(student)와 동일
sum_student <- apply(student, 1, sum)
# 행렬 student의 행에 대한 평균 계산 rowMeans(student)와 동일
mean_student <- apply(student, 1, mean)
max_student <- apply(student, 1, max)   # 행렬 student의 행에 대한 최댓값 계산
cat("\n sum_student : \n"); print(sum_student)
cat("\n mean_student : \n"); print(mean_student, digits = 3)
cat("\n max_student : \n"); print(max_student)

# 세 과목의 합계와 평균 구하기
# 행렬 student의 열에 대한 합계 계산 colSums(student)와 동일
sum_sbject <- apply(student, 2, sum)

# 행렬 student의 열에 대한 평균 계산  colMeans(student)와 동일
mean_sbject <- apply(student, 2, mean)
max_sbject <- apply(student, 2, max)    # 행렬 student의 열에 대한 최댓값 계산
cat("\n sum_sbject : \n"); print(sum_sbject)
cat("\n mean_sbject : \n"); print(mean_sbject, digits = 3)
cat("\n max_sbject : \n"); print(max_sbject)

# 행렬 student에 학생들의 세 과목 합계와 평균을 결합한 새로운 행렬 newStudent 생성
newStudent <- cbind(student, "합계" = sum_student, "평균" = mean_student )
cat("\n New Student : \n"); print(newStudent, digits = 3)
```

연습문제

01 우리 반 학생 7명의 키와 몸무게가 다음과 같다.
키(단위 : cm)는 185, 166, 172, 180, 163, 170, 177, 몸무게(단위 : kg)는 80, 73, 72, 100, 72, 67, 75 이다. 7명 학생의 BMI를 계산하고($BMI = \frac{몸무게}{키^2} * 10000$), BMI가 26보다 큰 학생의 몸무게를 구하시오.

02 아래 그림과 같이 밑면의 반지름이 r이고 높이 h인 원기둥에 대해 밑면의 면적은 $S = \pi r^2$, 부피는 $V = \pi r^2 h$로 계산된다. 6개의 원기둥에 대해 $r = 1, 2.5, 3, 4.5, 5, 6.5$와 $h = 2, 4, 6, 8, 10, 12$ 로 주어질 때 S 와 V 를 계산하시오.

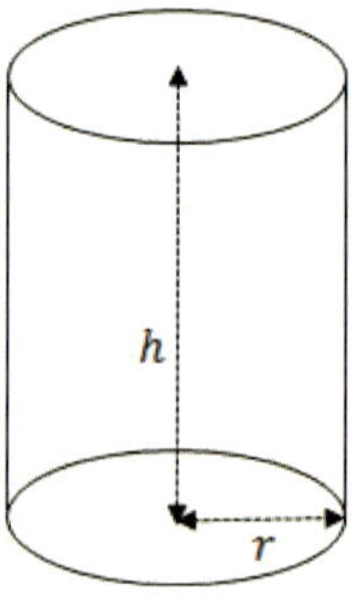

03 다음은 네 학생의 과목별 중간고사와 기말고사 성적이다.

이름	중간고사			기말고사		
	국어	영어	수학	국어	영어	수학
박선희	68	70	80	74	80	76
송희선	60	50	70	66	80	70
소희남	90	65	94	92	75	98
이지섭	70	75	80	85	78	86

1) 네 학생의 각 과목별 평균 점수를 구하시오
2) 네 학생의 각 과목별 중간고사 대비 기말고사의 성적향상 점수를 구하시오.
3) 중간고사와 기말고사에 대한 개인별 세 과목 전체 평균과 과목별 평균을 구하시오.

05 다른 유형의 데이터 묶음 처리

1 다른 유형의 데이터란?

4장에서는 동일한 유형의 데이터를 하나의 변수에 저장하는 1차원 데이터 구조인 벡터(vector)와 2차원 데이터 구조인 행렬(matrix)을 살펴보았다. 벡터나 행렬은 포함되는 원소들의 데이터 유형이 모두 동일한 경우에만 사용할 수 있었다. 예를 들어 하나의 벡터나 행렬의 원소는 모두 숫자이거나 모두 문자여야 한다. 그런데 프로그래밍을 할 때 다루어야 할 데이터에는 동일한 유형이 아니지만, 개념상 하나로 처리되어야 하는 데이터들도 있다. 이러한 데이터들의 처리를 위해서 R언어에서는 리스트(list)와 데이터 프레임(data frame)이라는 데이터 구조를 지원하고 있다.

여러분은 자신을 표현할 수 있는 데이터에 대하여 생각해본 적이 있는가? 여러분 자신의 이력서나 프로필을 작성할 때 자신에 관한 다양한 정보를 나열해 보았을 것이다. 또한 다른 사람에 대한 정보를 컴퓨터나 스마트폰에 저장해 두고 있을 것이다. 이때 "길동"이라는 사람에 대해 알아보기 위하여 한 번에 길동에 대한 정보를 찾아보길 원할 것이다. 그러나 우리가 4장에서 학습한 것과 같이 동일한 데이터만 묶어서 관리할 수 있다면 마치 이름은 "이름 수첩"에서, 나이는 "나이 수첩"에서와 같이 각각의 정보를 확인하기 위해 다른 수첩을 찾아보는 것과 같이 여러 개의 벡터나 행렬 변수에 접근하여 찾고자 하는 정보를 추출해 와야 할 것이다. 이 작업은 경우에 따라 매우 번잡한 일이 될 수 있다.

다음 그림의 성적 데이터가 컴퓨터에 저장되어 있을 경우, 2번 학생에 대한 데이터를 찾아 출력하는 방법에 대하여 생각해보자.

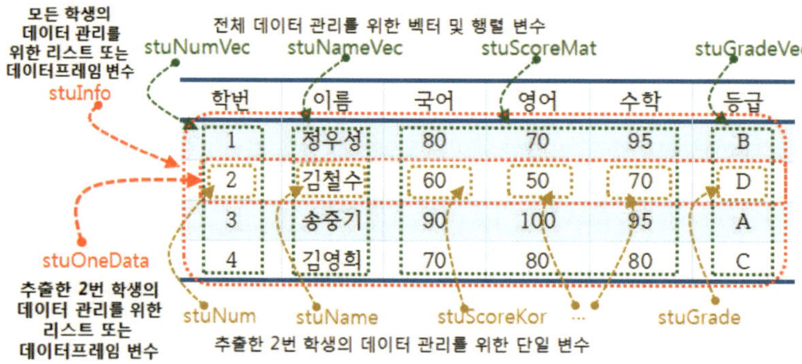

만일 학생들의 데이터를 학번(stuNumVec), 이름(stuNameVec), 등급(stuGradeVec) 벡터와 성적(stuScoreMat) 행렬로 관리한다면 한 명의 학생의 정보를 알아보기 위해서는 4개의 변수를 이용하여 각각 동일한 인덱스로 해당 학생의 데이터를 추출하여야 한다. 또한 추출된 데이터를 별도로 관리하기 위해서는 6개의 단일값 변수 또는 3개의 단일값 변수 및 1개의 벡터 변수가 필요하다. 만일 한 학생에 대한 정보가 더 많아진다면 이런 변수들은 더욱 증가하게 될 것이고 R언어 프로그래머는 한 사람의 데이터를 찾아보기 위해 많은 변수를 찾아보아야 할 것이다. 이것은 다양한 유형의 데이터를 가지고 있는 실세계의 사람이나 사물 등이 가지는 데이터 특성을 R언어의 벡터나 행렬만으로 관리하는 데 한계가 있기 때문이다. 이러한 문제에 대한 해결책으로 R언어에서는 리스트와 데이터 프레임이라는 데이터 관리 도구를 제공하고 있다.

위의 성적 데이터에서 1번 학생의 성적 데이터 "정우성", 80, 70, 95, "B"를 하나의 변수에 저장하려고 한다. 4장에서 다룬 벡터는 포함되는 원소들 모두 동일한 데이터 유형이어야 하는데 80, 70, 95는 숫자 데이터이고 "정우성", "B"는 문자 데이터이다. 이와 같이 한 학생에 관련된 다른 데이터 유형 여러 개를 하나의 변수로 관리해 주는 도구가 리스트 또는 데이터 프레임이다. 특히, 위의 성적의 예와 같이 학번, 이름, 국어 성적, 영어 성적, 수학 성적, 등급 데이터의 항목 개수가 동일한 경우에는 데이터 프레임 관리 도구가 더 효율적이다. 데이터 프레임은 다음 그림에서 보듯이 모든 항목의 개수가 같은 테이블 형태의 구조이다.

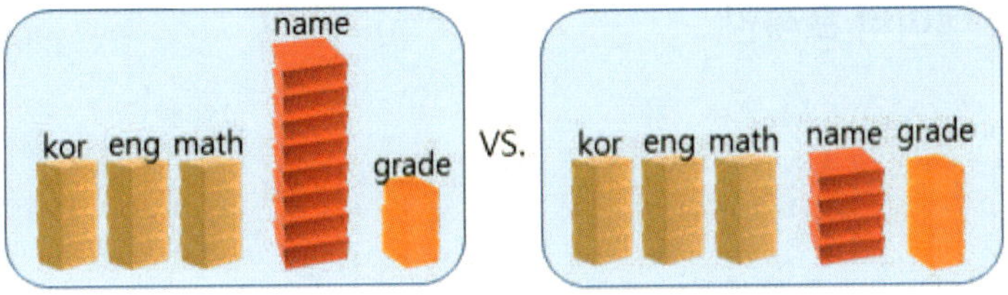

〈리스트(list)〉 〈데이터 프레임(Data Frame)〉

"데이터 프레임" 데이터 관리 도구를 학습한 R언어 사용자라면 "데이터 프레임으로 현실 세계의 사람이나 사물의 정보를 R언어에서 관리할 수 있는데… 왜 행렬이라는 데이터 관리 도구를 사용합니까?" 라는 질문을 할 수 있다. 데이터 프레임은 행렬에 비해 한 행에 다양한 데이터 유형을 저장하고 관리할 수 있는 유연성을 가지고 있는 반면 "성적 전체의 행의 값에 대하여 합계를 구하라"와 같은 자동화 기능에 제한을 받는다. 또한 apply() 함수를 이용하여 자동화를 하더라도 내부적으로는 행렬 변환 작업 및 행렬 함수를 사용하도록 변경하는 작업이 발생한다. 그러므로 빈번한 연산이 발생하는 수치 데이터의 경우에는 행렬로 관리하는 것이 더 효율적이다. 다음의 표는 행렬과 데이터 프레임의 장단점을 보여준다.

구분	행렬	데이터 프레임
장점	동일한 유형의 데이터만을 묶어서 관리함으로써 R언어에서 제공하는 다양한 자동 계산 기능(함수)을 활용할 수 있음.	다양한 유형의 데이터를 하나의 변수로 관리함으로써 관리와 접근의 효율성을 제공함.
단점	실세계의 개체(예: 사람, 사물 등)가 가지는 다양한 형식의 데이터를 하나의 변수로 관리할 수 없음.	R언어가 제공하는 함수의 자동 계산 기능을 사용하기 위해서는 내부적으로 동일한 유형의 데이터를 분리하는 과정을 거쳐야 하므로 빈번한 연산을 수행해야 하는 데이터의 경우 관리의 효율성이 떨어짐.

데이터 프레임은 각각 동일한 속성들을 가지는 여러 개체로 구성되며, 모든 속성의 크기는 같아야 하며 각 속성(열:column)들의 데이터 유형은 서로 다를 수 있지만 같은 열 안에서는 데이터 유형이 모두 같아야 한다.

이 절에서는 다른 데이터 유형 여러 개를 하나의 변수에 저장하여 다루는 데이터 관리 도구인 리스트와 데이터 프레임에 대해 알아본다. 단, 리스트의 경우는 사용하는 함수의 결과로 리스트 구조의 데이터가 생성되는 몇몇 경우 외에는 이 교재에서 잘 사용되지 않으므로 어떤 구조인지만 간단히 살펴보고, 데이터 구조 중 가장 많이 사용되는 데이터 프레임에 대해 자세히 살펴본다.

1.1 리스트와 데이터 프레임

1) 리스트(list)

벡터와 행렬은 포함되는 원소들의 데이터 유형이 모두 동일한 경우에만 사용할 수 있지만, 리스트는 서로 다른 데이터 유형을 갖는 자료들을 하나의 변수 이름으로 관리한다. 이러한 리스트 변수는 list() 함수를 사용하여 생성하며, 사용 방법은 다음과 같다.

```
listName <- list(itemName1 = 데이터1, itemName2 = 데이터2, ... )
```

리스트를 생성할 때에는 각 데이터의 이름에 해당하는 항목의 이름을 옵션으로 명시하는 것이 좋다. 항목의 이름을 옵션으로 명시하면 리스트에 저장된 각 항목(item)에 접근이 용이하며, 프로그램의 가독성을 높일 수 있다.

stuOneData
2번 학생의 데이터 관리를 위한 리스트 변수

학번	이름	국어	영어	수학	등급
1	정우성	80	70	95	B
2	김철수	60	50	70	D
3	송중기	90	100	95	A
4	김영희	70	80	80	C

위 그림의 성적 데이터에서 2번 학생의 학번, 이름, 국어, 영어, 수학 성적과 등급을 하나의 리스트 stuOneData로 관리한다면, 이 학생에 대한 데이터를 관리하기 위해 여러 개의 변수를 사용할 필요 없이 하나의 리스트 변수만으로 2번 학생에 대한 데이터를 관리할 수 있다. 일반적으로 표에 나타나는 한 행은 한 개체에 대한 데이터를 모아 둔다. 이렇게 모아 둔 한 행의 데이터를 "레코드(Record)"라고 지칭한다.
다음의 그림은 위 그림의 2번 학생에 대한 데이터를 리스트 변수 stuOneData로 생성하는 R언어 명령어이다.

```
[ Script ]
# ch5_1_1_1.R
stuOneData <- list(number=2, name="김철수", score=c(60,50, 70), grade="D"))
print(stuOneData)
```

위의 R언어 명령어를 수행하면 다양한 유형의 데이터를 원소로 가지는 리스트 변수 "stuOneData"가 생성된다. 생성된 "stuOneData" 변수를 출력하면 아래 그림과 같이 항목명과 데이터가 함께 출력되는 것을 확인할 수 있다.

```
[ Console ]
> source('~/R_test/ch_05/ch5_1_1_1.R', encoding = 'UTF-8')
$number
[1] 2

$name
[1] "김철수"

$score
[1] 60 50 70

$grade
[1] "D"
```

만일 리스트를 생성할 때 "number="과 같은 항목의 이름을 명시하지 않으면 리스트 변수를 출력할 때 리스트의 항목 이름 대신에 다음 그림과 같이 순서 번호가 출력된다. 이럴 경우, 이 항목이 무엇을 의미하는지 명시적으로 알 수 없어 프로그램의 가독성을 떨어뜨린다.

```
[ Console ]
> stu <- list(1, "정우성", c(80, 70, 95), "B")
> print(stu)
/* 생략 */
[[2]]
[1] "정우성"

[[3]]
[1] 80 70 95
/* 생략 */
```

2) 데이터 프레임(data frame)

앞에서 리스트를 이용하여 한 명의 학생에 대한 정보를 관리하는 리스트 변수의 생성 과정을 살펴보았다. 그러나 리스트는 각 항목별로 입력된 데이터의 수인 행의 개수가 같지 않아도 생성할 수 있지만, 우리가 현실에서 접하는 자료는 아래의 표와 같이 대부분 2차원 형태로 되어 있다. 항목별(학번, 이름, 국어, 영어, 수학, 등급)로 다른 유형의 데이터를 관리하고 항목별 원소의 수가 동일한 형태로 주어진 데이터를 효율적으로 관리하기 위해 R언어에서는 "데이터 프레임"이라는 데이터 관리 도구를 제공한다. R언어 프로그래머는 데이터 프레임 변수를 이용하여 아래의 표와 같이 서로 다른 데이터 유형을 하나로 묶어서 관리할 수 있다.

stuInfo

모든 학생의 데이터 관리를 위한 데이터프레임 변수

학번	이름	국어	영어	수학	등급
1	정우성	80	70	95	B
2	김철수	60	50	70	D
3	송중기	90	100	95	A
4	김영희	70	80	80	C

위의 성적 데이터에서 4명의 학생 번호, 이름, 국어, 영어, 수학, 등급을 하나의 변수에 저장하려고 한다. 1열은 숫자, 2열은 문자 데이터, 3~5열은 숫자 데이터, 6열은 문자 데이터로 혼용되어 있고, 모든 항목의 원소 개수가 4개이므로 항목의 개수가 같은 다른 유형의 데이터를 묶어서 관리하는 데이터 프레임으로 데이터를 관리할 수 있다.

R언어에서는 데이터 프레임 생성을 위해 data.frame() 함수를 제공한다. data.frame()의 사용법은 다음과 같다. 각 속성(열)별로 벡터나 행렬을 먼저 생성한 후 data.frame() 함수로 합쳐 데이터 프레임 구조의 변수를 생성할 수 있다.

```
data.frame(벡터1, 벡터2, 벡터3,  .....,  [옵션] ) (단, 모든 벡터의 원소 개수는 같아야한다)
data.frame(태그1=벡터1, 태그2 = 벡터2,  .태그3 = 벡터3.... [옵션] )
```

다음 그림은 앞의 성적 데이터를 R언어에서 데이터 프레임 변수로 생성하는 과정을 보여준다. 먼저 각 항목에 해당하는 번호, 이름, 국어 성적, 영어 성적, 수학 성적, 등급을 벡터로 생성하고 생성된 벡터를 data.frame() 함수를 이용하여 묶어줌으로써 데이터 프레임 변수 stuInfo를 생성한다.

```
[ Script ]
# ch5_1_1_2.R
# 각 열(속성)별로 먼저 생성한 후 data.frame() 함수로 모든 열(속성)를 합쳐서 데이터 프레임
# 을 생성
number <- seq(1:4)
name <- c("정우성", "김철수", "송중기", "김영희")
kor <- c(80, 60, 90, 70)
eng <- c(70, 50, 100, 80)
math <- c(95, 70, 95, 80)
grade <- c("B", "D", "A", "C")
stuInfo <- data.frame(number, name, kor, eng, math, grade)
print(stuInfo)
str(stuInfo)                      # 데이터 프레임 stuInfo의 내부 구조
-----------------------------------------------------------------------
[ Console ]
> source('~/R_test/ch_05/ch5_1_1_2.R', encoding = 'UTF-8')
  number   name kor eng math grade
1      1 정우성  80  70   95     B
2      2 김철수  60  50   70     D
3      3 송중기  90 100   95     A
4      4 김영희  70  80   80     C
'data.frame':                   4 obs. of  6 variables:
 $ number: int  1 2 3 4
 $ name  : chr  "정우성" "김철수" "송중기" "김영희"
 $ kor   : num  80  60  90  70
 $ eng   : num  70  50 100  80
 $ math  : num  95  70  95  80
 $ grade : chr  "B" "D" "A" "C"
```

위 프로그램에서 str() 함수는 데이터 프레임의 내부 구조를 확인할 수 있는 정보를 출력한다. 즉, 데이터 프레임 stuInfo는 6개의 변수를 가지며, 4개의 관찰값(observation)로 구성되어 있음을 보여준다. 4개의 관찰값은 정우성, 김철수, 송중기, 김영희 4명에 대한 정보를 의미한다. 만일 한 명에 대한 정보를 데이터 프레임의 행에 추가한다면 관찰값는 5개가 될 것이다. 일반적으로 관찰값을 레코드(Record)라고 부른다. 또한 각각의 열이 어떤 데이터 유형인지에 대한 정보도 함께 보여준다.

데이터 프레임의 열은 반드시 이름을 가져야 하므로 프로그래머가 명시하지 않는다면 데이터 프레임의 열의 이름은 벡터의 이름이 그대로 사용된다. 그러나 프로그램의 가독성을 높이기 위해 각 열의 항목명을 사용된 벡터 이름보다 자세한 내용이나 한글 이름으로 명시하길 원한다면 다음과 같이 데이터 프레

임 생성 함수에서 "태그"를 표시하여 열의 이름으로 명시할 수 있다. 태그가 명시되면 다음의 프로그램 수행 결과와 같이 사용된 벡터 이름이 아니라 태그명이 출력된다. 또한 데이터 프레임의 해당 열에 접근할 때에도 태그명을 사용하여 접근한다.

```
data <- data.frame(번호=number, 이름=name, 국어=kor, 영어=eng, 수학=math,
                   등급=grade)
```

```
[ Script ]
/* 생략 */
stuInfo <- data.frame(번호=number, 이름 = name, 국어 = kor, 영어 = eng,  수학 = math,
                   등급 = grade)
print(stuInfo)
str(stuInfo)
----------------------------------------------------------------------
[ Console ]
> source('~/R_test/ch_05/ch5_1_1_2.R', encoding = 'UTF-8')
   번호  이름  국어  영어  수학  등급
1    1 정우성   80    70    95    B
/* 생략 */
> str(stuInfo)
'data.frame':     4 obs. of  6 variables:
 $ 번호: int  1 2 3 4
 $ 이름: chr  "정우성" "김철수" "송중기" "김영희""
 $ 국어: num  80 60 90 70
/* 생략 */
```

데이터 프레임이나 행렬을 입력하기 위해서는 표 형식의 데이터 편집기를 이용하는 edit() 함수를 사용하면 쉽게 입력할 수 있다. 데이터 편집기를 이용하여 데이터를 입력하기 위해서는 아래의 스크립트 코드와 같이 먼저 비어있는 데이터 프레임을 만들어 준 후, edit() 함수를 실행시키면 데이터 편집기를 열 수 있다.

```
[ Script ]
student1 <- data.frame()
student1 <- edit(student1)
```

데이터 편집기에서 각 열의 이름을 var 자리에 입력할 때 각 열의 데이터 유형을 numeric과 character 중에서 선택해 주어야 하며 데이터를 모두 입력하면 [파일]-[닫기]로 빠져나오면 된다.

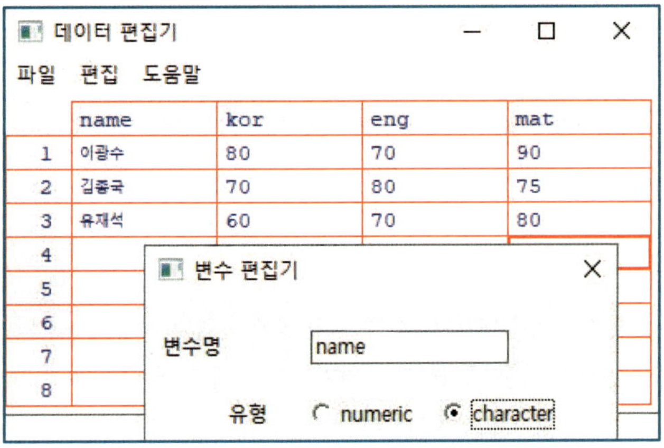

입력이 완료되면 student1에 데이터 프레임 형식의 데이터가 입력되어 있음을 확인할 수 있다.

```
[ Console ]
> print(student1)
  name  kor eng mat
1 이광수  80  70  90
2 김종국  70  80  75
3 유재석  60  70  80
```

위 데이터 편집기에서 열 이름은 첫 행에서 지정할 수 있으나 행 이름을 지정하는 부분은 제공하지 않는다. 다음 그림과 같이 첫 열에 각 행의 이름도 지정하려면 edit 함수에 edit.row.names = TRUE로 옵션을 주면 된다.

```
sales <- data.frame()
sales <- edit(sales, edit.row.names = TRUE)
```

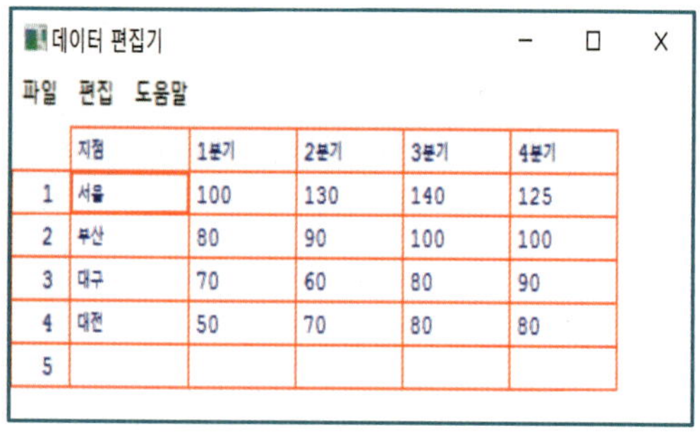

앞에서는 생성된 데이터 프레임을 print() 함수를 이용해서 출력해 보았다. 그런데 데이터 프레임의 열이나 행이 많아지면 print() 함수로 출력했을 때 콘솔 창에 출력되는 데이터를 알아보기가 어렵다. 이 경우 View() 함수를 이용하면 많은 데이터라도 알아보기 쉽게 출력해 준다. View() 함수는 데이터를 스크립트 창에 스프레드시트 형식으로 보여준다. 앞서 생성한 데이터 프레임 student1을 View 함수를 이용하여 출력해 보면 다음과 같다. R언어는 대소문자를 구분한다. "view()"와 같이 "V"를 소문자로 입력하거나 "VIEW()"와 같이 전체를 대문자를 입력하면 [view(student1)에서 다음과 같은 에러가 발생했습니다:함수 "view"를 찾을 수 없습니다"]라는 오류 메시지가 출력되니 대소문자 구분에 주의하길 바란다.

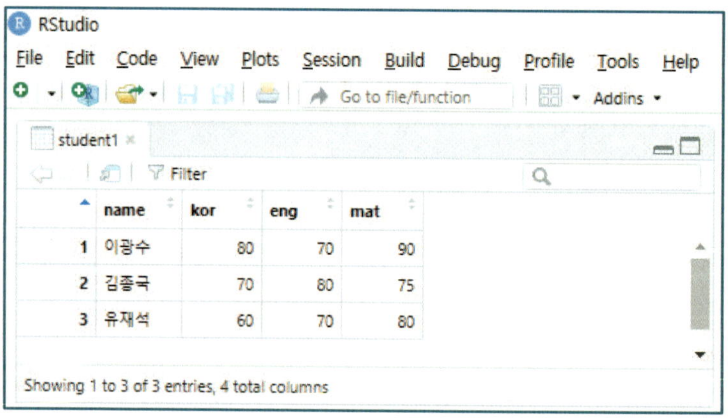

Tip Environment 창에서 데이터 보기

데이터 프레임인 경우는 Environment 창의 변수 이름을 클릭하면 View 함수가 자동으로 호출되어 스크립트 창에서 그 내용을 확인할 수 있다.

1.2 데이터 프레임 관리

1) 데이터 프레임 객체의 접근

데이터 프레임은 표와 비슷한 2차원 구조를 가지고 있다. 그러므로 행렬과 같은 형태인 인덱스를 이용하여 접근과 추출이 가능하다. 또한 데이터 프레임은 항목명을 이용한 접근도 가능하다. 항목명의 이용은 데이터의 의미를 표시할 수 있으므로 프로그램의 가독성을 높이는데 효율적이다. 데이터 프레임의 열은 항목을 단위로 관리되므로 항목명(필드(field)명)을 지정할 수 있다. 그러나 행은 관리하고자 하는 대상인 학생들에 관한 데이터이므로 학생의 수가 증가하면 행의 수도 무한히 증가할 수 있다. 그러므로 행에 대한 접근은 인덱스로 접근하는 것이 더 효율적이다.

데이터 프레임의 행과 열, 그리고 개별 원소에 접근하는 방법은 아래의 표와 같이 다양하다. 가장 일반적인 방법은 데이터 프레임 변수명 뒤에 "$"를 붙이고 항목명을 적어서 해당 데이터에 접근하는 것이 가독성을 높일 수 있는 방식이므로 사용을 권장한다.

기능	명령 사용법	예시
개별 원소에 접근	데이터 프레임$항목명[행인덱스] 데이터 프레임[인덱스, 인덱스]	> stuInfo$kor[3] <- 85 > stuInfo[2,3] <- 85
열 전체에 대한 접근 (벡터 형태)	데이터 프레임$항목명 데이터 프레임[, 열인덱스] 데이터 프레임[[열인덱스]]	> stuInfo$kor > stuInfo[,3] > stuInfo[[3]]
열 전체에 대한 접근 (데이터프레임 형태)	데이터 프레임["항목명"] 데이터 프레임[열인덱스] 데이터 프레임[,열인덱스,drop=FALSE]	> stuInfo["kor"] > stuInfo[3] > stuInfo[,3,drop=FALSE]
행 전체에 대한 접근	데이터 프레임[행인덱스,]	> stuInfo[3,]
열 일부분에 대한 접근	데이터 프레임[,벡터형인덱스]	> stuInfo[,c(3:5)] > stuInfo[,c("kor", "eng")] > stuInfo[,c(3,5)]

다음 예제는 앞 절에서 학생들의 성적을 관리하기 위해 생성한 데이터 프레임 변수 "stuInfo"에서 개별 원소의 값을 변경하고 stuInfo 데이터 프레임의 일부분의 데이터를 추출하여 새로운 변수를 생성하는 예를 보여준다. 추출한 값이 같은 유형 값을 가지는 1차원일 경우 벡터 형태로 관리되며, 2차원일 경우 데이터의 유형에 관계없이 데이터 프레임 형태로 관리된다.

```
# ch5_1_2_1.R
number <- seq(1:4)
name <- c("정우성", "김철수", "송중기", "김영희")
kor <- c(80, 60, 90, 70)
eng <- c(70, 50, 100, 80)
math <- c(95, 70, 95, 80)
grade <- c("B", "D", "A", "C")
stuInfo <- data.frame(number, name, kor, eng, math, grade)
stuInfo$kor[3] <- 85              # ② 3번 학생 국어 점수를 85점으로 수정
scoKor <- stuInfo$kor             # ③ 국어 점수를 추출하여 scoKor 벡터에 저장
stuOne <- stuInfo[3, ]            # ④ 3번 학생 데이터를 추출하여 stuOne 데이터 프레임에
                                    저장
scores <- stuInfo[, c(3:5)]       # ⑤ 국어, 영어, 수학 세 과목 성적을 scores 데이터
                                    프레임에 저장
students <- stuInfo[c(2:3),]      # ⑥ 2번과 3번 학생 데이터를 추출하여 students 데이터
                                    프레임에 저장
```

① 데이터 프레임 생성 직후 출력

```
> print(stuInfo)
  number   name kor eng math grade
1      1 정우성  80  70   95     B
2      2 김철수  60  50   70     D
3      3 송중기  90 100   95     A
4      4 김영희  70  80   80     C
```

② stuInfo$kor[3] <- 85 수행 후 출력

```
> print(stuInfo)
  number   name kor eng math grade
1      1 정우성  80  70   95     B
2      2 김철수  60  50   70     D
3      3 송중기  85 100   95     A
4      4 김영희  70  80   80     C
```

③ scoKor <- stuInfo$kor 수행 후 출력

```
> print(scoKor)
[1] 80 60 85 70
```

④ stuOne <- stuInfo[3,]

```
> print(stuOne)
  number   name kor eng math grade
3      3 송중기  85 100   95     A
```

⑤ scores <- stuInfo[,c(3:5)] 수행 후 출력

```
> print(scores)
  kor eng math
1  80  70   95
2  60  50   70
3  85 100   95
4  70  80   80
```

⑥ students <- stuInfo[c(2:3),] 수행 후 출력

```
> print(students)
  number   name kor eng math grade
2      2 김철수  60  50   70     D
3      3 송중기  85 100   95     A
```

또한 아래 프로그램의 예시와 같이 데이터 프레임에 태그를 지정한 경우 태그 이름으로 접근 가능하며, 추출하는 방식에 따라 추출된 값을 벡터로 생성하여 관리하거나 데이터 프레임으로 생성하여 관리할 수 있다.

```
[ Script ]
# ch5_1_2_2.R
number <- seq(1:4)
number <- seq(1:4)
name <- c("정우성", "김철수", "송중기", "김영희")
kor <- c(80, 60, 90, 70)
eng <- c(70, 50, 100, 80)
math <- c(95, 70, 95, 80)
grade <- c("B", "D", "A", "C")
stuInfo <- data.frame(번호=number, 이름 = name, 국어 = kor, 영어 = eng, 수학 = math,
                      등급 = grade)
---------------------------------------------------------------------------
[ Console ]
> source('~/R_test/ch_05/ch5_1_2_2.R', encoding = 'UTF-8')
> res1 <- stuInfo$이름; print(res1)        # 이름 열에 접근
[1] "정우성" "김철수" "송중기" "김영희"
> res2 <- stuInfo[[2]]; print(res2)       # 이름 열을 벡터로 반환한다.
                                            stuInfo$이름과 동일
[1] "정우성" "김철수" "송중기" "김영희"
> res3 <- stuInfo["이름"]; print(res3)    # 이름 열을 데이터 프레임 구조로 반환
   이름
1 정우성
2 김철수
3 송중기
4 김영희
# 이름 열을 데이터 프레임 구조로 반환 stuInfo["이름"]와 동일
> res4 <-  stuInfo[2]; print(res4)
   이름
1 정우성
2 김철수
3 송중기
4 김영희
> class(res1)                            # 추출된 res1의 데이터 유형 확인
[1] "character"
> class(res3)                            # 추출된 res3의 데이터 유형 확인
[1] "data.frame"
```

2) 데이터 프레임 행과 열 추가·삭제

학생의 정보를 관리하다 보면 새로운 과목의 성적을 추가하거나 새로운 학생의 성적을 추가해야 할 경우가 있다. 반대로 기존의 항목을 삭제하거나 한 학생에 대한 정보인 한 행을 삭제해야 하는 경우가 있다. 본 절에서는 R언어에서 행과 열의 데이터를 추가 · 삭제하는 방법을 살펴본다.

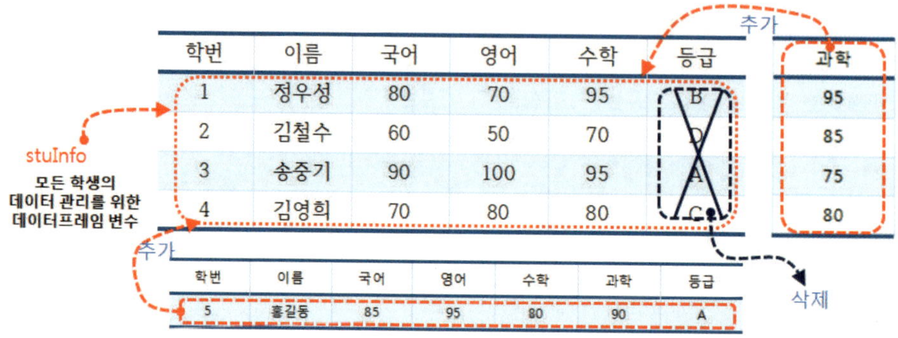

데이터 프레임에 행과 열을 추가하는 작업은 cbind() 함수와 rbind() 함수를 사용하여 해결할 수 있다. 이때 데이터 프레임 변수의 데이터 개수와 추가하고자 하는 벡터나 리스트의 데이터 개수가 일치하지 않을 경우에는 오류가 발생하므로 반드시 추가하고자 하는 열 또는 행의 데이터 개수가 일치하여야 함을 명심하여야 한다.

기능 및 함수	추가 위치	예시
열 삽입 (cbind() 함수) (sci 벡터를 stuInfo 데이터 프레임에 추가)	가운데에 추가	`# 예시 5열과 6열사이에 추가` `stuInfo <- cbind(stuInfo[1:5], sci, stuInfo[6])`
	마지막 열로 추가	`stuInfo <- cbind(stuInfo, sci)`
행 삽입 (rbind() 함수) (stuOne 리스트를 stuInfo 데이터 프레임에 추가)	가운데에 추가	`# 예시 2행과 3행사이에 추가` `stuInfo<-rbind(stuInfo[c(1:2),],stuOne, stuInfo[c(3:4),])`
	마지막 행으로 추가	`stuInfo <- rbind(stuInfo, stuOne)`

다음 예제는 앞 절에서 학생들의 성적을 관리하기 위해 생성한 데이터 프레임 변수 "stuInfo"에 과학 성적을 추가하고 5번, 6번 학생의 데이터를 추가하는 프로그램이다. 이 프로그램은 6번 학생의 리스트 생성 과정에서 실수가 발생하여 한 과목의 점수가 누락된 경우를 가정하고 있다. 이 경우 리스트의 개수가

데이터 프레임의 열의 개수와 동일하지 않으므로 오류가 발생한다. 만일 추가하는 변수가 리스트가 아니라 벡터이면 R언어의 재사용 규칙이 적용된다. 그러나 사용자가 원하지 않는 결과가 될 수 있으므로 항상 주의하여야 한다.

```
# ch5_1_2_3.R
number <- seq(1:4)
name <- c("정우성", "김철수", "송중기", "김영희")
kor <- c(80, 60, 90, 70)
eng <- c(70, 50, 100, 80)
math <- c(95, 70, 95, 80)
grade <- c("B", "D", "A", "C")
stuInfo <- data.frame(number, name, kor, eng, math, grade)
sci <- c(95, 85, 75, 80)                               # 과학 점수 벡터
stuOne <- list(5, "홍길동", 85, 95, 80, 90, "A"); # 5번 학생의 데이터
stuTwo <- list(6, "광개토왕", 95, 80, 90, "A");     # 6번 학생의 데이터(성적 개수 오류)
stuInfo <- cbind(stuInfo[1:5], sci, stuInfo[6]) # ② 6열에 과학 점수 추가
stuInfo <- rbind(stuInfo[c(1:2),], stuOne, stuInfo[c(3:4),])
                                                       # ③ 3행에 5번 학생 점수 추가
stuInfo <- rbind(stuInfo, stuTwo)                      # ④ 마지막 행에 6번 학생 점수 추가
```

① 데이터 프레임 생성 직후 출력

```
> print(stuInfo)
  number   name kor eng math grade
1      1 정우성  80  70   95     B
2      2 김철수  60  50   70     D
3      3 송중기  90 100   95     A
4      4 김영희  70  80   80     C
```

② stuInfo <- cbind(stuInfo[1:5], sci, stuInfo[6]) 수행 후 출력

```
> print(stuInfo)
 number   name kor eng math sci grade
1      1 정우성  80  70   95  95     B
2      2 김철수  60  50   70  85     D
3      3 송중기  90 100   95  75     A
4      4 김영희  70  80   80  80     C
```

③ stuInfo <- rbind(stuInfo[c(1:2),], stuOne, stuInfo[c(3:4),]) 수행 후 출력

```
> print(stuInfo)
 number   name kor eng math sci grade
1      1 정우성  80  70   95  95     B
2      2 김철수  60  50   70  85     D
3      5 홍길동  85  95   80  90     A
31     3 송중기  90 100   95  75     A
4      4 김영희  70  80   80  80     C
```

④ stuInfo <- rbind(stuInfo, stuTwo) 수행 시 발행하는 오류

```
xi[[j]]에서 다음과 같은 에러가 발생했습니다:
첨자의 허용 범위를 벗어났습니다
# stuTow 리스트는 6개의 원소를 가지는 데 비해
  stuInfo 데이터 프레임은 7개 데이터를 필요하므로
  오류가 발생한다. 그러나 list가 아니라 벡터를
  결합할 경우에는 재활용 규칙에 의해 부족한 개수만큼
  앞쪽의 원소가 채워진다.
```

데이터 프레임에서 행과 열의 삭제는 다음의 표와 같이 지우고자 하는 열(항목)이나 행(레코드)의 인덱스에 마이너스 "-" 기호를 붙여 삭제를 지시한다.

기능		명령어 사용법	예시
열 삭제	한 열 삭제	데이터 프레임[-인덱스]	stuInfo[-5]
	여러 열 삭제	데이터 프레임[-벡터]	stuInfo[-c(1,5)]
행 삭제	한 행 삭제	데이터 프레임[-인덱스,]	stuInfo[-3,]
	여러 행 삭제	데이터 프레임변수[-벡터,]	stuInfo[-c(1, 3),]

다음 프로그램의 예시는 마지막 행에 잘 못 추가한 데이터를 다시 삭제하는 과정을 보여준다.

```
[ Script ]
# ch5_1_2_4.R
number <- seq(1:4)
name <- c("정우성", "김철수", "송중기", "김영희")
kor <- c(80, 60, 90, 70)
eng <- c(70, 50, 100, 80)
math <- c(95, 70, 95, 80)
grade <- c("B", "D", "A", "C")
stuInfo <- data.frame(number, name, kor, eng, math, grade)
stuInfo <- rbind(stuInfo, grade)   # 항목 데이터를 레코드 데이터로 오인하여 잘 못 추가함.
print(stuInfo)
stuInfo <- stuInfo[-5, ]           # 잘못 추가된 레코드 데이터를 삭제함.
print(stuInfo)
--------------------------------------------------------------------------
> source('~/R_test/ch_05/ch5_1_2_4.R', encoding = 'UTF-8')
  number   name kor eng math grade
1      1 정우성  80  70   95     B
2      2 김철수  60  50   70     D
3      3 송중기  90 100   95     A
4      4 김영희  70  80   80     C
5      B    D    A   C    B     D              # 추가된 후 삭제된 레코드
  number   name kor eng math grade
1      1 정우성  80  70   95     B
2      2 김철수  60  50   70     D
3      3 송중기  90 100   95     A
4      4 김영희  70  80   80     C
```

3) 데이터 프레임 유형의 성적 데이터 처리

여러분은 4장 2.2절에서 성적 데이터를 이용하여 성적 처리를 해 보았다. 그러나 성적 데이터에 학생의 이름이라든지, 등급 등 다양한 데이터가 없어 실생활에 사용하는 성적표와 차이가 있었다. 이 절에서는 다양한 데이터를 사용하는 예제로 확장해 본다.

다음 표는 1반 학생의 중간 성적을 나타낸다. 학생별, 과목별 합계와 평균 등을 계산하고 평균이 70점 이상인 학생을 찾아 출력하는 문제를 해결해 보자.

학번	이름	국어	영어	수학	등급
202101	송중기	58	100	98	B
202102	전지현	63	95	45	D
202103	송혜교	85	99	90	A
202104	김태희	69	80	89	C
202105	정우성	90	32	60	D

R 프로그래밍으로 이 문제를 해결하기 위해서는 먼저 이 데이터를 R이 이해할 수 있게 표현해 주어야 한다. 국어, 영어, 수학 성적은 숫자 데이터, 학번, 이름과 등급은 문자 데이터이다. 각 속성(열)들의 데이터 유형이 서로 다르므로 하나의 객체로 만들기 위해서는 데이터 프레임을 사용한다. 해결 과정을 순서대로 나타내면 다음과 같다.

① student 데이터 프레임 생성하기
② student 객체의 열에 이름 주기
③ 각 과목 국어, 영어, 수학의 합계와 평균 구하기
④ 각 학생의 세과목 합계와 평균 구하기
⑤ 특정 조건에 맞는 데이터 추출하기

R 프로그램으로 단계별로 구현해 보면 다음과 같다. 먼저 위의 데이터를 데이터 프레임으로 생성한다. 여기에서는 각 속성을 벡터로 생성한 후 벡터로부터 데이터 프레임을 생성한다.

그리고 프로그램의 가독성을 높이기 위해 데이터 프레임에 있는 모든 열에는 이름을 설정한다. 이름을 알면, 위치가 아닌 이름으로 선택할 수 있어서 편리하고 읽기도 좋다. 예를 들어, 국어 점수의 평균을 구할 경우, 국어가 몇 번째 열인지를 확인 후 2번째 열의 평균을 구하라고 하는 것보다, 이름을 통해서 "국어" 열의 평균을 구하라고 하는 것이 훨씬 코드를 이해하기가 쉬워진다. 데이터 프레임에는 names 나 colnames 속성을 설정하는 방법으로 열 이름을 새로 지정하거나 기존의 이름의 바꿀 수 있다.

```
[ Script ]
# ① student 데이터 프레임 생성하기
number <- c("202101", "202102", "202103", "202104", "202105")
name <- c("송중기", "전지현", "송혜교", "김태희", "정우성")
kor <- c(58, 63, 85, 69, 90)
eng <- c(100, 95, 63, 80, 32)
math <- c(98, 45, 56, 89, 60)
grade <- c("B", "D", "A", "C", "D")
stuInfo <- data.frame(number, name, kor, eng, math, grade)
# ② student 객체의 열에 이름 주기
names(stuInfo) <- c("번호", "이름", "국어", "영어", "수학", "등급")
print(stuInfo)
--------------------------------------------------------------------
> source('~/R_test/ch_05/ch5_1_2_5.R', encoding = 'UTF-8')
    학번    이름  국어  영어 수학  등급
1 202101 송중기   58  100   98     B
2 202102 전지현   63   95   45     D
3 202103 송혜교   85   63   56     A
4 202104 김태희   69   80   89     C
5 202105 정우성   90   32   60     D
```

다음 프로그램의 부분은 데이터 프레임 구조로 저장된 국어, 영어, 수학 성적을 대상으로 sum() 함수와 mean() 함수를 이용하여 각 과목의 성적 합계와 평균을 구한다.

```
[ Script ]
# ③ 각 과목 국어, 영어, 수학의 합계와 평균 구하기
totKor <- sum(stuInfo$국어) ; avgKor <- mean(stuInfo$국어)
totEng <- sum(stuInfo$영어) ; avgEng <- mean(stuInfo$영어)
totMath <- sum(stuInfo$수학) ; avgMath <- mean(stuInfo$수학)
cat("국어 합계 = ", totKor, "국어 평균 = ", avgKor, "\n")
cat("영어 합계 = ", totEng, "영어 평균 = ", avgEng, "\n")
cat("수학 합계 = ", totMath, "수학 평균 = ", avgMath, "\n")
-------------------------------------------------------------------
> source('~/R_test/ch_05/ch5_1_2_5.R', encoding = 'UTF-8')
  /* ①,② 출력 생략 ③ 출력만 표시*/
국어 합계 =  365 국어 평균 =  73
영어 합계 =  370 영어 평균 =  74
수학 합계 =  348 수학 평균 =  69.6
```

이제는 학생별 성적의 합계와 평균을 구해 보자. 다음과 같이 과목명을 나열하여 합계를 구하고 그 합계에 과목수를 나누어 평균을 구할 수 있을 것이다. 그러나 향후 과목이 3과목이 아니라 5과목, 10과목으로 늘어난다면 이러한 표기는 결과를 얻을 수는 있지만 효율적인 표현은 아니다. 그러므로 과목 수에 관계없이 자동으로 처리될 수 있는 방법으로 프로그램을 하는 것이 중요하다.

```
totScore <- stuInfo$국어 + stuInfo$영어 + stuInfo$수학
avgScore <- totScore / 3
```

본 프로그램에서는 앞에서 배운 apply() 함수를 이용하여 이 문제를 해결하고 있다. 특히 성적 데이터가 연속적으로 데이터 프레임에 저장되어 있을 경우 성적 데이터의 시작 열과 끝 열을 변수에 저장하여 사용한다면 가독성이 향상되어 향후 데이터의 개수가 변할 때에도 편리하게 사용할 수 있다. 또한 합계와 평균을 학생의 이름과 함께 관리하고 출력의 가독성을 높이기 위해 학생별 성적의 합계와 평균을 stuInfo의 열로 추가하여 새로운 데이터 프레임 "resScore"를 생성한다. 새로 생성한 데이터 프레임을 이용하여 평균 점수가 70점보다 높은 학생의 정보를 추출하였다.

```
[ Script ]
# ④ 각 학생의 세과목 합계와 평균 구하기
sPos <- 3;  tPos <- 5;
totScore <- apply(stuInfo[sPos:tPos],1, sum)
avgScore <- apply(stuInfo[sPos:tPos],1, mean)
resScore <- data.frame(stuInfo[2], "합계" = totScore, "평균" =avgScore)

print(resScore, digits = 4)

# ⑤ 평균 70점 초과 학생 데이터 추출
baseScore <- 70;
stuOverBase <- resScore[resScore$평균 > baseScore, ]
cat("\n", baseScore, "점 이상인 학생은 : \n")
print(stuOverBase, digits = 4)
---------------------------------------------------------------------
> source('~/R_test/ch_05/ch5_1_2_5.R', encoding = 'UTF-8')
  /* ①, ②, ③ 출력 생략 ④, ⑤ 출력만 표시*/
   이름   totScore  avgScore
1 송중기       256     85.33
2 전지현       203     67.67
3 송혜교       204     68.00
4 김태희       238     79.33
5 정우성       182     60.67

 70점 이상인 학생은 :
   이름   totScore  avgScore
1 송중기       256     85.33
4 김태희       238     79.33
```

Tip 상수 대신 변수를 사용

가능한 상수 대신 변수를 선언하여 사용해야 한다. 같은 의미를 가지는 상수가 여러 군데 사용되면 나중에 그 값이 변경될 경우 프로그램의 여러 곳을 찾아 바꾸어야 한다. 이때 다른 의미를 가지는 동일한 값이 프로그램에서 사용되었다면 프로그램을 수정하는 데 많은 수고가 필요하다. 그러므로 두 군데 이상 동일한 상수가 사용된다면 변수로 지정하여 사용함으로써 이 문제를 피해갈 수 있다.

이 문제 해결을 위한 전체 프로그램은 다음과 같다.

```
[ Script ]
# ch5_1_2_5.R
number <- c("202101", "202102", "202103", "202104", "202105")
name <- c("송중기", "전지현", "송혜교", "김태희", "정우성")
kor <- c(58, 63, 85, 69, 90)
eng <- c(100, 95, 63, 80, 32)
math <- c(98, 45, 56, 89, 60)
grade <- c("B", "D", "A", "C", "D")

# stuInfo 데이터 프레임 생성하기
stuInfo <- data.frame(number, name, kor, eng, math, grade)
# stuInfo 객체의 열에 이름 주기
names(stuInfo) <- c("번호", "이름", "국어", "영어", "수학", "등급")
print(stuInfo)

# 각 과목 국어, 영어, 수학의 합계와 평균 구하기
totKor <- sum(stuInfo$국어) ; avgKor <- mean(stuInfo$국어)
totEng <- sum(stuInfo$영어) ; avgEng <- mean(stuInfo$영어)
totMath <- sum(stuInfo$수학) ; avgMath <- mean(stuInfo$수학)
cat("국어 합계 = ", totKor, "국어 평균 = ", avgKor, "\n")
cat("영어 합계 = ", totEng, "영어 평균 = ", avgEng, "\n")
cat("수학 합계 = ", totMath, "수학 평균 = ", avgMath, "\n")

# 각 학생의 세과목 합계와 평균 구하기
sPos <- 3;  tPos <- 5;
totScore <- apply(stuInfo[sPos:tPos],1, sum)
avgScore <- apply(stuInfo[sPos:tPos],1, mean)
resScore <- data.frame(stuInfo[2], "합계" = totScore, "평균" =avgScore)
print(resScore, digits = 4)

# 평균 점수가 70점 초과 학생 추출하기
baseScore <- 70;
stuOverBase <- resScore[resScore$평균 > baseScore, ]
cat("\n", baseScore, "점 이상인 학생은 : \n")
print(stuOverBase, digits = 4)
```

2 다양한 데이터 유형의 활용

우리 주변의 많은 데이터는 표 형식으로 정리된 경우가 많다. 이러한 표 형식의 데이터는 R에서 지원하는 데이터 구조인 데이터 프레임으로 표현할 수 있다. 따라서 어떤 문제를 R 프로그래밍으로 해결하려고 할 때, 많은 경우 데이터 프레임 구조의 데이터를 다루게 될 것이다. 이 절에서는 기상정보를 다루거나 학생들의 키, 몸무게 정보를 분석하는 등 주변의 문제들에 대해 데이터 프레임을 이용한 문제 해결 방법을 다루어 본다.

2.1 부산시 6월 기온 요약해보기

다음 데이터는 기상자료개방 포털 사이트에서 제공하고 있는 2021년 부산시 6월 첫째 주의 평균기온, 최저기온, 최고기온을 정리한 표이다.

일시	평균기온(°C)	최저기온(°C)	최고기온(°C)
2021-06-01	21.2	16.6	26.3
2021-06-02	21.4	19.1	25.6
2021-06-03	19.2	18.2	19.9
2021-06-04	20.7	17.1	24.8
2021-06-05	20.2	17.4	23.3
2021-06-06	20.9	18.4	24.7
2021-06-07	21.6	19.1	25.8

이번 주 부산시 기온을 분석해 보기 위해 위의 "부산시 6월 첫째 주 기온" 데이터에서 평균기온의 평균값, 최저기온의 최솟값, 최고기온의 최댓값을 구하려고 한다. 또한, 평균기온이 20(°C) 미만인 날만 추출하고 그 날의 최저기온과 최고기온은 제외한 일시와 평균기온만 출력하는 문제를 해결해 보자.
이 문제를 해결하기 위한 과정을 순서대로 나타내면 다음과 같다.

① temperBusan 데이터 프레임 생성하기
② 평균기온의 평균, 최저기온의 최솟값, 최고기온의 최댓값 구하기
③ 조건에 맞는 데이터 추출하기
  1) 평균기온이 20(°C) 미만인 데이터 추출
  2) 평균기온이 20(°C) 미만인 데이터 중 일시와 평균기온 열만 추출

다음은 데이터 프레임을 이용하여 6월 첫째 주의 평균기온의 평균, 최저기온의 최솟값, 최고기온의 최댓값을 계산하는 프로그램이다. mean(), min(), max() 함수를 이용하여 평균, 최솟값, 최댓값을 구할 수 있으며, 각 열에 대한 접근은 "temperBusan$평균기온"과 같이 "데이터 프레임$열이름"으로 접근할 수 있다.

```
[ Script ]
# ch5_2_1_1.R
# ① 데이터 프레임 temperBusan 생성하기
temperDate <- c("2021-06-01", "2021-06-02", "2021-06-03", "2021-06-04",
                "2021-06-05", "2021-06-06", "2021-06-07")
temperAvg <- c(21.2, 21.4, 19.2, 20.7, 20.2, 20.9, 21.6)
temperMin <- c(16.6, 19.1, 18.2, 17.1, 17.4, 18.4, 19.1)
temperMax <- c(26.3, 25.6, 19.9, 24.8, 23.3, 24.7, 25.8)
temperBusan <- data.frame("일시" = temperDate, "평균기온" = temperAvg,
               "최저기온" = temperMin, "최고기온" = temperMax)
print(temperBusan)

# ② 평균기온의 평균, 최저기온의 최솟값, 최고기온의 최댓값 구하기
meanTemper <- mean(temperBusan$평균기온)
minTemper <- min(temperBusan$최저기온)
maxTemper <- max(temperBusan$최고기온)
cat("평균기온의 평균 = ", round(meanTemper,1), "\n", "최저기온의 최솟값 = ",
    minTemper, "\n", "최고기온의 최댓값 =", maxTemper, "\n")
-----------------------------------------------------------------
[ Console ]
> source('~/R_test/ch_05/ch5_2_1_1.R', encoding = 'UTF-8')
/* ① 출력 생략, ② 출력만 표시*/
 평균기온의 평균 = 20.7
 최저기온의 최솟값 = 16.6
 최고기온의 최댓값 = 26.3
```

데이터 프레임에 [ ] 연산을 이용하여 특정 조건에 맞는 데이터를 추출할 수 있는 것과 마찬가지로 subset() 함수를 이용하면 좀 더 편리하게 데이터 프레임의 부분집합을 추출할 수 있다.

```
subset(X,                    # 부분집합을 추출할 R 객체
          subset,            # 부분집합을 생성할 조건
          select,            # 반환할 열 (select를 생략하면 전체 열을 모두 반환)
          ...)
```

```
[ Script ]
# ch5_2_1_1.R
# ③ 데이터 프레임 temperBusan에서 평균기온이 20미만인 데이터 추출
below20 <- subset(temperBusan, 평균기온 < 20 )
print(below20)
# 데이터 프레임에서 평균기온이 20미만인 데이터 중 일시와 평균기온 열만 추출
below20Date <- subset(temperBusan,  평균기온 < 20,  c(일시, 평균기온))
print(below20Date)
-----------------------------------------------------------------
[ Console ]
> source('~/R_test/ch_05/ch5_2_1_1.R', encoding = 'UTF-8')
/* ①, ② 출력 생략, ③ 출력만 표시*/
        일시     평균기온  최저기온  최고기온
3 2021-06-03     19.2      18.2      19.9
        일시     평균기온
3 2021-06-03     19.2
```

문제 해결을 위한 전체 프로그램은 다음과 같다.

```
[ Script ]
# ch5_2_1_1.R
# 데이터 프레임 temperBusan 생성하기
temperDate <- c("2021-06-01", "2021-06-02", "2021-06-03", "2021-06-04",
                "2021-06-05", "2021-06-06", "2021-06-07")
temperAvg <- c(21.2, 21.4, 19.2, 20.7, 20.2, 20.9, 21.6)
temperMin <- c(16.6, 19.1, 18.2, 17.1, 17.4, 18.4, 19.1)
temperMax <- c(26.3, 25.6, 19.9, 24.8, 23.3, 24.7, 25.8)
```

```
temperBusan <- data.frame("일시" = temperDate, "평균기온" = temperAvg,
                          "최저기온" = temperMin, "최고기온" = temperMax)
print(temperBusan)

# 평균기온의 평균, 최저기온의 최솟값, 최고기온의 최댓값 구하기
meanTemper <- mean(temperBusan$평균기온)
minTemper <- min(temperBusan$최저기온)
maxTemper <- max(temperBusan$최고기온)
cat("평균기온의 평균 = ", round(meanTemper,1), "\n", "최저기온의 최솟값 = ",
    minTemper, "\n", "최고기온의 최댓값 =", maxTemper, "\n")

# 데이터 프레임 temperBusan에서 평균기온이 20미만인 데이터 추출
below20 <- subset(temperBusan, 평균기온 < 20 )
print(below20)
# 데이터 프레임에서 평균기온이 20미만인 데이터 중 일시와 평균기온 열만 추출
below20Date <- subset(temperBusan,  평균기온 < 20,  c(일시, 평균기온))
print(below20Date)
```

2.2 학년별, 성별 자료 요약해보기

학년별, 성별 학생들의 키와 몸무게 분포를 분석해 보려고 한다. 물론 전교생 데이터 또는 전국 학생 데이터를 가지고 분석을 해야 하겠지만 여기서는 일부 학생 데이터만을 가지고 이 문제를 다루어 본다. 다음은 남, 여 8명 학생의 학년, 성별에 대하여 키, 몸무게를 조사한 자료이다.

학년	성별	키	몸무게
1	F	160	50
2	M	175	68
2	F	168	65
3	F	157	49
1	M	183	82
2	F	169	56
3	F	165	52
1	M	177	78

이 데이터를 가지고 학생들의 키와 몸무게의 평균과 최댓값을 구하고, 키가 170 이상인 학생만 추출해 보고자 한다. 또한, 남, 여 학생별로 몸무게의 평균을 구하고 학년별 키의 최댓값을 구해 본다. 이 문제를 해결하기 위한 과정을 순서대로 나타내면 다음과 같다.

① 데이터 프레임(data) 생성하기
② 키와 몸무게의 평균, 최댓값 구하기
③ 키가 170 이상인 학생 추출하기
④ 남, 여 학생별로 몸무게의 평균 구하기
⑤ 학년별로 키의 최댓값 구하기

위의 데이터는 각 속성(열)들의 데이터 유형이 서로 다르므로 하나의 데이터 구조로 만들기 위해서는 데이터 프레임을 이용한다. 먼저 각 속성을 벡터로 생성해서 각 속성에 이름을 붙여 벡터로부터 데이터 프레임을 생성한다. 데이터 프레임의 항목 중에서 지정된 항목(성별, 학년별)을 범주로 활용하기 위해서 데이터 프레임 생성시 stringsAsFactors = TRUE 옵션을 설정해 주어야만 한다.

```
[ Script ]
# ch5_2_2_1.R
# ① stuData 데이터 프레임 생성
grade <- c("1", "2", "2", "3", "1", "2", "3", "1")
gender <- c("F", "M", "F", "F", "M", "F", "F", "M")
height <- c(160, 175, 168, 157, 183, 169, 165, 177)
weight <- c(50, 68, 65, 49, 82, 56, 52, 78)
stuData <- data.frame("학년"=grade, "성별"=gender, "키"=height, "몸무게"=weight,
                      stringsAsFactors = TRUE)
print(stuData)
cat("stuData 구조 : \n"); str(stuData)                # data 객체의 내부 구조
---------------------------------------------------------------------
[ Console ]
> source('~/R_test/ch_05/ch5_2_2_1.R', encoding = 'UTF-8')
  학년 성별  키 몸무게
1    1    F 160     50
2    2    M 175     68
3    2    F 168     65
4    3    F 157     49
5    1    M 183     82
6    2    F 169     56
```

```
7    3    F  165    52
8    1    M  177    78
stuData 구조 :
'data.frame':                    8 obs. of  4 variables:
 $ 학년   : Factor w/ 3 levels "1","2","3": 1 2 2 3 1 2 3 1
 $ 성별   : Factor w/ 2 levels "F","M": 1 2 1 1 2 1 1 2
 $ 키     : num  160 175 168 157 183 169 165 177
 $ 몸무게 : num  50 68 65 49 82 56 52 78
```

mean() 함수와 max() 함수를 이용하여 키와 몸무게의 평균과 최댓값을 구한다. 또한 키가 170 이상인 학생을 추출하기 위해 subset() 함수를 이용한다. subset() 함수에 대한 설명은 2.1절에서 참조하면 된다. 다음 프로그램과 실행 결과는 본 문제해결의 ②, ③을 보여준다.

```
[ Script ]
# ch5_2_2_1.R
# ② 키와 몸무게의 평균, 최댓값 구하기
meanHeight <- mean(stuData$키)
maxnHeight <- max(stuData$키)
meanWeight <- mean(stuData$몸무게)
maxWeight <- max(stuData$몸무게)
cat("\n 키의 평균 = ", meanHeight, "키의 최댓값 = ", maxnHeight, "\n",
    "몸무게의 평균 = ", meanWeight, "몸무게의 최댓값 = ", maxWeight, "\n")

# ③ # 키가 170 이상인 학생 출력하기
baseHei <- 170
resAbove <- subset(stuData, 키 >= baseHei)
cat("\n",baseHei,"이상인 학생 : \n"); print(resAbove)
--------------------------------------------------------------------
[ Console ]
> source('~/R_test/ch_05/ch5_2_2_1.R', encoding = 'UTF-8')
/*①  출력 생략, ②, ③ 출력만 표시*/
키의 평균 =  169.25 키의 최댓값 =  183
 몸무게의 평균 =  62.5 몸무게의 최댓값 =  82

170 이상인 학생 :
  학년 성별  키   몸무게
2    2    M  175    68
5    1    M  183    82
8    1    M  177    78
```

앞에서 행렬이나 데이터 프레임의 행이나 열별로 합계, 평균을 구할 때 apply() 함수를 사용하여 편리하게 원하는 정보를 찾을 수 있었다. 그러나 이 절에서 주어진 문제인 "남, 여 학생별로 몸무게 평균을 구하는 문제"는 어떻게 해결할까? 여러분이 알고 있는 apply() 함수로 이 문제를 해결하기 위해서는 논리식을 이용하여 남학생 데이터를 추출하여 새로운 데이터 프레임 변수를 별도로 만들고, 다시 여학생 데이터를 추출하여 새로운 데이터 프레임 변수를 별도로 만든 다음, 각각의 데이터 프레임 변수에 apply() 함수를 적용하면 이 문제를 해결할 수 있다. 그러나 R언어에서는 이러한 작업을 편리하게 수행해 주는 tapply() 함수를 제공하고 있다. tapply() 함수는 데이터 프레임의 항목 중에서 지정된 항목을 범주로 활용하여 집단별로 원소를 추출하고 각각의 범주별로 추출된 원소에 함수를 적용한 후 처리 결과를 모아서 벡터나 행렬을 생성하여 반환하는 함수이다. tapply() 함수의 사용법은 다음과 같다.

```
tapply(X,                    # tapply() 함수를 적용할 데이터 프레임 열(벡터)
          INDEX,             # 기준이 되는 범주항목(Factor)
          FUN = NULL,        # 적용할 함수
         ...)
```

tapply() 함수를 사용하려면 데이터 프레임 생성시 stringsAsFactors = TRUE 옵션을 설정해 주어야만 한다.

④에서는 데이터 프레임 stuData에서 몸무게의 평균을 남학생, 여학생별로 계산한다. tapply() 함수에 첫 번째 인수로 평균을 계산할 몸무게 벡터를, 두 번째 인수에 집단을 나타내는 성별을 지정하고, 세 번째 인수에 적용할 mean() 함수를 지정한다. 또한 학년 별 가장 키 큰 학생을 구하기 위해서는 tapply() 함수와 max() 함수를 사용한다.

```
[ Script ]
# ch5_2_2_1.R
# ④ 몸무게의 평균을 남학생, 여학생별로 계산
meanWeight_MF <- tapply(stuData$몸무게, stuData$성별,  mean)
cat("\n 남여 학생별 평균 체중 : \n"); print(meanWeight_MF)
# ⑤ 학년별로 키의 최댓값 구하기
maxHeightM_grade <- tapply(stuData$키, stuData$학년,  max)
cat("\n 학년별 가장 키 큰 학생 : \n"); print(maxHeightM_grade)
```

```
[ Console ]
> source('~/R_test/ch_05/ch5_2_2_1.R', encoding = 'UTF-8')
/* ①, ②, ③  출력 생략, ④, ⑤ 출력만 표시*/
남여 학생별 평균 체중 :
  F    M
54.4 76.0

학년별 가장 키 큰 학생 :
  1   2   3
183 175 165
```

위의 문제 해결을 위한 전체 프로그램은 다음과 같다.

```
[ Script ]
# ch5_2_2_1.R
# 데이터 프레임 생성하여 열에 이름 주기
grade <- c("1", "2", "2", "3", "1", "2", "3", "1")
gender <- c("F", "M", "F", "F", "M", "F", "F", "M")
height <- c(160, 175, 168, 157, 183, 169, 165, 177)
weight <- c(50, 68, 65, 49, 82, 56, 52, 78)
stuData <- data.frame("학년"=grade, "성별"=gender, "키"=height, "몸무게"=weight,
                      stringsAsFactors = TRUE)
print(stuData)

# 키와 몸무게의 평균, 최댓값 구하기
meanHeight <- mean(stuData$키)
maxnHeight <- max(stuData$키)
meanWeight <- mean(stuData$몸무게)
maxWeight <- max(stuData$몸무게)
cat("\n 키의 평균 = ", meanHeight, "키의 최댓값 = ", maxnHeight, "\n",
    "몸무게의 평균 = ", meanWeight, "몸무게의 최댓값 = ", maxWeight, "\n")

# 키가 170 이상인 학생 출력하기
baseHei <- 170
resAbove <- subset(stuData, 키 >= baseHei)
cat("\n",baseHei,"이상인 학생 : \n"); print(resAbove)

# 몸무게의 평균을 남학생, 여학생별로 계산
meanWeight_MF <- tapply(stuData$몸무게, stuData$성별,  mean)
cat("\n 남여 학생별 평균 체중 : \n"); print(meanWeight_MF)

# 학년별로 키의 최댓값 구하기
maxHeightM_grade <- tapply(stuData$키, stuData$학년,  max)
cat("\n 학년별 가장 키 큰 학생 : \n"); print(maxHeightM_grade)
```

연습문제

01 다음은 1반 학생의 영어, 수학 성적 데이터이다.

이름	영어	수학	성별
김희선	93	50	F
전지현	80	45	F
송중기	80	90	M
김시은	80	89	F
장동건	50	45	M
정우성	70	60	M

(1) 위 데이터를 데이터 프레임으로 생성하시오.

(2) 다음 데이터를 데이터 프레임으로 생성한 후 1)의 데이터 프레임과 합치시오.

이름	영어	수학	성별
신동엽	55	70	M
손유선	80	95	F

(3) (2)의 데이터 프레임에서 영어와 수학 점수의 총점과 평균을 구하시오.

(4) 영어와 수학 점수가 70점 이상인 학생의 이름과 영어, 수학 점수를 출력하시오.

(5) 남녀 학생별 영어와 수학 점수의 평균을 구하시오.

02 기본적으로 제공되는 예제데이터 "iris(붓꽃)"데이터를 이용하여 다음 프로그램을 작성하시오. 먼저 data("iris") 명령어로 데이터를 불러와서 다음 작업을 수행하시오.

(1) iris 데이터세트의 데이터 구조를 확인하고 숫자 데이터만으로 구성된 새로운 데이터 프레임 irisNew를 생성하시오.

(2) 데이터 프레임 irisNew의 열 평균을 구하시오

(3) Sepal.Length(꽃받침 길이)와 Sepal.Width(꽃받침 너비)의 최솟값과 최댓값을 구하시오. (단, 최솟값과 최댓값을 구할 때 range() 함수를 이용하시오.)

06 효율적인 데이터의 관리

1 편리한 상호작용을 위한 파일 입출력

지금까지 여러분은 주어진 문제를 해결하기 위해 프로그램 내에서 "kor <- 80"과 같이 변수에 직접 값을 대입하거나 readline() 함수나 scan() 함수 등을 사용하여 키보드로 값을 입력하고 이 값을 화면에 출력하는 방법을 사용하였다. 처리하는 데이터가 변하지 않거나 양이 적고 프로그램의 사용자가 출력되는 변수의 의미를 미리 잘 알고 있다면 프로그램 내에서 직접 변수에 값을 대입하고 그 결과가 화면에 출력하는 방식이 간단할 수 있다. 하지만 많은 경우 처리할 데이터의 양이 너무 많아 프로그램 내부에서 변수에 지정하기가 어렵거나 이미 엑셀이나 텍스트 파일 등으로 데이터가 존재하는 경우, 처리 결과로 생성된 데이터 값이 많거나 데이터를 다른 프로그램에서 다시 사용해야 할 경우와 같이 프로그램에 직접 데이터를 입력하거나 화면에 출력하는 방법이 불편할 경우가 많다.

이러한 문제를 해결하기 위해 R언어에서는 이미 만들어진 텍스트 파일, csv 파일, 또는 엑셀 파일로부터 데이터를 불러와 사용하는 방법을 제공한다. 또한, 결과를 나중에 다시 확인하거나 다른 프로그램에서 사용하기 위해서는 결과 데이터를 파일로 저장할 수 있는 기능 역시 제공하고 있다. 이 장에서는 R언어가 제공하는 다양한 데이터 입출력 방법에 대하여 알아볼 것이다.

1.1 파일 입출력을 위한 작업폴더 설정하기

우리 반 전체 학생의 국어, 영어, 수학 성적에 대한 합계와 평균을 구하는 과정을 생각해 보자. 각 학생의 과목 점수는 파일 형태로 저장되어 있다고 가정하자. R 프로그램에서 파일을 열거나 저장할 때 기본적으로는 파일이 저장되어 있는 전체 경로를 다 명시해 주어야 한다. 하지만 파일이 저장된 경로가 긴 경우에는 일일이 파일의 저장 경로를 다 적어주기는 번거로운 일이다. 또한, 여러 개의 데이터 파일이 사용될 때 파일들이 여러 폴더에 흩어져 있다면 데이터 관리에도 비효율적이다.

R 프로그램을 작성할 때 작업폴더를 만들고 작업폴더 내에 데이터 폴더를 만들어 프로그램에서 사용되거나 생성되는 데이터 파일들을 모아놓는 것이 일반적이다. 작업폴더는 파일을 불러오거나 외부로 저장하는 작업을 수행하는 기본 폴더로 따로 폴더를 지정하지 않는다면 R 작업 중 생성되는 script나 data set이 작업폴더에 저장된다. 따라서 R 프로그램을 생성할 때 가장 먼저 해야 하는 일은 현재 작업폴더를 설정하는 일이다.

우리가 R 프로그램에서 파일을 저장하면 기본적으로 "Default working directory"로 지정된 폴더에 저장된다. 이 폴더에 대한 지정은 RStudio의 [Tools] - [Global Options..] - [General] - [Default working directory]에서 설정할 수 있음을 1장에서 다룬 바 있다. 현재 작업이 일어나고 있는 폴더를 확인하려면 getwd() 함수를 사용하면 된다.

```
[ Console ]
> getwd()
[1] "C:/Users/user/Documents"
```

만약 일시적으로 이 폴더가 아닌 다른 폴더에서 작업을 진행하고 싶다면 sestwd() 함수를 사용하여 setwd("폴더명")의 형태로 현재 사용하는 세션의 작업폴더를 바꾸어 주면 된다. setwd() 함수 대신 RStudio의 [Session] - [Set working Directory] - [Choose Directory..]에서 폴더를 선택하는 방법으로도 작업폴더를 바꿀 수 있다. 작업폴더를 바꾸고 getwd() 함수를 다시 실행시켜 보면 작업폴더가 바뀌어 있음을 볼 수 있다.

```
[ Console ]
> setwd("~/R_test/ch_06")
> getwd()
[1] "C:/Users/user/Documents/R_test/ch_06"
```

setwd() 함수로 세션의 작업폴더를 바꾸었더라도 RStudio의 [Files] 창은 바뀌어 있지 않으므로 직접 폴더를 클릭해서 바꾸어 주어야 한다. 또한, 이 방법은 RStudio를 사용하고 있는 동안은 바뀐 작업폴더를 유지하지만 다시 RStudio를 실행시켰을 때는 Default working directory로 작업폴더가 바뀌어 있다. 그러므로 하나의 문제 해결을 위해 접근해야 할 파일이 많다면 다음의 프로그램과 같이 R 스크립트 시작 첫 줄에 "현재 작업폴더 지정"을 명시한다면 이후 명령부터는 파일의 경로를 명시할 필요 없이 편리하게 파일명만 명시하여 파일에 접근할 수 있다. 즉, 작업폴더를 정해주면 그 폴더에 있는 파일을 RStudio에서 불러올 때 파일명만 "student.txt"과 같이 적어주면 되지만 현재 작업폴더에 있지 않은 파일을 불러올 때는 "C:/R_test/student.txt"처럼 파일명뿐만 아니라 그 파일이 저장되어 있는 폴더 경로를 모두 기술해 주어야 한다.

```
[ Script ]          #ch6_1_1_1.R
setwd("~/R_test/ch_06/")              # 현 작업폴더 지정
tmp <- getwd()
print(tmp)
-------------------------------------------------------------------
[ Console ]
> source('~/R_test/ch_06/ch6_1_1_1.R')
[1] "C:/Users/user/Documents/R_test/ch_06"
```

Tip R언어에서의 폴더 구분자

윈도우 탐색기의 폴더 구분자는 "C:\Users\...\ch_06"와 같이 '\' 기호가 사용되나 R언어에서는 '\\' 나 또는 '/'을 사용해야 한다.

통계처리 작업이 많은 R 프로그램의 특성상 표 형태로 된 데이터를 주로 사용하는 편이지만 특별한 형식 없이 저장된 비정형 데이터들도 많이 사용된다. 1.2절에서는 R언어에서 제공하는 다양한 형태의 파일 입출력 방법에 대해서 살펴본다.

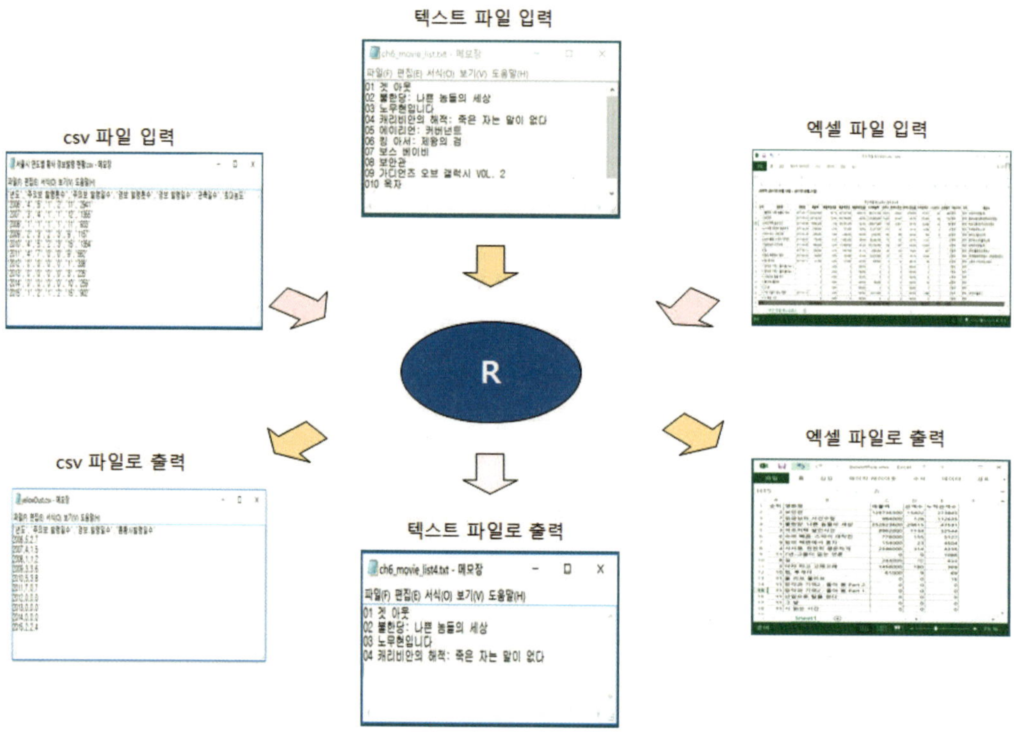

1.2 텍스트 형태의 파일 입출력

이 절에서는 R언어에서 .txt나 .csv와 같은 텍스트 형태의 파일로 저장된 데이터를 불러오거나 프로그램 실행 결과를 텍스트 형식으로 저장하는 방법에 대해서 살펴본다.

1) 비정형 텍스트 파일 입출력

파일로 저장된 문서에는 표와 같은 형식을 가진 정형화된 문서도 있지만, 소설이나 인터넷 뉴스를 스크랩한 것과 같이 특별한 형식이 없는 일반적인 문서들도 많다. 그러므로 문서의 형식과 관계없이 파일에 있는 데이터를 프로그램으로 불러들여야 하는 경우가 있다. 이러한 비정형 파일을 불러오기 위해 R언어에서는 readLines() 함수를 제공한다. 이 함수는 콘솔 창에서 데이터를 읽어 들이는 readline() 함수와 구별할 필요가 있다. readLines() 함수는 파일을 R 프로그램으로 불러올 때 한 줄 단위로 간단히 읽어올 수 있다. 또한 writeLines() 함수를 사용하여 한 줄 단위로 파일에 저장할 수 있다.

일반 문서를 파일로부터 읽고 파일에 저장하는 readLines() 함수와 writeLines() 함수를 이용하여 파일 복사 프로그램도 간단하게 R언어로 만들 수 있다. readLines() 함수와 writeLines() 함수의 사용법은 다음과 같다.

```
readLines("읽어올 파일명", n = 읽어올 라인 수)        # n 옵션을 생략하면 모두 읽어옴
writeLines(문자열 벡터, "저장할 파일명")
```

Tip readline() 함수 vs. readLines() 함수

이 두 함수는 별개의 함수임을 인지하여야 한다. 즉, readline() 함수는 콘솔 창에서 메시지를 출력하고 문자열을 입력받는 함수이며, readLines() 함수는 파일에서 형식과 관계없이 한 줄씩 읽어 들이는 함수이다. readLines() 함수는 "L"이 대문자이며, 끝에 "s"가 있음을 주의해야 한다.

이제 주어진 파일에서 데이터를 읽은 후 읽은 데이터를 다시 파일에 저장하는 문제를 해결해 보자. 먼저 아래 그림과 같은 영화 사이트에서 제공하고 있는 "ch6_movie_list.txt" 파일을 현재 작업폴더로 복사해 두자. 만일 파일이 없다면 메모장을 이용하여 간단하게 만들어 현재 작업폴더에 저장해도 된다.

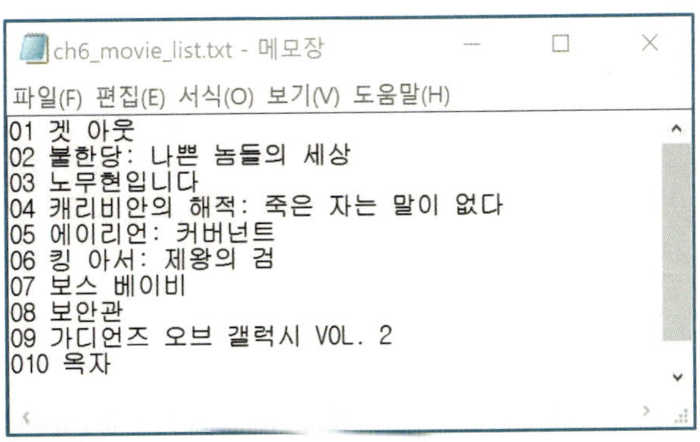

데이터가 준비되었다면 "작업폴더에 있는 "ch6_movie_list.txt" 파일을 읽어 들여라"라는 명령을 R언어로 구현해 보자. 먼저 RStudio를 다시 시작하거나 다른 프로그램에서 현재 작업폴더를 변경하였을 때를 대비하여 이 스크립트 실행에 필요한 작업폴더를 지정하는 작업을 수행하여야 한다. 그다음 "ch6_movie_list.txt"에서 데이터를 읽어 들여 지정한 변수에 저장하면 된다. 이 작업은 다음 R 프로그램과 같이 두 줄로 구성할 수 있다.

```
[ Script ]          # ch6_1_2_1.R
setwd("~/R_test/ch_06")                        # 현재 작업폴더 지정
txtLines <- readLines("ch6_movie_list.txt")    # 한 줄 단위로 모두 읽어오기
print(txtLines)
---------------------------------------------------------------
[ Console ]
> source('~/R_test/ch_06/ch6_1_2_1.R', encoding = 'UTF-8')
 [1] "01 겟 아웃 "
 [2] "02 불한당: 나쁜 놈들의 세상 "
 [3] "03 노무현입니다 "
/* 생략 */
[10] "010 옥자  "
```

readLines() 함수를 사용하면 한 줄의 내용을 문자열 형태로 읽어온다. 따라서 위에서 함수의 결과 값이 저장되는 변수 txtLines는 여러 개의 문자열로 구성된 벡터 형식이므로 각 문자열 원소를 사용할 때에는 txtLines[1], txtLines[2]과 같이 접근할 수 있다.

특별한 형식 없이 한 줄 단위로 파일에 저장할 때는 writeLines() 함수를 사용한다. 다음은 readLines() 함수를 이용하여 "ch6_movie_list.txt" 파일에서 4줄만 읽어온 후, 그 데이터를 writeLines() 함수를 이용하여 "ch6_movie_list4.txt"에 저장하는 프로그램이다.

```
[ Script ]          # ch6_1_2_2.R
setwd("~/R_test/ch_06")
txtLine4 <- readLines("ch6_movie_list.txt", n = 4) # 한 줄 단위로 4줄만 읽어오기
writeLines(txtLine4, "ch6_movie_list4.txt")         # 읽어온 4줄을 파일에 저장하기
```

작업폴더에 아래 그림과 같은 내용의 "ch6_movie_list4.txt" 파일이 생성된 것을 확인할 수 있다. 이 프로그램에서 읽어오는 줄 수에 제한을 두지 않는다면 파일 전체를 복사하는 프로그램이 될 수 있다.

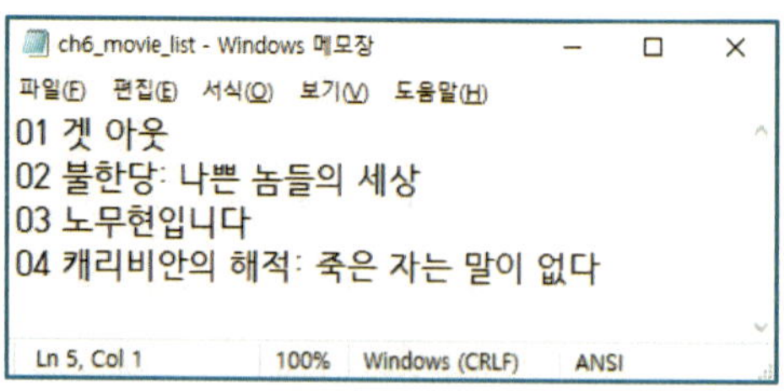

위의 R 프로그램은 작업폴더 내에 있는 텍스트 파일을 읽어 데이터 처리를 하고 있다. 그러나 일반적으로 프로그램에서 입력받거나 생성되는 파일이 많아질수록 프로그램 소스 코드 파일과 데이터 파일을 폴더 구분을 하여 저장해 두는 경우가 많다. 프로그램 파일은 작업폴더에 저장해 두고 데이터 파일들은 작업폴더의 하위에 "data" 폴더를 만들어 데이터 파일들만 따로 저장해 두는 경우가 일반적이다. 예를 들어 작업폴더의 위치가 "D:/R/R_test/"고 "test.txt" 파일이 작업폴더의 하위 폴더인 "data" 폴더에 저장되어 있을 경우 "test.txt" 파일은 다음과 같이 접근할 수 있다.

```
setwd("D:/R/R_test/")
txt <- readLines("./data/test.txt")
```

위의 코드에서 readLines() 함수의 옵션인 "./data/test.txt"에서 "./" 부분은 현재 폴더를 가리킨다. 즉 setwd() 함수로 설정된 작업폴더를 의미한다. 따라서 "./data/test.txt"는 작업폴더 내에 있는 "data" 폴더의 "test.txt" 파일을 가리키는 것이다. 앞으로 프로그램에서 처리되는 데이터는 모두 작업폴더 내에 "data" 폴더를 만들고 이 폴더에 저장해 두고 사용할 것이다.

2) 정형화된 텍스트 파일 입출력

다음 파일에 저장된 데이터는 숫자 데이터를 포함하고 있다든지 표 형식의 데이터가 빈칸(" ")이나 콤마(" , ")로 구분되는 일정한 형식을 가지고 있다. 이러한 데이터를 앞 절에서 다룬 readLines() 함수를 이용하여 한 줄 단위의 문자열 벡터로 읽어올 경우, 항목에 대한 정보를 함께 읽지 못한다. 이에 따라 프로그램에서 다시 열을 구분하고 그 열이 어떤 항목을 의미하는지를 프로그래머가 다시 지정해야 하므로 입력된 데이터를 다루는 작업이 어려워질 수 있다. 따라서 텍스트 파일이라도 형식이 있는 경우는 형식에 맞는 입출력 함수를 사용하면 데이터 처리가 간단해진다.

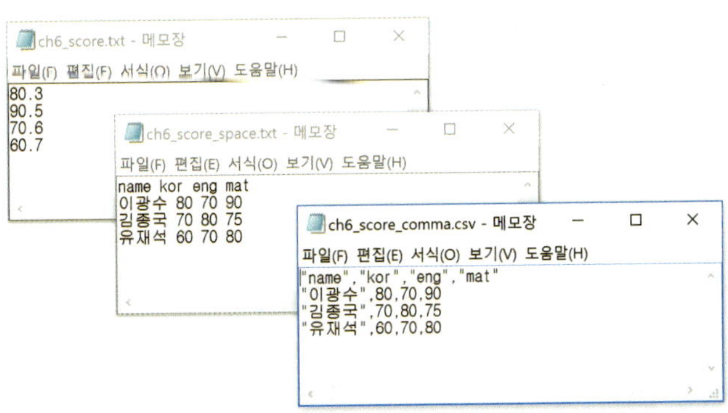

Tip R 프로그래밍 환경에서 GUI를 통한 파일 열기

R 프로그래밍 환경에서 파일을 읽을 때 해당 파일이 작업폴더가 아닌 다른 폴더에 있을 경우 파일의 전체 경로를 명시해야 한다. 또한, 데이터 파일 형식마다 필요한 패키지와 함수가 제각각이라 이를 관리하는 것도 꽤나 번거로운 일이다. "ezpickr" 패키지의 pick() 함수는 GUI 파일 대화상자를 통해 사용자가 선택한 파일의 확장자에 따라 적절한 파일 임포팅 함수를 자동으로 매치시켜 준다. 자동으로 지원되는 확장자는 csv, csv2, txt, xlx, xlsx, html, php, pdf, doc, dta 등 다양하다. install.packages("ezpickr")로 "ezpickr" 패키지를 인스톨 시킨 후 아래의 코드를 실행하면 GUI 파일 대화상자가 나타나며 다른 응용 프로그램에서처럼 사용자가 원하는 파일을 선택한 후 "열기" 버튼을 클릭하면 해당 파일을 읽어 들일 수 있다.

```
library(ezpickr)
data <- pick()                        #파일 열기
```

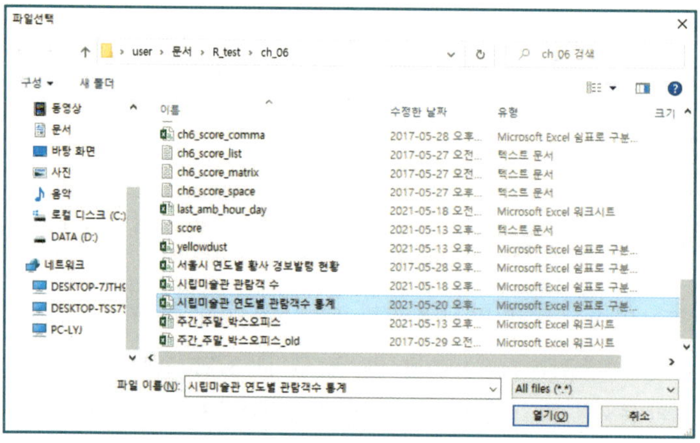

GUI 환경에서 손쉽게 파일을 열 수 있다는 장점이 있지만 열 이름에 한글이 포함되어 있을 경우 오류가 발생하는 등의 문제가 있으니 읽으려는 파일 특성을 고려하여 주의해서 사용할 필요가 있다. "ezpickr" 패키지에 대한 더 자세한 내용은 패키지 사용 설명서 페이지(https://jooyoungseo.github.io/ezpickr)를 참고하기 바란다.

■ read.table() 함수

read.table() 함수는 표 형식으로 되어 있는 파일의 데이터를 데이터 프레임 형태로 읽어오는 함수이다. 아래의 그림과 같이 "ch6_score_space.txt"나 "ch6_score_comma.csv" 파일처럼 텍스트 파일 안에 표 형식으로 데이터들이 기록되어 있다면 read.table() 함수를 이용하여 데이터 프레임 형식으로 데이터를 쉽게 읽어올 수 있다.

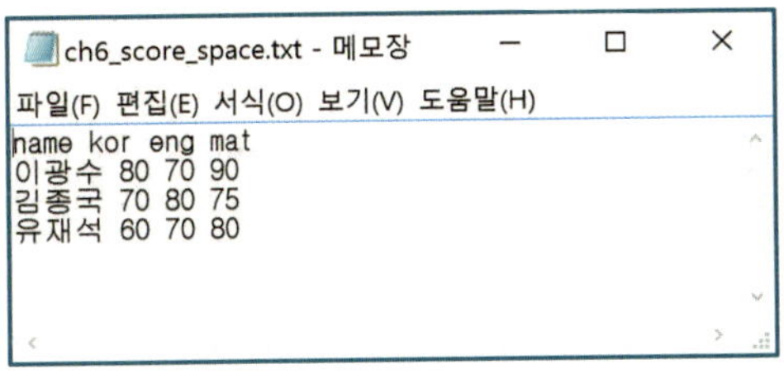

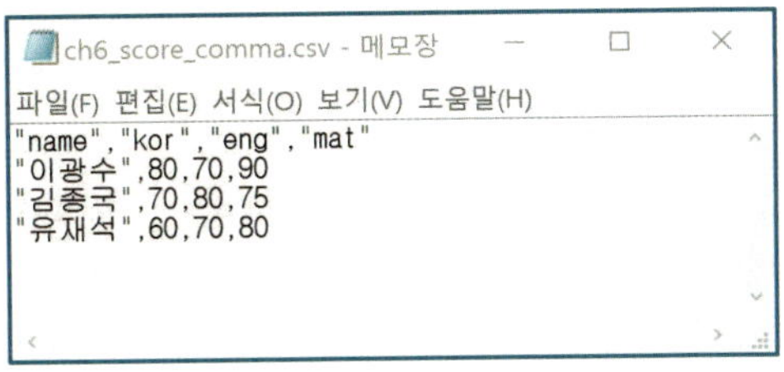

read.table() 함수의 사용법은 다음과 같다. read.table() 함수 첫 번째 매개변수로는 읽어 들일 파일이름을 명시하여야 하며, 나머지에는 다음 그림과 같이 옵션인 선택사항을 명시하여야 한다. 옵션으로는 첫 줄에 항목의 이름이 있는지, 어떤 문자가 열 구분하는 표시인지 등에 관한 정보를 명시하여야 한다.

```
read.table("파일명",                    # 불러올 파일명
           header = TRUE,              # 첫 행에 열의 이름이 있는지 여부
           sep = ",",                  # 데이터 간의 구분자 , 또는 : 등
           skip = 2,                   # 건너뛸 줄 수
           nrows = 3,                  # 읽어올 줄 수
           stringsAsFactors = FALSE    # 문자데이터를 요인(Factor)로 다룰 것인지
                                       # 아니면 단순 문자열로 다룰 것인지 여부
           ... )
```

다음은 "ch6_score_space.txt" 파일의 데이터를 데이터 프레임 score1로 불러온 것이다. read.table() 함수는 데이터 간의 구분자를 기본적으로 빈칸으로 인식한다. 따라서 빈칸으로 구분된 경우는 sep 옵션을 설정해 주지 않아도 된다.

```
[ Script ]            # ch6_1_2_3.R
score1 <- read.table("./data/ch6_score_space.txt", header = TRUE,
        stringsAsFactors = FALSE) # 구분자를 지정하지 않아 구분자가 공백임
print(score1)
-------------------------------------------------------------------
[ Console ]
> source('~/R_test/ch 06/ch6_1_2_3.R', encoding = 'UTF-8')
    name kor eng mat
1 이광수  80  70  90
2 김종국  70  80  75
3 유재석  60  70  80
```

반면에 "ch6_score_comma.csv" 파일은 빈칸이 아닌 콤마를 구분자로 사용하고 있으므로 read.table() 함수로 파일을 불러들일 때 아래 프로그램과 같이 반드시 sep 옵션을 지정해 주어야 한다.

```
[ Script ]          # ch6_1_2_4.R
score2 <- read.table("./data/ch6_score_comma.csv", header = TRUE,
                     sep = ",", stringsAsFactors = FALSE)
print(score2)
------------------------------------------------------------------
[ Console ]
> source('~/R_test/ch_06/ch6_1_2_4.R', encoding = 'UTF-8')
  name kor eng mat
1 이광수  80  70  90
2 김종국  70  80  75
3 유재석  60  70  80
```

■ write.table() 함수

R 프로그램에서 처리한 결과 데이터는 write.table() 함수를 이용하여 형식이 있는 텍스트 파일로 저장할 수 있다. write.table() 함수를 사용하면 데이터 프레임뿐만 아니라 벡터나 행렬과 같은 데이터도 파일로 저장이 가능하다. write.table() 함수의 사용법은 다음과 같다. write.table() 함수 첫 번째 매개변수로는 파일에 저장해야 할 데이터를 저장하고 있는 변수명을, 두 번째 매개변수로는 데이터가 저장될 파일명을 명시하여야 한다. 나머지는 다음 그림과 같이 옵션을 명시한다.

```
write.table(data,                   # 저장할 데이터
            "파일명",                # 저장될 파일명
            row.names = TRUE,       # 행에 1,2,3 자동으로 번호를 붙일지 여부
            col.names = TRUE,       # 열에 자동으로 열 이름을 붙일지 여부
            sep = ",",              # 데이터 간의 구분자 , 또는 : 등
            quote = FALSE           # 문자데이터와 행/열 이름에 " "를 붙일지 여부
            ... )
```

다음은 write.table() 함수를 이용하여 벡터 값을 파일에 저장하는 프로그램이다. "kor1.txt" 파일에는 열 이름 "x"와 행 번호 "1", "2", "3"이 자동으로 붙고, 열 이름, 행 번호, 문자열이 모두 quote(" ")로 묶여서 저장되고 있다. write.table() 함수의 주어진 옵션들(row.names, col.names, quote)을 지정하지 않으면 모두 기본적으로 TRUE로 인식되기 때문이다. 따라서 "quote=FALSE, row.names = FALSE, col.names = FALSE"와 같이 상황에 맞게 옵션을 주면 "kor2.txt" 파일처럼 열 이름 또는 행 이름이 자동으로 붙는 것과 quote(" ")로 묶이는 것을 조정할 수 있다.

```
[ Script ]          # ch6_1_2_5.R
setwd("~/R_test/ch_06")
kor <- c(80, 90, 70)
write.table(kor, "./data/kor1.txt")
write.table(kor, "./data/kor2.txt", quote = FALSE, row.names = FALSE,
                 col.names = FALSE)
```

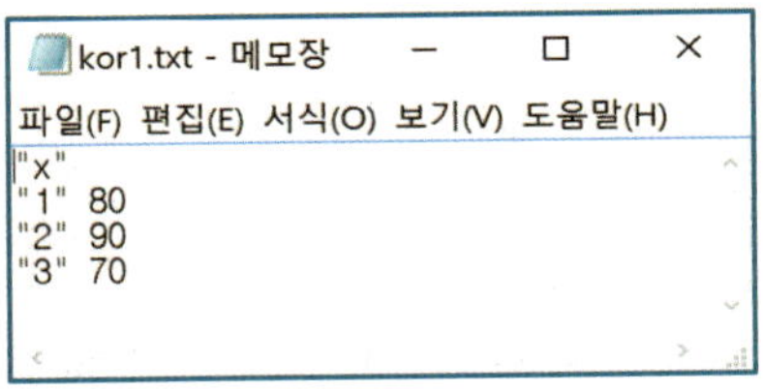

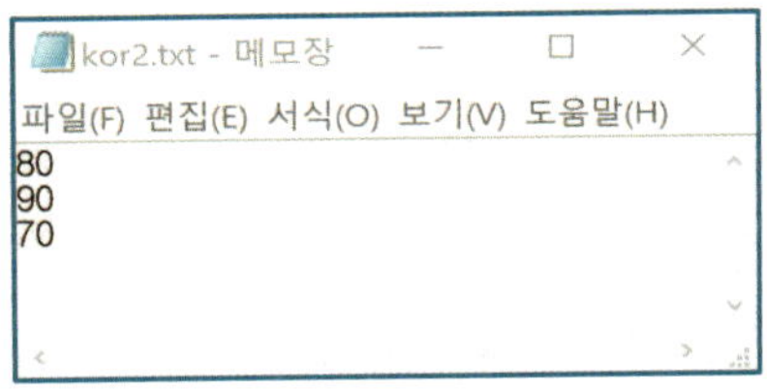

이제 아래의 그림과 같이 텍스트 파일로 저장된 학생들의 국어, 영어, 수학 성적 데이터를 읽어 들여 성적처리를 하는 R 프로그램을 만들어 보자. 세 과목 성적을 이용하여 각 학생의 합계와 평균을 구하고, 차후 다시 사용할 수 있도록 기존의 국어, 영어, 수학 성적과 함께 합계와 평균을 텍스트 파일에 저장해 두려고 한다.

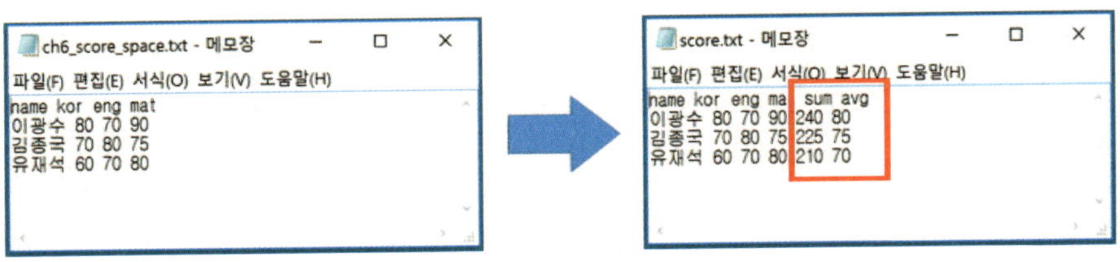

이 문제를 해결하기 위해 "ch6_score_space.txt" 파일로부터 성적 데이터를 불러와야 하는데 텍스트 파일 입출력 함수인 read.table() 함수를 이용하면 데이터 프레임으로 쉽게 불러올 수 있다. 불러온 국어, 영어, 수학 성적을 이용하여 합계와 평균을 구하고 기존 데이터 프레임에 합계와 평균 항목을 추가하여 새로운 데이터 프레임을 생성한 후, write.table() 함수를 이용하면 쉽게 텍스트 파일로 저장할 수 있다. 다음 프로그램은 텍스트 파일에서 성적 데이터를 불러오는 과정이다. 원본 데이터 파일의 첫 행이 열 이름으로 구성되어 있으므로 header = TRUE로 두었으며, "이광수", "김종국" 등의 문자열을 요인(factor)으로 다루지 않고 일반 문자열로 다루기 위해 stringsAsFactors = FALSE로 옵션을 주었다.

```
[ Script ]          # ch6_1_2_6.R
setwd("~/R_test/ch_06")
score1 <- read.table("./data/ch6_score_space.txt", header = TRUE,
                     stringsAsFactors = FALSE)
print(score1)
```

```
[ Console ]
> source('~/R_test/ch_06/ch6_1_2_6.R', encoding = 'UTF-8')
    name kor eng mat
1 이광수  80  70  90
2 김종국  70  80  75
3 유재석  60  70  80
```

위와 같이 불러온 국어, 영어, 수학 성적을 이용하여 각 학생의 합계와 평균을 구하는 과정의 프로그램은 다음과 같다. apply() 함수의 두 번째 옵션을 1로 지정하여 행 단위로 연산함으로써 학생별 성적의 합계와 평균을 구할 수 있다.

```
[ Script ]          # ch6_1_2_6.R
/* 생략 */
sumValue <- apply(score1[c(2:4)],1, sum)     # 학생별 국, 영, 수 성적 합계 구하기
avgValue <- apply(score1[c(2:4)],1, mean)    # 학생별 국, 영, 수 성적 평균 구하기
cat("sumValue : \n"); print(sumValue)
cat("avgValue : \n"); print(avgValue)
-----------------------------------------------------------------------------
[ Console ]
> source('~/R_test/ch_06/ch6_1_2_6.R', encoding = 'UTF-8')
sumValue :
[1] 240 225 210
avgValue :
[1] 80 75 70
```

다음은 데이터 프레임 score1에 합계와 평균을 열로 추가하여 새로운 데이터 프레임 score2를 생성한다. 데이터 프레임에 열을 추가하거나 두 개의 데이터 프레임을 결합할 때 사용하는 함수인 cbind() 함수를 사용하였다. 여기서 추가되는 열의 이름은 각각 sum과 avg로 하였다.

```
[ Script ]     # ch6_1_2_6.R
/* 생략 */
# 국, 영, 수 성적에 합계와 평균에 해당하는 열 추가하기
score2 <- cbind(score1, sum = sumValue, avg = avgValue)
print(score2)
```

```
[ Console ]
> source('~/R_test/ch_06/ch6_1_2_6.R', encoding = 'UTF-8')
  name kor eng mat sum avg
1 이광수  80  70  90 240  80
2 김종국  70  80  75 225  75
3 유재석  60  70  80 210  70
```

마지막으로 변경된 성적 데이터 score2를 텍스트 파일로 저장하는 과정이다.

```
[ Script ]    # ch6_1_2_6.R
/* 생략 */
write.table(score2, "./data/score.txt", quote = FALSE,
            row.names = FALSE, col.names = TRUE)
```

위 프로그램을 실행시키면 작업폴더 내의 data 폴더에 다음과 같은 “score.txt” 파일이 생성된 것을 확인할 수 있다.

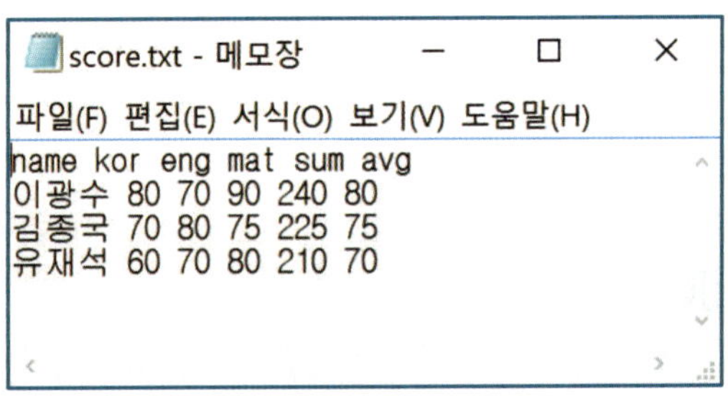
score.txt - 메모장
파일(F) 편집(E) 서식(O) 보기(V) 도움말(H)
name kor eng mat sum avg
이광수 80 70 90 240 80
김종국 70 80 75 225 75
유재석 60 70 80 210 70

문제 해결을 위한 전체 프로그램은 다음과 같다.

```
[ Script ]          # ch6_1_2_6.R
setwd("~/R_test/ch_06")
# 텍스트 파일에서 성적 데이터 불러오기
score1 <- read.table("./data/ch6_score_space.txt", header = TRUE,
             stringsAsFactors = FALSE)
print(score1)

# 각 학생의 국, 영, 수 성적 합계 및 평균 구하기
```

```
sumValue <- apply(score1[c(2:4)],1, sum)
avgValue <- apply(score1[c(2:4)],1, mean)
cat("sumValue : \n"); print(sumValue)
cat("avgValue : \n"); print(avgValue)

# 국, 영, 수 성적에 합계와 평균에 해당하는 열 추가하기
score2 <- cbind(score1, sum=sumValue, avg=avgValue)
print(score2)

write.table(score2, "./data/score.txt", quote = FALSE,
            row.names = FALSE, col.names = TRUE)
```

다음으로 콤마로 구분된 csv 파일 형태로 저장된 데이터를 이용하여 황사 경보 발령현황을 분석해 보자. 만약 여러분이 연도별 황사 발생 일수를 분석하려고 할 때 인터넷을 통해 먼저 관련 정보가 있는지를 검색해 볼 것이다. 최근에는 기상청이나 서울시 열린 데이터 광장, 공공데이터 포털 등 여러 기관에서 많은 데이터를 제공하고 있으므로 필요한 데이터들을 다운로드 받아서 이용하면 좀 더 편하게 문제를 해결할 수 있다. 이러한 기관들에서는 주로 csv나 엑셀 파일 형식으로 데이터를 제공한다. 이 중 csv 파일은 콤마(" , ")로 데이터들이 구분된 형식의 텍스트 파일을 말한다.

다음 데이터는 "서울 열린데이터광장" 사이트에서 다운로드한 "서울시 연도별 황사 경보 발령 현황.csv" 파일이다. 구분자 콤마를 보여주기 위해서 메모장에서 열었으나 csv 파일을 더블클릭해서 열면 기본적으로 엑셀에서 열린다. 아래 그림처럼 각 항목들은 콤마로 구분되어 있고 개별 데이터는 쌍따옴표(" ")로 묶여서 표현되고 있다. 쌍따옴표는 R 프로그램으로 읽어 들이거나 엑셀로 읽어 들일 때 무시되므로 신경 쓰지 않아도 된다.

서울시 연도별 황사 경보발령 현황.csv - 메모장

파일(F) 편집(E) 서식(O) 보기(V) 도움말(H)

```
"년도","주의보 발령횟수","주의보 발령일수","경보 발령횟수","경보 발령일수","관측일수","최대농도"
"2006","4","5","1","2","11","2941"
"2007","3","4","1","1","12","1355"
"2008","1","1","1","1","11","933"
"2009","2","3","2","3","9","1157"
"2010","4","5","2","3","15","1354"
"2011","4","7","0","0","9","662"
"2012","0","0","0","0","1","338"
"2013","0","0","0","0","3","226"
"2014","0","0","0","0","10","259"
"2015","1","2","1","2","15","902"
```

이 데이터 파일을 이용하여 연도별 총 황사 발생일수를 알아보려고 한다. 다운로드한 "서울시 연도별 황사 경보 발령 현황.csv" 파일은 7개의 열로 구성되어 있는데, 이 중 황사 발령일수를 알아보기 위해 필요한 데이터는 "년도"와 "주의보 발령일수", "경보 발령일수"이다. 따라서 이 데이터만 추출하여 "주의보 발령일수"와 "경보 발령일수"를 더하여 "총 황사 발령일수"를 구하려고 한다. 또한, "년도", "주의보 발령일수", "경보 발령일수", "총 황사 발령일수" 4개의 열로 구성된 데이터 프레임을 구성한 후 csv 파일에 저장해 놓으려고 한다.

년도	주의보 발령횟수	주의보 발령일수	경보 발령횟수	경보 발령일수	관측일수	최대농도
2006	4	5	1	2	11	2941
2007	3	4	1	1	12	1355
2008	1	1	1	1	11	933
2009	2	3	2	3	9	1157
2010	4	5	2	3	15	1354
2011	4	7	0	0	9	662
2012	0	0	0	0	1	338
2013	0	0	0	0	3	226
2014	0	0	0	0	10	259
2015	1	2	1	2	15	902

년도	주의보 발령일수	경보 발령일수	총황사 발령일수
2006	5	2	7
2007	4	1	5
2008	1	1	2
2009	3	3	6
2010	5	3	8
2011	7	0	7
2012	0	0	0
2013	0	0	0
2014	0	0	0
2015	2	2	4

이 문제를 해결하기 위해 csv 파일의 데이터를 프로그램으로 읽어오고 가공한 데이터를 다시 csv 파일로 저장하는 과정이 필요하다. 이를 위해서는 read.csv() 함수와 write.csv() 함수를 사용하면 효율적이다. 물론 앞에서 다루었던 read.table() 함수와 write.table() 함수를 사용할 수도 있으나, read.csv() 함수와 write.csv() 함수는 기본 구분자를 콤마로 인식하기 때문에 csv 파일의 경우 구분자를 옵션으로 다루지 않아도 되므로 좀 더 편하게 작업할 수 있다. 만약 파일의 구분자가 콤마가 아닐 때는 sep 옵션에 구분자를 넣어주면 된다.

```
read.csv("파일명",                    # 불러올 파일명
        header = TRUE,               # 첫 행에 열의 이름이 있는지 여부
        sep = ",",                   # 데이터 간의 구분자
        skip = 2                     # 건너뛸 줄 수
        nrows = 3                    # 읽어올 줄 수
        as.is = !stringsAsFactors    # 문자열을 factor로 인식할지 여부
        ... )
```

```
write.csv(data,                      # 저장할 데이터
         "파일명",                    # 저장될 파일명
         row.names = TRUE,           # 행에 1,2,3 자동으로 번호를 붙일지 여부
         col.names = TRUE,           # 열에 자동으로 열 이름을 붙일지 여부
         sep = ",",                  # 데이터 간의 구분자
         quote = FALSE               # 문자데이터와 행/열 이름에 " "를 붙일지 여부
         ... )
```

먼저 read.csv() 함수를 사용하여 파일로부터 데이터를 불러오면 데이터 프레임 형식으로 데이터가 저장됨을 확인할 수 있다. 위 csv 파일에서 "주의보 발령횟수"가 R 프로그램으로 읽어왔을 때 "주의보.발령횟수"와 같이 바뀌는 것을 볼 수 있는데 이는 R 프로그램으로 읽어올 때 빈칸을 마침표(".")로 대체하기 때문이다.

```
[ Script ]          # ch6_1_2_7.R
setwd("~/R_test/ch_06")
# csv 파일에서 데이터 읽어 와서 데이터 프레임으로 저장
yellowDust <- read.csv("./data/서울시 연도별 황사 경보발령 현황.csv")
print(yellowDust)
----------------------------------------------------------------------
[ Console ]
> source('~/R_test/ch_06/ch6_1_2_7.R', encoding = 'UTF-8')
  년도 주의보.발령횟수 주의보.발령일수 경보.발령횟수 경보.발령일수 관측일수 최대농도
1 2006      4               5             1             2       11     2941
2 2007      3               4             1             1       12     1355
3 2008      1               1             1             1       11      933
4 2009      2               3             2             3        9     1157
... /* 생략 */
```

다음 R 프로그램은 데이터 프레임 yellowDust에서 "년도", "주의보.발령일수", "경보.발령일수"만 추출하여 subYellowDust에 저장한다. 데이터 프레임에서 일부 열만을 추출하고자 할 때 데이터 프레임[c(열 이름1, 열 이름2,...)]과 같이 해당 열만 추출할 수 있다.

```
[ Script ]          # ch6_1_2_7.R
/* 생략 */
# "년도", "주의보.발령일수", "경보.발령일수" 만 추출하여 subYellowDust에 저장
subYellowDust <- yellowDust[c("년도", "주의보.발령일수", "경보.발령일수")]
print(subYellowDust)
----------------------------------------------------------------------
[ Console ]
> source('~/R_test/ch_06/ch6_1_2_7.R', encoding = 'UTF-8')
   년도 주의보.발령일수 경보.발령일수
1  2006       5             2
2  2007       4             1
3  2008       1             1
 ... /* 생략 */
```

다음은 "총황사 발생일수"를 구하기 위하여 연도별 "주의보.발령일수"와 "경보.발령일수"를 더하여 변수 days에 저장한다. 데이터 프레임의 각 열은 벡터이므로 두 열을 더한 결과인 days는 벡터 구조이다.

```
[ Script ]          # ch6_1_2_7.R
/* 생략 */
# 연도별 주의보.발령일수와 경보.발령일수를 더한 값을 구해서 벡터 days에 저장
days <- yellowDust$주의보.발령일수 + yellowDust$경보.발령일수
print(days)
--------------------------------------------------------------------
[ Console ]
> print(days)
 [1] 7 5 2 6 8 7 0 0 0 4
```

다음 R 프로그램은 데이터 프레임 subYellowDust에 "총 황사 발령일수"를 열로 추가하여 daysYellowDust에 저장한다. cbind() 함수를 이용하여 열 이름을 "총 황사발령일수"로 하여 days 벡터를 추가한다.

```
[ Script ]          # ch6_1_2_7.R
/* 생략 */
# subYellowDust에 days 벡터를 열로 추가하여 daysYellowDust로 저장
daysYellowDust <- cbind(subYellowDust, 총황사발령일수 = days)
print(daysYellowDust)
--------------------------------------------------------------------
[ Console ]
> print(daysYellowDust)
   년도  주의보.발령일수 경보.발령일수 총황사발령일수
1  2006      5             2             7
2  2007      4             1             5
3  2008      1             1             2
... /* 생략 */
```

다음은 새로 생성한 데이터 프레임 daysYellowDust를 write.csv() 함수를 이용하여 data 폴더의 "yellowDust.csv" 파일에 저장하는 과정이다.

```
[ Script ]          # ch6_1_2_7.R
/* 생략 */
# daysYellowDust를 yellowDust.csv 파일로 저장
write.csv(daysYellowDust, "./data/yellowDust.csv", row.names=FALSE, quote=TRUE)
```

수행 결과, 작업폴더에 아래와 같이 "yellowDust.csv" 파일이 생성됨을 확인할 수 있다.

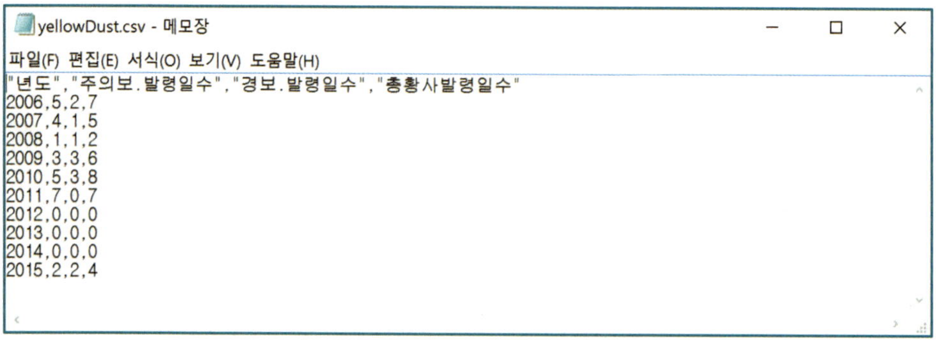
yellowDust.csv - 메모장

파일(F) 편집(E) 서식(O) 보기(V) 도움말(H)

```
"년도","주의보.발령일수","경보.발령일수","총황사발령일수"
2006,5,2,7
2007,4,1,5
2008,1,1,2
2009,3,3,6
2010,5,3,8
2011,7,0,7
2012,0,0,0
2013,0,0,0
2014,0,0,0
2015,2,2,4
```

read.csv() 함수와 write.csv() 함수는 기본적으로 파일의 첫 행에 열 이름 있다고 인식하고, 구분자가 콤마라고 인식하기 때문에 옵션에서 header = TRUE나 sep = "," 를 사용하지 않았다. csv 파일이라도 만약 첫 행이 열 이름이 아니거나 구분자가 콤마가 아니라면 그에 맞는 옵션을 지정해야 한다. 문제 해결을 위한 전체 프로그램은 다음과 같다.

```
[ Script ]          # ch6_1_2_7.R
setwd("~/R_test/ch_06")

# csv 파일에서 데이터 읽어와서 데이터 프레임으로 저장
yellowDust <- read.csv("서울시 연도별 황사 경보발령 현황.csv")

# "년도", "주의보.발령일수", "경보.발령일수" 만 추출하여 subYellowDust에 저장
subYellowDust <- yellowDust[c("년도", "주의보.발령일수", "경보.발령일수")]

# 연도별 주의보.발령일수와 경보.발령일수를 더한 값을 구해서 벡터 days에 저장
days <- yellowDust$주의보.발령일수 + yellowDust$경보.발령일수

# subYellowDust에 days 벡터를 열로 추가하여 daysYellowDust로 저장
daysYellowDust <- cbind(subYellowDust, 총황사발령일수=days)

# daysYellowDust를 yellowDust.csv 파일로 저장
write.csv(daysYellowDust, "yellowDust.csv", row.names = FALSE, quote = TRUE)
```

1.3 엑셀 파일 입출력

데이터가 텍스트 파일이나 csv 파일로 주어지기도 하지만 많은 경우 xslx와 같은 엑셀 파일 형식으로 주어지기도 한다. R언어에서 엑셀 파일을 다루기 위해 readxl이나 openxlsx와 같은 패키지가 제공된다. 그중에서 우리가 사용할 openxlsx 패키지는 xlsx 파일 입출력을 단순화하며 Java, Perl 또는 기타 외부 라이브러리에 의존하지 않고 대용량 파일에서도 빠른 읽기/쓰기를 제공한다. 단, 이전 .xls 파일은 지원되지 않는다.

R 프로그램에서 엑셀 파일을 사용하기 위해서 우선 openxlsx 패키지를 인스톨하고 라이브러리를 불러온다. openxlsx 패키지가 로드되었다면 read.xlsx() 함수와 write.xlsx() 함수를 통해 엑셀 파일을 읽거나 저장할 수 있다. read.xlsx() 함수와 write.xlsx() 함수의 사용법과 주요 옵션은 다음과 같다.

```
read.xlsx("파일명 또는 URL",     # 불러올 파일명이나 URL 주소
          sheet = 1,             # 불러올 시트명이나 시트번호
          startRow = 1,          # 불러올 첫 번째 데이터 행
          colNames = TRUE,       # 첫 행을 열 이름으로 사용할지 여부
          rowNames = FALSE,      # 첫 열을 행 이름으로 사용할지 여부
          cols = NULL,           # 읽어 들일 열 번호 벡터 예> c(1, 3, 4)
          rows = NULL,           # 읽어 들일 행 번호 벡터 예> c(7, 9, 12, 13)
          ... )
```

```
write.xlsx(data,                 # 저장할 데이터
           file = "파일명",       # 저장될 파일명
           rowNames = FALSE,     # 행 이름 표시 여부
           colNames = TRUE,      # 열 이름 표시 여부
           borders = NULL,       # 셀 테두리("rows", "columns", "surrounding","all")
           ... )
```

이제 엑셀 파일로 저장된 영화정보 데이터를 이용하여 최근 꾸준히 인기 있는 영화정보를 알아보는 프로그램을 만들어 보자. 영화 진흥 위원회(http://www.kobis.or.kr) 사이트에서는 일별/주간별/월별/연별 박스오피스 정보를 엑셀 파일로 제공하고 있다. "주간_주말_박스오피스.xlsx" 파일은 영화 진흥 위원회(http://www.kobis.or.kr) 사이트에서 [박스오피스] - [주간/주말] 메뉴의 옵션에서 2021년 5월 3일~9일, 주말, 영화구분-전체, 국적-한국, 지역-부산시로 선택하여 조회한 후 엑셀 파일로 다운로드 받은 것이다. 영화 진흥위원회에서 제공되고 있는 원본 파일은 xls 파일형식이므로 이를 xlsx 형식으로 변환하여 저장하였다. 원본 파일은 열 이름이 7~8행에 걸쳐 합쳐져 있어 프로그램으로 읽어 들였을 때 열 이름이 제대로 나타나지 않으므로 7행에만 열 이름이 나타날 수 있도록 엑셀에서 수정하였다.

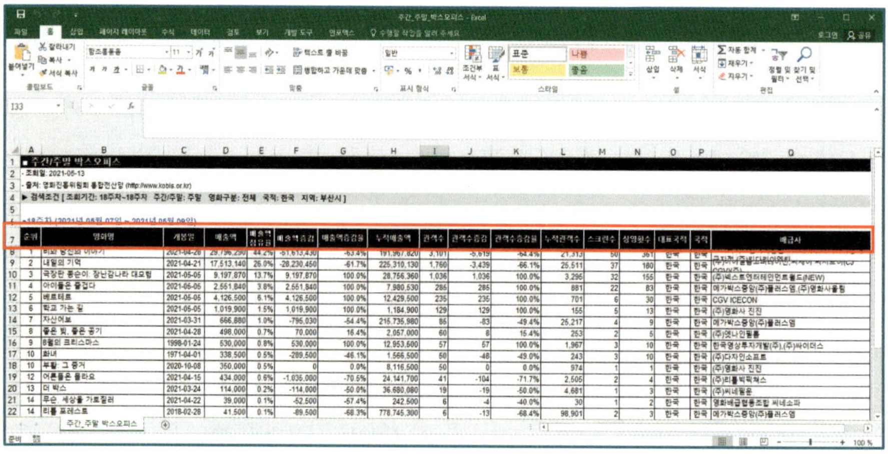

위의 엑셀 파일에 포함된 많은 데이터 중에서 순위, 영화명, 매출액, 관객 수, 누적 관객 수 정보만 프로그램으로 불러와서 누적 관객 수를 기준으로 내림차순으로 정렬한 후 새로운 엑셀 파일에 저장하는 프로그램을 작성해 보자.

순위	영화명	매출액	관객수	누적관객수
1	비와 당신의 이야기	29,796,290	3,101	21,313
2	내일의 기억	17,513,140	1,760	25,511
3	극장판 콩순이: 장난감나라 대모험	9,197,870	1,036	3,295
4	아이들은 즐겁다	2,551,840	285	881
5	베르테르	4,126,500	235	701
6	학교 가는 길	1,019,900	129	155
7	자산어보	666,880	85	25,217
8	좋은 빛, 좋은 공기	498,000	60	253
9	8월의 크리스마스	530,000	57	1,967
10	화녀	338,500	50	243
10	부활: 그 증거	350,000	50	974
12	어른들은 몰라요	434,000	41	2,505
13	더 박스	114,000	19	4,681
14	무순, 세상을 가로질러	39,000	6	30
14	리틀 포레스트	41,500	6	98,901
16	스프링 송	24,000	4	24
16	베르나르다 알바	80,000	4	52
16	우리집	27,000	4	4,693
19	아무도 없는 곳	17,000	3	1,475
20	우리들	7,000	1	4,645

순위	영화명	매출액	관객수	누적관객수
14	리틀 포레스트	41,500	6	98,901
2	내일의 기억	17,513,140	1,760	25,511
7	자산어보	666,880	85	25,217
1	비와 당신의 이야기	29,796,290	3,101	21,313
16	우리집	27,000	4	4,693
13	더 박스	114,000	19	4,681
20	우리들	7,000	1	4,645
3	극장판 콩순이: 장난감나라 대모험	9,197,870	1,036	3,295
12	어른들은 몰라요	434,000	41	2,505
9	8월의 크리스마스	530,000	57	1,967
19	아무도 없는 곳	17,000	3	1,475
10	부활: 그 증거	350,000	50	974
4	아이들은 즐겁다	2,551,840	285	881
5	베르테르	4,126,500	235	701
8	좋은 빛, 좋은 공기	498,000	60	253
10	화녀	338,500	50	243
6	학교 가는 길	1,019,900	129	155
16	베르나르다 알바	80,000	4	52
14	무순, 세상을 가로질러	39,000	6	30
16	스프링 송	24,000	4	24

이 문제를 해결하기 위해 먼저 openxlsx 패키지를 로드한 후 아래와 같이 read.xlsx() 함수를 이용하여 "주간_주말_박스오피스.xlsx" 파일의 7행부터 합계를 제외한 27행까지, 그리고 1, 2, 4, 9, 12열을 읽어 들인다.

```
[ Script ]          # ch6_1_3_1.R
library("openxlsx")
setwd("~/R_test/ch_06")
```

```
# xlsx 파일에서 7~27행까지, 1,2,4,9,12 열만 추출해서 불러오기
movie1 <- read.xlsx("./data/주간_주말_박스오피스.xlsx",
                    sheet = 1, cols = c(1,2,3,9,12), rows = c(7:27))

# 누적관객수를 기준으로 내림차순으로 정렬하기
movie2 <- movie1[order(movie1$누적관객수, decreasing = TRUE),]

# 엑셀 파일에 저장하기
write.xlsx(movie2, "./data/boxoffice.xlsx", borders = "all")
```

위 R 프로그램에서 read.xlsx() 함수의 두 번째 인수인 1은 파일 중 첫 번째 시트를 가져오기 위한 것이다. 엑셀 파일의 데이터 중 1~6행은 제목 부분이고, 28행은 합계 부분이어서 실제 다룰 데이터는 7~27행이므로 옵션으로 rows=c(7:27)로 주었다. 열은 "순위", "영화명", "매출액", "관객 수", "누적 관객수"만 불러올 것이므로 cols = c(1, 2, 4, 9, 12)로 옵션을 지정하였다. 다음으로 order() 함수를 사용하여 데이터 프레임 movie1에서 "누적관객수"를 기준으로 내림차순 정렬하고 그 결과를 movie2에 저장하였다. 마지막으로 새로 생성된 데이터 프레임 movie2를 write.xlsx() 함수를 사용하여 data 폴더의 boxoffice.xlsx 파일에 저장하였다. 이때 테두리 속성인 borders="all"을 지정하여 셀에 테두리가 그려지게 저장하였다. 수행 결과, 작업폴더 내의 data 폴더에 다음과 같은 "boxoffice.xlsx" 파일이 생성됨을 확인할 수 있다.

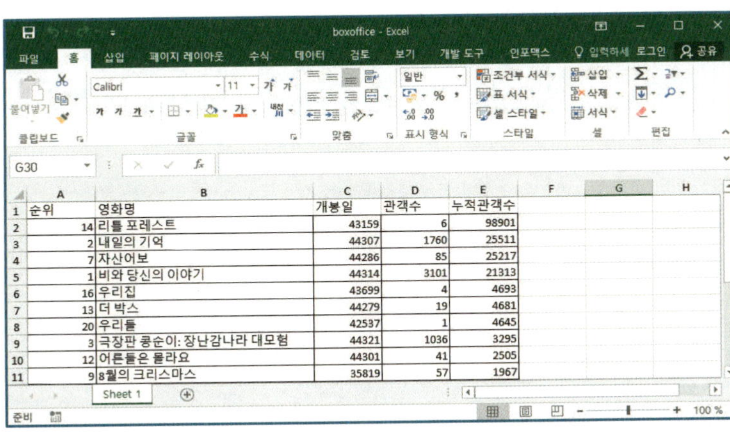

순위	영화명	개봉일	관객수	누적관객수
14	리틀 포레스트	43159	6	98901
2	내일의 기억	44307	1760	25511
7	자산어보	44286	85	25217
1	비와 당신의 이야기	44314	3101	21313
16	우리집	43699	4	4693
13	더 박스	44279	19	4681
20	우리들	42537	1	4645
3	극장판 콩순이: 장난감나라 대모험	44321	1036	3295
12	어른들은 몰라요	44301	41	2505
9	8월의 크리스마스	35819	57	1967

Tip "xls" 형식을 바로 불러오고 싶다면?

read.xlsx() 함수나 write.xlsx() 함수는 xlsx 형식의 파일을 입출력하는 함수이므로 xls 형식으로 다운로드 받은 파일은 엑셀에서 xlsx 형식으로 바꾸어 저장해 주어야 한다. 만약 xls 형식을 xlsx로 바꾸지 않고 바로 불러오고 싶다면 아래 패키지를 설치하여 사용하면 된다.

- 설치한 R이 32bit용이면 RODBC 패키지 사용
- 설치한 R이 64bit용이면 XLConnect 패키지 사용

2 정형화된 데이터 활용

이 절에서는 지금까지 설명한 R언어의 데이터 입출력 기능을 이용하여 우리의 실생활에서 한번쯤 관심을 가졌을 만한 몇 가지 문제들을 해결해 보자. 문제 해결을 위해 필요한 데이터들은 인터넷에서 공개된 공공데이터들을 활용한다.

2.1 연도별 미술관 관람객 수 통계 알아보기

공공데이터 포털(http://www.data.go.kr) 사이트에서는 공공기관이 생성 또는 취득하여 관리하고 있는 공공데이터를 한 곳에서 제공하는 통합 창구로, 국민들이 원하는 데이터를 파일데이터, 오픈API, 시각화 등 다양한 방식 다양한 방식으로 제공하고 있다.

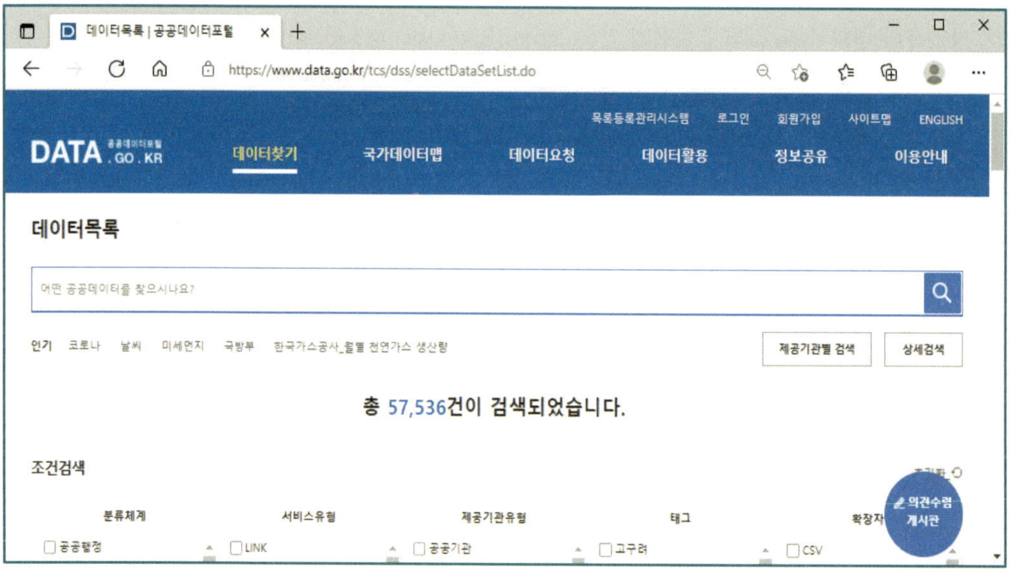

> **Tip 공공데이터 포털 사이트에서 데이터 파일 다운로드 받는 방법**
>
> 공공데이터 포털(http://www.data.go.kr) 접속 – 데이터세트 – 파일 데이터 – 원하는 데이터 선택 – 파일 다운로드

공공데이터 포털에서 제공하는 부산광역시 시립미술관 관람객 수 데이터를 csv 파일로 다운받아 연도별 관람객 통계를 생성해 보자. “시립미술관 관람객 수.csv” 파일은 공공데이터 포털에서 다운받은 것으로 아래 그림처럼 연도, 월, 관람객 수로 구성되어 있으며 열 이름을 제외한 나머지 값들은 모두 숫자 데이터로 저장되어 있다.

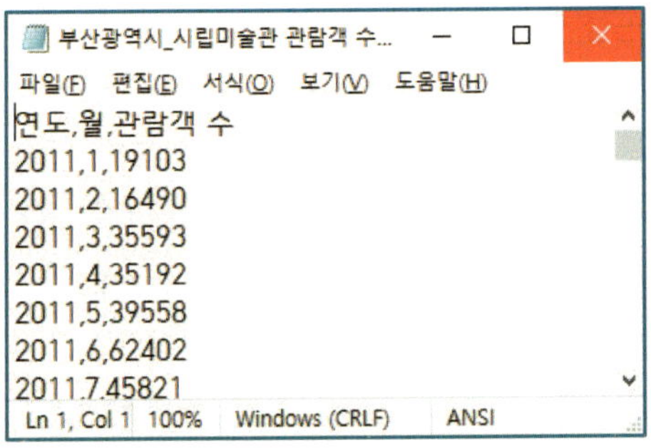

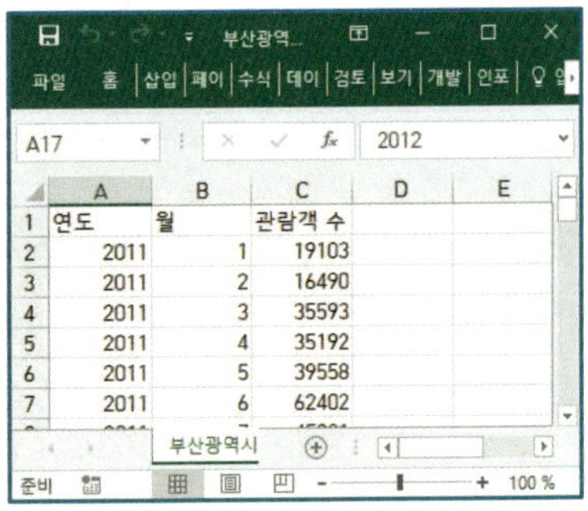

우리는 이 데이터를 이용하여 연도별 관람객 수의 합계와 평균, 최소, 최대를 구하고 그 결과를 csv 파일로 저장해보자. R 프로그램에서 csv 파일을 읽고 쓰기 위해 1.2절에서 설명한 read.csv() 함수와 write.csv() 함수를 사용한다. 아래의 R 프로그램 코드에서 read.csv() 함수의 옵션 중 데이터의 첫 행을 열 이름으로 하기 위한 header=TRUE와 값들의 구분자를 콤마(“ , ”)로 하는 sep=“ , ” 옵션은 기본값이라 생략해도 무방하다. 코드를 실행하면 아래 그림과 같은 데이터 프레임 aud_data이 생성된다.

```
[ Script ]          # ch6_2_1_1.R
library(openxlsx)
setwd("~/R_test/ch_06")
# csv 파일 읽기
aud_data <- read.csv("시립미술관 관람객 수.csv", header = TRUE, sep = ",")
```

일반적으로 csv 형식이나 xlsx로 저장된 파일의 경우 값이 채워져 있지 않고 비어있는 셀이 종종 발생한다. “시립미술관 관람객 수.csv” 파일에도 2020년 3월과 2020년 4월의 관람객 수 셀 값이 비어있어 read.csv() 함수로 읽어 들이면 아래 그림과 같이 결측치인 “NA” 값으로 저장된다.

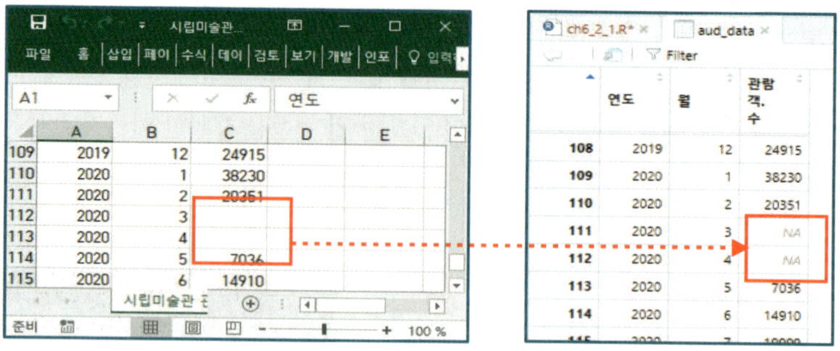

이러한 결측치는 수치 계산을 할 수 없으므로 데이터 분석을 하기 전에 먼저 결측치에 대한 처리를 해주어야 한다. 우리는 2020년 3월과 2020년 4월은 관람객이 없었던 것으로 간주하여 is.na() 함수를 이용하여 빈 셀을 0으로 처리한다. 아래와 같이 실행하면 결측치였던 NA 값이 0으로 변경된 것을 확인할 수 있다.

```
[ Script ]              # ch6_2_1_1.R
/* 생략 */
aud_data[is.na(aud_data)] <- 0      # NA 값을 0으로 변경
```

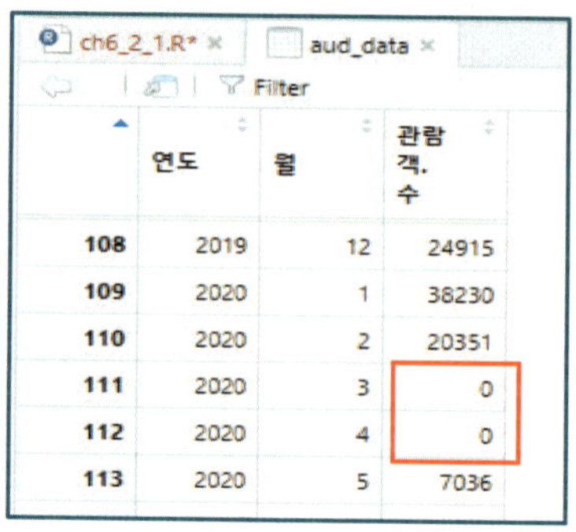

이제 데이터 프레임 aud_data를 이용하여 연도별 관람객 수의 연도별 합계를 구하기 위해 aggregate() 함수를 사용한다. aggregate() 함수는 데이터 프레임의 특정 열을 기준으로 통계량을 구해주는 함수로 다음과 같이 사용할 수 있다.

```
aggregate(데이터 프레임,            # 적용할 데이터 프레임
          by,                       # 그룹화할 열
          FUN)                      # 적용할 함수
```

다음과 같이 aggregate() 함수를 적용하면 "연도" 열을 기준으로 "관람객.수" 열의 평균을 구한 결과가 데이터 프레임 year_sum에 저장된다.

```
[ Script ]          # ch6_2_1_1.R
/* 생략 */
# 연도별 관람객 수의 합계
year_sum <- aggregate(aud_data$관람객.수, by=list(aud_data$연도), FUN=sum)
print(year_sum)
------------------------------------------------------------------------
[ Console ]
> print(year_sum)
   Group.1      x
1     2011 528693
.... /* 생략 */
10    2020 208908
```

합계와 마찬가지로 평균, 최소, 최대와 같은 통계치들도 aggregate() 함수로 구할 수 있다.

```
[ Script ]          # ch6_2_1_1.R
/* 생략 */
year_mean <- aggregate(aud_data$관람객.수, by=list(aud_data$연도), FUN=mean)
year_min <- aggregate(aud_data$관람객.수, by=list(aud_data$연도), FUN=min)
year_max <- aggregate(aud_data$관람객.수, by=list(aud_data$연도), FUN=max)
```

마지막으로 지금까지 구한 값들을 write.csv() 함수를 이용하여 "시립미술관 연도별 관람객수 통계.csv" 파일로 저장하기 위해서 파일로 저장하기 전에 각각의 데이터 프레임으로 저장된 값들을 아래와 같이 하나의 데이터 프레임으로 만들어 준다.

```
[ Script ]          # ch6_2_1_1.R
/* 생략 */
# 여러 데이터 프레임에 흩어져있는 통계값을 하나의 데이터 프레임으로 만들기
result <- data.frame(Year=year_sum$Group.1, Sum=year_sum$x, Mean=year_mean$x,
                                     Min=year_min$x, Max=year_max$x)
```

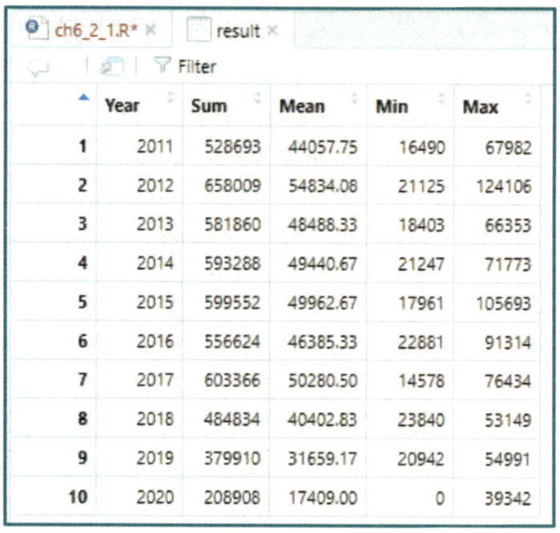

	Year	Sum	Mean	Min	Max
1	2011	528693	44057.75	16490	67982
2	2012	658009	54834.08	21125	124106
3	2013	581860	48488.33	18403	66353
4	2014	593288	49440.67	21247	71773
5	2015	599552	49962.67	17961	105693
6	2016	556624	46385.33	22881	91314
7	2017	603366	50280.50	14578	76434
8	2018	484834	40402.83	23840	53149
9	2019	379910	31659.17	20942	54991
10	2020	208908	17409.00	0	39342

이제 하나의 데이터 프레임으로 만들어진 연도별 관람객 수 통계 값을 write.csv() 함수를 이용하여 파일로 저장한다. 실행 후 작업폴더의 data 폴더에 "시립미술관 연도별 관람객수 통계.csv" 파일이 그림과 같이 생성되었음을 확인할 수 있다.

```
[ Script ]            # ch6_2_1_1.R
/* 생략 */
# data 폴더에 csv 파일로 저장하기
write.csv(result, file="./data/시립미술관 연도별 관람객수 통계.csv", row.names=FALSE)
```

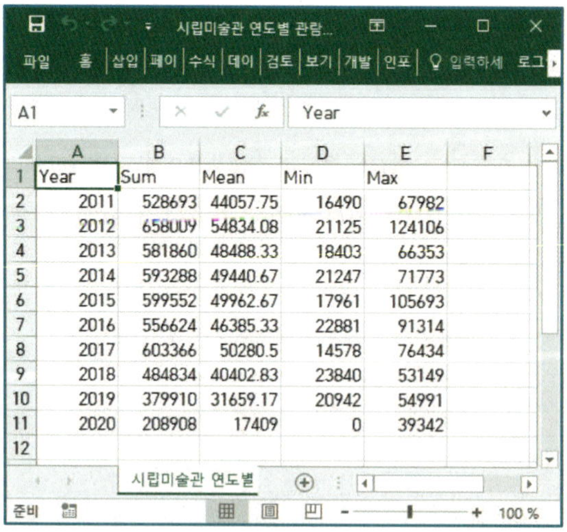

	A	B	C	D	E	F
1	Year	Sum	Mean	Min	Max	
2	2011	528693	44057.75	16490	67982	
3	2012	658009	54834.08	21125	124106	
4	2013	581860	48488.33	18403	66353	
5	2014	593288	49440.67	21247	71773	
6	2015	599552	49962.67	17961	105693	
7	2016	556624	46385.33	22881	91314	
8	2017	603366	50280.5	14578	76434	
9	2018	484834	40402.83	23840	53149	
10	2019	379910	31659.17	20942	54991	
11	2020	208908	17409	0	39342	
12						

Tip is.na() 함수와 통계분석 시 결측치 제외 방법

is.na() 함수는 데이터 값이 결측치인지 여부를 확인해주는 함수로 괄호안의 데이터가 결측치가 아니라면 FALSE를 반환하고, 결측치라면 TRUE를 반환한다. 값, 벡터, 리스트, 데이터 프레임 등에 모두 적용할 수 있어 편리하다. 아래와 같이 사용할 수 있다.

```
[ Console ]
> x <- c(1, 2, 3, NA, 6, 7, NA)
> is.na(x)
[1] FALSE FALSE FALSE TRUE FALSE FALSE TRUE
```

만일 데이터 셋에 포함된 결측치를 통계처리나 분석 시에 제외시켜야 한다면 어떻게 해야 할까? 결측치가 포함된 데이터 셋에 대해서 sum, mean, sd, min, max, range 등의 통계 함수를 적용하면 'NA'만 나오게 된다. 이때 결측치를 제외하고 통계처리를 할 경우 아래와 같이 na.rm = TRUE 옵션을 지정할 수 있다.

```
[ Console ]
> x <- c(1, 2, 3, NA, 6, 7, NA)
> sum(x)
[1] NA
> sum(x, na.rm=TRUE)
[1] 19
```

na.rm = TRUE 옵션은 원래의 데이터 셋은 그대로 둔 채 통계량 계산할 때만 제외시키므로 다수의 통계 함수 혹은 다수의 변수에 통계 함수를 사용해야 하는 경우 매번 na.rm = TRUE 옵션을 설정해 주는 게 번거로울 수도 있다. 다음과 같이 na.omit() 함수를 사용하면 데이터 셋에 포함된 결측치를 제거할 수 있다.

```
[ Console ]
> x <- c(1, 2, 3, NA, 6, 7, NA)
> y <- na.omit(x)
> sum(y)
[1] 19
```

2.2 우리 동네 대기정보의 관리

이번에는 우리 동네의 대기 질은 어느 정도인지 알아보려 한다. 이 정보를 얻기 위해 에어코리아(http://www.airkorea.or.kr) 사이트에서 "우리 동네 대기 정보"를 시간별, 일별로 검색하여 엑셀 파일로 다운로드 받을 수 있다. 에어코리아 사이트에서 [실시간 자료 조회] - [실시간 대기 정보] - [우리동네 대기 정보] - [지역명검색: 금정구 부곡로] - [일평균] - [조회기간 : 2021.4.1. ~ 2021.4.30.]로 검색하여 엑셀로 데이터를 다운로드 받은 후, 특정 조건 이상이었던 날들만 검색하여 저장하려고 한다.

여기서는 미세먼지(PM10)과 초미세먼지(PM2.5)에 대해 PM10 >= 40 이고 PM2.5 >= 20 이었던 날의 행만 추출하여 새로운 엑셀 파일에 저장해본다. 에어코리아에서 제공되고 있는 원본 파일은 xls 형식이지만 이를 엑셀에서 xlsx 형식으로 변환하였다.

```
[ Script ]          # ch6_2_2_1.R
library(openxlsx)
setwd("~/R_test/ch_06")

# xlsx 파일에서 4~35행까지, 1~7열까지만 추출해서 불러오기
amb1 <- read.xlsx("./data/last_amb_hour_day.xlsx", sheet = 1,
                  rows=c(4:35), cols=c(1:7))
```

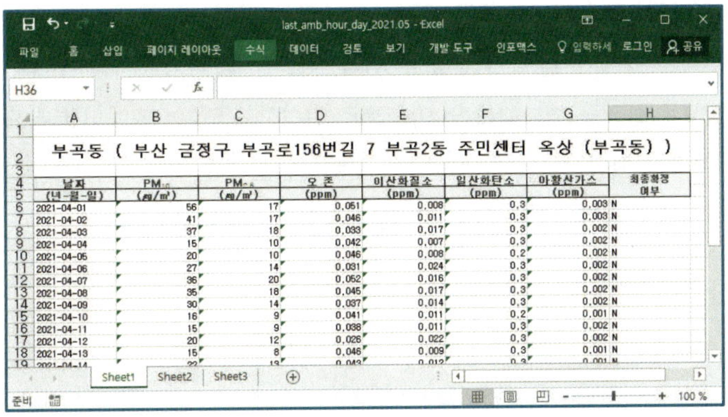

부곡동 (부산 금정구 부곡로156번길 7 부곡2동 주민센터 옥상 (부곡동))

날짜 (년-월-일)	PM10 (㎍/㎥)	PM2.5 (㎍/㎥)	오 존 (ppm)	이산화질소 (ppm)	일산화탄소 (ppm)	아황산가스 (ppm)	최종확정 여부
2021-04-01	56	17	0,051	0,008	0,3	0,003	N
2021-04-02	41	17	0,046	0,011	0,3	0,003	N
2021-04-03	37	18	0,033	0,017	0,3	0,002	N
2021-04-04	15	10	0,042	0,007	0,3	0,002	N
2021-04-05	20	10	0,046	0,008	0,2	0,002	N
2021-04-06	27	14	0,031	0,024	0,3	0,002	N
2021-04-07	36	20	0,052	0,016	0,3	0,002	N
2021-04-08	35	18	0,045	0,017	0,3	0,002	N
2021-04-09	30	14	0,037	0,014	0,3	0,002	N
2021-04-10	16	9	0,041	0,011	0,2	0,001	N
2021-04-11	15	9	0,038	0,011	0,3	0,002	N
2021-04-12	20	12	0,026	0,022	0,3	0,002	N
2021-04-13	15	8	0,046	0,009	0,3	0,001	N

PM10 >= 40이고, PM2.5 >= 20

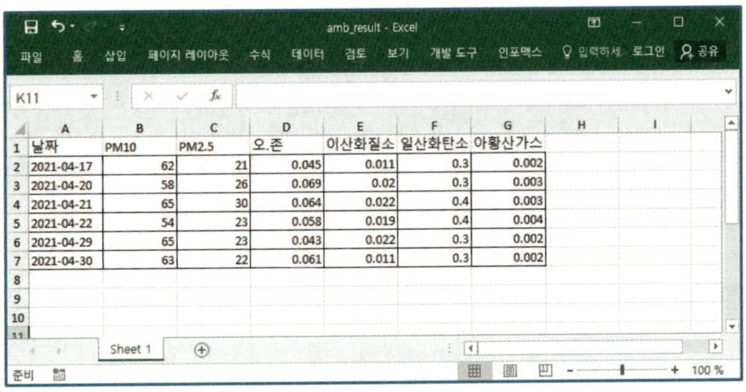

날짜	PM10	PM2.5	오.존	이산화질소	일산화탄소	아황산가스
2021-04-17	62	21	0.045	0.011	0.3	0.002
2021-04-20	58	26	0.069	0.02	0.3	0.003
2021-04-21	65	30	0.064	0.022	0.4	0.003
2021-04-22	54	23	0.058	0.019	0.4	0.004
2021-04-29	65	23	0.043	0.022	0.3	0.002
2021-04-30	63	22	0.061	0.011	0.3	0.002

엑셀 파일의 입출력을 위해서는 1.3절에서 설명한 read.xlsx() 함수와 write.xlsx() 함수를 사용하면 된다. 이 함수들을 사용하기 위해서는 먼저 openxlsx 패키지를 설치하고 로드해야 하는데, openxlsx 패키지가 이미 설치되어 있다면 library(openxlsx)로 로드만 해주면 된다.

문제 해결을 위한 R 프로그램은 다음과 같다. 먼저 데이터로 사용할 우리 동네 대기정보가 저장되어 있는 "last_amb_hour_day.xlsx" 파일에서 우리가 필요한 데이터는 4행부터 35행까지, 1열부터 7열까지이다. 아래와 같이 read.xlsx() 함수의 rows와 cols 옵션을 변경하여 필요한 데이터만 읽어 들인다.

```
[ Script ]            # ch6_2_2_1.R
library(openxlsx)
setwd("~/R_test/ch_06")

# xlsx 파일에서 4~35행까지, 1~7열까지만 추출해서 불러오기
amb1 <- read.xlsx("last_amb_hour_day.xlsx", sheet=1, rows=c(4:35), cols=c(1:7))
```

위에서 읽어 온 데이터의 1행을 보면 아래 그림과 같이 "(년-월-일) (㎍/㎥) (㎍/㎥) (ppm) (ppm)…"와 같은 불필요한 데이터가 들어가 있는 것을 볼 수 있다. 이는 엑셀 파일에서 4~5행에 열 이름이 나타나 있는데, R 프로그램으로 불러올 때 4행은 열 이름으로 인식하고 5행은 데이터 부분으로 인식해서 나타내었기 때문이다. 따라서 데이터 프레임 abm1의 1행은 불필요한 데이터이므로 제거해 주어야 한다. amb1 <- amb1[-1,]를 사용해서 데이터의 1행만 삭제할 수 있다.

ch6_2_2.R × | amb1 ×

Filter

	날짜	PM10	PM2.5	오.존	이산화질소	일산화탄소	아황산가스
1	(년-월-일)	(㎍/㎥)	(㎍/㎥)	(ppm)	(ppm)	(ppm)	(ppm)
2	2021-04-01	56	17	0.051	0.008	0.3	0.003
3	2021-04-02	41	17	0.046	0.011	0.3	0.003
4	2021-04-03	37	18	0.033	0.017	0.3	0.002

```
[ Script ]              # ch6_2_2_1.R
/* 생략 */
amb1 <- amb1[-1, ]      # 열 이름이 2줄로 되어 있어 두 번째 줄은 데이터로 읽히므로 그 행 삭제
```

"last_amb_hour_day.xlsx" 파일의 모든 값들은 텍스트 형태로 저장되어 있어 read.xlsx() 함수로 읽은 데이터 역시 모두 문자형(character)으로 되어 있다. 아래와 같이 sapply(amb1, mode) 함수를 이용하면 데이터 프레임 abm1의 모든 열들의 데이터 형태를 볼 수 있다.

```
[ Script ]              # ch6_2_2_1.R
/* 생략 */
amb1 <- amb1[-1, ]      # 열 이름이 2줄로 되어 있어 두 번째 줄은 데이터로 읽히므로 그 행 삭제
sapply(amb1, mode)      # 각 열의 데이터 타입 확인
----------------------------------------------------------------------------
[ Console ]
>
       날짜        PM10       PM2.5       오.존    이산화질소    일산화탄소    아황산가스
"character" "character" "character" "character" "character" "character" "character"
```

sapply() 함수는 벡터나 리스트, 데이터 프레임 등에 함수를 적용하고 그 결과를 벡터 또는 행렬로 반환해주는 함수로 아래와 같이 사용할 수 있다.

```
sapply(  X,                          # 벡터, 리스트, 표현식 또는 데이터 프레임
         FUN,                        # 적용할 함수
         ...)                        # 추가 인자. 이 인자들은 FUN에 전달됨
```

문자형으로 저장된 값들은 수치 연산을 할 수 없으므로 이 값들을 숫자로 변경할 필요가 있다. 아래 코드에서처럼 amb1[c(2:7)] <- sapply(amb1[,c(2:7)], as.numeric) 함수를 이용하여 2~7열의 데이터를 숫자형(numeric)으로 변경할 수 있으며 sapply() 함수를 이용하여 각 열의 데이터 형이 바뀐 것을 확인할 수 있다.

```
[ Script ]            # ch6_2_2_1.R
/* 생략 */
amb1[c(2:7)] <- sapply(amb1[,c(2:7)], as.numeric)  # 2열~7열을 숫자형으로 변환
sapply(amb1, mode)                                 # 각 열의 데이터 타입 확인
-----------------------------------------------------------------
[ Console ]
>
     날짜        PM10      PM2.5       오.존     이산화질소   일산화탄소   아황산가스
"character"  "numeric"  "numeric"  "numeric"  "numeric"  "numeric"  "numeric"
```

이제 우리가 원하는 조건에 맞는 행을 추출하기 위해 아래 코드와 같이 PM10 열과 PM2.5 열에 비교 연산자를 이용하여 조건식을 적용한다. (amb1$PM10 >= 40) & (amb1$PM2.5 >= 20) 조건식을 만족하는 행들은 데이터 프레임 amb2에 저장된다. 마지막으로 조건을 만족하는 데이터 행을 write.xlsx() 함수를 사용하여 작업폴더의 data 폴더에 "amb_result.xlsx" 파일로 저장한다. 이때 행 이름을 따로 설정하지 않았으므로 row.names=FALSE 옵션을 사용하여 행 이름은 표시하지 않고, border="all" 옵션을 지정하여 셀에 테두리를 표시한다. 실행 결과 다음과 같은 "amb_result.xlsx" 파일이 생성됨을 확인할 수 있다.

```
[ Script ]            # ch6_2_2_1.R
/* 생략 */
# PM10 >= 40 이고, PM2.5 >= 20인 날만 검색하기
amb2 <- amb1[(amb1$PM10 >= 40) & (amb1$PM2.5 >= 20), ]
write.xlsx(amb2, "./data/amb_result.xlsx", row.names = FALSE, borders="all")
```

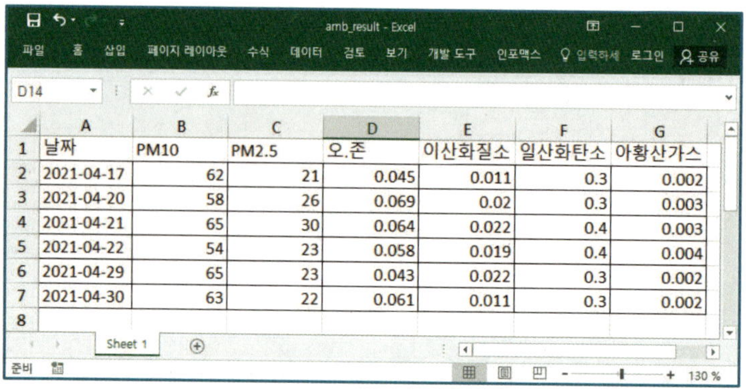

	A	B	C	D	E	F	G
1	날짜	PM10	PM2.5	오.존	이산화질소	일산화탄소	아황산가스
2	2021-04-17	62	21	0.045	0.011	0.3	0.002
3	2021-04-20	58	26	0.069	0.02	0.3	0.003
4	2021-04-21	65	30	0.064	0.022	0.4	0.003
5	2021-04-22	54	23	0.058	0.019	0.4	0.004
6	2021-04-29	65	23	0.043	0.022	0.3	0.002
7	2021-04-30	63	22	0.061	0.011	0.3	0.002
8							

전체 R 프로그램 코드는 아래와 같다.

```
[ Script ]          # ch6_2_2_1.R
library(openxlsx)
setwd("~/R_test/ch_06")

# xlsx 파일에서 4~36행까지, 1~7열까지만 추출해서 불러오기
amb1 <- read.xlsx("./data/last_amb_hour_day.xlsx", sheet=1, rows=c(4:35), cols=c(1:7))

amb1 <- amb1[-1, ]  # 열 이름이 2줄로 되어 있어 두 번째 줄은 데이터로 읽히므로 그 행 삭제
sapply(amb1, mode) # 각 열의 데이터 타입 확인
amb1[c(2:7)] <- sapply(amb1[,c(2:7)], as.numeric) # 2열~7열을 숫자형으로 변환

# PM10 >= 40이고, PM2.5 >= 20인 날만 검색하기
amb2 <- amb1[(amb1$PM10 >= 40) & (amb1$PM2.5 >= 20), ]

# 엑셀 파일에 저장하기
write.xlsx(amb2, "./data/amb_result.xlsx", row.names = FALSE, borders="all")
```

연습문제

01 다음 과정을 수행하는 R 프로그램을 작성하시오.

(1) edit() 함수를 이용하여 데이터 편집기에서 이름, 국어, 영어 데이터를 데이터 프레임 형식으로 입력받는다.

(2) 입력받은 데이터 프레임에 수학성적을 cbind() 함수로 열에 추가한다.

(3) 변경된 데이터 프레임을 ch6_ex01.xlsx 파일에 저장한다.

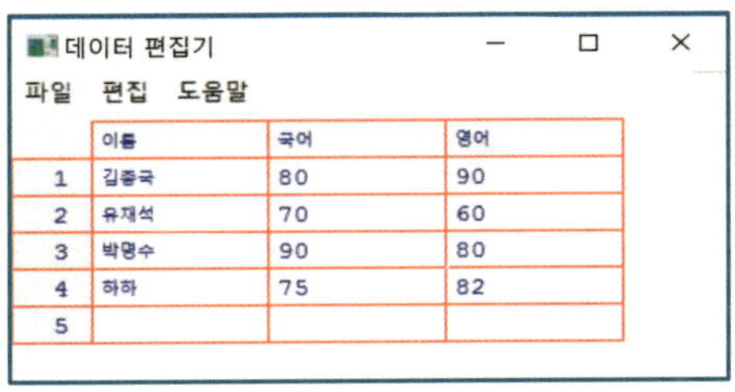

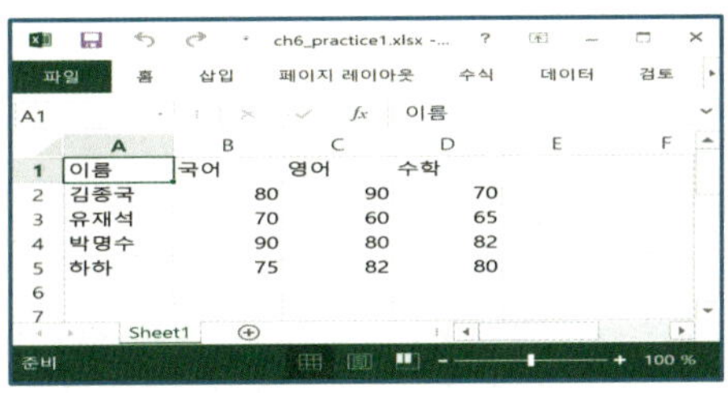

02 공공데이터 포털 사이트(http://data.go.kr)에서 제공하는 임의의 csv 파일을 다운로드 받아 R 프로그램의 데이터 프레임으로 읽어 들인 후, 상위 5행만 ch6_ex02.csv 파일에 저장하는 프로그램을 작성하시오.

Part Ⅲ

데이터의 시각화와 분석

여러분은 어떤 문제를 해결하기 위해 주어진 수많은 데이터가 무엇을 의미하는지를 알아내기 위해 데이터를 요약하거나 여러 가지 통계 함수를 이용하여 통계정보를 추출해 그 데이터가 의미하는 바인 정보를 생성하기 위해 노력해 보았을 것이다. 그러나 추출된 정보를 상대방에게 더욱 빠르게 전달하고자 하는 경우, 대부분 시각적 도구인 그래프를 활용한다. 이처럼 수많은 데이터를 주어진 공간에 시각적으로 표시함으로써 그 데이터가 가지고 있는 상관관계 등의 정보를 직관적으로 찾을 수 있다. 이와 같이 데이터를 시각화함으로써 정보의 전달과 추정이 쉬워진다.

수작업으로 데이터를 시각화하는 작업은 매우 많은 시간과 노력이 필요한 작업이므로 대부분의 사람들은 데이터의 시각화 효용성을 알고 있더라도 쉽게 만들어 볼 수 없었다. 그러나 컴퓨터와 그래프를 그려주는 소프트웨어의 등장으로 간단한 데이터에 대한 시각화는 큰 노력이 없이도 가능해졌다. 그런데 데이터의 양이 많아지고 복잡한 경우에는 일반 상용 소프트웨어의 시각화 기능의 한계로 인해 사용자가 원하는 시각화 작업에 어려움이 발생한다. 이때 여러분이 R언어의 시각화 기능과 자동화 기능을 적절하게 사용할 수 있다면 이런 문제를 간단하게 극복할 수 있다. 또한, R 언어의 분석 기능을 활용한다면 데이터로부터 더 많은 정보를 얻을 수 있을 것이다.

본 파트에서는 데이터 처리의 자동화와 데이터를 시각화함으로써 데이터가 가진 정보를 편리하게 찾을 수 있는 정보의 시각화와 데이터의 분석에 대하여 설명한다. 7장에서는 데이터 처리의 자동화에 필요한 조건 명령어와 반복 명령어의 활용에 대하여 살펴본다. 8장에서는 데이터를 시각화할 수 있는 다양한 R언어의 시각화 함수들에 대하여 살펴보고 실제 현장 데이터에 적용해 본다. 또한, 9장에서는 텍스트와 같은 비정형데이터의 처리에 대하여 알아본다. 즉, 연설문이나 뉴스 기사와 같은 비정형 텍스트 데이터에서 필요한 텍스트 데이터를 추출하여 처리가 쉬운 형태로 가공하여 문제 해결에 활용하는 과정을 살펴본다.

컴퓨터 비전공자를 위한 빅데이터 활용의 시작

R 언어 프로그래밍

07 데이터 처리의 자동화

1 자동화 작업의 필요성

여러분은 주어진 문제를 해결하기 위해 R언어의 명령을 순차적으로 나열하는 프로그램을 해 보았다. 그러나 실제 생활에서 접하는 많은 문제는 단순하게 R언어의 명령을 순차적으로 나열하는 것으로는 해결되지 않는 경우가 많다. 이런 경우 컴퓨팅 사고의 기본인 선택적, 반복적 표현을 사용하여 주어진 문제를 해결할 수 있다.

아래의 그림과 같이 동일한 형식을 가진 여러 개의 파일이 있고, 그 중 하나의 파일을 R언어로 읽어 들여 처리하는 프로그램을 완성하였다고 가정해 보자. 그럼 나머지 파일들은 어떻게 처리할 것인가? 프로그래머가 파일명을 하나씩 변경하고 결과가 저장될 파일의 이름을 일일이 프로그램에 명시함으로써 이 문제를 해결한다면 프로그래머는 컴퓨터 앞을 떠날 수 없을 것이다. 그러나 컴퓨터 프로그램에서는 동일한 작업이 각각의 파일에 적용이 된다면 반복적 표현을 이용하여 "모든 파일에 대하여 동일한 작업을 반복하라"라는 명령을 내리고 컴퓨터가 이 작업을 수행하는 동안 프로그래머는 다른 일을 할 수 있을 것이다.

또한, 일상에서 마주하는 문제의 해결절차를 기술할 때, 순차적 표현이나 반복적 표현만으로 나타낼 수 없는 경우가 있다. 즉, 문제 해결을 위한 처리 과정에서 여러 가지 선택적 상황이 발생하는 경우이다. 다음의 그림과 같이 깔때기 모양의 물탱크에 저장된 물의 양을 계산해야 한다고 가정해 보자. 20미터까지는 원기둥의 체적을 구하는 방식으로 물탱크에 저장된 물의 양을 계산할 수 있을 것이다. 그러나 30미터까지 물이 저장되어 있다면 어떻게 저장된 물의 양을 계산할 것인가? 아마도 20미터까지는 원기둥의 체적을 구하는 방식을 사용할 것이고 20미터 이상 40미터 이하에서는 잘린 원뿔의 체적을 구하는 방식으로 구할 것이다. 또한 높이가 40미터를 초과하는 값이 들어온다면 아래의 그림 상황에서는 잘못된 데이터임을 인식할 것이다. 이와 같이 "물탱크에 저장된 물의 높이가 40미터 초과인가?", "물탱크에 저장된 물의 높이가 20미터 이하인가?"라는 조건의 참·거짓 여부에 따라 다른 계산 절차를 수행한다. 이러한 경우는 순차적 표현이나 반복적 표현만으로는 나타낼 수 없고, 선택적 표현으로 해결할 수 있다.

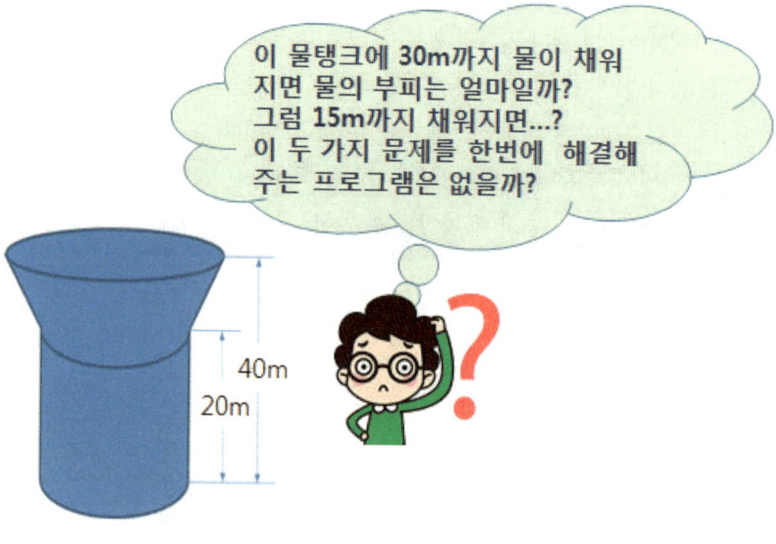

지금까지는 R언어의 순차적 표현만을 사용하여 주어진 문제를 해결하였다. 예를 들어 4장과 5장에서 벡터와 행렬, 리스트와 데이터 프레임에서 단순하게 일부 정보만 접근하여 추출하는 작업을 R언어로 수행해 보았다. 그러나 일반적인 문제 해결에서는 단순하게 일부분을 가져오는 작업보다 복잡한 작업이 요구된다. 즉, 많은 데이터를 다루다 보면, "점수가 80점 이상인 학생 정보만 추출하라"든지 또는 "기말고사 성적이 중간고사 성적보다 향상된 학생만 추출하라"는 등의 어떤 조건에 따라 데이터를 추출해야 하는 경우도 있으며, 하나의 데이터 파일이 아니라 여러 개의 데이터 파일을 읽어 들여 처리하거나 같은 연산을 여러 번 반복해서 수행해야 원하는 데이터가 생성되는 경우도 있다. 이 경우는 그 작업을 일일이 지정하여 수행할 것이 아니라 일련의 작업을 한번 나열해 주고, "이 일련의 작업을 몇 번 반복하라", 또는 "이 일련의 작업을 어떤 조건일 동안 반복하라"라고 프로그래밍으로 자동화해 줄 수 있다면 훨씬 효율적으로 문제를 해결할 수 있다. 그러므로 R언어에서도 이런 문제를 해결하기 위하여 선택적 표현과 반복적 표현을 나타낼 수 있는 조건 명령어와 반복 명령어를 제공하고 있다. 이번 장에서는 R언어에서 선택적 표현과 반복적 표현으로 나타낼 수 있는 수치 데이터의 추출과 정리 작업에 필요한 조건 명령어와 반복 명령어를 다룬다.

1.1 R언어의 조건 명령어

R언어에서는 선택적인 상황을 처리하는 조건 명령어를 이용하여 조건에 따라 데이터의 처리 과정을 다르게 지정할 수 있다. 앞서 그림에서 보여준 예에서 보듯이 측정된 물탱크의 수위와 물탱크의 모양이 달라지는 20미터를 기준으로 수위가 20미터 이하일 때의 처리 과정과 20미터 초과일 때 처리 과정을 다르게 명시할 수 있다. 이때 사용되는 R언어의 명령어가 바로 조건 명령어이다. 조건 명령어를 사용하면 제시된 조건을 기준으로 구분된 명령어들만 실행시킬 수 있다. R언어에서 조건 명령어인 if-else 명령어의 사용형식은 다음과 같다. 이때 조건식이 거짓일 경우에 수행할 명령어들이 없다면 else { } 부분은 생략한다. 특히, 조건이 참일 때 또는 거짓일 때 수행하는 명령들의 묶음은 중괄호 { }임을 꼭 기억해 두어야 한다.

▸ if-else 명령어 사용형식

```
if (조건식) {
      <TRUE문 : 조건식이 참일 경우 실행될 문장>
} else {                    # 조건식이 거짓일 경우에 수행할 명령어들이 없다면 else{ } 부분은 생략
      <FALSE문 : 조건식이 거짓일 경우 실행될 문장>
}
```

if-else 명령어의 조건식은 참(TRUE) 또는 거짓(FALSE)이 발생하여야 한다. TRUE가 발생하였다는 것은 조건식의 논리값이 참이라는 것을 의미하며 FALSE가 발생하였다는 것은 조건식의 논리값이 거짓이라는 것을 의미한다.

조건식	참 거짓의 판별	예시

변수일 경우	해당 값이 0이면 거짓
	해당 값이 0이 아니면 참
		`k <- 0; if(k)        # 거짓으로 판별`
		`k <- 1; if(k)        # 참으로 판별`
		`k <- -3; if(k)       # 참으로 판별`

비교 연산자와 논리 연산자일 경우	논리식의 값에 의해 참/거짓이 결정	`a <- 1; b <- 2`
		`if(a > 3)            # 거짓으로 판별`
		`if(a > 3 | b < 3)   # 참으로 판별`

if문의 조건식에 사용되는 연산자로는 비교연산자와 논리연산자가 있다. 먼저 R언어에서 제공되는 비교연산자는 다음의 표와 같으며, 비교 연산의 결과는 TRUE 또는 FALSE가 된다.

비교 연산자	의미	사용 예제	kor <- 70 일 때 결과
<	작다	kor < 70	FALSE
>	크다	kor > 70	FALSE
<=	이하 (작거나 같다)	kor <= 70	TRUE
>=	이상 (크거나 같다)	kor >= 70	TRUE
==	같다	kor == 70	TRUE
!=	같지 않다	kor != 70	FALSE

이제 조건 명령어가 필요한 문제를 해결해 보자. 만일 주어진 숫자 데이터가 짝수인지 홀수인지를 구분해야 하는 문제를 R언어로 해결한다고 가정해 보자. 물론 짝수인지 홀수인지를 판별하기 전에 주어진 수가 짝수인지 홀수인지를 판별할 수 있는 자연수인지를 먼저 판별하여야 하지만 아래의 프로그램에서는 사용자가 자연수만 입력한다고 가정한다. 만일 여러분이 프로그램에 조금 더 익숙해지면 자연수인지 아닌지를 판별해서 입력된 수가 자연수인 경우에만 다음의 처리 과정을 수행하도록 만들어 준다면 이 프로그램은 어떠한 데이터가 입력되더라도 안정적으로 동작하는 프로그램이 될 것이다.
다음은 if-else 명령어를 이용하여 사용자로부터 입력받은 수가 홀수인지, 짝수인지 판별하는 프로그램이다.

```
[ Script ]          # ch7_1_1_1.R
inNum <- readline("임의의 자연수를 입력하세요 : ")  # 사용자로부터 자연수를 입력받음
number <- as.numeric(inNum)         # 입력된 숫자 문자를 숫자로 변환

remainder <- number %% 2            # 2로 나눈 나머지
if (remainder == 0) {               # 짝수인지 홀수인지 판별하는 조건문
  result <- "even number"
} else {
  result <- "odd number"
}
cat(number, "is an", result)
------------------------------------------------------------------------
[ Console ]
> source('~/R_test/ch_07/ch7_1_1_1.R', encoding = 'UTF-8')
임의의 자연수를 입력하세요 : 5
5 is an odd number
```

위의 프로그램에서 if 명령어의 조건식이 참(TRUE)일 때 수행되는 명령어 부분(result <- "even number")은 앞뒤로 중괄호({ })로 묶여 있다. 또한, 거짓(FALSE)일 때 수행되는 else { } 부분도 마찬가지이다. 이처럼 if-else 명령어에 영향을 받는 문장은 { }로 묶어 조건 명령어가 어느 명령문까지 영향을 미치는지를 표시해 준다. 이와 같이 { }로 묶인 명령어 부분을 블록이라고도 한다. 다음과 같이 한 줄에 if-else 명령어를 나타낼 수 있다면 { }를 사용하지 않아도 된다.

```
if (remainder == 0) result <- "even number"  else  result <- "odd number"
```

그러나 if-else 명령어의 영향을 받는 명령문이 여러 개로 구성될 때는 위와 같이 한 줄로 if-else 명령어를 표현할 수 없다. 이때, { }로 묶지 않고 나열하면 "Error: unexpected 'else' in "else" ", " Error: unexpected '}' in "}" "과 같은 에러 메시지가 출력된다. 따라서 프로그래밍 할 때 if-else 명령어의 영향을 받는 문장이 한 줄이든 여러 줄이든 { }로 묶어 표현하는 습관을 지니면 프로그램 오류를 줄일 수 있다.

앞서 살펴본 숫자의 홀짝 판별은 수를 2로 나눈 나머지가 0인지 아닌지에 따라 처리 결과가 달라진다. 즉, 하나의 조건식만으로 결과가 나누어진다. 하지만 많은 경우에 여러 가지 조건의 만족 여부를 보고 결과가 정해지는 경우도 있다. 예를 들어 학생들의 합격 여부를 판정할 때 필기점수와 실기점수가 모두

70점 이상이면 "합격"이고, 아니면 "불합격"을 주는 경우를 가정해 보자. 이때 "합격"을 받기 위해서는 필기점수도 70점 이상이어야 하고, 실기점수도 70점 이상이어야 한다. 이와 같이 if 명령어의 조건식에서 논리연산자를 사용하여 두 가지 이상의 조건을 한 번에 처리할 수 있다. 논리연산자는 두 논리값을 연산하여 결과를 반환하는 연산자로 연산 결과는 다음 표와 같다.

<table>
<tr><th>A</th><th>B</th><th>AND
A & B</th><th>OR
A | B</th><th>NOT
!A</th><th>exclusive-OR
xor(A, B)</th></tr>
<tr><td>TRUE</td><td>TRUE</td><td>TRUE</td><td>TRUE</td><td>FALSE</td><td>FALSE</td></tr>
<tr><td>TRUE</td><td>FALSE</td><td>FALSE</td><td>TRUE</td><td>FALSE</td><td>TRUE</td></tr>
<tr><td>FALSE</td><td>TRUE</td><td>FALSE</td><td>TRUE</td><td>TRUE</td><td>TRUE</td></tr>
<tr><td>FALSE</td><td>FALSE</td><td>FALSE</td><td>FALSE</td><td>TRUE</td><td>FALSE</td></tr>
</table>

예를 들어 "a는 3 초과이고 b는 3 미만이다" 혹은 "a는 3초과이거나 b는 3미만이다"와 같이 한 번에 두 가지 이상의 조건을 처리해야 할 경우, 각각 비교연산의 결과를 다시 논리연산으로 처리함으로써 하나의 결과를 생성한다. R언어의 논리연산자와 연산 결과는 다음 표와 같다.

<table>
<tr><th>논리연산자</th><th>설명</th><th>사용예시
a <- c(TRUE, FALSE)
b <- c(TRUE, TRUE)</th><th>결과</th></tr>
<tr><td>&</td><td>논리곱-벡터 전체 결과</td><td>a & b</td><td>TRUE FALSE</td></tr>
<tr><td>&&</td><td>논리곱-벡터 첫 번째 결과만</td><td>a && b</td><td>TRUE</td></tr>
<tr><td>|</td><td>논리합-벡터 전체 결과</td><td>a | b</td><td>TRUE TRUE</td></tr>
<tr><td>||</td><td>논리합-벡터 첫 번째 결과만</td><td>a || b</td><td>TRUE</td></tr>
<tr><td>!</td><td>논리부정</td><td>! a</td><td>FALSE TRUE</td></tr>
<tr><td>xor(x, y)</td><td>둘 중 하나만 거짓일 때 결과 값은 참</td><td>xor(a,b)</td><td>FALSE TRUE</td></tr>
<tr><td>isTRUE(x)</td><td>벡터 길이가 1이면서 값이 TRUE이면 참</td><td>isTRUE(a)</td><td>FALSE</td></tr>
</table>

"만일 a가 3 초과이고, b는 3 미만이면"과 같은 조건은 조건식 "if (a > 3 & b < 3)"과 같이 나타낼 수 있고, "만일 a가 3 초과이거나 b는 3 미만인 경우"는 "if (a > 3 | b < 3)"과 같이 나타낼 수 있다. 논리연산자 중 OR를 나타내는 연산자인 "|" 문자는 오른쪽 그림과 같이 키보드의 "Enter" 위에 있다.

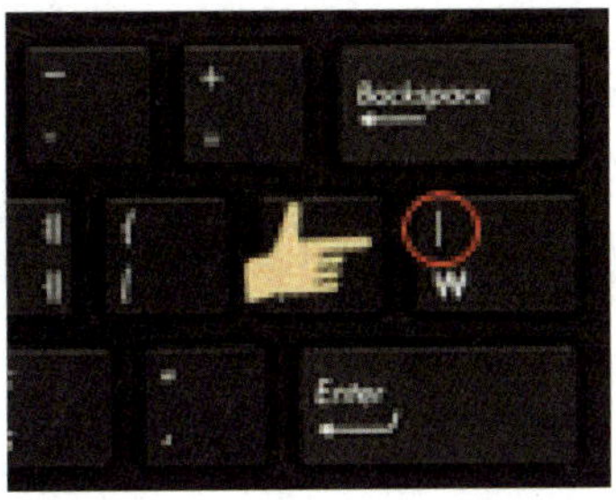

다음은 학생들의 필기점수와 실기점수를 이용해 합격 여부를 판정하는 프로그램이다. 합격 여부는 필기점수와 실기점수가 모두 70점 이상이면 "합격"으로 하고 그 외에는 "불합격"으로 한다.

```
[ Script ]            # ch7_1_1_2.R
score1 <- readline("필기 점수 : ");  score1 <- as.numeric(score1)
score2 <- readline("실기 점수 : ");  score2 <- as.numeric(score2)
if (score1 >= 70 & score2 >= 70) {
  print("합격")
} else {
  print("불합격")
}
----------------------------------------------------------------------
[ Console ]
> source('~/R_test/ch_07/ch7_1_1_2.R', encoding = 'UTF-8')
필기 점수 : 78
실기 점수 : 65
[1] "불합격"
> source('~/R_test/ch_07/ch7_1_1_2.R', encoding = 'UTF-8')
필기 점수 : 83
실기 점수 : 91
[1] "합격"
```

문제 해결 과정에 여러 가지의 조건이 있어 처리 과정이 세 가지 이상일 때에는 하나의 if-else 명령어의 { } 안에 다시 if-else 명령어를 사용하면 되지만 프로그램이 길어져 가독성이 떨어진다. R언어에서는 여러 번의 분기가 발생하는 경우를 대비하여 if-else if-else 명령어를 제공하고 있다. if-else 명령어 { } 내의 중첩과 유사하게 보이지만 else 명령어 다음의 { }를 생략하여 표현을 간략하게 한 것이다.

▸ **if-else if-else 명령어의 형식**

```
if (조건식 1) {
    <조건식1 참일 경우 실행될 문장>
} else if (조건식 2) {
    <조건식 1이 거짓이고, 조건식 2가 참일 경우 실행될 문장>
} else {
    <조건식 1, 조건식 2가 거짓일 경우 실행될 문장>
}
```

다음의 예제는 성적을 이용하여 등급을 판별하는 프로그램이다. 등급은 90점 이상은 A, 90점 미만이고 80점 이상은 B, 80점 미만은 C로 판별한다고 가정한다. 조건이 세 가지 이상이므로 if-else if-else 명령어를 이용하여 문제를 해결한다. if-else if-else 명령어를 이용하면 D, F 등의 조건이 추가되어도 쉽게 문제를 해결할 수 있다. 다음은 if-else if-else 명령어를 이용하여 등급을 판별하는 프로그램이다.

```
[ Script ]          # ch7_1_1_3.R
score <- 85
if (score >= 90) {                  # 조건식에서 FALSE가 발생
  Grade <- "A"
} else if(score >= 80) {            # 조건식에서 TRUE가 발생하여 다음 문장을 실행
  Grade <- "B"
} else {
  Grade <- "C"
}
cat("Your grade is ", Grade)
---------------------------------------------------------------------------
[ Console ]
> source('~/R_test/ch_07/ch7_1_1_3.R', encoding = 'UTF-8')
Your grade is  B
```

if-else if-else 명령어와 같은 문형은 R언어뿐만 아니라 파이썬이나 C와 같은 대부분의 프로그래밍 언어에서 지원하는 기본적인 제어구조이다. 만일 조건식에 따라 처리해야 할 명령이 많지 않다면 R언어에서 제공하는 ifelse() 함수를 사용하여 좀 더 간단하게 if-else 명령어를 대신할 수 있다. ifelse() 함수의 기본 사용법은 다음과 같다.

```
ifelse( test,                          # 조건 판별식
        yes,                           # test가 참일 경우 반환할 값
        no                             # test가 거짓일 경우 반환할 값
)
```

ifelse() 함수도 if-else if-else 명령어와 같이 조건이 여러 개일 경우 중첩해서 사용할 수 있어 다양한 조건에 대한 처리가 가능하다.

```
ifelse( test1,                         # 조건 판별식1
        yes1,                          # test1이 참일 경우 반환할 값
        ifelse( test2,                 # 조건 판별식2
                yes2,                  # test2가 참일 경우 반환할 값
                no2                    # test2가 거짓일 경우 반환할 값
        )
)
```

앞서 if-else if-else 명령어로 구현하였던 학점 계산 과정은 다음과 같이 ifelse() 함수로 바꾸어도 동일한 결과를 얻을 수 있다. 이 경우 조건식을 만족할 때 처리해야 할 명령이 한 줄밖에 되지 않으므로 ifelse() 함수로 사용하면 더 간결한 코드로 만들 수 있다.

```
[ Script ]          # ch7_1_1_3.R
score <- 85
Grade <- ifelse(score>=90, "A",               # score가 90점 이상일 때
         ifelse(score>=80, "B", "C"))         # score가 80점 이상일 때
cat("Your grade is ", Grade)
--------------------------------------------------------------------
[ Console ]
> source('~/R_test/ch_07/ch7_1_1_3.R', encoding = 'UTF-8')
Your grade is  B
```

1.2 R언어의 반복 명령어

R언어에서 제공하는 반복 명령어에는 while, repeat, for가 있다. 일반적으로 for 명령어는 반복 횟수가 정해져 있는 경우에 주로 사용하고, while 명령어와 repeat 명령은 반복 횟수가 초기에 정해지지 않고 조건에 따라 반복 여부를 결정하는 경우에 주로 사용한다. 이들 반복 명령어들도 반복이 수행되는 명령어들을 중괄호({ })로 묶어서 해당하는 명령의 반복이 수행되는 구간임을 명시한다.
그리고 반복 처리 중간 과정에서 전체 반복을 완전히 멈추게 하는 break 명령어와 현재 반복 단계의 처리 과정을 멈추고 다음 반복 단계로 넘어가도록 하는 next 명령어가 있다. next 명령어가 수행되면 반복 블록 내에서 수행된 next 명령어 다음에 있는 명령어들은 이번 반복에서는 수행되지 않는다.

1) 횟수에 따라 반복하는 for 명령어

R언어에서 for 명령어의 사용형식은 다음과 같다. 반복 수행 횟수는 벡터 데이터 변수에 저장된 원소의 개수와 같으며, 이때 변수 값은 벡터의 각 원소의 값이 된다. 즉, for 명령에서 반복의 횟수는 Data의 개수만큼 반복한다. 만약 "Data <- c(1, 2, 3)"이면 Data의 길이는 3이므로 3번 반복을 하며, "Data <- 1 : 10"이라면 10번을 반복한다. 그리고 Data에 들어 있는 각각의 값은 변수에 할당되며, for 명령어 내부의 문장에서는 변수의 값을 이용하여 여러 가지 작업을 수행할 수 있다.

▸ for 명령어의 사용형식

```
for (변수 in Data) {
    <반복의 횟수만큼 실행될 문장>
}
```

다음은 1에서 5까지 출력하는 R 프로그램이다. for 명령어는 "1:5"라는 지시에 따라 1, 2, 3, 4, 5의 다섯 개의 값을 가지는 벡터를 생성하고 벡터 길이인 다섯 번을 반복한다. 이때 변수 n은 처음에는 1을 할당받고, 다음은 2, 3, 4, 5를 차례로 할당받아 출력한다.

```
[ Console ]
> for (n in 1:5) { print( n ) }        # 5번 반복
[1] 1
[1] 2
...
[1] 5
```

반복문에서 흔히 나오는 예로 1에서부터 n까지 합을 구하는 문제가 있다. 여러 가지 방법이 있으나 일반적으로 다음 그림과 같은 과정으로 구할 수 있다.

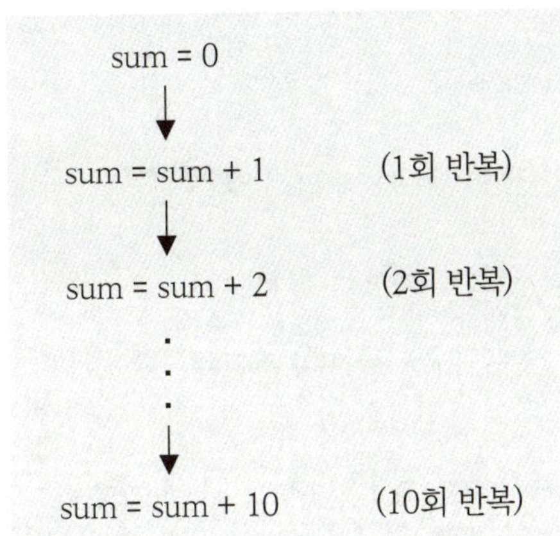

위 과정은 누적 합을 저장하는 변수 sum에 1부터 10까지 반복적으로 더하는 것으로 진행된다. 즉, sum에 1부터 순차적으로 증가하는 숫자를 더하는 동일한 과정이 반복적으로 수행된다. 이때 반복의 횟수를 가리키는 변수를 해당 반복에서 더하는 값으로 사용하여 다음과 같은 R 프로그램으로 구현할 수 있다.

```
[ Script ]              # ch7_1_2_1.R
sum <- 0
for (i in 1:10) {
  sum <- sum + i
}
cat("1부터 10까지 합은 ", sum, " 입니다.\n")
-------------------------------------------------------------------
[ Console ]
> source('~/R_test/ch_07/ch7_1_2_1.R', encoding = 'UTF-8')
1부터 10까지 합은  55  입니다.
```

다음 프로그램은 벡터 x의 구성요소 중에서 짝수와 홀수의 개수를 구하는 문제를 조건 명령어와 반복 명령어를 사용하여 해결하는 프로그램이다. 전체 과정은 벡터 x의 값에 대한 홀짝 판별을 x의 길이만큼 반복하는 것으로 구성되며 반복문 내에 조건문이 포함되어 있다.

```
[ Script ]              # ch7_1_2_2.R
evenCount <- 0
oddCount <- 0

x <- c(3, 4, 9, 1, 6, 2, 6, 7, 3)  # 짝수와 홀수로 구성된 벡터

for (n in x) {
  if (n%%2 == 0) {                 # 짝수인 경우
    evenCount <- evenCount + 1
  } else {
    oddCount <- oddCount + 1       # 홀수인 경우
  }
}
cat("짝수의 개수 : ", evenCount, "\n")
cat("홀수의 개수 : ", oddCount, "\n")
----------------------------------------------------------------------
[ Console ]
> source('~/R_test/ch_07/ch7_1_2_2.R', encoding = 'UTF-8')
짝수의 개수 : 4
홀수의 개수 : 5
```

다음과 같이 구구단을 출력하는 문제를 생각해보자. 아래 그림처럼 구구단은 2단부터 9단까지 단수가 바뀌는 반복과 뒤에 곱해지는 숫자가 바뀌는 두 가지 다른 반복이 함께 일어난다. 반복문 내에 반복문을 중첩하여 사용함으로써 아래와 같은 구구단 문제를 해결할 수 있다.

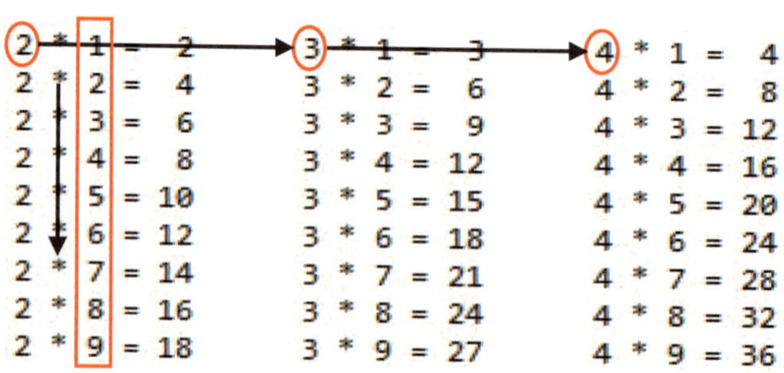

▸ **중첩 for 명령어의 사용형식**

```
for (변수 in Data1) {
  for (변수 in Data2) {
      <반복의 횟수만큼 실행될 문장>
  }
}
```

다음 프로그램은 위의 그림과 같이 중첩 for 명령어를 사용하여 위와 같은 형태로 구구단을 출력하는 과정이다. 아래 프로그램에서 단수를 나타내는 변수 dan은 2부터 9까지 바뀌고, 뒤에 곱해지는 수를 나타내는 변수 su의 값은 1부터 9까지 바뀐다. 두 반복의 내포관계를 결정하기 위해서 출력형태를 살펴보면 한 줄을 출력하는 반복이 전체 줄 수만큼 반복되어야 한다. 한 줄을 출력하기 위해서 su는 특정 값으로 고정되어 있고 dan은 2부터 9까지 바뀐다. 다음 줄로 넘어가면 뒤에 곱해지는 su가 1부터 9까지 바뀐다. 그러므로 su가 바뀌는 반복문 for (su in 1:9) { … } 내에 dan이 바뀌는 반복문 for (dan 2:9) { … }이 포함되어 있어야 한다. 그리고 한 줄이 끝나면 cat("\n")으로 줄을 바꾸어 준다.

```
[ Script ]          # ch7_1_2_3.R
for (su in 1:9) {
  for (dan in 2:6) {
    cat (sprintf("%d * %d = %2d", dan, su, dan*su))
  }
  cat("\n")
}
--------------------------------------------------------------------
[ Console ]
> source('~/R_test/ch_07/ch7_1_2_3.R', encoding = 'UTF-8')
2*1= 2  3*1= 3  4*1= 4  5*1= 5  6*1= 6  7*1= 7  8*1= 8  9*1= 9
2*2= 4  3*2= 6  4*2= 8  5*2=10  6*2=12  7*2=14  8*2=16  9*2=18
2*3= 6  3*3= 9  4*3=12  5*3=15  6*3=18  7*3=21  8*3=24  9*3=27
2*4= 8  3*4=12  4*4=16  5*4=20  6*4=24  7*4=28  8*4=32  9*4=36
2*5=10  3*5=15  4*5=20  5*5=25  6*5=30  7*5=35  8*5=40  9*5=45
2*6=12  3*6=18  4*6=24  5*6=30  6*6=36  7*6=42  8*6=48  9*6=54
2*7=14  3*7=21  4*7=28  5*7=35  6*7=42  7*7=49  8*7=56  9*7=63
2*8=16  3*8=24  4*8=32  5*8=40  6*8=48  7*8=56  8*8=64  9*8=72
2*9=18  3*9=27  4*9=36  5*9=45  6*9=54  7*9=63  8*9=72  9*9=81
```

2) 조건에 따라 반복하는 while 명령어

반복을 통해 해결해야 할 문제에서 반복 횟수가 정해져 있지 않고 프로그램 실행 중 특정 조건에 따라 반복 여부가 결정되는 경우도 많다. 이렇게 횟수가 아닌 조건에 따라 반복을 해야 할 경우에는 for 명령어보다 while 명령어와 repeat 명령어가 더 적합하다.

■ while 명령어의 활용

while 명령어는 다음의 사용형식에서 볼 수 있듯이 조건식을 가지고 있어 while 명령을 사용할 때 바로 반복 조건을 명시할 수 있다.

▸ while 명령어 사용형식

```
while (조건식) {
  <조건식이 맞을 경우 실행될 문장>  # 조건식에 변화를 발생시키는 명령어가 포함되어야 함.
     # 만일 조건식이 거짓으로 변경되지 않는다면 반복이 끝이 나지 않는 무한루프 오류에 빠짐.
}
```

while 명령어의 경우 조건식의 결과가 참(TRUE)이면 while 명령어에 영향을 받는 명령어들은 계속해서 반복된다. 반복될 명령어들을 { }로 묶어서 반복되는 구간임을 명시한다.

while 명령어의 블록에서는 반드시 조건식에 변화를 줄 수 있는 명령어가 포함되어 있어야 한다. 만일 조건식에 변화가 발생하지 않아 조건식 결과가 계속 참으로 유지된다면 이 반복은 끝이 나지 않을 것이다. 이와 같이 무한 반복이 수행되는 경우에는 아래 그림과 같이 콘솔 창의 오른쪽 위에 있는 "stop" 버튼을 클릭하여 실행 중인 프로그램을 강제 종료할 수 있다.

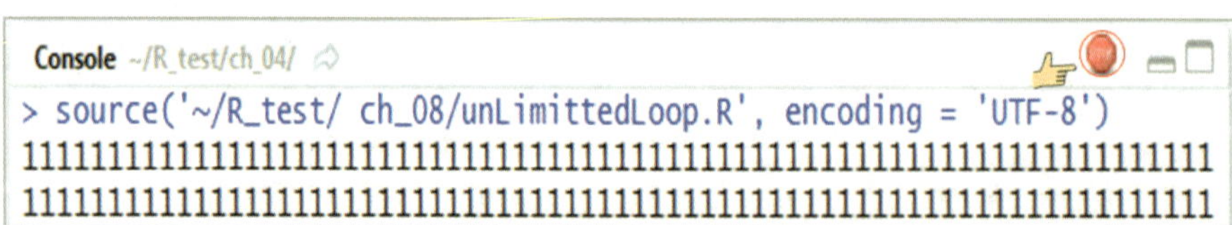

다음은 2의 거듭제곱 중에서 300보다 크면서 300에 제일 가까운 값을 찾는 문제를 해결하는 프로그램이다. while 명령어에서 조건식이 참인 경우에는 while 명령어 내부의 문장을 반복 실행한다. 다음은 2씩 값을 곱하는 것을 반복하고 결과 값이 300보다 크면 반복을 멈추는 프로그램이다. while 명령어 내부의 문장을 9번 반복한 뒤에는 x의 값이 516이 되며 조건식이 FALSE가 발생하기 때문에 반복을 멈춘다.

```
[ Script ]          # ch7_1_2_4.R
x <- 1
base <- 300
while (x <= base) {             # x가 base 값을 초과하면 while문을 벗어남
   x <- x * 2
}
cat( sprintf("%d보다 크면서, %d에 가장 가까운 2의 거듭제곱 값은 %d이다\n",
       base, base, x))
-------------------------------------------------------------------
[ Console ]
> source('~/R_test/ch_07/ch7_1_2_4.R', encoding = 'UTF-8')
300 보다 크면서 300 에 가장 가까운 2의 거듭제곱 값은 512 이다.
```

다음 프로그램은 100 바로 다음의 7의 배수 값을 찾는 프로그램이다. 프로그래머가 실수로 "x <- x + multi"를 "x <- x - multi"로 프로그래밍함으로써 x의 값이 조건식에 FALSE가 발생하지 않아 무한루프 오류가 발생한다.

```
[ Script ]          # ch7_1_2_5.R
x <- 0
base <- 100
multi <- 7

while(x<=base) {
  x <- x - multi                    #조건식이 FALSE를 발생시키지 않음
}
cat(sprintf("%d을 초과하면서 %d에 가장 가까운 %d의 배수는 %d 입니다.\n",
              base, base, multi, x))
```

이렇게 프로그램 실행 도중 무한루프에 빠지거나 프로그램을 강제로 종료하고 싶을 경우 앞에서 언급한 콘솔창의 "stop" 버튼을 이용하여 프로그램을 강제적으로 멈추게 할 수 있다. 위의 프로그램은 무한루프가 발생하지 않도록 아래와 같이 프로그램을 "x <- x + multi"로 수정해야 한다.

```
[ Script ]            # ch7_1_2_5.R
/* 생략 */
while(x<=base) {
  x <- x + multi
}
cat(sprintf("%d을 초과하면서 %d에 가장 가까운 %d의 배수는 %d 입니다.\n",
             base, base, multi, x))
-------------------------------------------------------------------
> source('~/R_test/ch_07/ch7_1_2_5.R', encoding = 'UTF-8')
100을 초과하면서 100에 가장 가까운 7의 배수는 105 입니다.
```

Tip repeat 명령어

repeat 명령어는 while 명령어와 비슷하게 조건에 따라 반복 여부를 결정한다. 하지만 while 명령어와는 달리 반복 조건을 repeat 명령어에 직접 명시하지 않고 반복 블록 내에 조건식과 break 명령어를 사용하여 반복을 벗어나게 한다. 다시 말해 어떤 조건일 때 break 명령이 수행되어 반복을 멈추라고 명시해 주어야 한다. break 명령어는 반복 처리 중간 과정에서 전체 반복을 완전히 멈추게 하는 기능을 수행한다. 이 명령문은 일반적으로 조건 명령어인 if 명령어와 함께 사용되어 "이 조건식의 값이 참이면 반복을 멈추어라"는 의미로 사용된다.
repeat 명령어의 사용형식은 다음과 같다.

```
repeat  {
    <조건식이 맞을 경우 실행될 문장>
    if (조건식) break    # 종료 조건이 여러 개라면 이 명령을 여러 개 사용할 수 있다
}
```

■ for 명령어와 while 명령어에서의 break

break 명령어는 repeat 명령어의 블록에서만 사용되는 것은 아니다. 아래 그림과 같이 for 명령어의 블록이나 while 명령어의 블록에서도 사용될 수 있다. 아래와 같이 for 명령어나 while 명령어에서 처음에 주어진 종료 조건 이외의 새로운 종료 조건을 추가해야 한다면 "if (조건식) break" 명령문을 사용하면 간단하게 해결할 수 있다. 이때 if 명령어의 조건식을 만족할 때 반복을 종료하고 해당 반복문을 빠져나간다.

```
for (변수 in Data) {
    if (조건식) break
    <반복의 횟수만큼 실행될 문장>
}
```

```
while (조건식) {
    if (조건식) break
    <조건식이 맞을 경우 실행될 문장>
}
```

Tip **break 명령어 vs. next 명령어**

break 명령어는 반복 처리 중간 과정에서 전체 반복을 완전히 멈추게 하는 기능을 수행하는 반면에 next 명령어는 현재 반복 단계의 처리 과정을 멈추고 다음 반복 단계로 넘어가는 기능을 수행한다. next 명령어가 수행되면 반복 블록 내에서 수행된 next 명령어 다음에 위치한 명령어들은 이번 반복 과정에서는 수행되지 않는다. 물론 if-else 명령어로 next 명령어의 효과를 낼 수 있지만, 반복 구간이 길면 next 명령어가 표현을 간결하게 할 수 있어 프로그램의 가독성을 높인다.

1.3 성적 데이터에서 등급과 순위 매기기

다음 표와 같은 성적 데이터가 주어졌을 때, R언어의 반복 명령어와 조건 명령어를 이용하여 점선으로 표기된 부분인 평균, 등급, 등수를 구하려고 한다.

학번	이름	국어	영어	수학	평균	등급	등수
1	정우성	80	70	95			
2	김철수	60	50	70		자동으로 채우기	
3	송중기	90	100	95			
4	김영희	70	80	80			

먼저 각 학생의 평균을 구하고, 평균을 기준으로 "A", "B", "C", "D", "F" 등급과 등수를 구하려고 한다. 여러 명의 학생에 대해 등급을 구하는 작업을 반복해야 하므로 조건 명령어와 반복 명령어를 사용한다면 효율적으로 처리할 수 있다. 또한, 등수를 매길 때, 다른 모든 학생의 평균과 비교하여 자신의 등수가 결정되어야 하므로 다른 학생의 평균과 비교하는 작업이 학생 수만큼 반복되어야 한다. 따라서 등수를 매길 때도 조건 명령어와 반복 명령어를 사용하면 문제를 쉽게 해결할 수 있다.

1) 성적 데이터로 등급 정하기

등급은 평균을 기준으로 90점 이상은 "A", 80점 이상은 "B", 70점 이상은 "C", 60점 이상은 "D", 60점 미만은 "F"로 한다. 우선 아래의 코드와 같이 학번, 이름, 과목별 점수를 저장한 데이터 프레임을 만들고 apply() 함수를 이용하여 평균을 구한다.

```
[ Script ]          # ch7_1_3_1.R
id <- c( "1", "2", "3", "4" )                                # 학번
name <- c( "정우성", "김철수", "송중기", "김영희" )           # 이름
kor <- c( 80, 60, 90, 70 )                                   # 국어 점수
eng <- c( 70, 50, 100, 80 )                                  # 영어 점수
mat <- c( 95, 70, 95, 80 )                                   # 수학 점수

# 데이터 프레임생성
score1 <- data.frame(학번=id, 이름=name, 국어=kor, 영어=eng, 수학=mat)
avgValue <- apply( score1[ , c( 3:5 )], 1, mean )    # 평균 구하기
print(avgValue)
----------------------------------------------------------------------
[ Console ]
> source('~/R_Test/ch_07/ch7_1_3_1.R', encoding = 'UTF-8')
[1] 81.66667 60.00000 95.00000 76.66667
```

평균을 구하기 위해서 데이터 프레임 score1에 apply() 함수를 사용하였다. apply() 함수는 행, 또는 열별로 함수를 지정할 수 있다. 매개변수의 두 번째 값이 1이면 행별로, 2이면 열별로 세 번째 매개변수인 함수를 적용하게 된다. 위 프로그램의 apply() 함수는 score1 데이터의 3~5번째 열에 대해 행별로 평균을 구한다는 의미이다. 3~5번째 열에는 국어, 영어, 수학 성적이 저장되어 있다.

apply (데이터, 1 또는 2, 함수)

다음으로 등급은 평균 점수에 따라 결정되고, 등급 매기는 작업을 여러 명의 학생에게 반복하여 적용하여야 하므로 조건 명령어와 반복 명령어를 사용하여 프로그램을 작성하여야 한다. 다음 프로그램은 if-else 명령어와 for 명령어를 사용하여 등급을 구하는 과정이다.

```
[ Script ]          # ch7_1_3_1.R
/* 생략 */
finalGrade <- c()                          # finalGrade 초기화
for( n in avgValue ) {                     # avgValue 요소의 개수(학생 수)만큼 반복(4번)
  if ( n >= 90 ) {
      Grade <- "A"
  } else if( n >= 80 ) {
      Grade <- "B"
  } else if( n >= 70 ) {
      Grade <- "C"
  } else if( n >= 60 ) {
      Grade <- "D"
  } else {
      Grade <- "F"
  }
  finalGrade <- c( finalGrade, Grade )    # 기존 finalGrade값에 Grade값 추가
}

print(finalGrade)
----------------------------------------------------------------------
[ Console ]
> source('~/R_test/ch_07/ch7_1_3_1.R', encoding = 'UTF-8')
[1] "B" "D" "A" "C"
```

위 프로그램에서 for 명령어는 avgValue의 길이, 즉 학생 수만큼 반복하며, for 명령어 안에서는 각 avgValue값을 기준으로 if-else 명령어를 통해서 Grade 변수에 등급을 저장한다. 또한 Grade 변수 값은 미리 빈 벡터로 초기화된 fianlGrade 벡터에 매 반복마다 하나씩 추가된다. 앞에서 설명한 ifelse() 함수의 경우 벡터에도 적용되므로 다음과 같이 반복문을 사용하지 않고도 모든 학생의 등급을 구할 수도 있다.

```
finalGrade2 <- ifelse(avgValue >= 90, "A",
               ifelse(avgValue >= 80, "B",
               ifelse(avgValue >= 70, "C",
               ifelse(avgValue >= 60, "D", "F"))))
```

마지막으로 구해진 평균과 등급을 cbind() 함수를 이용하여 학번, 이름, 국어, 영어, 수학으로 구성된 기존 데이터 프레임 score1과 합쳐서 새로운 데이터 프레임을 생성하는 과정이다.

```
[ Script ]            # ch7_1_3_1.R
/* 생략 */
score2 <- cbind(score1, 평균 = avgValue, 등급 = finalGrade)
print(score2)
---------------------------------------------------------------------
[ Console ]
> source('~/R_test/ch_07/ch7_1_3_1.R', encoding = 'UTF-8')
  학번  이름  국어  영어  수학    평균      등급
1    1 정우성  80   70   95  81.66667    B
2    2 김철수  60   50   70  60.00000    D
3    3 송중기  90  100   95  95.00000    A
4    4 김영희  70   80   80  76.66667    C
```

2) 성적 데이터로 등수 정하기

앞서 계산한 평균 점수로 등수를 구하기 위해서는 일단 자신의 등수를 1등으로 정한 다음 다른 학생들의 평균 점수와 비교하여 자신의 평균보다 높은 점수를 받은 학생이 있으면 자신의 등수를 1씩 증가시킨다. 이 작업을 모든 학생에게 차례로 적용하면 각 학생의 등수를 구할 수 있다. 다음은 조건 명령어와 반복 명령어를 사용하여 등수를 구하는 과정이다.

```
[ Script ]            # ch7_1_3_1.R
/* 생략 */
finalRank <- c()
for( x in avgValue ) {                # avgValue 길이만큼 반복
```

```
    ranking <- 1                              # 등수를 구할 학생은 1등부터 시작
    for( y in avgValue )  {
      if ( x < y) ranking <- ranking + 1  # 더 높은 평균 점수가 나오면 등수를 1 증가
    }
    finalRank <- c( finalRank, ranking )
  }
  cat("각 학생들의 등수는", finalRank, "입니다.\n\n")
  --------------------------------------------------------------------------
  [ Console ]
  > source('~/R_test/ch_07/ch7_1_3_1.R', encoding = 'UTF-8')
  각 학생들의 등수는 2 4 1 3 입니다.
```

위 프로그램에서는 for 명령어 안에 for 명령어가 들어가는 중첩된 반복 구조를 가지고 있다. 안쪽 for 명령어는 한 명의 학생에 대해 다른 학생들의 평균과 비교하여 등수를 결정하는 과정이다. 모든 학생에 대해 이 동작이 반복되어야 하므로 다시 for 명령어로 학생 수만큼 반복해 주었다. 즉, 바깥 for 명령어의 반복 변수 x는 현재 등수를 구할 학생의 평균 점수이고, 내부 for 명령어의 반복 변수 y는 비교될 다른 학생들의 평균 점수에 해당된다.

다음은 구해진 등수를 기존 데이터 프레임에 추가하는 과정으로, 실행 결과 등수가 추가된 데이터 프레임이 생성됨을 확인할 수 있다.

```
[ Script ]          # ch7_1_3_1.R
/* 생략 */
score3 <- cbind(score2, 등수 = finalRank)
print(score3)
--------------------------------------------------------------------------
[ Console ]
> source('~/R_test/ch_07/ch7_1_3_1.R', encoding = 'UTF-8')
  학번  이름  국어  영어  수학      평균    등급  등수
1    1 정우성   80    70    95  81.66667    B     2
2    2 김철수   60    50    70  60.00000    D     4
3    3 송중기   90   100    95  95.00000    A     1
4    4 김영희   70    80    80  76.66667    C     3
```

2 반복과 조건을 활용한 데이터 처리 자동화

R언어에서 하나의 파일에 저장된 데이터는 6장에서 설명한 여러 가지 파일 입력 함수들을 이용하여 데이터 프레임으로 읽어 들인 후 목적에 맞는 데이터 처리를 한다. 하지만 처리해야 할 데이터가 여러 파일에 흩어져 있거나 처리된 결과를 하나 이상의 파일이나 시트에 저장해야 할 경우 매번 파일명이나 시트명을 지정해 주어야 한다면 데이터 처리를 자동화하기 어렵다. 이때 반복 명령어나 조건 명령어를 적절히 사용한다면 프로그램 실행 중 사용자의 개입 없이 자동화된 데이터 처리가 가능하다. 이 절에서는 R언어의 반복 명령어와 조건 명령어를 이용하여 여러 개의 파일에 저장된 데이터를 불러들여 데이터 처리를 하고 그 결과를 다시 여러 파일이나 시트에 저장하는 문제를 해결해 본다.

2.1 여러 파일에 저장된 성적 데이터 처리

다음 그림은 4개의 파일로 구성된 2학년 전체 학생의 성적 데이터이다. 하나의 파일에는 반별로 5명씩 총 4반의 학생들에 대한 성적이 저장되어 있다. score_1.xlsx에는 2학년 1학기 중간고사, score_2.xlsx에는 2학년 1학기 기말고사, score_3.xlsx에는 2학년 2학기 중간고사, score_4.xlsx에는 2학년 2학기 기말고사 성적이 저장되어 있다.

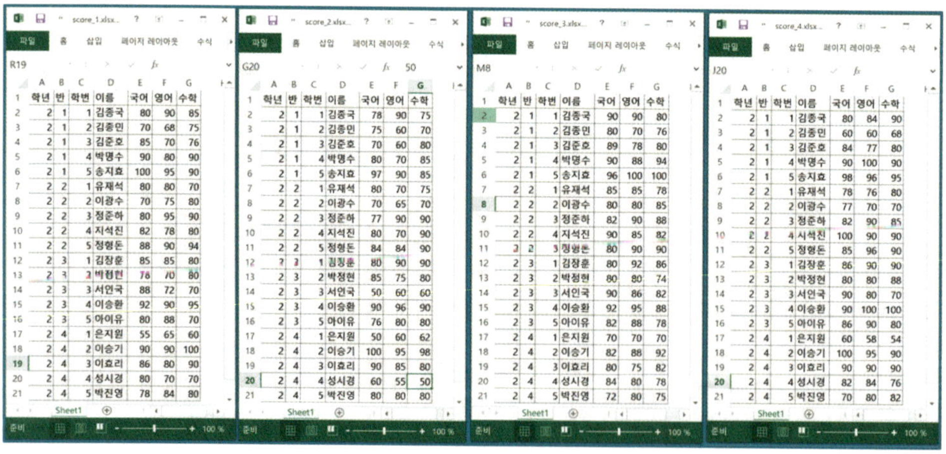

score_1.xlsx

학년	반	학번	이름	국어	영어	수학
2	1	1	김종국	80	90	85
2	1	2	김종민	70	68	75
2	1	3	김준호	85	70	76
2	1	4	박명수	90	80	90
2	1	5	송지효	100	95	90
2	2	1	유재석	80	80	70
2	2	2	이광수	70	75	80
2	2	3	정준하	80	95	90
2	2	4	지석진	82	78	80
2	2	5	정형돈	88	90	94
2	3	1	김장훈	85	85	80
2	3	2	박정현	76	70	80
2	3	3	서인국	88	72	70
2	3	4	이승환	92	90	95
2	3	5	아이유	80	88	70
2	4	1	은지원	55	65	60
2	4	2	이승기	90	90	100
2	4	3	이효리	86	80	90
2	4	4	성시경	80	70	70
2	4	5	박진영	78	84	80

score_2.xlsx

학년	반	학번	이름	국어	영어	수학
2	1	1	김종국	78	90	75
2	1	2	김종민	75	60	70
2	1	3	김준호	70	60	80
2	1	4	박명수	80	70	85
2	1	5	송지효	97	90	85
2	2	1	유재석	80	70	75
2	2	2	이광수	70	65	70
2	2	3	정준하	77	90	90
2	2	4	지석진	80	70	90
2	2	5	정형돈	84	84	90
2	3	1	김장훈	80	90	90
2	3	2	박정현	85	75	80
2	3	3	서인국	50	60	60
2	3	4	이승환	90	96	90
2	3	5	아이유	76	80	80
2	4	1	은지원	50	60	62
2	4	2	이승기	100	95	98
2	4	3	이효리	90	85	80
2	4	4	성시경	60	55	50
2	4	5	박진영	80	80	80

score_3.xlsx

학년	반	학번	이름	국어	영어	수학
2	1	1	김종국	90	90	80
2	1	2	김종민	80	70	76
2	1	3	김준호	89	78	80
2	1	4	박명수	90	88	94
2	1	5	송지효	96	100	100
2	2	1	유재석	85	85	78
2	2	2	이광수	80	80	85
2	2	3	정준하	82	90	88
2	2	4	지석진	90	85	82
2	2	5	정형돈	80	90	90
2	3	1	김장훈	80	92	86
2	3	2	박정현	80	80	74
2	3	3	서인국	90	86	82
2	3	4	이승환	92	95	88
2	3	5	아이유	82	88	78
2	4	1	은지원	70	70	70
2	4	2	이승기	82	88	92
2	4	3	이효리	80	75	82
2	4	4	성시경	84	80	78
2	4	5	박진영	72	80	75

score_4.xlsx

학년	반	학번	이름	국어	영어	수학
2	1	1	김종국	80	84	90
2	1	2	김종민	60	60	68
2	1	3	김준호	84	77	80
2	1	4	박명수	90	100	90
2	1	5	송지효	98	96	95
2	2	1	유재석	78	76	80
2	2	2	이광수	77	70	70
2	2	3	정준하	82	90	85
2	2	4	지석진	100	90	90
2	2	5	정형돈	85	96	90
2	3	1	김장훈	86	90	90
2	3	2	박정현	80	80	88
2	3	3	서인국	90	80	70
2	3	4	이승환	90	100	100
2	3	5	아이유	86	90	80
2	4	1	은지원	60	58	54
2	4	2	이승기	100	95	90
2	4	3	이효리	90	90	90
2	4	4	성시경	82	84	76
2	4	5	박진영	70	80	82

위 성적 데이터를 가지고 학년 전체와 반별 성적을 분석해 보자. 이를 위해 각 과목 성적에 대한 학년 전체의 최댓값, 최솟값, 평균값, 중앙값 등의 요약 정보를 알아보고, 반별로도 요약 정보를 알아보려고 한

다. 그런데, 성적 파일이 하나가 아니라 4개이므로 하나의 파일에 적용되는 일련의 작업이 4번 반복되어야 한다. 따라서 for 명령어를 이용하여 4개의 파일에 대해 자동으로 처리해 본다.
데이터 파일이 xlsx 형식으로 제공되고 있으므로 R 프로그램으로 읽어오기 위해서는 xlsx 패키지나 openxlsx 패키지 등과 같은 엑셀 파일 지원 패키지가 필요하다. 우리는 6장에서 설명한 openxlsx 패키지의 read.xlsx() 함수를 사용하여 엑셀 파일을 읽어 들인다.
성적 파일을 읽기 위해서 우선 데이터 파일이 저장되어 있는 폴더를 작업폴더로 지정하고 각 파일을 read.xlsx() 함수로 읽어 들인다. 작업의 편의를 위해서 각 성적 파일명은 "score_숫자.xlsx" 형식으로 지정하였고 숫자는 1부터 4까지이다. for 명령어로 4개의 파일명을 만드는 코드는 다음과 같다.

```
[ Script ]           # ch7_2_1_1.R
library(openxlsx)
setwd("~/R_test/ch_07")                                     # 작업폴더 지정
for(i in 1:4) {
  fname <- paste("./data/score_", i, ".xlsx", sep="")      # 파일명 만들기
  print(fname)
}
--------------------------------------------------------------------
[ Console ]
> source('~/R_test/ch_07/ch7_2_1_1.R', encoding = 'UTF-8')
[1] "./data/score_1.xlsx"
[1] "./data/score_2.xlsx"
[1] "./data/score_3.xlsx"
[1] "./data/score_4.xlsx"
```

읽어야 할 파일명이 제대로 생성됨을 확인하였으면 read.xlsx() 함수를 이용하여 각 파일을 읽어 들여 파일 데이터의 국어, 영어, 수학 점수에 대한 기본 통계량을 출력해 본다. 이때 그림과 같이 "2학년 1학기 중간고사", "2학년 1학기 기말고사"와 같이 각각의 파일이 어떠한 성적을 의미하는지를 나타내는 이름을 dataName 벡터에 저장해 두고 출력할 때 자동으로 나타나게 만든다.
summary() 함수는 어떤 데이터에 대한 평균, 최솟값, 최댓값, 중앙값 등의 기본적인 수치 정보를 일이 보려고 할 때 유용한 함수로 사용법은 다음과 같다.

```
summary(데이터 변수)
```

summary() 함수는 매개변수로 어떤 유형의 데이터를 넣어도 상관없이 그 데이터에 대한 기본적인 수치 정보(최솟값, 1사분위 점수, 중앙값, 평균값, 3사분위 점수, 최댓값)을 요약해 준다. 다음과 같이 문자와 수치가 섞여 있는 데이터 프레임 score에 summary() 함수를 적용하면 열별로 기본적인 수치 정보를 요약해 준다. 여기서는 국어, 영어, 수학 점수의 수치 정보 요약만 보기를 원하므로 아래 프로그램에서와 같이 summary(score[5:7])를 실행하고 print() 함수로 결과를 출력하였다.

```
[ Script ]          # ch7_2_1_1.R
/* 생략 */
dataName <- c("2학년 1학기 중간고사", "2학년 1학기 기말고사",
              "2학년 2학기 중간고사", "2학년 2학기 기말고사")
for(i in 1:4) {
  fname <- paste("./data/score_", i, ".xlsx", sep="")  # 파일명 만들기
  score <- read.xlsx(fname, 1, colNames = TRUE)        # 성적 파일 불러오기
  # 국어, 영어, 수학 성적에 대해 학년 전체 요약
  cat("\n\n=====", dataName[i], "학년 전체 요약 =====\n")
  print(summary(score[5:7]))
}
--------------------------------------------------------------------
[ Console ]
> source('~/R_test/ch_07/ch7_2_1_1.R', encoding = 'UTF-8')
===== 2학년 1학기 중간고사 학년 전체 요약 =====
      국어              영어              수학
 Min.   : 55.00   Min.   :65.00   Min.   : 60.00
 1st Qu.: 79.50   1st Qu.:71.50   1st Qu.: 73.75
 Median : 81.00   Median :80.00   Median : 80.00
 Mean   : 81.85   Mean   :80.75   Mean   : 81.25
 3rd Qu.: 88.00   3rd Qu.:90.00   3rd Qu.: 90.00
 Max.   :100.00   Max.   :95.00   Max.   :100.00

===== 2학년 1학기 기말고사 학년 전체 요약 =====
      국어              영어              수학
 Min.   : 50.00   Min.   :55.00   Min.   :50.00
 1st Qu.: 73.75   1st Qu.:63.75   1st Qu.:73.75
 Median : 80.00   Median :77.50   Median :80.00
 Mean   : 77.60   Mean   :76.25   Mean   :79.00
 ... /* 생략 */
```

만약 반별로 위와 같은 요약 정보를 알아보고 싶다면 반별로 그룹을 나누어 summary() 함수를 적용하여야 한다. by() 함수는 첫 번째 매개변수인 데이터 프레임에 대해 두 번째 매개변수인 분류 요인별로 그룹을 나누어 세 번째 매개변수인 함수를 적용한다.

```
by(데이터 프레임, 분류 요인, 함수)
```

다음 프로그램의 by(score[c(5:7)], score$반, summary) 명령문은 과목별 성적에 대해 반별로 그룹을 나누어 summary() 함수를 적용하라는 의미이다. 다음과 같이 수행한 결과, 콘솔 창에 시험별, 학년 전체 요약, 반별 요약이 출력되는 것을 확인할 수 있다.

```
[ Script ]          # ch7_2_1_1.R
/* 생략 */
for(i in 1:4) {
  /* 생략 */
  # 국어, 영어, 수학 성적에 대해 반별 요약
  cat("\n\n=====", dataName[i], "반별 요약 =====\n")
  print(by(score[c(5:7)], score$반, summary))
}
----------------------------------------------------------------------
[ Console ]
> source('~/R_test/ch_07/ch7_2_1_1.R', encoding = 'UTF-8')
/* 학년전체 요약 생략 */
===== 2학년 1학기 중간고사 반별 요약 =====
score$반: 1
      국어            영어             수학
 Min.   : 70   Min.   :68.0   Min.   :75.0
 1st Qu.: 80   1st Qu.:70.0   1st Qu.:76.0
 Median : 85   Median :80.0   Median :85.0
 Mean   : 85   Mean   :80.6   Mean   :83.2
 3rd Qu.: 90   3rd Qu.:90.0   3rd Qu.:90.0
 Max.   :100   Max.   :95.0   Max.   :90.0
----------------------------------------------------------------------
score$반: 2
       국어          영어             수학
 Min.   :70  Min.   :75.0  Min.   :70.0
...  /* 생략 */
```

2.2 월별 원유 가격 데이터를 연간 데이터로 분리하기

대량의 데이터를 처리할 때 특정한 값을 기준으로 데이터를 분리하거나 처리 결과를 개별 파일이나 시트에 따로 저장해야 할 필요가 있다. 이 절에서는 하나의 csv 파일에 저장되어 있는 월별 원유 거래 가격을 연도를 기준으로 개별 시트에 분리하여 하나의 엑셀 파일에 저장해 본다. 데이터로 사용할 "월별 원유 가격.csv" 파일에는 아래 그림처럼 2015년 1월부터 2020년 12월까지 월별 원유 거래 가격 데이터가 저장되어 있다.

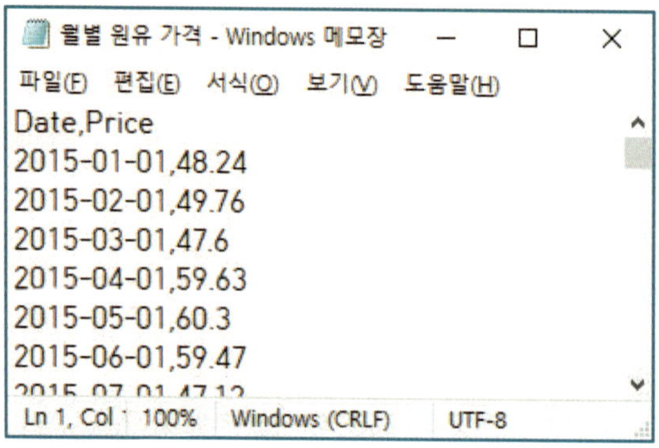

csv 파일은 아래의 R 프로그램과 같이 read.csv() 함수로 읽을 수 있다. read.csv() 함수는 기본 함수로 따로 패키지를 불러올 필요가 없으나 연도별 데이터를 엑셀 파일로 저장하기 위해 openxlsx 패키지를 불러온다.

```
[ Script ]          # ch7_2_2_1.R
library(openxlsx)
setwd("~/R_test/ch_07")                                          # 작업폴더 지정
oil_price <- read.csv("./data/월별 원유 가격.csv", header=TRUE)  # 데이터 파일 불러오기

View(oil_price)
```

read.csv("./data/월별 원유 가격.csv", header=TRUE) 코드를 실행하면 다음과 같이 데이터 프레임 oil_price가 생성된다. oil_price는 총 77개 행으로 2015년 1월부터 2020년 12월까지 원유 거래 가격이 포함되어 있다.

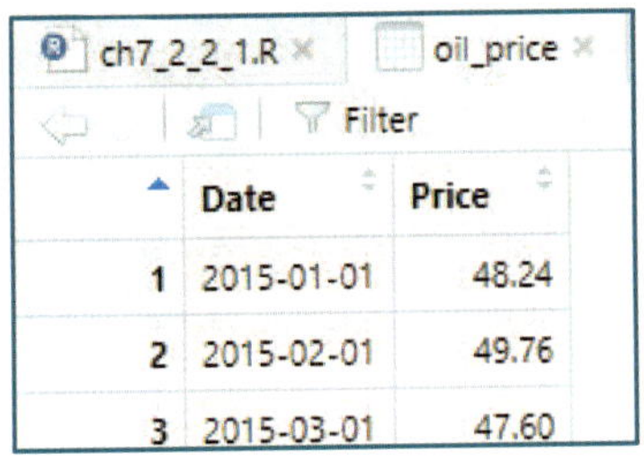

	Date	Price
1	2015-01-01	48.24
2	2015-02-01	49.76
3	2015-03-01	47.60

데이터 프레임 oil_price에서 데이터를 연도별로 구분하여 개별 시트에 저장하기 위해서 전체 레코드를 연도에 따라 따로 추출해야 한다. 이를 위해서 Date 열에서 연도 값만 따로 분리해 새로운 열로 만든다. Date 항목 값이 날짜 형식처럼 보이지만 R언어의 날짜 형태는 아니다. 따라서 연도 값만 따로 추출하기 위해서 다음과 같이 먼저 Date 열에 as.Date() 함수를 적용하여 날짜 형태로 바꾸고, format() 함수로 연도 값을 추출한다. 그리고 추출된 연도 값 y_val을 데이터 프레임 oil_price에 추가하여 아래 그림과 같이 변경한다.

```
[ Script ]              # ch7_2_2_1.R
/* 생략 */
y_val <- format(as.Date(oil_price$Date), "%Y")      # 연도 값 추출
oil_price <- cbind(oil_price, year=y_val)           # "year" 열을 추가
```

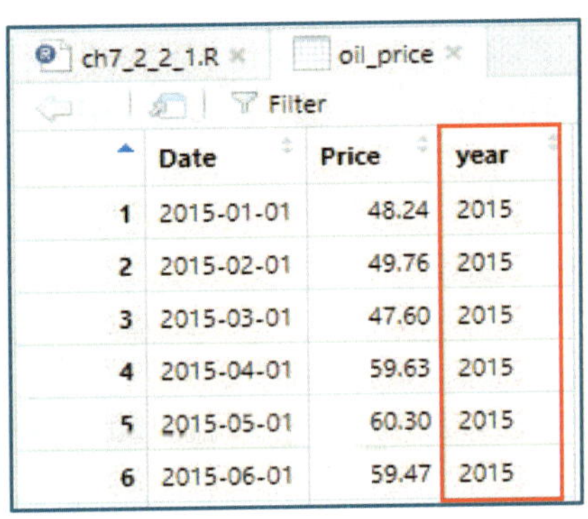

	Date	Price	year
1	2015-01-01	48.24	2015
2	2015-02-01	49.76	2015
3	2015-03-01	47.60	2015
4	2015-04-01	59.63	2015
5	2015-05-01	60.30	2015
6	2015-06-01	59.47	2015

이제 데이터 프레임 oil_price 전체 행 중에서 연도별로 행을 추출해야 한다. 데이터 프레임에 슬라이싱을 적용하여 우리가 원하는 행을 추출할 수 있다. 예를 들어 2015년도에 해당하는 행이 1행부터 12행까지라면 "oil_price[1:12,]"가 2015년도에 해당하는 행이다. 데이터 프레임의 어떤 열에서 특정 조건을 만족하는 행의 번호는 다음과 같이 which() 함수를 사용하면 알 수 있다.

```
[ Console ]
> which(oil_price$year==2015)
 [1]  1  2  3  4  5  6  7  8  9 10 11 12
```

데이터 프레임 oil_price에서 연도별 행을 추출해서 새로운 데이터 프레임으로 만드는 과정은 다음과 같이 for 명령어를 사용하여 자동화 할 수 있다.

```
[ Script ]             # ch7_2_2_1.R
/* 생략 */
for (y in 2015:2020) {
  index <- which(oil_price$year==y)     # 해당 연도의 행 번호 추출
  sub_data <- oil_price[index, ]        # 해당 연도의 행을 추출하여 데이터 프레임 생성
}
```

이제 연도별로 행을 따로 추출하여 새로운 데이터 프레임 sub_data를 생성하였으니 이것을 새로운 엑셀 파일에 시트별로 나누어 저장하면 된다. 엑셀 파일에 하나의 시트만 저장할 경우 앞서 설명되었던 openxlsx 패키지의 write.xlsx() 함수를 사용하면 된다. 하지만 지금은 하나의 엑셀 파일에 여러 개의 시트를 만들고 각 시트별로 데이터를 저장해야 한다. 엑셀 파일은 하나 이상의 워크시트 혹은 시트가 모여 워크북을 만들고 이 워크북이 엑셀 파일로 저장된다. R 프로그램에서 여러 개의 워크시트로 구성된 엑셀 파일을 만드는 과정은 다음과 같다.

```
wb_data <- createWorkbook("wb")                            # "wb"라는 이름의 워크북 생성
addWorksheet(wb_data, "시트명")                             # 워크북에 새로운 시트 추가
writeDataTable(wb_data, "시트명", 저장할 데이터)              # 추가된 시트에 데이터 저장
saveWorkbook(wb_data, file="파일명", overwrite=TRUE)       # 워크북을 엑셀 파일로 저장
```

앞서 연도별로 추출한 데이터를 개별 시트에 기록하고 이것을 하나의 엑셀 파일로 저장하는 R 프로그램은 다음과 같다.

```
[ Script ]          # ch7_2_2_1.R
/* 생략 */
wb_data <- createWorkbook("wb")         # 워크북 생성
for (y in 2015:2020) {
  index <- which(oil_price$year==y)  # 해당 연도의 행 번호 추출
  sub_data <- oil_price[index, ]       # 해당 연도의 행을 추출하여 데이터 프레임 생성

  str_year <- as.character(y)          # 연도를 문자열로 바꾸기
  addWorksheet(wb_data, str_year)      # 연도 시트 추가
  writeDataTable(wb_data, str_year, sub_data) # 추가된 시트에 데이터 저장
}
saveWorkbook(wb_data, file="./data/연도별 원유 가격.xlsx", overwrite=TRUE)  # 엑셀저장
```

위의 코드에서 먼저 wb라는 이름의 엑셀 워크북 데이터 wb_data 변수를 생성한다. 연도별로 데이터를 처리하기 위해 for 명령어를 사용하며 이때 y는 2015에서 2020까지 변하는 반복 변수로 연도 값을 나타낸다. 연도별 처리 작업은 우선 which() 함수로 y에 해당하는 연도 행을 추출하고 그 행들만 포함하는 데이터 프레임 sub_data를 생성한다. 그리고 연도를 나타내는 숫자 값인 y를 as.character() 함수로 문자열로 변환 후 addWorksheet() 함수를 이용하여 해당 이름의 시트를 생성한다. 그리고 writeDataTable() 함수를 사용하여 해당 연도의 데이터 sub_data를 생성된 시트에 저장한다. 모든 시트에 대한 작업이 끝나고 반복문 종료 후 마지막으로 saveWorkbook() 함수로 워크북 데이터를 엑셀 파일로 저장한다. 이때 overwrite = TRUE 옵션을 설정하여 작업폴더에 동일한 이름의 엑셀 파일이 존재할 경우 기존 파일을 덮어쓰게 한다. 만일 overwrite 옵션을 지정하지 않으면 동일한 이름의 파일이 있을 때 에러를 발생시킨다. 위의 R 프로그램 코드를 실행하면 최종적으로 작업폴더 내의 data 폴더에 "연도별 원유 가격.xlsx"가 다음과 같이 생성되었음을 확인할 수 있다.

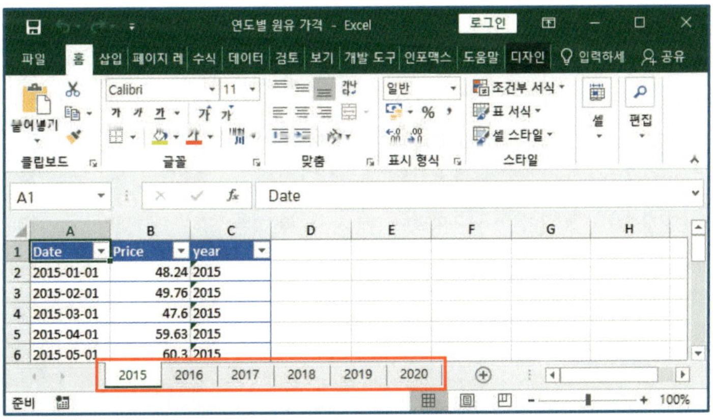

연습문제

01 "ch7_ex01.xlsx"는 다음과 같이 3개의 시트를 포함하고 있다. 반복문을 이용하여 각각의 시트를 읽어 다음과 같은 형식으로 "ch7_ex01_result.xlsx" 파일로 저장하시오.

	A	B	C
1	번호	중간	기말
2	1	71	56
3	2	76	71
4	3	66	56
5	4	82	97
6	5	51	58

1반 | 2반 | 3반

"ch7_ex01.xlsx"

	A	B	C	D
1		1반	2반	3반
2	인원	37	36	35
3	평균	60.08	58.81	48.77
4	표준편차	17.91	22.02	24.38
5	최저	11.5	0	5.5
6	최고	94.5	86.5	91.5

"ch7_ex01_result.xlsx"

▸ 처리 과정

1반 ~ 3반까지 다음 과정 처리
① ch7_ex01.xlsx 파일의 반별 시트 읽기
② 학생별 평균 구하기
③ 한 반의 전체 학생의 인원, 평균, 표준편차, 최소값, 최대값 구하기
"ch7_ex01_result.xlsx" 파일로 저장하기

02 "ch7_ex02.csv" 데이터를 읽어 학생별 평균과 등수를 구하고 아래와 같이 "ch7_ex02_result.csv" 파일로 저장하시오.

	A	B	C	D	E	F	G	H	I
1	학년	반	학번	이름	국어	영어	수학	평균	등수
2	2	1	1	김종국	80	90	85	85	8
3	2	1	2	김종민	70	68	75	71	19
4	2	1	3	김준호	85	70	76	77	13
5	2	1	4	박명수	90	80	90	86.66667	6
6	2	1	5	송지효	100	95	90	95	1
7	2	2	1	유재석	80	80	70	76.66667	14
8	2	2	2	이광수	70	75	80	75	17
9	2	2	3	정준하	80	95	90	88.33333	5

08 정보의 시각화

1 정보 전달 도우미 - 데이터 시각화

여러분은 리포트를 작성하거나 발표 자료를 만들 때 데이터를 그래프로 그려본 경험이 있을 것이다. 여러분은 왜 그래프를 이용하여 데이터를 표현하려고 하였는가? 그것은 리포트나 발표 자료를 보는 상대방이 더 빠르게 전달하고자 하는 정보를 이해할 수 있기 때문이다. 즉, 리포트를 작성하거나 발표 자료를 만들 때 한두 개의 데이터가 아닌 여러 개의 데이터를 다루었을 것이고, 그것을 글이나 표로 표현하면 상대방이 글이나 표를 꼼꼼하게 읽어 보기 전에는 그 데이터가 무엇을 의미하는지 이해하지 못할 것이다. 그래서 여러분은 주장하거나 전달하고자 하는 것을 빠른 시간 내에 상대방에게 이해시키기 위해 데이터를 그래프로 만들어 보여준다.

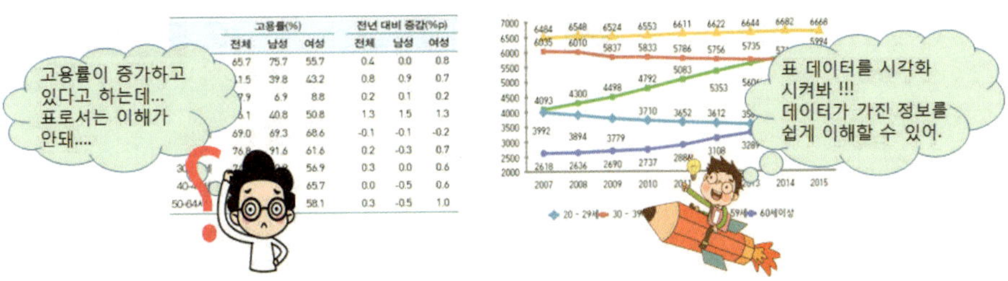

이와 같이 정보의 이해를 돕기 위해 텍스트가 아닌 그래프나 그림, 애니메이션 등으로 정보를 표현하는 것을 정보의 시각화라고 한다.

1.1 R언어를 이용한 데이터 시각화

과거에는 이러한 정보의 시각화 작업은 데이터를 정리하고 정리한 데이터를 분류하여 정보전달에 적합한 그래프를 손으로 직접 그리는 많은 시간이 소요되는 작업이었으나, 컴퓨터 기술의 발전으로 엑셀이나 워드 같은 소프트웨어들을 통해서도 간단하게 그래프를 그릴 수 있다. 하지만 데이터의 양이 많거나 데이터를 다양한 방법으로 처리한 후 그래프로 표현해 주는 작업이 여러분에게 요구된다면 한글이나 엑셀과 같은 프로그램으로는 데이터 처리 및 그래프 그리기 작업에 한계를 느낄 것이다.

R의 공식 사이트(https://www.r-project.org/)에서는 "R is a language and environment for statistical computing and graphics."라고 R을 소개하고 있다. 이는 R언어가 데이터를 다양한 방법으로 가공하는 통계처리뿐만 아니라 그래프나 지도, 애니메이션 등으로 표현하는 그래픽 처리에도 효율적인 언어임을 의미한다. 실제로 R언어에는 그래픽 처리를 위한 기본 패키지 함수뿐만 아니라 googleVis, ggplot2, lattice 등 다양한 추가 설치 패키지 함수들도 제공하고 있다.

우리가 가진 데이터를 어떤 형태의 그래프로 시각화할 것인지는 그 데이터에서 전달하려는 정보가 어떤 것인지에 따라 그래프 형태를 선택할 필요가 있다. 예를 들어 월별 판매 실적 데이터를 그래프로 시각화할 때, 기간에 따른 판매량 추이를 알고 싶다면 선그래프로 나타내는 것이 더 적합할 것이고, 특정 월의 판매 비중을 보고 싶을 때는 원그래프가 더 적합할 것이다. R언어의 기본 패키지에는 그래픽 기능을 지원하는 graphics 패키지가 포함되어 있으며, 이를 이용하여 다음 그림과 같은 다양한 그래프를 생성할 수 있다.

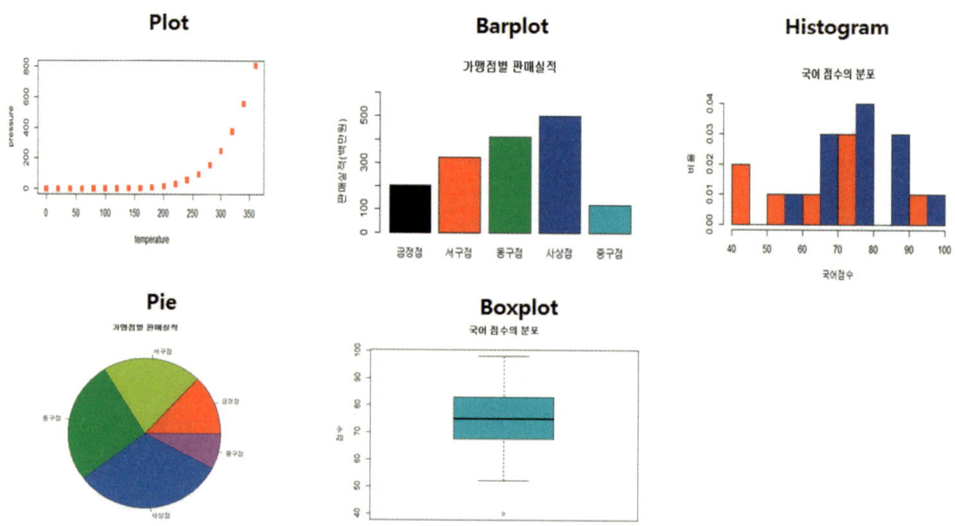

만약 여러분이 2020년 주택거래 현황에 대한 보고서를 작성한다고 가정해 보자. "2020년 주택거래 현황.xlsx"은 한국부동산원에서 다운로드 한 데이터를 가공한 것이다.

	A	B	C	D	E	F
1	월	단독주택	다가구주택	다세대주택	연립주택	아파트
2	1	10,791	2,136	16,214	3,570	137,
3	2	12,090	2,250	16,738	3,839	152,
4	3	11,994	2,420	17,969	4,052	123,
5	4	10,989	1,895	15,298	3,442	83,
6	5	12,112	2,028	15,691	3,849	102,
7	6	14,557	2,830	21,548	5,068	158,

〈Sheet1〉

	A	B
1	지역	매매가격
2	서울	69,363
3	경기	35,785
4	인천	25,756
5	부산	26,190
6	대구	30,180
7	광주	23,936
8	대전	29,679

〈Sheet2〉

	A	B
1	계약일	거래금액
2	2020-12-01	25700
3	2020-12-01	53000
4	2020-12-01	33000
5	2020-12-01	38500
6	2020-12-01	107000
7	2020-12-01	76000
8	2020-12-01	41000

〈Sheet3〉

이 엑셀 파일은 세 개의 시트로 구성되어 있으며 첫 번째 시트(Sheet1)에는 월별, 주택 유형별 거래량의 데이터가 저장되어 있으며, 두 번째 시트(Sheet2)에는 지역별 평균 매매가격 데이터, 세 번째 시트(Sheet3)에는 2020년 12월 부산지역 아파트 거래 데이터가 저장되어 있다. plot() 함수는 R언어의 가장 기본적인 그래프 함수로 매개변수로 주어지는 데이터를 이용하여 그래프를 생성한다. plot() 함수의 기본사용법은 다음과 같다.

```
plot( y축 데이터, 옵션...)
plot( x축 데이터, y축 데이터, 옵션...)
```

Tip 그래픽 함수들이 지원하는 그래프 모양들을 살펴보려면?

콘솔 창에서 example("그래픽 함수 이름")을 실행시키면 "Hit 〈Return〉 to see next plot: "이라는 메시지가 연속해서 나오고 〈Return〉을 누를 때마다 그 그래픽 함수로 표현할 수 있는 대표적인 그래프 모양들이 RStudio의 Plots 창에 나타난다.

```
[ Console ]
> example("plot")
plot> require(stats) # for lowess, rpois, rnorm
plot> plot(cars)
Hit <Return> to see next plot:
```

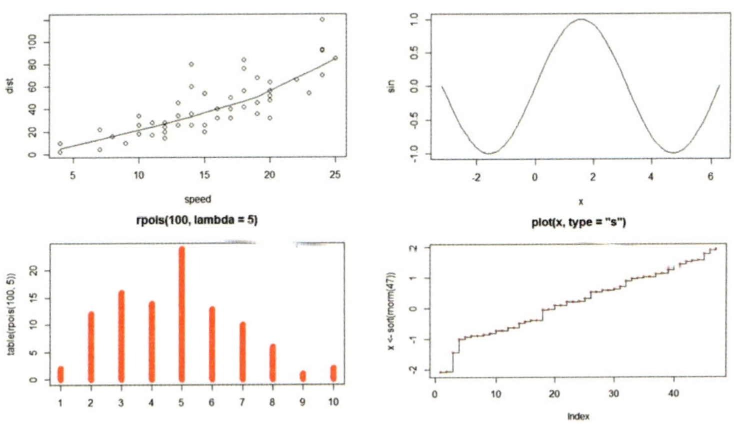

이제 주택 유형에 따른 월별 거래 건수의 변화를 그래프로 시각화 해보자. 아래의 R 프로그램과 같이 "2020년 주택거래 현황.xlsx" 파일의 첫 번째 시트를 열기 위해 openxlsx 패키지를 로드한 후 read.xlsx() 함수의 sheet 옵션을 1로 지정한다. Sheet1의 데이터를 데이터 프레임 data에 저장한 후 월별 아파트 거래 건수 데이터를 plot() 함수에 적용하면 다음과 같은 점그래프가 그려진다.

```
[ Script ]              # ch8_1_1_1.R
library(openxlsx)
setwd("~/R_test/ch_08")

data <- read.xlsx("./data/2020년 주택거래 현황.xlsx", sheet=1)
plot(data$아파트) # 월별 아파트 거래 건수를 y축으로 하는 점그래프 생성
-------------------------------------------------------------------
[ Plots ]
```

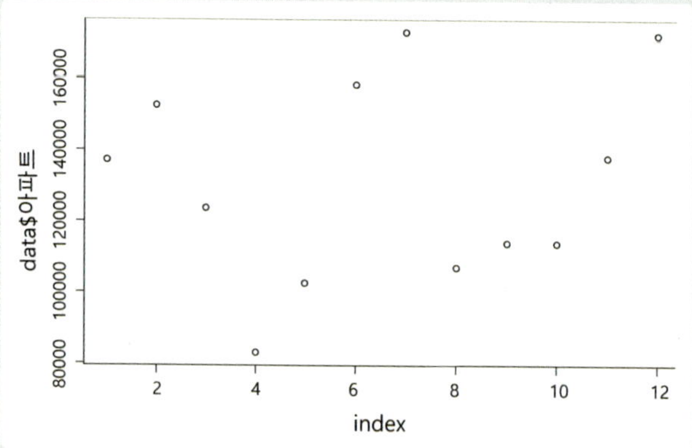

위의 그래프는 y축 값만 지정한 기본 그래프이므로 x축은 값의 개수만큼 1, 2, 3...과 같이 일련번호로 할당되고, y축은 값의 최대와 최소 범위를 고려하여 범위가 결정된다. 이 데이터는 "월"을 나타내는 값도 1, 2, 3, ...과 같이 일련번호로 되어 있어 자동으로 나타나는 index 값과 동일하지만 만일 따로 표시해야 할 x축 값이 있다면 아래와 같이 x축과 y축에 대한 값을 모두 지정하면 (x, y)의 순서쌍으로 그래프가 그려진다.

```
[ Script ]              # ch8_1_1_1.R
/* 생략 */
plot(data$월, data$아파트)      # x축, y축 값 지정
```

[Plots]

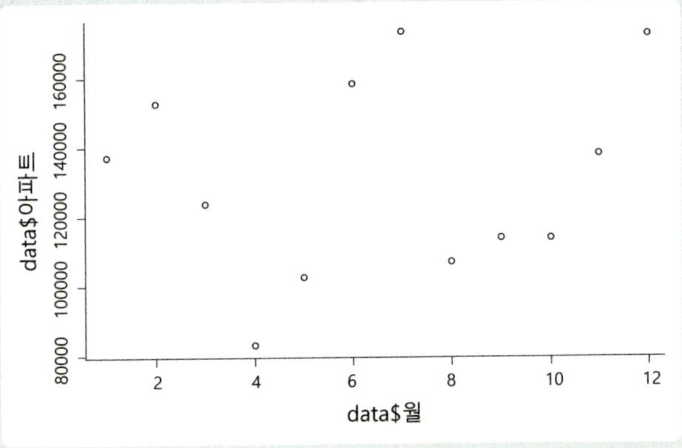

만일 우리가 월별 아파트 거래 변화의 추이를 표현하고 싶다면 위와 같은 점그래프보다는 선그래프나 막대그래프가 더 효율적이다. plot() 함수는 그래프의 모양이나 세부 사항들을 추가하거나 변경하기 위한 다양한 옵션을 제공한다. plot() 함수에서 일반적으로 많이 사용하는 옵션들은 다음 표와 같다. 이 옵션들을 외울 필요는 없다. 단지, 옵션을 바꾸면 다양한 방법으로 그릴 수 있다는 것을 확인하고 필요할 때 원하는 모양의 그래프를 그리기 위한 옵션을 찾아 지정하면 된다.

plot() 함수 옵션	설명
type	그래프 타입 지정 type="p" 기본 값으로 점(point)만 출력한다. type="l" 선(line)으로 그래프를 그린다. type="b" 점과 선(both)으로 이어 그래프를 그린다. type="o" 점과 선을 겹친 형태(overplotted)로 그린다. type="h" 수직선으로 그래프를 그린다. type="s" 계단(star step) 형태로 그래프를 그린다. type="n" nothing, 그래프에 아무것도 그리지 않는다.
lty	선의 유형을 선택 lty = 1 또는 lty = "solid" : 기본 값으로 실선 lty = 2 또는 lty = "dashed" : 파선 lty = 3 또는 lty = "dotted" : 점선 lty = 4 또는 lty = "dotdash" lty = 5 또는 lty = "longdash" lty = 6 또는 lty = "twodash"
lwd	선 굵기(line width)를 지정, 기본 값은 1이며, 2로 지정하면 2배
pch	plotting character, 그래프에 찍히는 점의 모양 선택, pch=1(0에서 25) 또는 pch="@"

앞서 생성한 점그래프를 선그래프로 변경하고 싶으면 plot() 함수의 type 옵션을 "l", "b", "o" 중 하나로 지정하면 된다. lty와 lwd, pch 옵션을 지정하여 선그래프의 선 모양과 선 굵기 등을 변경할 수도 있다. 다음 R 프로그램은 월별 아파트 거래 건수를 표식이 있는 선그래프로 시각화한다.

```
[ Script ]            # ch8_1_1_1.R
/* 생략 */
# 선 모양, 선 굵기, 표식 변경
plot(data$월, data$아파트, type="b", lty=2, lwd=1.5, pch=9)
------------------------------------------------------------
[ Plots ]
```

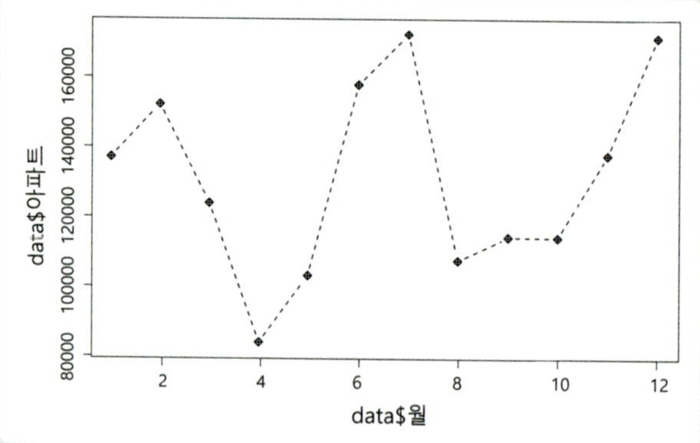

지금까지는 그래프 제목이나 축 제목 등은 표시하지 않은 기본 그래프를 생성해 보았다. 이제 그래프 함수의 공통 옵션들을 지정하여 좀 더 많은 정보를 제공할 수 있도록 그래프의 세부 사항을 변경하여 보자. 다음 표의 옵션들은 R언어에서 제공하는 거의 모든 그래프 함수에서 공통으로 사용하는 옵션들이다. plot() 함수의 옵션들과 같이 plot() 함수에서만 적용되는 옵션이 있는 반면에 아래의 표와 같이 대부분의 그래프 함수에 적용되는 옵션도 있다.

그래프 함수 공통 옵션	설명
main sub	그래프 메인 제목을 위쪽에 나타낸다. 그래프 부제목을 아래쪽에 나타낸다.
xlab ylab	x축 제목을 쓴다. y축 제목을 쓴다.
xlim ylim	x축의 범위를 지정 예) xlim=c(10, 100) y축의 범위를 지정
col	그래프 색상을 지정, "red", "blue"와 같이 색상명이나 색상 번호를 지정

다음 R 프로그램은 앞서 생성한 표식이 있는 선그래프에 세부 옵션을 변경하여 차트 제목과 축 제목 등을 추가한 것이다.

```
[ Script ]            # ch8_1_1_1.R
/* 생략 */
plot(data$아파트, type="b",  ylim=c(80000, 200000),  # y축 값 범위
     main = "2020년 전국 아파트거래 현황",            # 차트 제목
     xlab = "월", ylab = "건수",                      # x축, y축 제목
     lty=1, lwd=2, pch=15,                            # 선 모양, 선 굵기, 표식 모양
     cex.main = 1.5, cex.lab = 1.8,                   # 차트 제목 크기, 축 제목 크기
     cex=1.3,  cex.axis = 1.3,                        # 축 값 크기, 표식 크기
     col="red")                                       # 차트 색깔
------------------------------------------------------------------------
[ Plots ]
```

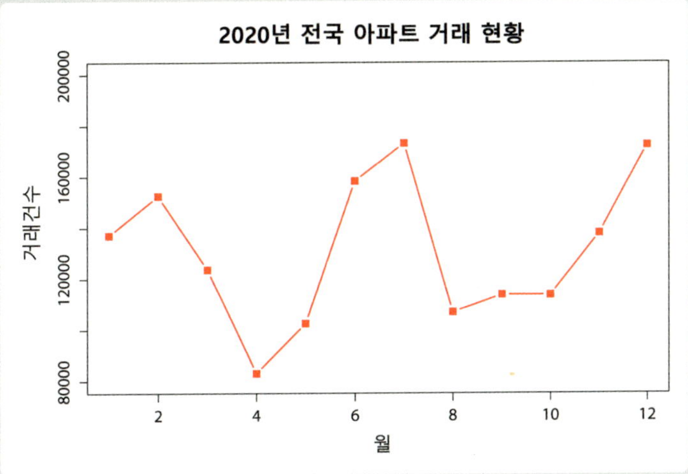

R언어에서 제공하는 그래픽 함수들은 크게 고수준(high level) 그래픽 함수와 저수준(low level) 그래픽 함수로 구분된다. 고수준 그래픽 함수는 plot() 함수와 같이 그래픽 창을 새로 열어 그래프를 그릴 수 있게 해주는 함수이며, 여러 가지 옵션을 이용하여 축 제목, 축 간격, 그래프 색깔 등 그래프 필수 요소를 설정할 수 있다. 저수준 그래픽 함수는 이미 열려 있는 그래픽 창에 점, 화살표, 선과 같은 부수적인 요소를 추가할 수 있도록 해준다. 그래프의 필수 요소는 아니지만 고수준 그래픽 함수로 만들어진 필수 요소에 추가함으로써 그래프의 설명력을 높여줄 수 있다. 즉, 저수준 그래픽 함수는 고수준 그래픽 함수로 기본 그래프를 그린 후 사용할 수 있고 독자적으로는 새로운 그래프를 생성할 수는 없다. 다음은 기본 그래프를 생성하는 고수준 그래픽 함수들과 저수준 그래픽 함수들이다.

고수준 그래픽 함수	설명
plot()	플로팅 그래프(점그래프)
barplot()	막대그래프
hist()	히스토그램
pie()	원그래프
boxplot()	상자도표

저수준 그래픽 함수	설명
points()	점 추가
lines(), abline()	선 추가, 직선을 추가
title()	그래프 제목 지정
text()	그래프 지정 위치에 텍스트 추가
box(), axis()	테두리와 축 추가
legend()	범례 추가
grid()	격자 추가

다음 R 프로그램은 저수준 그래픽 함수인 title(), arrows(), text(), points() 함수를 이용하여 그래프의 세부 속성들을 추가한 프로그램이다. 이러한 저수준 그래픽 함수들을 이용하면 기본 그래프를 그리고 필요할 때 다양한 속성들을 추가하여 그래프를 변형할 수 있다.

```
[ Script ]          # ch8_1_1_2.R
library(openxlsx)
setwd("~/R_test/ch_08")
data <- read.xlsx("./data/2020년 주택거래 현황.xlsx", sheet=1)

plot(data$월, data$아파트, ann=FALSE)      # 축 제목 없는 기본 점그래프 그리기
# 차트 제목, 축 제목 추가
title(main = "2020년 전국 아파트 거래현황", cex.main = 2, col.main = "dark blue",
     xlab = "월", ylab = "거래량", cex.lab=1.5, col.lab="blue")
arrows(3.5, 100000, 4, 85000)          # 화살표 추가
text(3.5, 105000, "최소 거래량", cex = 1.5, col = "red")     # 텍스트 추가
# (10, 160000) 위치에 points 추가
points(10, 160000, pch = 8, cex = 2, col="red")
```

```
[ Plots ]
```

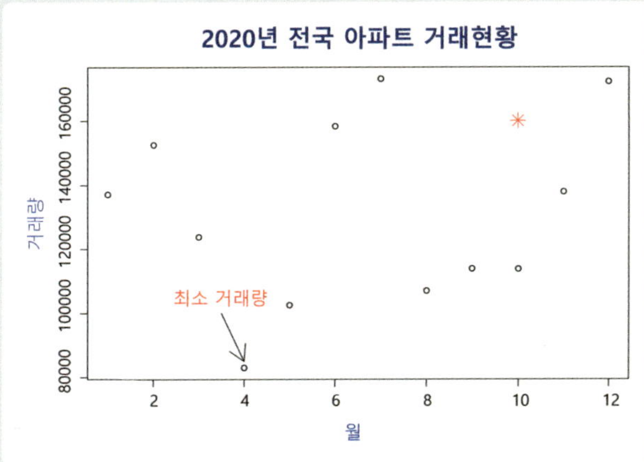

Tip 그래프 함수에서 색상 지정 방법

R에서는 일반적으로 col 옵션을 이용하여 색상을 지정한다. col 옵션에 지정할 수 있는 색상 이름은 colors 함수로 확인할 수 있다. 총 657개의 색상 이름을 사용할 수 있다.

```
> head(colors(), 8)
[1] "white"          "aliceblue"      "antiquewhite"   "antiquewhite1"
[5] "antiquewhite2"  "antiquewhite3"  "antiquewhite4"  "aquamarine"
```

col 옵션에 색상 이름을 지정하기도 하지만 숫자를 이용하기도 한다. col, pch 등의 숫자 값의 의미를 알려면 Hmisc 패키지를 설치하여 확인할 수 있다.

```
install.packages("Hmisc")
library(Hmisc)
show.col()
show.pch()
```

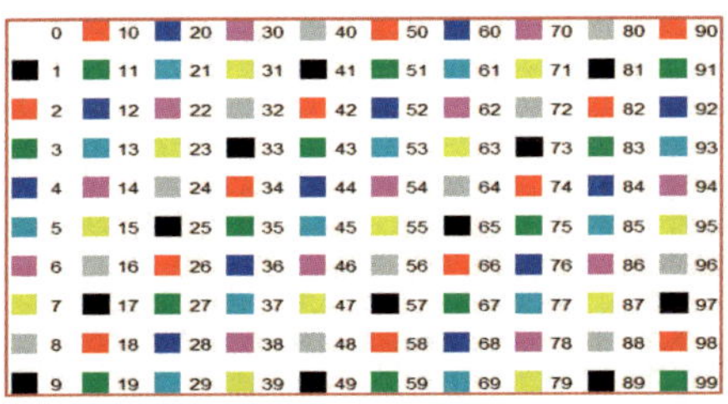

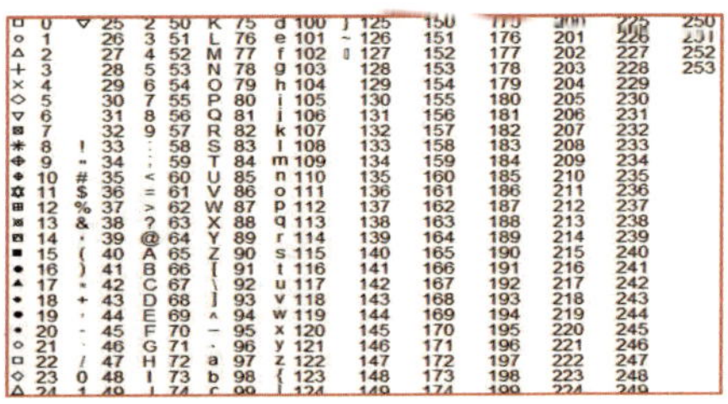

1.2 R언어의 다양한 시각화 함수

이 절에서는 1.1절에서 사용한 "2020년 주택거래 현황.xlsx" 데이터를 이용하여 다양한 형태의 그래프로 시각화 해본다.

1) barplot() 함수 : 막대그래프

막대그래프는 값을 막대의 길이로 표현한 그래프로 값을 비교하기에 좋으며 최댓값과 최솟값을 한눈에 비교할 수 있다. R언어에서는 barplot() 함수를 이용하여 막대그래프를 생성할 수 있으며, 다음과 같이 막대의 높이를 나타내는 벡터나 행렬을 매개변수로 제공한다.

```
barplot(height)                    # 막대를 설명하는 벡터 또는 값 행렬
```

"2020년 주택거래 현황.xlsx" 파일의 두 번째 시트는 지역별 아파트 평균 매매가격 데이터로 변화 추세가 아닌 지역별 차이의 비교가 더 중요한 의미를 가진다. 이러한 경우 앞서 보았던 선그래프보다는 막대그래프로 시각화하는 것이 매매가격 차이를 나타내는데 더 적합하다.
다음 R 프로그램은 "2020년 주택거래 현황.xlsx"의 Sheet2를 불러들여 지역별 평균 매매가격 차이를 막대그래프로 시각화한다.

```
[ Script ]            # ch8_1_2_1.R
library(openxlsx)
setwd("~/R_test/ch_08")
data <- read.xlsx("./data/2020년 주택거래 현황.xlsx", sheet=2)

barplot(data$매매가격)                    # 기본 막대그래프 그리기
---------------------------------------------------------------------
[ Plots ]
```

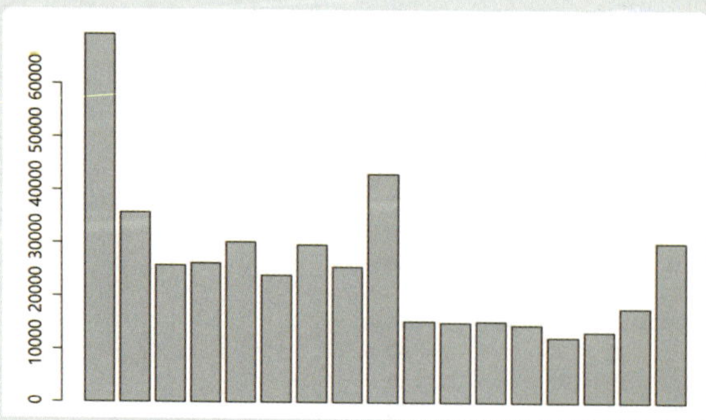

위의 막대그래프는 아무 옵션도 지정하지 않은 상태로 그래프에 대한 세부정보를 나타낼 필요가 있다. barplot() 함수도 plot() 함수에서 사용되었던 공통 옵션들을 이용하여 막대그래프의 세부 사항들을 설정할 수 있다. barplot() 함수에 주로 사용되는 옵션은 다음과 같다.

그래프 함수 공통 옵션	설명
width	막대의 너비로 기본값은 1로 모두 동일
space	각 막대 사이의 간격
names.arg	각 막대의 혹은 막대 그룹의 이름을 나타내는 문자열 벡터
horiz	TRUE 일 경우 가로 막대그래프
beside	FALSE의 경우 막대가 쌓아진 형태로, TRUE 일 경우 막대를 옆에 배열
col	그래프 색상 “red”, “blue” 와 같은 색상명이나 색상번호를 지정

다음 R 프로그램은 위의 그래프 옵션을 사용하여 지역별 아파트 평균 매매가격의 기본 막대그래프에 그래프 제목과 막대 색깔, 축 제목, y축 범위 등을 변경하였다.

```
[ Script ]              # ch8_1_2_1.R
/* 생략 */
barplot(data$매매가격,
      main = "2020년 지역별 아파트 평균 매매가격",   # 차트 제목
      col = rainbow(5),                              # 막대 색상 지정
      ylim = c(0, 70000),                            # y축 범위 지정
      names.arg = data$지역,                         # x축 항목 이름 지정
      xlab = "지역", ylab = "가격(단위: 만원)",      # x축과 y축 이름 지정
      cex.main = 2, cex.lab=1.5,                     # 차트제목, 축제목 크기 지정
      cex.axis=1.3, cex.name=1.3)                    # y축값, x 항목이름 크기 지정
----------------------------------------------------------------------
[ Plots ]
```

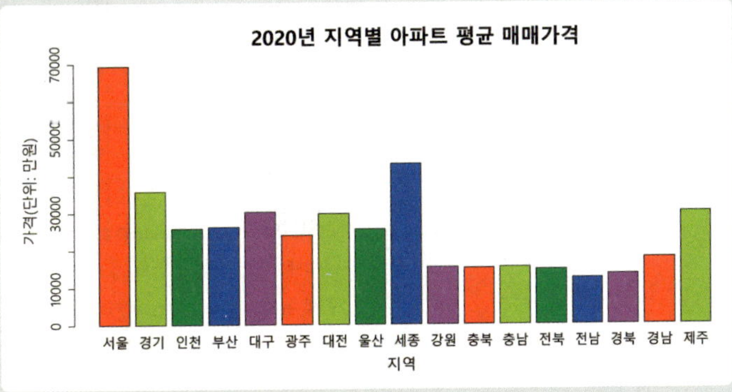

만약 2020년 주택 거래 현황 데이터의 첫 번째 시트에 있는 주택 유형별 거래 건수를 한눈에 파악하고 싶다면 묶은 막대그래프를 활용할 수 있다. 묶은 막대그래프는 한 계열에 여러 항목을 그룹으로 나타낸 것이다.

다음 R 프로그램은 주택 유형별로 1월부터 12월까지 거래건수를 그룹으로 묶어서 막대그래프로 시각화한다. 우선 "2020년 주택거래 현황.xlsx" 파일의 첫 번째 시트를 불러들여 월을 나타내는 1열을 제외하고 데이터 프레임 data1을 생성한다. 묶은 막대그래프로 나타낼 데이터는 벡터나 행렬로 되어 있어야 하므로 as.matrix() 함수를 이용하여 데이터 프레임 data1을 행렬로 변환한 후 barplot() 함수로 시각화한다. barplot() 함수의 beside 옵션을 TRUE로 지정하면 그룹에 속한 막대가 아래 그림처럼 옆으로 나란히 표시된다.

```
[ Script ]              # ch8_1_2_2.R
setwd("~/R_test/ch_08")
data <- read.xlsx("./data/2020년 주택거래 현황.xlsx", sheet=1)

data1 <- data[, -1]                      # 1열 제외
data2 <- as.matrix(data1)                # data1을 행렬로 변환
barplot(data2, main = "월별 거래 건수", beside=TRUE,
        ylim = c(0, 200000), xlab = "주택 유형", ylab = "거래건수",
        col = rainbow(nrow(data2)))
----------------------------------------------------------------------
[ Plots ]
```

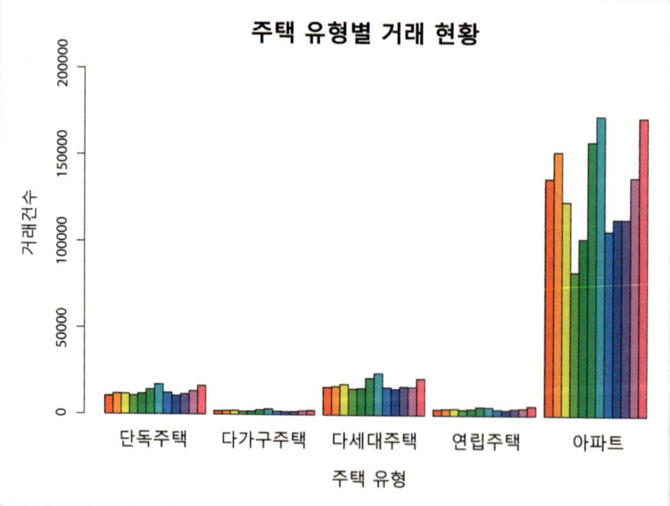

결과로 생성된 그래프에서 주택유형별로 1월부터 12월까지의 거래 건수가 하나의 그룹으로 시각화된 것을 볼 수 있다. 만약 주택 유형을 그룹으로 묶어 월별로 그래프를 나타내려면 다음과 같이 행렬 data2의 열과 행을 바꾸어 전치행렬로 만든 후 barplot() 함수를 적용하면 된다.

```
[ Script ]            # ch8_1_2_2.R
/* 생략 */
data3 <- t(data2)
barplot(data3, main = "2020년 월별 거래 현황", beside=TRUE,
        ylim = c(0, 200000),
        xlab = "기간", ylab = "거래건수", col = rainbow(nrow(data3)))
---------------------------------------------------------------
[ Plots ]
```

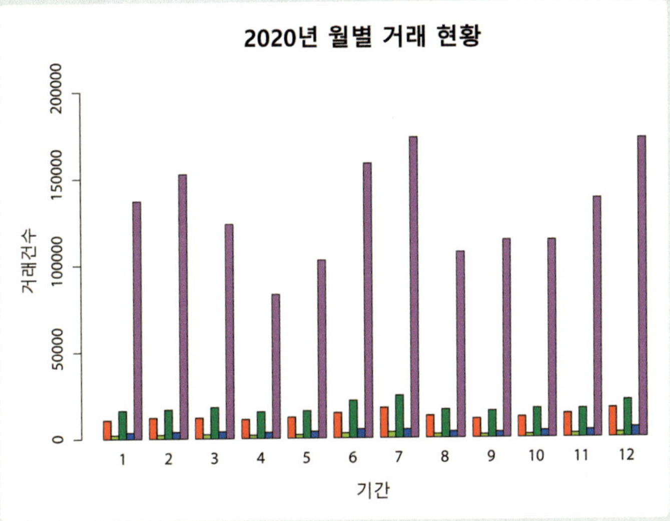

여러 항목을 그룹으로 묶어 막대그래프로 나타낼 때 위와 같이 막대를 옆으로 붙여서 표현할 수도 있고 하나의 막대에 누적시켜 누적 막대그래프로 시각화할 수도 있다. 누적 막대그래프는 전체의 총합뿐만 아니라 그 합을 구성하는 요소들의 비중까지 직관적으로 볼 수 있어 효율적이다. 누적 막대그래프는 barplot() 함수의 beside 옵션을 FALSE로 지정함으로써 생성할 수 있다.

다음 프로그램은 주택 유형을 그룹으로 한 월별 묶은 막대그래프를 누적 막대그래프로 시각화한다. 묶은 막대그래프나 누적 막대그래프의 하나의 그룹에 여러 색의 막대가 포함되어 있어 각각 어떤 항목을 나타내는지 범례로 표시할 필요가 있다. 그래프에 범례를 추가하기 위해서 저수준 그래픽 함수인 legend() 함수를 이용한다.

```
[ Script ]          # ch8_1_2_2.R
/* 생략 */
barplot(data3, main = "2020년 월별 거래 현황", beside=FALSE,
        ylim = c(0, 250000),
        xlab = "기간", ylab = "거래건수", col = rainbow(nrow(data3)))

# 범례 추가하기
legend("topright", rownames(data3), cex = 1.0, fill = rainbow(nrow(data3)), horiz = T)
--------------------------------------------------------------------
[ Plots ]
```

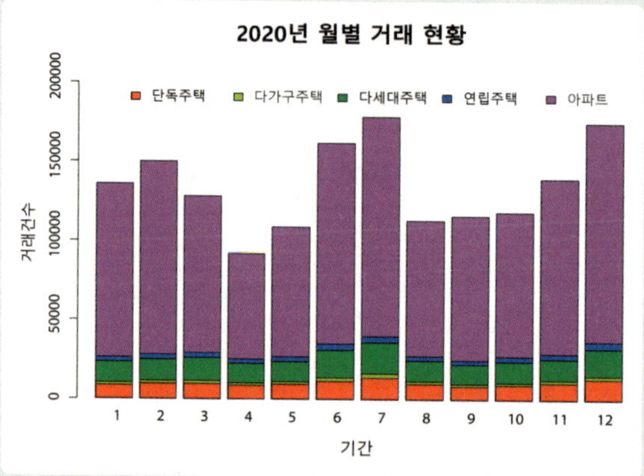

2) pie() 함수 : 원그래프

앞서 살펴본 선그래프를 통해 주택 유형별 거래량의 시간별 변화 추세를 파악할 수 있지만, 특정 주택 유형이 전체에서 얼마의 비중을 차지하는지는 보여주지는 않는다. 원그래프는 각 항목의 데이터 값들의 상대적인 크기를 시각적으로 표현하는데 효과적인 그래프 형태로, 부분과 전체, 부분과 부분 사이의 비율을 한눈에 볼 수 있고, 낮은 비율도 비교적 쉽게 나타낼 수 있다. R언어에서는 원그래프를 표현하기 위해 pie() 함수를 제공하며, pie() 함수의 사용법은 다음과 같다.

```
pie(x,                  # 음이 아닌 수치 벡터
    labels,             # 각 부채꼴을 설명하는 이름
    clockwise,          # 부채꼴의 출력방향, 기본 값은 FALSE로 반시계 방향
    radius,             # 원형의 크기 지정, 기본 값은 1
    init.angle,         # 시작되는 지점의 각도, 기본 값은 3시 방향
    ... )
```

2020년 주택 유형별 거래량 데이터를 통해 주택 유형별 거래 비중을 파악하기 위해서 먼저 아래의 R 프로그램처럼 표의 각 열에 해당하는 주택 유형마다 1월부터 12월까지의 거래량 합계를 구해야 한다. apply() 함수에 두 번째 옵션 값을 2로 지정하면 데이터 프레임의 각 열에 대해 특정 함수를 적용할 수 있다. 아래 코드에서 데이터 프레임 data의 1열은 "월" 데이터로 열의 합계를 구할 때 제외해야 한다.

```
[ Script ]                # ch8_1_2_3.R
library(openxlsx)
setwd("~/R_test/ch_08")

data <- read.xlsx("./data/2020년 주택거래 현황.xlsx", sheet=1)
annual_sum <- apply(data[,-1], 2, sum)   # 1열("월")을 제외한 나머지 열의 합계
print(annual_sum)
---------------------------------------------------------------------------
[ Console ]
> print(annual_sum)
  단독주택 다가구주택 다세대주택   연립주택    아파트
  155783     27606    213841    49260    1575375
```

이렇게 구해진 주택 유형별 전체 거래량 데이터 annual_sum에 pieplot() 함수를 적용하면 아래와 같은 원그래프를 생성할 수 있다. 그림과 같이 선그래프로 시각화한 것보다 전체에서 각 항목이 차지하는 비율을 효과적으로 나타내 주고 있다. 아래의 그래프는 기본 원그래프에 옵션을 설정하여 그래프 제목 크기, 라벨 크기, 그래프 조각의 색깔을 변경한 것이다.

```
[ Script ]                # ch8_1_2_3.R
/* 생략 */
pie(annual_sum, main = "2020년 주택 유형별 거래량",
    cex.main=2, cex=1.5,                   # 그래프 제목 크기, 라벨 크기 설정
    col=rainbow(length(annual_sum)))    # 판매실적(x)의 수만큼 무지개 색으로 설정
---------------------------------------------------------------------------
[ Plots ]
```

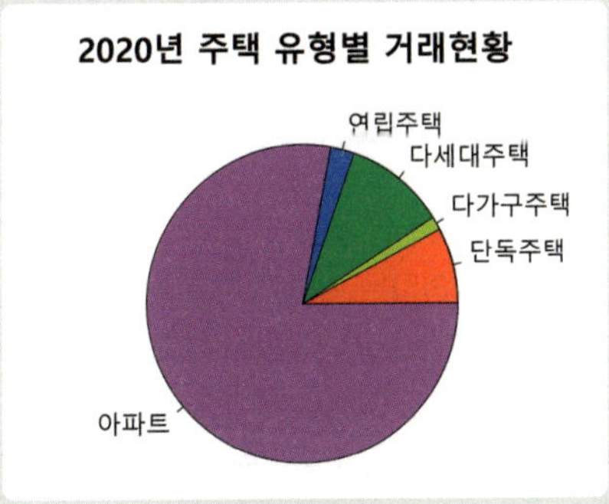

3) boxplot() 함수 : 상자도표(box plot)

어떤 데이터의 최댓값과 최솟값, 중앙값, 이상치 등과 같은 통계적 정보들을 알아보려면 R언어에서 제공하는 여러 가지 통계함수를 이용할 수 있다. 이와 같이 정확한 통계적 수치가 필요하다면 해당하는 함수를 이용하여 값을 구해야 하지만 대략적인 분포를 파악하기 위해서는 상자도표를 이용할 수도 있다. 상자도표는 5가지 통계(최솟값, 제1사분위수, 중위수, 제3사분위수, 최댓값)을 표시하는 그래프로 데이터 값의 분포를 표시하고 이상치를 표시하는데 유용하다. 상자도표는 가운뎃줄이 하나 있는 상자와 이 상자의 위와 아래에 놓여 있는 수염으로 구성되어 있다. R언어에서는 boxplot() 함수를 이용하여 상자도표를 생성할 수 있으며, boxplot() 함수의 기본사용법은 다음과 같다.

```
boxplot(x)                              # 상자도표를 그릴 수치 벡터나 단일 리스트
```

Tip 박스도표의 해석

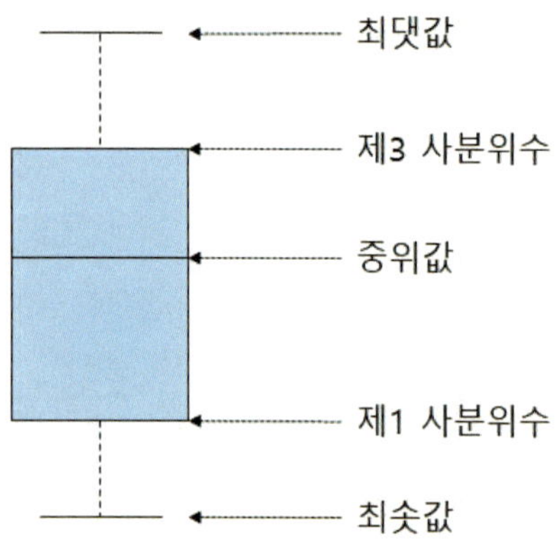

박스도표는 왼쪽 그림과 같이 그래프로 나타낼 데이터의 다음과 같은 5가지 통계 값을 시각화 한 것이다.

- 중위값 : 데이터의 분포 상에서 가장 가운데 있는 수. 예를 들어 1, 5, 7, 9, 13이 있으면 가운데 있는 수가 7이므로 중위값은 7이 된다. 만약 데이터의 개수가 짝수 개일 경우 중위값은 가장 가운데 있는 두 값의 평균값이 된다.
- 제1 사분위수: 데이터를 작은 수부터 오름차순으로 나열했을 때 25%에 위치한 값을 나타낸다. 즉, (데이터수+1)/4 번째에 위치한 값이다.
- 제3 사분위수: 데이터를 작은 수부터 오름차순으로 나열했을 때 75%에 위치한 값을 나타낸다. 즉, 3*(데이터수 + 1)/4 번째에 위치한 값이다.

상자도표는 단순히 평균만 구했을 때 드러나는 데이터의 의미보다 더 많은 통계적 정보를 제공한다. 예를 들어 소득 데이터에서 중위값이 평균값보다 더 작게 나타난다면 대부분 사람들의 소득은 작은 반면 소득이 높은 상위 사람들의 소득이 상대적으로 매우 큰 것으로 추측해 볼 수 있다. 이렇듯 상자도표를 그려봄으로써 데이터에 숨겨진 다양한 통계적 정보들을 쉽게 파악할 수 있다.

이번에는 상자도표를 이용하여 2020년 지역별 아파트 가격의 분포 특성을 파악해 보자. 먼저 다음 R 프로그램과 같이 "2020년 주택거래 현황.xlsx"의 두 번째 시트인 지역별 아파트 평균 매매가격 데이터를 불러들이고 boxplot() 함수를 이용하여 상자도표로 시각화한다.

```
[ Script ]          # ch8_1_2_4.R
library(openxlsx)
setwd("~/R_test/ch_08")
boxplot(data$매매가,  main="2020년 월별 주택거래분포",
        ylab="가격(단위: 만원)", col=4)
avg_val <- mean(data$매매가)          # 지역별 평균 매매가격
sd_val <- sd(data$매매가)             # 지역별 매매가격 표준편차
cat(avg_val, sd_val)
-----------------------------------------------------------------
[ Plots ]
```

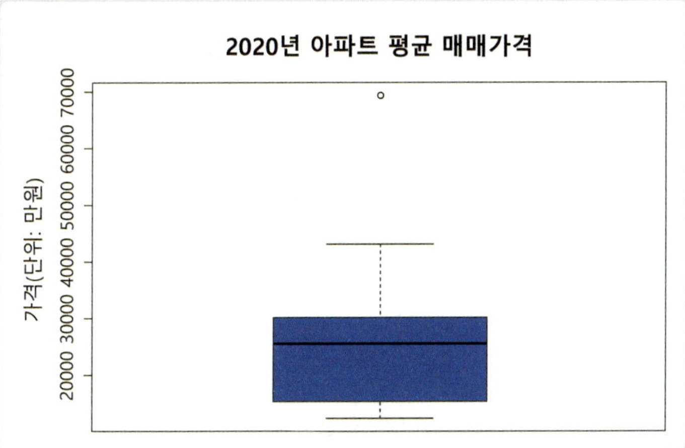

위의 상자도표에서는 최소값에서 제1사분위 수까지의 거리가 제3사분위 수부터 최댓값까지의 길이보다 상대적으로 짧다. 이것으로 볼 때 평균 매매가격이 높을수록 지역별 편차가 큼을 알 수 있다. 또한, 중위값과 제3사분위수까지의 길이가 상당히 짧은 것으로 보아 평균 매매가격이 3분위에 속하는 지역 간 차이는 크지 않음을 알 수 있다. 그리고 최댓값을 나타내는 선보다 위쪽에 점이 하나 나타나는데 이것은 이상치(outlier)라고 한다. 이 상자도표에서 "서울"에 해당하는 값으로 평균 매매가격의 전체적인 분포와 큰 차이를 보이는 값으로 실제 데이터에서 서울지역의 평균 매매가격은 69,363만 원으로 전체 평균(≒26,099만 원)과 표준편차(≒14,158만 원)인 분포에서 크게 벗어남을 알 수 있다.

다음 R 프로그램은 위에서 생성한 상자도표에 평균의 위치를 추가하여 더 많은 통계적 정보를 표현한다. 이미 그려진 그래프에 저수준 그래픽 함수인 abline() 함수를 이용하여 수평선 또는 수직선을 추가할 수 있다.

```
[ Script ]            # ch8_1_2_4.R
/* 생략 */
# 평균 선 추가, h옵션: 수평선 긋기
abline(h=avg_val, col="red", lty=2, lwd=2)
------------------------------------------------------------------
[ Plots ]
```

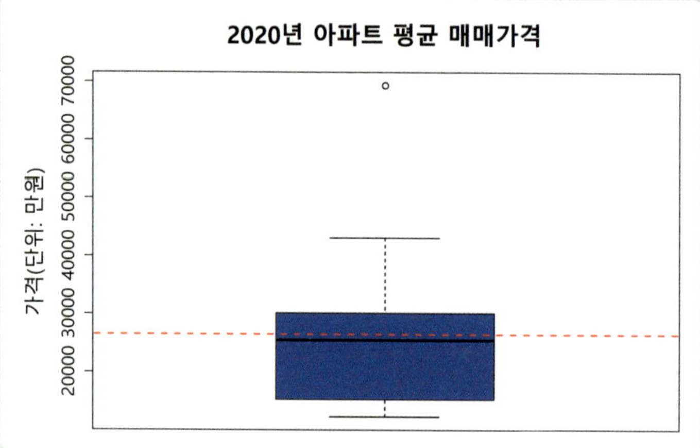

위의 상자도표에 평균값 avg_val(=26,099.71)이 붉은색 점선으로 그어져 있다. 상자도표로 파악할 수 있는 더 많은 통계 정보는 이 책의 범위를 벗어나는 것으로 통계학 관련 자료를 참고하기 바란다.

4) hist() 함수 : 히스토그램

앞서 설명한 것과 같이 상자도표를 통해 데이터가 가진 대략적인 통계적 특성을 직관적으로 파악할 수 있다. 만일 데이터 값들의 분포 모양을 알고 싶거나 어떤 값들이 가장 많이 나타나는지 등을 알고 싶다면 히스토그램이 유용하다. 히스토그램은 많은 양의 데이터를 시각적으로 한눈에 알아보도록 데이터의 분포를 보여주는 그래프로 자주 활용된다. R언어에서는 히스토그램을 생성하기 위해서 hist() 함수를 제공한다. hist() 함수의 기본사용법과 주요 옵션은 다음과 같다.

```
boxplot(x,                    # 히스토그램으로 나타낼 값 벡터
        breaks                # 계급 구간의 개수
        freq                  # TRUE이면 빈도수(기본 값), FALSE이면 확률밀도(비율)
        names.arg             # 막대 혹은 막대 그룹의 이름을 나타내는 문자열 벡터
        include.lowest        # TRUE이면 각 기둥의 최솟값 포함
        right                 # TRUE이면 기둥의 우측이 닫힌(right-closed) 구간
        border                # 기둥의 테두리 색
        ... )
```

"2020년 주택거래 현황.xlsx" 파일의 세 번째 시트(Sheet3)는 2020년 12월 부산지역 아파트 거래 현황 데이터이다. 이 데이터를 히스토그램으로 시각화하면 수천 개의 값이 어떻게 분포되어 있는지 쉽게 알아볼 수 있다. 다음의 R 프로그램과 같이 "2020년 주택거래 현황.xlsx"의 세 번째 시트를 불러들인 후 hist() 함수를 적용하면 된다.

```
[ Script ]             # ch8_1_2_5.R
library(openxlsx)
setwd("~/R_test/ch_08")

data <- read.xlsx("./data/2020년 주택거래 현황.xlsx", sheet=3)
hist(data$거래금액)                    # 기본 히스토그램 생성
--------------------------------------------------------------
[ Plots ]
```

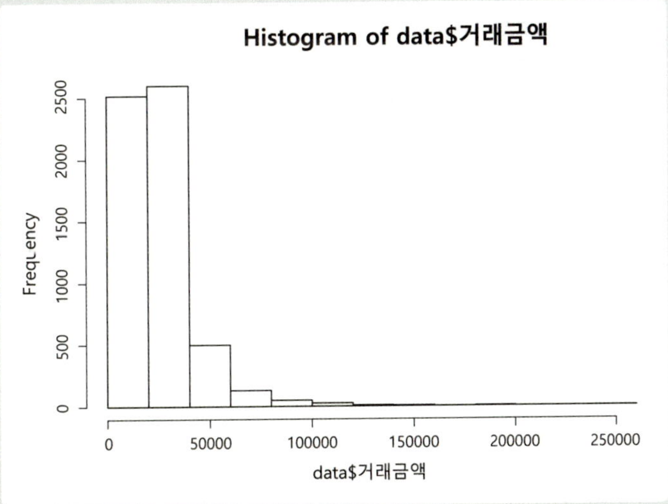

위의 히스토그램은 hist() 함수에 추가 옵션을 지정하지 않은 기본 상태의 히스토그램이다. hist() 함수도 plot() 함수나 barplot() 함수처럼 옵션을 지정하여 기본 히스토그램의 세부 사항을 추가하거나 변경할 수 있다. 다음 R 프로그램은 기본 히스토그램에 차트 제목, 축 제목 등을 변경하기 위해 hist() 함수의 옵션을 지정하였다.

```
[ Script ]          # ch8_1_2_5.R
/* 생략 */
hist(data$거래금액, breaks = 50,                     # 데이터 및 구간 수
     col=c("red", "blue"),                          # 막대 색깔
     main="2020년 12월 아파트 거래분포",                # 그래프 제목
     xlab="거래금액(단위: 만원)", ylab="빈도",          # x축과 y축 제목
     cex.main=1.7,                                  # 그래프 제목 크기
     cex.lab=1.5, cex.axis=1.0)                     # 축 제목 크기, 축 글자 크기
------------------------------------------------------------------------
[ Plots ]
```

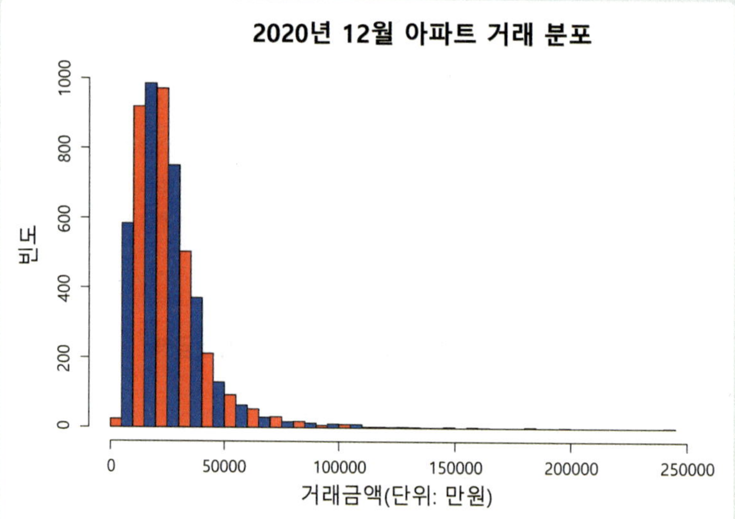

위의 히스토그램에서는 구간 수가 50개로 거래금액별 빈도를 더 세부적으로 나타낼 수 있다. 히스토그램의 모양을 통해 2020년 12월 부산지역의 아파트 거래 중 거래금액이 5억 원 이하인 경우가 대부분인 반면 20억 원 이상의 거래도 나타나는 것으로 보아 거래금액에 편차가 큼을 알 수 있다. 이외에도 특정 구간에 구간 수를 더 늘리거나, freq 옵션을 FALSE로 하여 y축을 빈도가 아닌 확률밀도로 변경하는 등과 같이 데이터가 가진 분포 특성을 다양한 형태로 표현할 수 있다.

2 그래프 함수 활용하기

1절에서는 R언어의 기본 패키지인 graphics 패키지에 포함된 그래픽 함수를 이용하여 다양한 그래프를 생성하는 방법을 알아보았다. 이 절에서는 주어진 데이터에서 나타내고자 하는 정보에 따라 가장 효율적으로 정보를 전달할 수 있는 그래프 형태로 시각화하는 방법을 다루어 본다.

2.1 연도별 강수량 분포 나타내기

아래의 데이터는 기상자료개방포털(https://data.kma.go.kr/cmmn/main.do) 사이트에서 2007~2016년의 부산시 연도별 강수량을 다운로드한 "부산시_연도별_강수량.csv" 파일이다. 연도별 합계 강수량과 일 최다 강수량의 분포를 한 눈에 볼 수 있도록 다음과 같이 하나의 Plots 창에 1행 2열로 막대그래프를 그리고, 한글이나 워드프로그램에서 사용할 수 있도록 그림 파일이나 pdf 파일로 저장해 본다.

지점	일시	합계 강수량	일 최다 강수량	일 최다 강수량 나타난날(yyyymmdd)
159	2007	1276.5	88	20070701
159	2008	1168.3	144	20080812
159	2009	1772.9	310	20090707
159	2010	1441.9	106	20100711
159	2011	1478.6	245	20110727
159	2012	1983.3	231	20120715
159	2013	1130.1	105.5	20130528
159	2014	1693.1	129.5	20140818
159	2015	1396.7	87.5	20150419
159	2016	1760.2	119.4	20160917

부산시_연도별_강수량

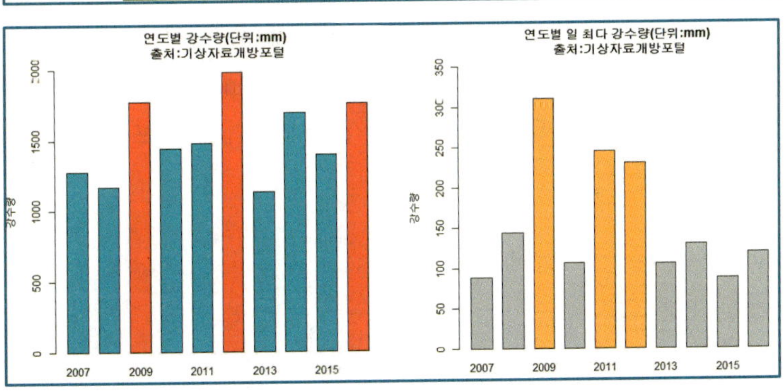

먼저 연도별 합계 강수량과 연도별 일 최다 강수량의 분포를 그래프로 그리기 위해 다음 R 프로그램과 같이 "부산시_연도별_강수량.csv" 파일을 불러 들여 그래프로 나타낼 2열~4열인 "일시", "합계.강수량", "일.최다.강수량" 데이터만 추출한다. 추출한 데이터를 데이터 프레임 rain_data1에 저장하고 열 이름을 "년도", "년강수량", "일최다강수량"으로 변경한다.

```
[ Script ]            # ch8_2_1_1.R
setwd("~/R_test/ch_08")
rain_data <- read.csv("./data/부산시_연도별_강수량.csv", header=TRUE)
rain_data1 <- rain_data[, 2:4]                              # 2열~4열 추출

colnames(rain_data1) <-c("년도", "년강수량", "일최다강수량")   # 열 이름 변경
print(rain_data1)
-----------------------------------------------------------------
[ Console ]
> source('~/R_test/ch_08/ch8_2_1_1.R', encoding = 'UTF-8')
   년도   년강수량   일최다강수량
1  2007   1276.5      88.0
2  2008   1168.3     144.0
.../* 생략 */
```

데이터 프레임 rain_data1의 연도별 "년강수량"과 "일최다강수량"을 비교하기 위해 막대그래프로 시각화한다. 지금까지는 barplot() 함수를 이용하여 하나의 플롯 화면에 하나의 그래프를 생성하였는데 이번에는 "년강수량" 그래프와 "일최다강수량" 그래프를 하나의 플롯 화면에 나타내 본다.

R언어에서 par(mfrow=c(행 개수, 열 개수)) 또는 par(mfcol=c(행 개수, 열 개수))와 같은 명령을 실행하면 하나의 플롯 화면이 가로로 열 개수만큼, 세로로 행 개수만큼 분할되고, 생성되는 그래프는 mfrow이면 행 우선으로, mfcol이면 열 우선으로 배치된다. 예를 들어, par(mfrow=c(1, 2))를 실행하면 하나의 플롯 화면이 1행 2열로 분할되어 두 개의 그래프가 생성된 순서대로 왼쪽부터 오른쪽으로 표시된다. 만약 par(mfcol=c(2,1))을 실행하면 두 개의 그래프가 위에서 아래 순서로 나타난다.

다음 R 프로그램은 "년강수량"과 "일최다강수량" 각각에 대한 막대그래프를 생성하고 이를 하나의 Plots 창에 나타내 준다.

```
[ Script ]            # ch8_2_1_1.R
/* 생략 */
par(mfrow = c(1,2))                       # 하나의 그림 창에 1행 2열로 그래프 배치
barplot(rain_data1$년강수량, main="연도별 강수량")
barplot(rain_data1$일최다강수량, main="연도별 일일 최다 강수량")
--------------------------------------------------------------------------
[ Plots ]
```

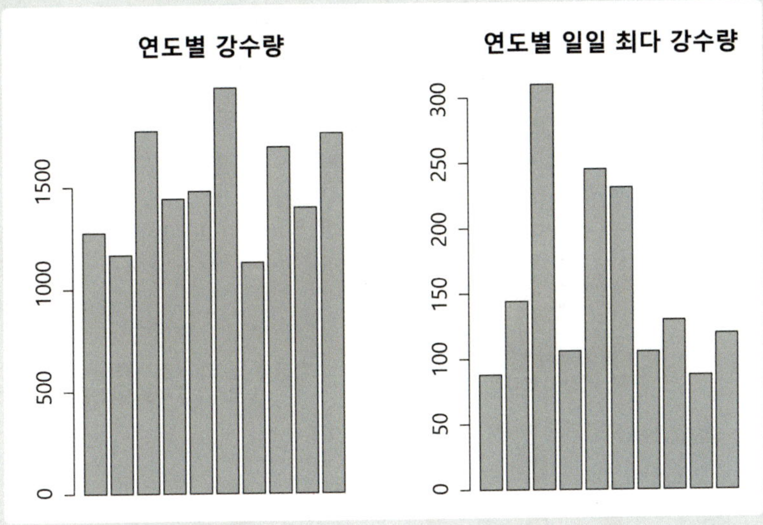

위의 막대그래프는 차트 제목을 제외한 나머지 옵션을 지정하지 않은 기본 그래프이므로 앞서 살펴보았던 그래프 함수 공통 옵션들을 이용하여 막대그래프를 변경해 본다. 지금까지 barplot() 함수에서 막대의 색깔을 지정하기 위해 col 옵션을 사용하였다. 이때 특정 조건을 만족하는 막대에만 색깔을 변경하기 위해서는 barplot() 함수에 ifelse() 함수를 사용할 수 있다.

만약 년강수량 값이 1,700을 초과하는 경우에는 막대의 색깔을 "red"로 하고 그렇지 않다면 "cyan"으로 할 경우 "col = ifelse(rainData1$년강수량>1700, "red", "cyan")"과 같은 함수 옵션을 지정하면 된다. 다음 R 프로그램은 차트 제목과 축 제목 등의 옵션을 지정하고 조건에 따라 막대의 색깔을 달리 지정하였다.

```
[ Script ]          # ch8_2_1_1.R
/* 생략 */
name <- rainData1$년도
# 1행1열에 막대그래프 그리기 (연도별 강수량)
barplot(rain_data1$년강수량,
        main="연도별 강수량(단위:mm) \n 출처:기상자료개방포털",
        names.arg = name, ylim = c(0, 2000), space = 0.5, ylab = "강수량",
        col = ifelse(rain_data1$년강수량 > 1700, "red", "cyan"))
# 1행2열에 막대그래프 그리기 (연도별 일 최다 강수량)
barplot(rain_data1$일최다강수량,  names.arg = name,
        ylim = c(0, 350), ylab ="강수량",
        main = "연도별 일 최다 강수량(단위:mm) \n 출처:기상자료개방포털",
        space = 0.5,
        col = ifelse(rain_data1$일최다강수량 > 200, "orange", "grey"))
-----------------------------------------------------------------------
[ Plots ]
```

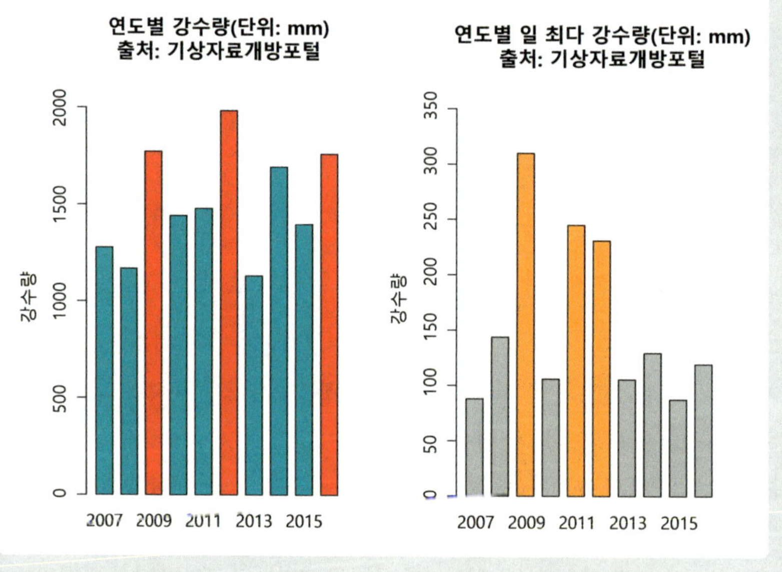

위와 같이 그려진 그래프를 다른 파일로 저장하기 위해서는 아래 그림과 같이 [Export] - [Save as Image...]에서 JPEG, PNG, BMP 등 여러 가지 형식의 그림파일로, [Export] - [Save as PDF...]에서 PDF 파일로 저장할 수 있다. 또는 [Export] - [Copy to Clipboard...]을 이용하여 클립보드에 복사한 후 한글문서나 워드 프로그램에 붙여넣기로 삽입하면 된다.

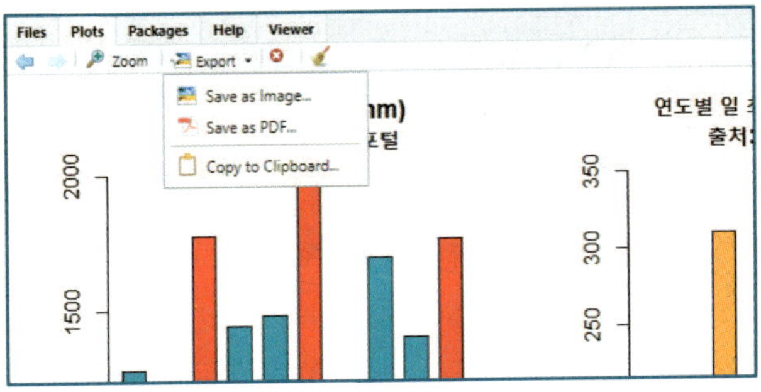

2.2 연령별 실업률 변화 나타내기

아래 데이터는 국가통계포털(http://kosis.kr/) 사이트에서 다운받은 2007~2016년 연령계층별 실업률에 대한 xlsx 파일이다. 매년도의 연령별 실업률을 그래프로 나타내 보자. 먼저, 다운로드한 "연령별_실업률_2007_2016년.xlsx" 파일의 첫 번째 시트("수정데이터")를 불러와 하나의 Plots 창에 그래프를 다중 출력으로 나타내 본다. 이번 예제에서는 아래 그림과 같이 하나의 그래프에 여러 개의 계열을 포함시키기 위해 기본 그래프를 먼저 그리고 저수준 그래픽 함수를 이용하여 하나씩 추가하는 구조로 전체 그래프를 완성한다.

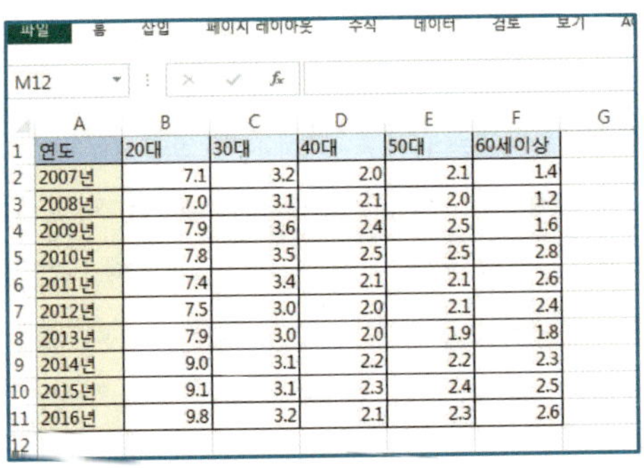

연도	20대	30대	40대	50대	60세이상
2007년	7.1	3.2	2.0	2.1	1.4
2008년	7.0	3.1	2.1	2.0	1.2
2009년	7.9	3.6	2.4	2.5	1.6
2010년	7.8	3.5	2.5	2.5	2.8
2011년	7.4	3.4	2.1	2.1	2.6
2012년	7.5	3.0	2.0	2.1	2.4
2013년	7.9	3.0	2.0	1.9	1.8
2014년	9.0	3.1	2.2	2.2	2.3
2015년	9.1	3.1	2.3	2.4	2.5
2016년	9.8	3.2	2.1	2.3	2.6

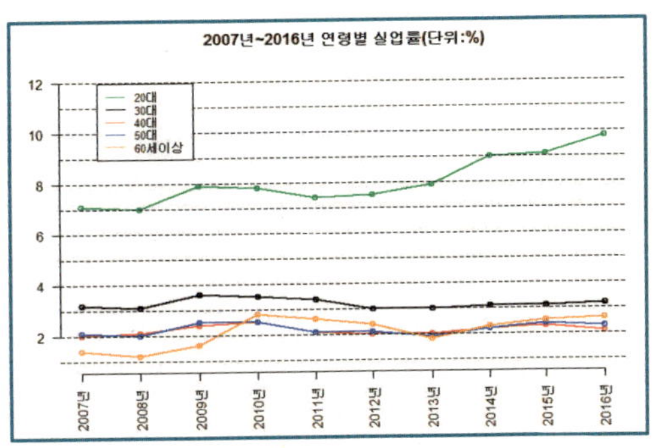

다음 R 프로그램에서는 openxlsx 패키지의 read.xlsx() 함수의 sheet 옵션을 사용하여 "연령별_실업률_2007_2016년.xlsx"의 첫 번째 시트를 불러들여 데이터 프레임 data에 저장한다. data의 1열은 "연도" 값이며 2열부터 6열까지는 각각 20대부터 60대까지의 실업률 데이터이다. 하나의 그래프에 연령대별 실업률 그래프가 모두 표시하기 위해서 우선 20대 실업률 데이터인 data[, 2]를 대상으로 그래프를 생성한다.

```
[ Script ]          # ch8_2_2_1.R
library(openxlsx)
setwd("~/R_test/ch_08")

data <- read.xlsx("./data/연령별_실업률_2007_2016년.xlsx", sheet=1)
year <- data$연도

# 20대 데이터로 축이 없는 기본 선그래프 그리기
plot(data[,2],  main="2007년~2016년 연령별 실업률(단위:%)",
    axes=FALSE,                          # 축을 표시하지 않음
    ylim=c(0, 12),                       # y축 값 범위
    xlab="", ylab="",                    # 축 제목
    type="o",col="green", lwd=2)         # 표식이 있는 선그래프, 녹색, 선 두께(2)
----------------------------------------------------------------------
[ Plots ]
```

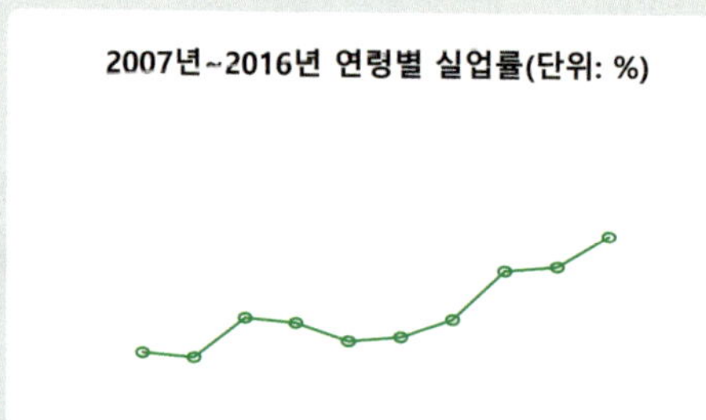

위의 R 프로그램에서 ylim=c(1, 12)로 지정하여 y축의 값 범위를 0부터 12까지로 지정하였으나 axes 옵션을 FALSE로 지정하였기 때문에 현재 그래프에서는 그림과 같이 축이 표시되지 않는다. 이 프로그램에서는 저수준 그래픽 함수인 axis() 함수를 이용하여 축을 표시할 것이고, 축이 나타날 때 y값 범위가 0부터 12까지로 표시될 것이다. 그래프의 종류는 type 옵션을 "o"로 설정하여 위의 그림과 같이 표식이 있는 선그래프로 표시하였다. 표식의 종류는 pch 옵션으로 지정할 수 있다. 예를 들어 "pch=17"과 같이 지정하면 속이 찬 삼각형 표식이 그려진다. 표식의 종류는 다음과 같다.

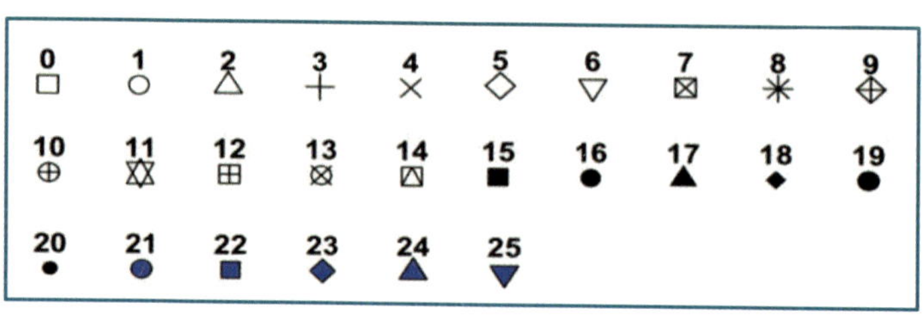

20대 실업률 데이터만 표시된 그래프에 axis() 함수를 이용하여 축을 표시해 보자. axis() 함수는 첫 번째 인수에 1부터 4까지 지정하여 네 방향의 축을 각각 지정할 수 있으며, 1은 아래쪽, 2는 왼쪽, 3은 위쪽, 4는 오른쪽 축을 나타낸다. 다음 R 프로그램은 아래(x) 축과 왼쪽(y) 축을 표시한다.

```
[ Script ]            # ch8_2_2_1.R
/* 생략  */
axis(1, at=1:10, label = coln, las = 2)  # x 축에 label을 축과 직각으로 추가하여 표현
axis(2, las = 1)                         # y 축에 label을 축과 수평으로 표현
-----------------------------------------------------------------------
[ Plots ]
```

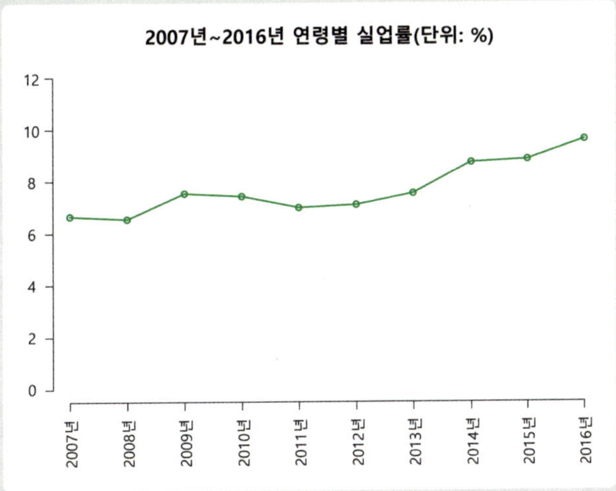

20대 실업률 데이터가 표시된 그래프에 나머지 연령대의 실업률 그래프를 추가하기 위해서 lines() 함수를 사용한다. lines() 함수는 저수준 그래픽 함수로 데이터 값들을 선으로 연결하여 이미 생성된 그래프에 추가해 준다. type 옵션을 지정하여 세부적인 선 모양을 변경할 수 있다. 다음 R 프로그램은 20대 실업률 그래프에 반복문을 이용하여 연령대별 실업률 그래프를 추가한다.

```
[ Script ]            # ch8_2_2_1.R
/* 생략 */
line_col <- c("black", "red", "blue", "dark orange")    # 연령대별 그래프 색깔
for (i in 1:4) {
  lines(data[, (i+2)], col = line_col[i] , type = "o", lwd = 2)  # 선그래프 추가
}
```

[Plots]

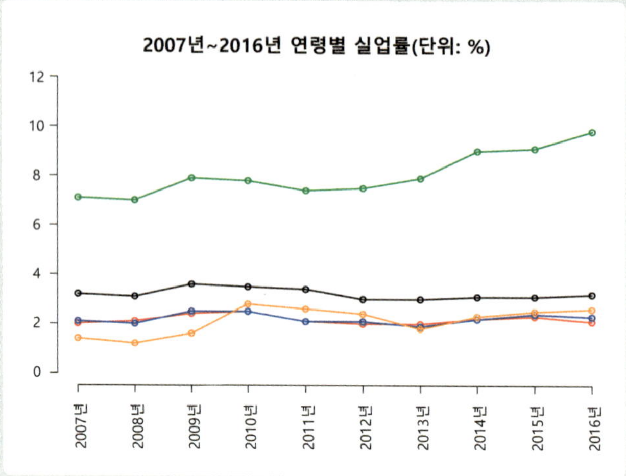

모든 연령대의 실업률이 포함된 위의 그래프에 y 값을 따라 가이드라인을 표시한다면 y축에서 떨어져 있는 항목들의 값을 더 빨리 가늠할 수 있을 것이다. 다음 R 프로그램과 같이 저수준 그래픽 함수인 abline() 함수를 이용하면 이미 생성된 그래프에 가로나 세로 선을 추가할 수 있다.

```
[ Script ]              # ch8_2_2_1.R
/* 생략 */
abline(h = seq(0,12,1), lty = 2, lwd = 0.1)     # 0~12사이 1간격으로 점선 추가
```

[Plots]

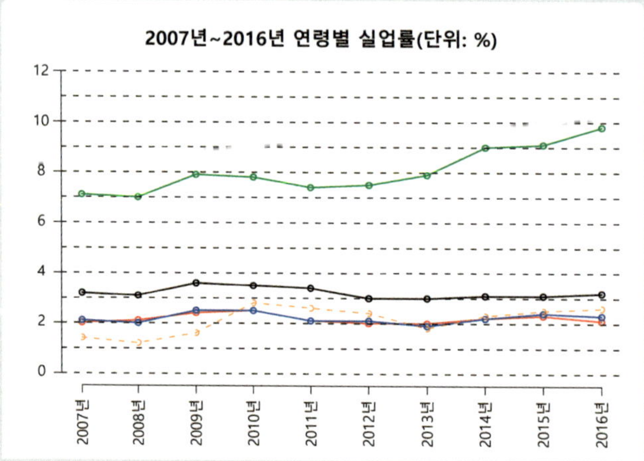

위의 그림과 같이 하나의 그래프에 여러 계열이 포함되어 있을 때에는 색깔이나 표식 등으로 각 계열을 구분한다. 모든 연령대의 실업률 데이터가 포함된 위의 그래프에서는 색깔로 연령대별 실업률을 구분하고 있다. 이러한 그래프에서는 어떤 색깔이 어떤 연령대를 가리키는지 범례를 통해 나타내어야 한다. 범례는 저수준 그래픽 함수인 legend() 함수로 그래프에 추가할 수 있으며, 범례 위치, 범례에 표시될 label, 색깔, 선 유형 등의 옵션을 지정할 수 있다. 범례의 위치는 (x, y) 좌표나 "top", "bottom", "left" 등과 같이 그래프 내에서의 위치로 지정할 수 있으나 다음 R 프로그램에서와 같이 "locate(1)"로 설정하면 그래프 생성 후 마우스를 클릭하는 위치에 범례를 표시할 수 있다. 아래 코드에서 범례에 표시될 이름은 데이터 프레임 data의 2열부터 6열까지의 열 이름으로 설정한다. 그리고 선 색깔은 앞서 각 연령대별 선 색깔을 나타내는 line_col 벡터를 사용하는데 여기에는 20대 선 색깔이 포함되어 있지 않으므로 벡터의 첫 번째 항목으로 "green"을 추가한다.

```
[ Script ]            # ch8_2_2_1.R
/* 생략 */
lbl <- names(data[2:6])                # 범례에 표시될 label
line_col <- c("green", line_col)    # 20대 선 색깔 추가

# 마우스를 클릭하는 위치에 범례 추가
legend(locator(1), legend = lbl, cex = 0.8, lty = 1, col = color)
--------------------------------------------------------------------
[ Plots ]
```

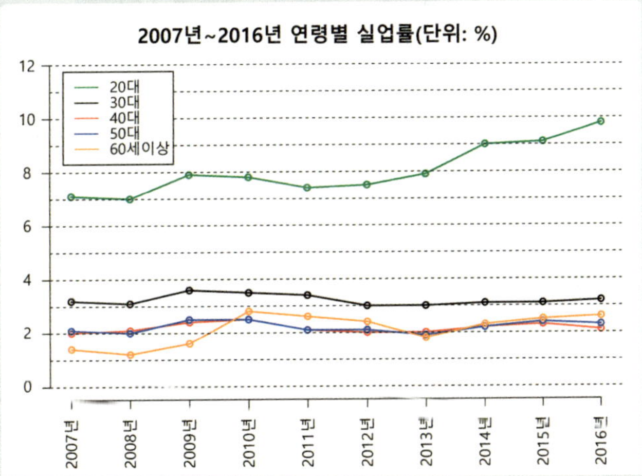

R언어의 기본 패키지인 graphics 패키지에서 제공하는 고수준 그래픽 함수와 저수준 그래픽 함수들을 이용해도 다양한 그래프를 만들 수 있지만 ggplot 패키지와 같은 추가 패키지를 설치한다면 더 다양한 그래프 함수들을 사용할 수 있다.

연습문제

01 다음은 신제품을 출시한 이후 신제품에 대한 2017년 1분기 2분기에 대한 판매 실적을 나타낸 표이다. 아래와 같이 지점별 2017년 1분기 2분기에 대한 막대그래프를 생성하시오.

지점	판매 실적(억 원)	
	2017년 1분기	2017년 2분기
금정점	12	10
서구점	6	12
동구점	5	9
사상점	7	8

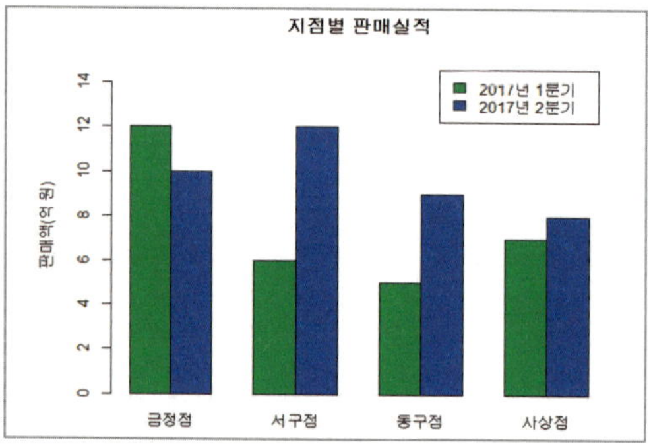

02 아래 그림과 같이 $-3 \le x \le 3$에 대해 함수, $y = x^2 + 1$, $y_1 = -x + 6$그래프를 그리시오. 먼저 plot() 함수로 $y = x^2 + 1$ 그래프를 그리고 lines() 함수를 이용하여 $y_1 = -x + 6$ 그래프를 중첩으로 그리시오.

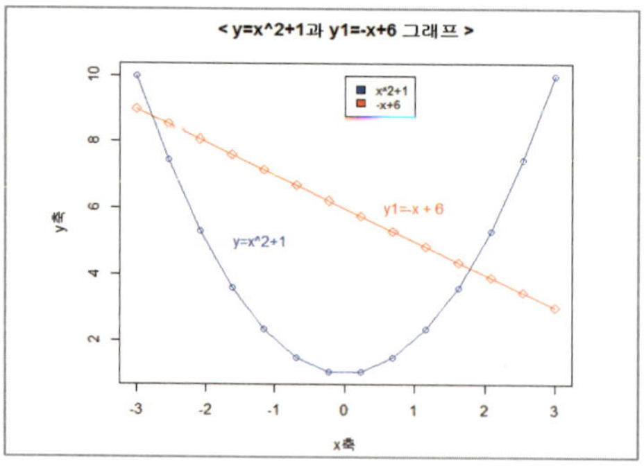

09 텍스트 데이터 분석과 시각화

1 텍스트 데이터

현재 우리가 살아가는 시대는 정보화 시대를 넘어서 빅데이터 시대라고 말한다. 다양한 형태와 다양한 규모, 다양한 내용의 데이터들이 지금 이 순간도 쏟아져 나오고 있다. 이들 데이터에는 생성될 때 의도하였든 의도하지 않았든 아주 많은 정보가 포함되어 있다. 이러한 다양한 데이터에서 필요한 정보를 추출하고 가공해 낼 수만 있다면 여러분은 주어진 문제를 해결하는데 필요한 중요한 정보를 간단하게 얻을 수 있다.

현실 세계에 존재하는 데이터는 정형 데이터와 비정형 데이터로 구분한다. 정형 데이터는 표와 같은 형식으로 데이터가 분류되어 있어 R언어의 행렬이나 데이터 프레임의 데이터 관리 방법을 이용하여 바로 R언어의 데이터 요약 및 통계 함수를 사용할 수 있도록 정리된 데이터를 의미한다. 그 대표적인 데이터는 성적 데이터, 인구통계 데이터 등과 같은 데이터들이 정형 데이터에 해당한다. 반면에 비정형 데이터는 사용자가 특별한 형식을 갖추지 않고 작성한 문서, 웹 페이지에 게시된 글이나 숫자, SNS에서 생성되는 글 등과 함께 사용자가 제작하는 UCC, 유튜브 동영상, 그리고 CCTV 영상 등의 멀티미디어 데이터까지도 포함한다.

정형데이터

	A	B	C	D	E	F	G
1	학년	반	학번	이름	국어	영어	수학
2	2	1	1	김종국	80	84	90
3	2	1	2	김송민	60	60	68
4	2	1	3	김준호	84	77	80
5	2	1	4	박명수	90	100	90
6	2	1	5	송지효	98	96	95
7	2	2	1	유재석	78	76	80
8	2	2	2	이광수	77	70	70
9	2	2	3	정준하	82	90	85
10	2	2	4	지석진	100	90	90
11	2	2	5	정형돈	85	96	90
12	2	3	1	김장훈	86	90	90

비정형데이터

여러분은 주어진 문제를 해결하기 위해 주어진 문제와 관련된 데이터들을 최대한 많이 확보하여야 한다. 이렇게 수집한 데이터들은 정형 데이터 또는 비정형 데이터의 형태를 취하고 있을 것이다. 그리고 수집한 데이터에서 주어진 문제의 해결에 필요한 데이터를 찾아 처리가 용이한 형태로 변경할 수 있어야 한다. 수집한 원래의 데이터가 정형 데이터이면 앞에서 학습한 R언어의 몇 가지 기능을 이용하여 쉽게 원하는 데이터를 추출할 수 있을 것이다. 만약 수집한 원래의 데이터가 특별한 형식이 없는 비정형 데이터면 이 장에서 학습하는 몇 가지 절차를 거쳐 처리가 용이한 정형 데이터로 변경하여 사용하면 된다. R언어에서는 비정형 데이터를 처리할 수 있는 패키지도 다양하게 제공되고 있어 비정형 데이터를 정형 데이터 형태로 만들어 쉽게 처리할 수 있다.

정형 데이터건 비정형 데이터건 문제 해결을 위해 수집하여 처리해야 할 데이터들은 주로 수치 또는 텍스트 형식으로 구성되어 있다. 이러한 데이터들이 문제 해결에 꼭 필요한 형태로 정제되어 제공되는 경우도 있겠지만 그렇지 않은 경우도 많다. 그러므로 문제 해결에 필요한 데이터와 불필요한 데이터들이 섞여 있을 때, 필요한 수치 데이터나 텍스트 데이터만을 추출할 수 있는 능력은 데이터 처리에 꼭 필요한 역량이다. 지금까지 여러분은 수치 데이터에서 필요한 부분만을 추출하고 연산자나 수치 데이터 처리 함수를 이용하여 처리하는 방법들을 주로 학습하였다. 따라서 이 장에서는 문제 해결에 필요한 텍스트 데이터를 추출하여 처리가 용이한 형태로 가공하여 문제를 해결하는 과정을 살펴본다.

1.1 텍스트 데이터 처리의 필요성 및 처리 과정

1) 텍스트 데이터 처리의 필요성

지금까지 여러분은 수치 데이터를 연산자나 수치 데이터 처리 함수들에 적용하여 여러 가지 문제를 해결하는 프로그램들을 작성하여 보았다. 그러나 현실 세계에서의 데이터는 수치뿐만 아니라 텍스트 형식으로도 많이 제공되고 있다. 특히 예전에는 통계처리 등에 사용할 수 있는 잘 정리된 데이터만을 데이터라고 생각하는 좁은 의미의 데이터 개념을 가지고 있는 경우가 많았지만, 요즘은 인터넷 공간에서 쏟아져 나오는 모든 글, 신문기사, 연설문과 같은 텍스트 문서들, 책 내용과 같이 이 세상에 존재하는 모든 것이 데이터로 활용될 수 있는 시대에 살고 있다.

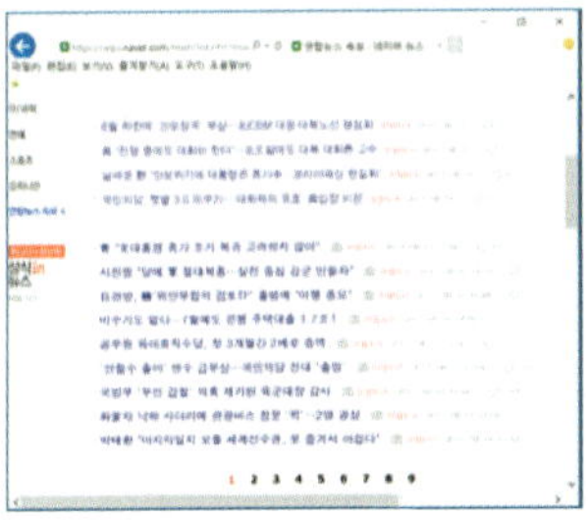

<신문기사>

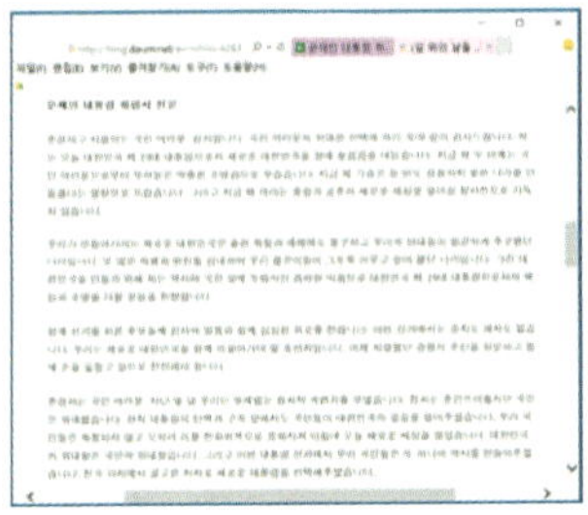

<연설문>

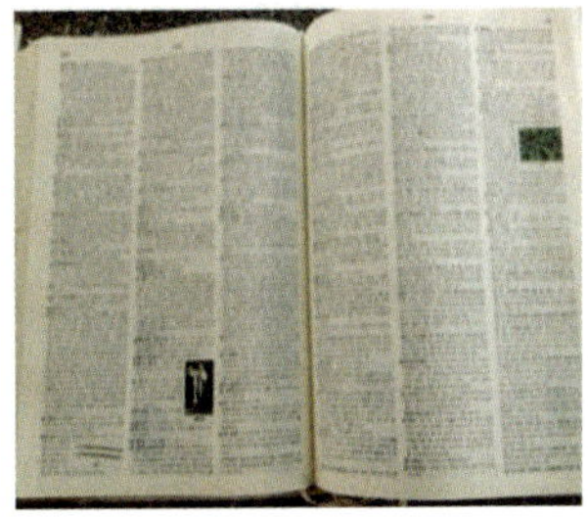

<책>

이러한 데이터는 잘 정리된 수치 데이터가 아니라 주로 비정형 데이터 형식인 텍스트 형식으로 제공되고 있다. 이들로부터 필요한 데이터들을 추출하고 가공하여 이들에 포함된 정보를 생성해 낼 수 있다면 주어진 문제를 해결하기 위해 얻을 수 있는 데이터의 범위는 훨씬 넓어질 것이다.

텍스트 데이터는 비정형 데이터 형식으로만 나타나는 것은 아니다. 다음 그림과 같이 정형 데이터인 성적 데이터에서 국어, 영어, 수학 성적은 수치 데이터이지만 이름이나 등급은 텍스트 데이터에 해당한다.

학번	이름	국어	영어	수학	합계	평균	등급
1	김종국	80	90	85	255	85.0	B
2	김종민	70	68	75	213	71.0	C
3	김준호	85	70	76	231	77.0	C
4	박명수	90	80	90	260	86.7	B
5	송지효	100	95	90	285	95.0	A
6	유재석	80	80	70	230	76.7	C
7	이광수	70	75	80	225	75.0	C

이 경우, 텍스트 데이터인 이름이나 등급은 직관적으로 보이는 "김종국이 B등급이다"라는 정보 외에 한눈에 파악할 수는 없지만 "반 학생 중 A등급은 몇 명이다", "각 등급 비율은 어떠하다" 등의 숨어있는 정보를 가지고 있다. 이러한 정보를 분석해 내기 위해서는 등급 기준으로 성적 데이터를 나누어 A등급이 몇 명인지, B등급이 몇 명인지를 계산해 내고 이를 시각화 등의 방법으로 표현해 준다면 쉽게 정보를 분석해 낼 수 있다. 이러한 정형 데이터에 나타나는 텍스트 데이터를 처리하는 것은 수치 데이터에 연산자나 수치데이터 처리 함수를 적용하는 것처럼 텍스트 데이터를 다루는 함수를 적용하면 쉽게 처리할 수 있다.

또한, 연설문이나 뉴스 기사, 책 내용과 같은 텍스트 데이터들도 단순한 텍스트들의 나열이라기보다는 그 안에 다양한 정보들이 포함되어 있을 수 있다. 즉, 연설문에서 가장 많이 언급되는 내용은 무엇인지,

뉴스 기사에서 최근 이슈가 되고 있는 사건이 무엇인지, 책에서 주장하는 내용은 무엇인지 등의 정보가 그 안에 내재되어 있다.

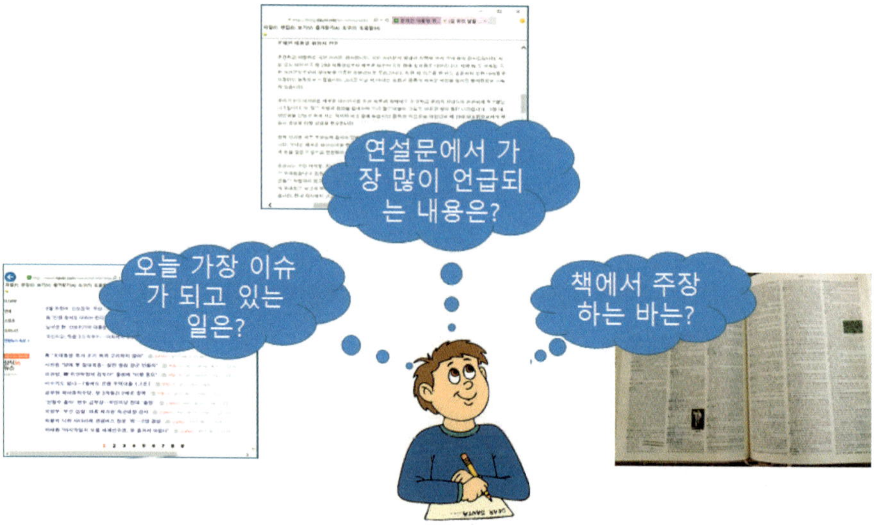

그런데 이러한 텍스트 데이터들은 문자열들이 일정한 규칙이나 형식을 가지고 있지 않다. 따라서 이러한 텍스트 데이터들을 정형 데이터 형식의 수치 데이터처럼 함수 하나 적용하여 연산한다든지 하는 간단한 방법으로 처리하기는 힘들다. 그러나 R언어에는 이러한 비정형 데이터들을 처리할 수 있는 텍스트 함수들도 기본 패키지 또는 추가 설치 패키지 형태로 다수 제공하고 있으므로 이들을 잘 활용하면 비정형 데이터 형식의 텍스트에서 필요한 정보를 정형화된 데이터 형태로 얻어낼 수 있다. 이러한 기능은 세상에 존재하는 어떤 텍스트라도 모두 데이터로 활용할 수 있는 가능성을 제공한다. 이 장에서는 정형 데이터 또는 비정형 데이터에 나타나는 텍스트 유형의 데이터를 처리하여 필요한 정보를 생성하는 여러 가지 방법을 다루어 본다.

2) 텍스트 데이터 처리 과정

지금까지 다룬 수치 데이터들은 정형화된 형태로 제공되는 경우가 많으므로 수집한 수치 데이터를 연산 등의 처리에 의해 분석하는 과정이 간단한 반면, 텍스트 데이터는 비정형 데이터 형태로 제공되는 경우가 많아 수치 데이터 처리에 비해서는 상대적으로 조금 더 복잡한 과정을 거쳐야 한다. 정형화된 형태로 제공되는 데이터의 경우는 수집된 데이터에 대해 연산이나 함수 적용 등의 처리에 의해 바로 원하는 정보를 분석해 내고 시각화하는 것이 가능하다. 그러나 비정형 데이터 형태로 제공되는 텍스트 데이터는 텍스트에 포함된 정보를 분석해 내기 위해서 정형 데이터 형태로 만들어 주는 텍스트 전처리 과정이 필요하다. 즉, 비정형 데이터 처리의 경우 정형 데이터 처리에 비해 전처리 과정이 추가로 요구된다. 다음 그림은 텍스트 데이터를 처리하는 과정이다.

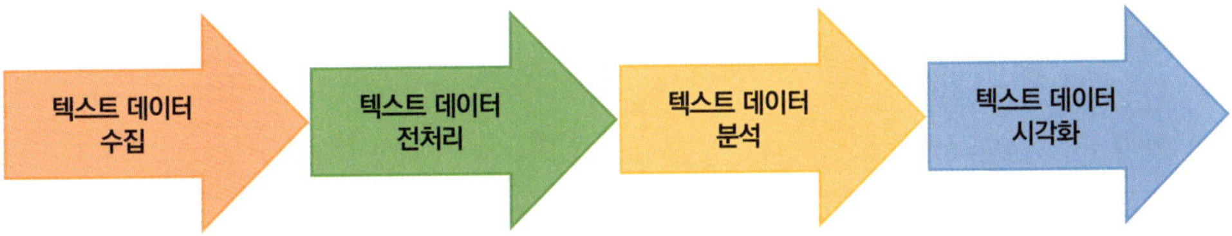

오늘 가장 이슈가 되고 있는 일이 무엇인지를 알아보려고 할 때 여러분은 뉴스 사이트에서 자주 나타나는 단어가 가장 이슈가 되고 있는 일이라고 판단할 것이다. 이러한 문제를 프로그램으로 해결한다면 먼저 뉴스 기사를 수집해 와서 나타나는 단어들의 빈도를 수치로 분석해 보거나 그래프로 표현해 봄으로써 이슈가 되고 있는 일을 파악해 볼 수 있다. 만약 뉴스 기사의 단어들이 R언어에서 제공하는 벡터나 행렬, 데이터 프레임 등의 구조로 쉽게 불러들일 수 있는 정형 데이터 형식으로 나타나 있다면 빈도수를 구하는 함수에 적용하여 수치로 분석하거나 그래프로 그리는 것은 쉽게 처리할 수 있다. 그러나 수집해 온 뉴스 기사에는 나타나는 단어들이 정형화된 형태로 제공되어 있지 않고, 포맷을 맞추기 위한 여러 기호와 함께 문장 안에 포함된 형태로 내재되어 있다. 따라서 이러한 비정형 형태의 뉴스 기사에서 나타나는 단어를 정형 데이터 형식으로 가공해 줄 필요가 있다. 이러한 과정이 텍스트 전처리 과정에 해당된다. 비정형 데이터 형식의 텍스트 데이터를 정형 데이터 형식으로 바꾸어 주기 위한 텍스트 전처리 과정은 텍스트 처리에 있어 매우 중요한 필수 과정에 해당한다.

텍스트 전처리 과정에서는 주로 텍스트에서 필요한 단어만 추출해 오는 작업이 이루어진다. 이를 위해서는 텍스트 데이터의 불필요한 기호나 문자열을 제거하는 작업, 텍스트의 문자열에서 일부만 추출하는 작업, 문자열을 분리하거나 연결하는 작업, 대문자를 소문자로 또는 소문자를 대문자로 바꾸는 작업, 명사만 추출하는 작업 등이 전처리 과정에서 요구된다. 이러한 작업이 복잡해 보일 수 있으나 이러한 일련의 과정을 위한 함수들이 R언어에서는 잘 제공되고 있으므로 쉽게 처리할 수 있다.

비정형 데이터 형식인 텍스트 데이터에서 위와 같은 처리 과정을 거치면 필요한 데이터들을 정형화된 형식으로 얻을 수 있고 이렇게 획득한 데이터는 정형화된 수치 데이터와 마찬가지로 여러 가지 방법으로 분석 및 시각화할 수 있다. 따라서 텍스트 처리에 있어서 위와 같은 전처리 과정을 잘 해 준다면 다양한 형태로 나타나는 비정형 데이터 형식인 텍스트들도 문제 해결에 중요한 자료가 될 수 있다.

1.2 텍스트 처리 함수

텍스트 데이터가 정형화된 형태로 제공된다면 데이터 처리를 쉽게 할 수 있다. 그러나 대부분의 텍스트 데이터는 비정형 데이터 형식으로 제공되므로 처리의 편리성을 위해서는 먼저 비정형 데이터 형식의 텍스트를 정형 데이터 형식으로 바꾸어 줄 필요가 있다. 정형 데이터 형식으로 데이터를 생성하면 이를 바탕으로 텍스트에 대해 다양한 분석을 할 수 있다. 텍스트를 정형 데이터 형식으로 변환하는 대표적인 방법은 하나의 문서(document, 즉 텍스트)를 단어들의 집합으로 단순화시키는 방법이다. 단어의 순서나 문법은 고려하지 않고 단어를 추출하고, 출현 빈도만을 이용하여 텍스트를 표현한다. 이는 한 문서에서 나타나는 단어의 출현 빈도는 문서에서 주장하거나 핵심이 되는 내용이 무엇인지를 파악할 수 있게 해주는 중요한 자료이기 때문이다.

그런데 비정형 데이터 형식으로 제공되는 텍스트 데이터에는 불필요한 기호나 문자열 등 분석에 불필요한, 때로는 분석을 방해하는 요소들이 포함되어 있다. 이러한 불필요한 요소들을 제거하고 단어 단위로 텍스트를 분할하는 등의 과정을 통해 정형화된 형태로 가공하는 작업은 텍스트 분석에 있어서 올바른 정보를 분석해 내기 위해 매우 중요한 작업이다. 따라서 이 절에서는 텍스트 데이터에서 필요한 정보를 얻기 위해 텍스트를 처리하는데 필요한 기본 패키지 함수를 살펴본다. 또한, 2절에서는 여러 추가 설치 패키지 함수를 이용하여 텍스트를 처리하는 과정도 예제와 함께 다루어 본다.

1) 텍스트 추출 함수

텍스트 데이터를 처리할 때 문자열에서 일부분을 추출한다든지 특정 패턴이 있는 문자열만 추출하여 데이터로 이용해야 할 경우가 있다. 이러한 작업을 위해 R 기본 패키지에서 제공하는 함수로 다음과 같은 텍스트 처리 함수를 사용할 수 있다.

텍스트 추출 함수	설명
grep(pattern, s)	s에서 pattern이 포함된 문자열을 추출하거나 위치를 반환
substr(s, start, end)	s에서 start부터 end까지의 문자열 추출

■ grep() 함수

다음은 grep() 함수를 이용하여 특정 패턴이 포함된 문자열을 추출하고, 그 패턴이 나타나는 위치를 반환하는 프로그램 예이다. grep() 함수의 옵션으로 value = TRUE를 주면 특정 패턴이 포함된 문자열이 추출되고, value = FALSE로 하거나 옵션을 생략하면 패턴이 포함된 문자열의 위치(인덱스)가 반환된다.

```
[ Script ]
# Pole 단어가 포함된 문자열만 추출
str_including_pole <- grep("Pole", c("North Pole", "South Pole", "Equator"), value = TRUE)
print(str_including_pole)

# Pole 단어가 포함된 원소의 위치 반환
index_of_pole <- grep("Pole", c("North Pole", "South Pole", "Equator"), value = FALSE)
print(index_of_pole)
---------------------------------------------------------------------
[ Console ]
> source('~/R_test/ch_09/ch9_1_2_1.R', encoding = 'UTF-8')
[1] "North Pole" "South Pole"
[1] 1 2
```

■ substr() 함수

substr() 함수는 문자열 일부만을 추출하는 함수이다. 다음은 substr() 함수를 이용하여 전자제품 코드에서 종류에 해당하는 "LEDTV" 부분만 추출하는 함수이다.

```
[ Script ]
# 전자제품 코드에서 위치 1 ~ 5까지의 문자열만 추출
elec_code <- substr("LEDTV-48-B", 1, 5)
print(elec_code)
---------------------------------------------------------------------
[ Console ]
> print(elec_code)
[1] "LEDTV"
```

2) 텍스트 변형 함수

텍스트 데이터를 처리할 때 하나의 문자열을 여러 개로 분할하거나, 여러 개의 문자열을 하나로 연결, 특정 문자열을 다른 문자열로 대체, 대문자를 소문자로, 소문자를 대문자로 바꾸는 등의 텍스트 변형을 해야 하는 경우도 자주 발생한다. 다음은 기본 패키지에서 제공하는 텍스트 변형 함수들이다.

텍스트 변형 함수	설명
strsplit(s, 구분자)	구분자로 문자열 s를 분할하기
paste(s1, s2, s3 ...)	여러 개의 문자열 연결
sub(s_old, s_new, s)	s에 있는 첫 번째 s_old를 s_new로 대체하기
gsub(s_old, s_new, s)	s에 있는 모든 s_old를 s_new로 대체하기
tolower(s)	s에서 대문자를 소문자로 바꾸기
toupper(s)	s에서 소문자를 대문자로 바꾸기

■ strsplit() 함수

다음 프로그램은 strsplit() 함수를 이용하여 문자열을 분할하는 예를 보여준다. strsplit() 함수는 문자열 분할 결과를 리스트 형식으로 출력한다. 그런데, 분할된 결과를 사용할 다른 함수들이 리스트보다는 벡터 구조의 데이터를 요구하는 경우가 많다. 그 경우, 나음 프로그램에서와 같이 unlist() 함수를 이용하여 리스트를 벡터로 변환하여 줄 수 있다.

```
[ Script ]
# 단어 단위로 분할하기 위해 "-"을 구분자(delimiter)로 지정
list_word <- strsplit("7-24-2017", split = "-"); print(list_word)
# unlist 함수를 이용하여 리스트를 벡터로 변환
vec_word <- unlist(list_word); print(vec_word)
--------------------------------------------------------------------
[ Console ]
> print(list_word)
[[1]]
[1] "7"    "24"   "2017"
> print(vec_word)
[1] "7"    "24"   "2017"
```

"2017.7.24." 텍스트를 단어 단위로 분할하기 위해 strsplit() 함수에서 구분자를 " . "로 지정하면 " . "를 정규표현식(Regular Expression)의 특수문자로 인식한다. 따라서 정규표현식의 특수문자가 아니라 하나의 문자로 인식하려면 다음 프로그램에서와 같이 옵션으로 "fixed = TRUE" 를 지정하거나 구분자를 지정할 때 "\\"뒤에 " . "를 적어 split = "\\." 하면 된다. 정규표현식의 세부사항은 도움말 help(regex)를 참조하면 된다.

```
[ Script ]
# 단어 단위로 분할하기 위해 "."을 구분자로 지정
word <- strsplit("2017.7.24", split = "."); print(word)
# "."을 구분자로 단위로 분할,  fixed = TRUE 를 지정
word1 <- strsplit("2017.7.24", split = ".", fixed = TRUE); print(word1)
# "."을 구분자로 단위로 분할,  "\\." 사용
word2 <- strsplit("2017.7.24", split = "\\."); print(word2)
-----------------------------------------------------------------------
[ Console ]
> print(word)
[[1]]
[1] "" "" "" "" "" "" "" "" ""
> print(word1)
[[1]]
[1] "2017" "7"    "24"
> print(word2)
[[1]]
[1] "2017" "7"    "24"
```

Tip 정규표현식(Regular Expression)

주어진 문자열에서 특정 조건에 해당되는 것들만 찾아내는 기능으로 많은 문자 중에서 원하는 문자를 훨씬 더 쉽게 찾을 수 있도록 도와준다. 정규표현식은 특정한 규칙을 갖는 문자열 패턴을 표현하는 방법으로 일종의 와일드카드(wildcard character)이다. 예를 들면 " . "은 마침표가 아니라 아무 문자 1개를 가리킨다.

```
[ Console ]
# .은 아무 문자 1개를 가리킨다.
> grep("h.c", c("hc", "hec", "hcc", "hefc"))
[1] 2 3
# ^는 문장의 처음을 나타낸다. "^Hello"라고 작성된 패턴이 있다면 해당 패턴에
일치하기 위하여 문자열은 "Hello"로 시작을 하여야 한다.
> grep("^Hello", c("Hello world", "hello", "hellooo", "hell"))
[1] 1
```

Tip 정규표현식(Regular Expression) - 계속

```
[ Console ]
# $을 사용하여 "o"로 끝나는 문자열
> grep("o$", c("Hello world", "hello", "hellooo", "hell"), value = TRUE)
[1] "hello"   "hellooo"
# "[ ]"의 의미는 대괄호 안의 포함된 각 문자와 하나라도 일치하는 문자열을 검색
# "[ms]" 패턴을 작성하면 문자열에 "m" 또는 "s"가 있어야 한다.
> grep("[ms]", c("m", "s", "mscho", "cho"))
[1] 1 2 3
```

• 다음 표는 정규표현식에서 자주 사용되는 주요 기호 및 설명이다.

텍스트 변형 함수	설명
\\d	숫자, 0, 1, 2, 3, ..., 9
\\s	공백
\\t	Tab
\\n	New line (엔터문자)
^a	a로 시작되는 문자
a$	a로 끝나는 문자
[ab]	a 또는 b
[^ab]	a와 b를 제외한 문자
[0-9] 또는 [:digit:]	숫자가 포함된 문자
a+	+ 앞의 문자(a)가 1회 이상 포함된 문자
a?	? 앞의 문자(a)가 0회에서 1회 나오는 문자열
[:upper:]	알파벳 대문자를 포함한 문자
[:punct:]	문장부호 및 특수 문자(! " # $ % ( ) ; < = ? @ ...)

■ paste() 함수

paste() 함수는 여러 개의 문자열을 하나의 문자열이 되도록 결합해 주는 함수이다. 다음은 paste() 함수를 사용하여 문자열들을 결합하는 예를 보여준다. paste() 함수는 텍스트 결합 시 텍스트 간에 한 개의 공백을 삽입한다. 다른 구분자를 사용하고 싶다면 다음 프로그램에서와 같이 sep 옵션에 구분자를 지정하면 된다.

```
[ Script ]
# 년 월 일에 해당하는 문자열을 구분자를 공백으로 하여 하나의 문자열로 연결
pword1 <- paste("2017", "5", "30"); print(pword1)
# 년 월 일에 해당하는 문자열을 구분자를 "-"로 하여 하나의 문자열로 연결
pword2 <- paste("2017", "5", "30", sep = "-"); print(pword2)
--------------------------------------------------------------------
[ Console ]
> print(pword1)
[1] "2017 5 30"
> print(pword2)
[1] "2017-5-30"
```

■ sub(), gsub() 함수

텍스트 내의 특정 문자열을 찾아서 이를 다른 문자열로 바꾸려면 sub() 함수와 gsub() 함수를 이용한다. sub() 함수는 특정 문자열이 처음 나타나는 부분만 다른 문자열로 바꾸는 반면, gsub() 함수는 특정 문자열이 나타나는 모든 부분을 다른 문자열로 바꾸어 준다. 다음은 sub() 함수와 gsub() 함수의 예를 보여준다.

```
[ Script ]
txt <- "Text Analytics is useful. Text Analytics is also interesting"
# txt 에서 처음 나타나는 Text를 Data로 대체하기
new_txt1 <- sub("Text", "Data", txt); print(new_txt1)
# txt 에서 나타나는 모든 Text를 Data로 대체하기
new_txt2 <- gsub("Text", "Data", txt); print(new_txt2)
--------------------------------------------------------------------
[ Console ]
> print(new_txt1)
[1] "Data Analytics is useful.
Text Analytics is also interesting"
> print(new_txt2)
[1] "Data Analytics is useful.
Data Analytics is also interesting"
```

gsub() 함수는 텍스트 처리를 할 때 불필요한 단어나 기호의 필터링을 위해서도 많이 사용된다. 다음 프로그램은 gsub() 함수의 문자열 대체 기능을 이용하여 단어와 기호를 필터링하는 예제이다.

```
[ Script ]
txt <- "Text-Analytics is useful.\n Text-Analytics is also interesting.\n"
txt1 <- gsub("\n", "", txt)          # \n 제거하기
print(txt1)
txt2 <- gsub("-", " ", txt1)         # -를 제거하고 공백으로 대체하기
print(txt2)
--------------------------------------------------------------------------
[ Console ]
> print(txt1)
[1] "Text-Analytics is useful.
Text-Analytics is also interesting."
> print(txt2)
[1] "Text Analytics is useful.
Text Analytics is also interesting."
```

■ tolower(), toupper() 함수

텍스트 처리를 할 때, 대문자와 소문자가 혼합되어 있는 경우가 있다. 문장의 맨 앞에 나타나는 "Data"나 중간에 나타나는 "data"는 모두 같은 의미를 가지지만 대소문자를 구분하므로 두 개는 다른 문자열로 처리된다. 따라서 원하는 결과와 다른 결과를 내주는 경우도 있는데 모두 대문자로 바꾸거나 모두 소문자로 바꾸어 처리하면 이러한 오류를 방지할 수 있다. 다음은 tolower() 함수와 toupper() 함수를 이용하여 모두 소문자로, 또는 모두 대문자로 바꾸는 프로그램이다.

```
[ Script ]
txt <- "Text Analytics is useful. Text Analytics is also interesting"
small_txt <- tolower(txt)            # 모두 소문자로 바꾸기
print(small_txt)
capital_txt <- toupper(txt)          # 모두 대문자로 바꾸기
print(capital_txt)
--------------------------------------------------------------------------
[ Console ]
> print(small_txt)
[1] "text analytics is useful.
text analytics is also interesting"
> print(capital_txt)
[1] "TEXT ANALYTICS IS USEFUL.
TEXT ANALYTICS IS ALSO INTERESTING"
```

3) 텍스트 빈도 분석 함수

연설문에서 나타나는 단어의 빈도수를 가지고 주장하는 바를 분석해 보고자 하는 경우 또는 오늘의 주요 이슈를 신문기사에서 나타나는 단어의 빈도수를 가지고 분석하려고 하는 경우 단어의 출현 빈도를 계산하는 과정이 필요하다. 다음은 기본 패키지에서 제공하는 텍스트 빈도 분석 함수이다.

텍스트 빈도 분석 함수	설명
table(문자열 벡터)	문자열들의 빈도수를 계산

■ table() 함수

다음 학생 성적 데이터에서 등급은 텍스트 데이터에 해당한다. 이 등급 데이터의 각 등급에 대한 빈도수를 계산하면 A등급은 몇 명인지, B등급은 몇 명인지의 분포와 각 등급의 비율 등을 분석해 볼 수 있다.

학번	이름	국어	영어	수학	합계	평균	등급
1	김종국	80	90	85	255	85.0	B
2	김종민	70	68	75	213	71.0	C
3	김준호	85	70	76	231	77.0	C
4	박명수	90	80	90	260	86.7	B
5	송지효	100	95	90	285	95.0	A
6	유재석	80	80	70	230	76.7	C
7	이광수	70	75	80	225	75.0	C

다음은 문자열의 빈도수를 계산하여 반환해 주는 table() 함수를 이용하여 등급 데이터의 빈도수를 구하는 프로그램이다.

```
[ Script ]
grade <- c("B", "C", "C", "B", "A", "C", "C")
freq_grade <- table(grade)                    # 문자열의 빈도수 계산
print(freq_grade)
----------------------------------------------------------------------
[ Console ]
> print(freq_grade)
grade
A B C
1 2 4
```

위 성적 데이터와 같이 정형화된 형태의 텍스트가 아니더라도 신문기사나 연설문 등 비정형 데이터 형식의 텍스트에서 필요한 정보를 분석할 때 빈도수 계산은 중요한 역할을 한다. 비정형 데이터 형식의 텍스트라도 앞에서 다룬 여러 텍스트 함수들을 적용하여 데이터를 추출, 변형함으로써 정형 데이터 형식의 단어를 얻을 수 있고 이를 table() 함수에 적용해 위 프로그램과 같은 빈도수를 얻을 수 있을 것이다.

1.3 텍스트 데이터에서 정보 찾기

이 절에서는 영어 텍스트 데이터와 한글 텍스트 데이터를 처리하는 방법을 예제를 통해 알아본다. 이를 위해 1.2절에서 다룬 기본 패키지의 텍스트 처리 함수뿐만 아니라 영어와 한글을 처리하기 위한 추가 패키지를 설치하고 그 패키지의 함수들을 활용하여 단어의 빈도를 분석하여 그래프로 시각화 해보자.

1) 영문 데이터에서 정보 찾기

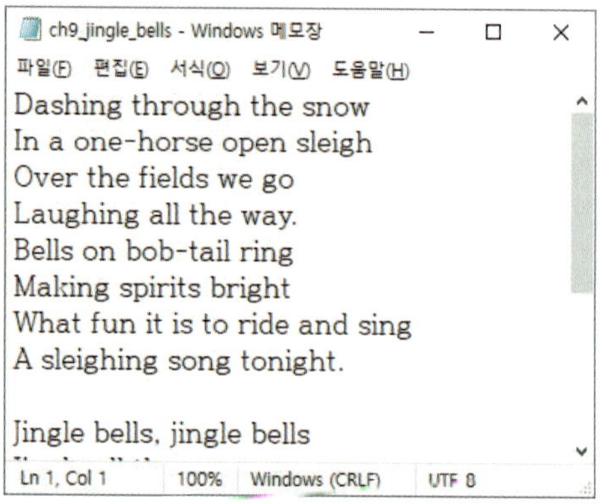

"ch9_jingle_bells.txt" 파일은 크리스마스 캐럴인 "Jingle bells"의 가사이다. 이 가사에는 반복되는 단어들이 여러 개 나오는데 이 중 가장 많이 나오는 단어들을 알아보려고 한다. 이를 위하여 텍스트에서 전처리 과정을 거쳐 단어들을 추출하고 단어들의 출현 빈도를 구한 후 이것을 막대그래프로 시각화해 본다. 기본 패키지의 텍스트 함수를 이용하여 문제를 해결해 보고, 보다 정확도를 높이기 위해 "tm 패키지"를 추가로 설치하여 문제를 해결해 보자.

"Jingle bells" 텍스트 파일도 마찬가지지만 일반적으로 정제되지 않은 텍스트 데이터에는 콤마나 쉼표 등 여러 문장 부호가 포함되어 있다. 그러므로 데이터 분석을 하기 전에 텍스트에 포함된 불필요한 기호를 제거하는 작업이 선행되어야 한다. 다음 R 프로그램에서는 "ch9_jingle_bells.txt"를 읽어 들여 gsub() 함수로 텍스트에 포함된 문장부호들을 제거한다. 이때 gsub() 함수의 두 번째 인수인 대체 문자를 ""로 지정하면 첫 번째 인수로 지정된 문자들을 찾아서 제거할 수 있다.

```
[ Script ]          # ch9_1_3_1.R
setwd("~/R_test/ch_09")
lyrics  <- readLines("ch9_jingle_bells.txt")          # 텍스트 파일 줄 단위로 읽어오기
print(lyrics)

refined_lyrics <- gsub(",", "", lyrics)                        # 쉼표 제거
refined_lyrics <- gsub("\\.", "", refined_lyrics)              # 마침표 제거
refined_lyrics <- gsub("-", " ", refined_lyrics)               # -를 공백으로 변경
print(refined_lyrics)
---------------------------------------------------------------------------
[ Console ]
> print(lyrics)
 [1] "Dashing through the snow" "In a one-horse open sleigh" "Over the fields we go"
 [4] "Laughing all the way." "Bells on bob-tail ring" "Making spirits bright "
/* 생략 */
> print(refined_lyrics)
 [1] "Dashing through the snow" "In a one horse open sleigh" "Over the fields we go"
 [4] "Laughing all the way" "Bells on bobtail ring" "Making spirits bright "
/* 생략 */
```

다음 프로그램과 같이 전처리 다음 단계로 기호를 제거하고 남은 텍스트에서 대소문자를 구분하지 않기 위해 텍스트에 포함된 모든 대문자를 소문자로 바꾼다. 다음으로 공백(" ")을 구분자로 하여 문자열을 개별 단어로 분할한다.

```
[ Script ]          # ch9_1_3_1.R
/* 생략 */
lyrics1 <- tolower(refined_lyrics)          # 대문자를 소문자로 바꾸기
word_list <- strsplit(lyrics1, " ")         # " "(공백) 구분자로 단어 분할
print(word_list)
---------------------------------------------------------------------------
[ Console ]
> print(word_list)
[[1]]
[1] "dashing" "through" "the"     "snow"
[[2]]
[1] "in"      "a"       "one"     "horse"  "open"    "sleigh"
/* 생략 */
```

Tip 텍스트에서 구두점 제거하기 – removePunctuation() 함수

텍스트 분석 시 쉼표(,)나 마침표(.)와 같은 구두점을 제거하는 과정이 분석에 앞서 선행되어야 한다. gusb와 같은 일반적인 문자 대체 함수를 통해 불필요한 구두점을 없애는 방법도 있지만 제거해야 할 구두점의 종류가 다양하다면 gsub() 함수를 여러 번 실행해야하므로 번거로운 작업이다. 여기에 소개하는 tm 패키지의 removePunctuation() 함수를 사용하면 아주 쉽게 텍스트 내의 구두점들을 제거할 수 있다. tm 패키지가 설치되어 있지 않다면 install.packages("tm") 명령으로 패키지부터 설치해야 한다. removePunctuation() 함수의 사용법은 다음과 같다.

```
removePunctuation(
    x,                                      # 문자열
    preserve_intra_word_contractions,       # 단어축약을 위한 '를 유지할 것인지 여부
    preserve_intra_word_dashes,             # 단어 간 연결을 위한 대시(-)를 유지할 것인지 여부
    ...)
```

다음과 같이 텍스트에 포함된 구두점을 제거할 수 있다.

```
[ Script ]
library(tm)
x <- "Why she had to go, I don't know, she wouldn't say. Good-Bye!!"
cat("x : " , x, "\n")
t1 <- removePunctuation(x)
cat("t1 : ", t1, "\n")

t2 <- removePunctuation(x,
            preserve_intra_word_contractions=T,
            preserve_intra_word_dashes=T )
cat("t2 : ", t2, "\n")
-----------------------------------------------------------------
[ Console ]
x :  Why she had to go, I don't know, she wouldn't say. Good-Bye!!
t1 :  Why she had to go I dont know she wouldnt say GoodBye
t2 :  Why she had to go I don't know she wouldn't say Good-Bye
```

strsplit() 함수는 개별 문자열에 대해 각각 단어 벡터를 생성하므로 소문자로 변경된 문자열 벡터인 lyrics1에 strsplit() 함수를 적용하면 문자열마다 생성된 단어 벡터를 리스트 형태로 반환한다. 즉 word_list를 출력해 보면 단어 벡터의 리스트가 출력된다. 그러나 이후 빈도수를 구하기 위한 table() 함수가 벡터를 입력으로 받으므로 unlist() 함수를 이용하여 리스트를 벡터로 변환하도록 하였다.

```
[ Script ]          # ch9_1_3_1.R
/* 생략 */
words <- unlist(word_list)          # unlist함수로 리스트를 벡터로 변환
print(words)
--------------------------------------------------------------------
[ Console ]
> print(words)
 [1] "dashing" "through" "the"    "snow"   "in"     "a"      "one"    "horse"
 [9] "open"    "sleigh"  "over"   "the"    "fields" "we"     "go"     "laughing"
[17] "all"     "the"     "way"    "bells"  "on"     "bob"    "tail"   "ring"
 /* 생략 */
```

이제 단어 벡터를 사용하여 어떤 단어가 얼마나 자주 나타나는지 단어들의 빈도수를 구하고 빈도수가 높은 단어를 추출해 보자. 다음 R 프로그램은 table() 함수를 이용하여 단어 벡터에 포함된 단어들의 빈도수를 구하고, 이를 빈도수가 높은 순서로 정렬한 후 두 번 이상 나타나는 단어를 추출한다.

```
[ Script ]          # ch9_1_3_1.R
/* 생략 */
word_freq <- table(words)                          # 단어의 빈도수 계산
word_freq <- sort(word_freq, decreasing=TRUE)      # 빈도가 큰 순서로 정렬
word_freq1 <- word_freq[word_freq >= 2]            # 빈도가 2이상인 단어 추출
print(word_freq1)
--------------------------------------------------------------------
[ Console ]
> print(word_freq2)
words
jingle bells  the   a  all  fun horse  in  is  it  one open  ride sleigh
    6     5     5   4   3    3     3    3   3   3   3    3     3      3
   to  way what  oh
    3    3    3   2
```

위와 같이 텍스트에 출현한 단어들의 빈도를 텍스트 형식으로 보여줄 수도 있지만 우리는 이미 8장에서 수치 데이터를 그래프로 시각화하는 방법을 배웠으므로 단어들의 빈도를 막대 그래프로 시각화 해보자. 다음 R 프로그램은 2회 이상 출현한 단어를 대상으로 각 단어의 빈도수를 막대그래프로 시각화한다.

```
[ Script ]          # ch9_1_3_1.R
/* 생략 */
barplot(lyricsCount, horiz=TRUE, las=1, xlim=c(0, 7), col="green", main="Jingle bells")
----------------------------------------------------------------------
[ Plots ]
```

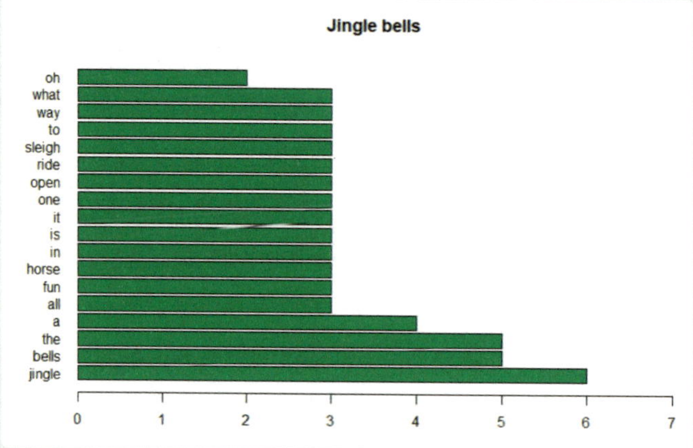

실행 결과 Plots 창에 위와 같이 가사에 나타나는 단어들의 빈도수가 그래프로 표현되어 진다. 위의 막대그래프를 보면 "jingle"의 출현 빈도가 가장 높다. 그런데 의미 없는 단어인 the, a, in, is 같은 전치사도 높은 출현 빈도로 나타나는 것을 볼 수 있다. 데이터 처리에 의미가 없는 이런 단어들을 불용어라고 한다. 이러한 불용어는 텍스트 분석에 도움이 되지 않으므로 제거해 줄 필요가 있다.

단어의 불용어를 제거하기 위해서는 텍스트 처리를 위한 다양한 함수들이 제공되고 있는 추가 설치 패키지인 tm(Text Mining) 패키지를 다음과 같이 설치하여 이용하면 된다. 여기서는 tm 패키지에서 제공하는 불용어 제거를 위한 removeWords() 함수를 사용하여 위 문제를 좀 더 정확도가 높게 해결해 본다. tm 패키지를 사용하기 위해서 먼저 아래와 같이 패키지를 설치한 후 불러온다.

```
[ Console ]
> install.packages("tm")
> library(tm)
```

tm 패키지에서 stopwords() 함수는 다국어로 지원되는 불용어 목록을 알려준다. 영어에서 사용되는 불용어는 아래와 같이 stopwords("en")로 알 수 있으며, tm 패키지에서 제공하는 removeWords() 함수를 이용하여 이 불용어를 삭제할 수 있다.

```
[ Console ]
> stopwords("en")
  [1] "i"        "me"        "my"          "myself"  "we"
  [6] "our"      "ours"      "ourselves"   "you"     "your"
 [11] "yours"    "yourself"  "yourselves"  "he"      "him"
 [16] "his"      "himself"   "she"         "her"     "hers"
 [21] "herself"  "it"        "its"         "itself"  "they"

/* 생략 */
> removeWords(words, stopwords("en"))
```

다음은 "Jingle bells"에서 불용어를 제거한 후 단어의 빈도수를 구하여 막대그래프를 생성하도록 수정한 프로그램이다. 결과로 생성된 막대그래프는 "the", "a" 같은 불용어가 제거되었으므로 우리는 "Jingle bells"에서 많이 나오는 단어를 더 정확하게 분석할 수 있다.

```
[ Script ]          # ch9_1_3_2.R
library(tm)

setwd("~/R_test/ch_09")
lyrics <- readLines("./data/ch9_jingle_bells.txt")

# 텍스트 전처리하기
refined_lyrics <- gsub(",", "", lyrics)
refined_lyrics <- gsub("\\.", "", refined_lyrics)
refined_lyrics <- gsub("-", " ", refined_lyrics)

lyrics1 <- tolower(refined_lyrics)                 # 대문자를 소문자로 바꾸기
word_list <- strsplit(lyrics1, " ")                # " "(공백) 구분자로 단어 분할
words <- unlist(word_list)                         # 리스트를 벡터로 변환

words2 <- removeWords(words, stopwords("en"))  # 단어 벡터에서 불용어를 삭제

words3 <- words2[nchar(words2)>=1]                 # 길이가 1이상인 단어만 추출

word_freq <- table(words3)                         # 단어의 빈도수 계산
```

```
word_freq <- sort(word_freq, decreasing=TRUE)   # 빈도가 큰 순서로 정렬
word_freq1 <- word_freq[word_freq >= 2]         # 빈도가 2이상인 단어 추출
print(word_freq1)

# 단어의 빈도수에 따른 가로막대 생성
barplot(word_freq1, horiz=TRUE, las=1, xlim=c(0, 7), col="green", main="Jingle bells")
-----------------------------------------------------------------
[ Plots ]
```

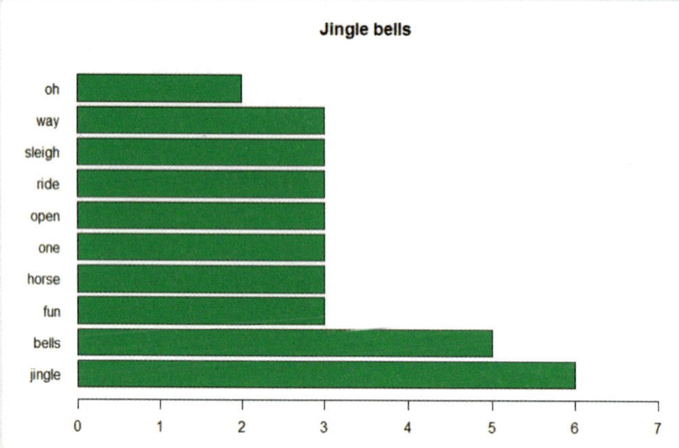

2) 한글 데이터에서 정보 찾기

이번 절에서는 아래와 같은 한글 텍스트 데이터에서 단어를 추출하고 이를 빈도수에 따라 워드클라우드로 시각화하는 방법에 대해 살펴본다.

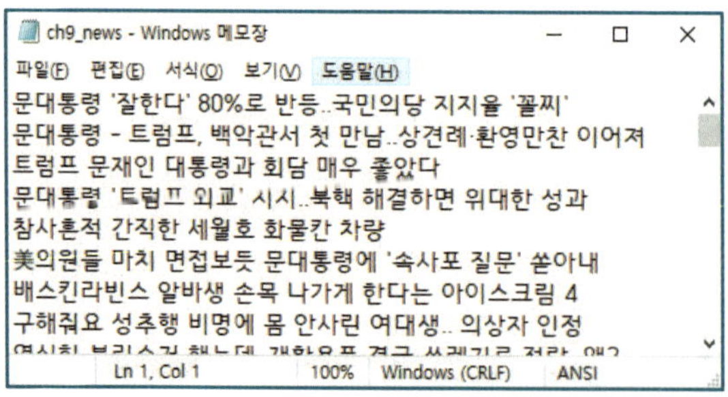
ch9_news - Windows 메모장
파일(F) 편집(E) 서식(O) 보기(V) 도움말(H)
문대통령 '잘한다' 80%로 반등..국민의당 지지율 '꼴찌'
문대통령 - 트럼프, 백악관서 첫 만남..상견례·환영만찬 이어져
트럼프 문재인 대통령과 회담 매우 좋았다
문대통령 '트럼프 외교' 시시..북핵 해결하면 위대한 성과
참사흔적 간직한 세월호 화물칸 차량
美의원들 마치 면접보듯 문대통령에 '속사포 질문' 쏟아내
배스킨라빈스 알바생 손목 나가게 한다는 아이스크림 4
구해줘요 성추행 비명에 몸 안사린 여대생.. 의상자 인정
Ln 1, Col 1 100% Windows (CRLF) ANSI

기본적으로 한글 텍스트 데이터의 처리 과정은 앞서 설명한 영어 텍스트 처리 과정과 크게 다르지 않다. 다만 한글은 영어와는 달리 대소문자의 구분은 없지만 명사 뒤에 조사가 붙어있어 이에 대한 처리과정이 필요하다. 한글 텍스트 문서에서 출현한 단어의 빈도를 구하기 위해서는 먼저 명사를 추출하여 명사

에 대한 빈도수를 구함으로써 그 문서에서 많이 사용되는 단어, 즉 중요한 단어가 무엇인지를 알아볼 수 있다. 한글 텍스트에서 명사를 추출하기 위해서는 R언어의 한글 자연어 분석 패키지인 KoNLP 패키지의 extractNoun() 함수를 사용하면 쉽게 명사를 추출할 수 있다. 이를 위해서는 먼저 KoNLP 패키지를 설치하고 로드해야 한다.

KoNLP를 이용한 한글 형태소 분석을 위해서는 참고로 삼을 사전이 필요하다. KoNLP 패키지에서는 시스템(system)사전, 세종(sejong)사전, NIADic 사전을 제공하고 있다. NIADic 사전은 국립국어원의 우리말 샘 사전을 바탕으로 제작되었으며 기존의 시스템사전이나 세종사전보다 더 풍성한 형태소 분석 결과를 보여준다. 이외에도 "woorimalsam" 사전도 사용할 수 있다. 따라서 이 교재에서는 NIADic 사전과 woorimalsam 사전을 사용한다. R언어에서 사전을 사용하기 전에 먼저 사전을 불러와야 한다.

다음은 KoNLP 패키지를 설치하고 로드한 후, NIADic 사전과 woorimalsam 사전을 불러오는 과정을 보여준다.

```
library(KoNLP)
useNIADic()                                    # NIADic 사전 불러오기
buildDictionary(ext_dic = "woorimalsam")       # woorimalsam 사전 불러오기
```

Tip KoNLP패키지 설치

KoNLP(Korea Natural Language Processing)는 자바로 만들어진 형태소 분석 패키지로 한글 텍스트 분석 시 필수적이다. 현재 KoNLP 패키지는 CRAN에서 삭제된 상태라 다른 패키지들처럼 install.packages("KoNLP") 명령으로 설치되지 않는다. KoNLP 패키지를 설치하기 위해서 아래의 코드를 순서대로 실행하면 gitHub 버전 KoNLP 패키지를 설치할 수 있다.

1) Java와 rJava 설치

```
install.packages("multilinguer")
library(multilinguer)
install_jdk()
```

2) KoNLP 의존성 패키지 설치

```
install.packages(c("stringr", "hash", "tau", "Sejong", "RSQLite",
"devtools"), type = "binary")
```

3) gitHub 버전 KoNLP 설치

```
install.packages("remotes")
remotes::install_github("haven-jeon/KoNLP", upgrade = "never",
                        INSTALL_opts=c("--no-multiarch"))
```

이제 한글 텍스트 분석을 위한 준비가 되었다면 오늘의 뉴스 기사를 파일에서 읽어 와서 글자 수가 2이상인 단어를 추출해 보자. 다음 R 프로그램은 "ch9_news.txt" 파일을 읽어 들여 KoNLP 패키지의 extractNoun() 함수를 이용하여 명사를 추출하고, 2글자 이상인 단어만 추출하는 과정이다. extractNoun() 함수는 명사를 리스트 구조로 추출해 주므로 unlist() 함수를 이용하여 벡터 구조로 변환하여 주었다.

```
[ Script ]          # ch9_1_3_3.R
library(KoNLP)
setwd("~/R_test/ch_09")

useNIADic()                                   # NIADic 사전 불러오기
buildDictionary(ext_dic = 'woorimalsam')      # woorimalsam 사전 불러오기

news  <- readLines("ch9_news.txt")            # 텍스트 파일 줄 단위로 읽기

# 텍스트 전처리하기
noun1 <- extractNoun(news)                    # 명사 추출
noun1 <- unlist(noun1)                        # 리스트를 벡터로 변환
noun <- noun1[nchar(noun1) >= 2]              # noun2에서 단어의 글자 수가 2이상인 단어 추출
print(noun)
-----------------------------------------------------------------------------
[ Console ]
> source('~/R_test/ch_09/ch9_1_3_3.R', encoding = 'UTF-8')
  [1] "대통령"          "80"        "반등"      "국민"      "의당"
  [6] "지지율"          "꼴찌"      "대통령"    "트럼프"    "백악관"
 [11] "상견례·환영만찬" "트럼프"    "문재"      "대통령"    "회담"
 [16] "좋았"            "대통령"    "트럼프"    "외교"      "북핵"
 [21] "해결"            "하면"      "위대"      "참사"      "흔적"
/* 생략 */
```

그런데, 오늘의 뉴스에는 "문대통령"이라는 단어가 많음에도 추출된 명사에는 나타나지 않았다. 이는 NIADic 사전과 woorimalsam 사전에 "문대통령"이란 단어가 없기 때문이다. 이런 경우를 위하여 KoNLP 패키지에서는 buildDictionary() 함수를 이용하여 사전에 없는 단어를 추가할 수 있도록 해준다. 이때 주의할 사항은 사전이 데이터 프레임 구조이기 때문에 단어를 추가할 때도 데이터 프레임으로 넣어주어야 한다는 것이다.

다음 프로그램은 "문대통령"을 사전에 추가한 후 명사를 추출하고 벡터 형식으로 변환한 것이다. 실행 결과, "문대통령"이 추출된 것을 확인할 수 있다.

```
[ Script ]              # ch9_1_3_3.R
/* 생략 */
dics <- c('NIADic','woorimalsam')
# "문대통령"을 사전에 추가
buildDictionary(ext_dic = dics, user_dic=data.frame("문대통령","ncn"))
# 텍스트 전처리하기
noun1 <- extractNoun(news)               # 명사 추출
noun1 <- unlist(noun1)                   # 리스트를 벡터로 변환
noun <- noun1[nchar(noun1) >= 2]    # noun2에서 단어의 글자 수가 2이상인 단어 추출
print(noun)
------------------------------------------------------------------
[ Console ]
> source('~/R_test/ch_09/ch9_1_3_3.R', encoding = 'UTF-8')
283951 words dictionary was built.
  [1] "문대통령"          "80"          "반등"          "국민"          "의당"
  [6] "지지율"            "꼴찌"        "문대통령"      "트럼프"        "백악관"
 [11] "상견례·환영만찬"   "트럼프"      "문재인"        "대통령"        "회담"
 [16] "좋았"              "문대통령"    "트럼프"        "외교"          "북핵"
 /* 생략 */
```

위와 같이 2글자 이상의 단어가 잘 추출되었다면 이 단어들을 대상으로 단어의 빈도수를 구하여 그 중 빈도수가 큰 순서대로 15개 단어를 추출한다.

```
[ Script ]              # ch9_1_3_3.R
/* 생략 */
nounCount1 <- table(noun)               # 단어의 빈도수 계산
# 빈도가 큰 순서로 정렬해서 앞부분 15개 보기
nounCount <- head(sort(nounCount1, decreasing = TRUE), 15)
print(nounCount)
------------------------------------------------------------------
[ Console ]
> source('~/R_test/ch_09/ch9_1_3_3.R', encoding = 'UTF-8')
noun
  문대통령  트럼프    국민      대통령    개혁      마리      문재인    미지급
     7        7        4          4        2         2          2         2
  배스킨라빈스  백악관    세월      손목      수당      시간      시정
      2          2         2          2         2         2         2
```

빈도수 상위 15개 단어를 워드클라우드로 나타내기 위해서 wordcloud 패키지가 필요하다. 아래와 같이 패키지를 설치한다.

```
[ Console ]
# wordcloud 패키지 설치 및 불러오기
> install.packages("wordcloud")
> library(wordcloud)
```

wordcloud 패키지의 wordcloud() 함수를 이용하면 텍스트를 워드클라우드로 시각화할 수 있다. wordcloud() 함수의 형식과 주요 옵션은 다음과 같다.

```
wordcloud( words="단어벡터",                # 표시할 단어 목록
           freq="빈도벡터",                 # 단어의 출현 빈도
           min.freq=값,                     # 최소 단어 빈도
           max.words=값,                    # 표현 단어 수
           random.order=FALSE,              # 고빈도 단어 중앙 배치
           rot.per=값,                      # 회전 비율
           scale=c(값1, 값2),               # 단어 크기 범위
           colors = pal,                    # 색상 목록
           random.color=FALSE,              # colors에 있는 색깔 랜덤 선택
)
```

다음 R 프로그램은 오늘의 뉴스 텍스트에서 빈도수 상위 15개 단어를 wordcloud로 시각화한다. random.order=FALSE 옵션을 지정하여 빈도수가 높은 주요 단어가 화면 중앙에 표시되도록 하였다. 실행 결과로 Plots 창에 아래 그림과 같은 워드클라우드가 생성되며 이것을 통해 오늘의 뉴스에 가장 많이 나타난 단어, 즉 이슈가 되고 있는 내용은 "문대통령"과 "트럼프"임을 시삭석으로 쉽게 알 수 있다.

```
[ Script ]          # ch9_1_3_3.R
/* 생략 */
# 단어의 빈도수로 막대그래프 그리기
wordcloud(names(nounCount), freq=nounCount, min.freq=2, scale=c(4,1),
          rot.per=0.25, random.order=FALSE)
```

```
[ Plots ]
```

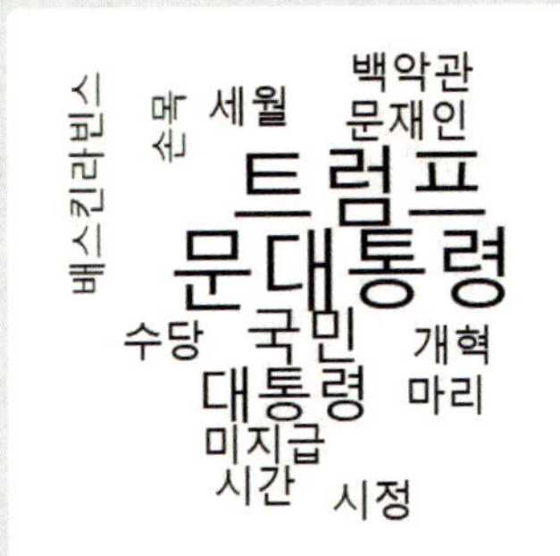

위의 워드클라우드에서는 단어가 검은색으로만 표현이 된다. 단어별로 다양한 색깔을 지정하기 위해서는 먼저 RColorBrewer 패키지에서 제공하는 brewer.pal() 함수로 색상코드를 만들고, 이것을 wordcloud의 colors 옵션으로 지정한다. RColorBrewer 패키지는 wordcloud 패키지를 설치하면 같이 설치되므로 따로 설치할 필요 없이 바로 library(RBColorBrewer)로 로드해서 사용하면 된다.

다음은 다양한 색깔로 표현된 워드클라우드를 생성한다. 결과로 생성된 워드클라우드는 여러 가지 색깔로 단어를 표시하고 있다.

```
[ Script ]              # ch9_1_3_3.R
library(KoNLP)
library(wordcloud)
library(RColorBrewer)                           # 색상 추가
/* 생략 */
pal <- brewer.pal(9, "Set1")                    # 색상코드 생성
wordcloud(names(nounCount), freq = nounCount, min.freq = 2, scale = c(4,1),
          rot.per = 0.25, random.order = FALSE,  colors = pal) # 색상 옵션 지정
-----------------------------------------------------------------------------
[ Plots ]
```

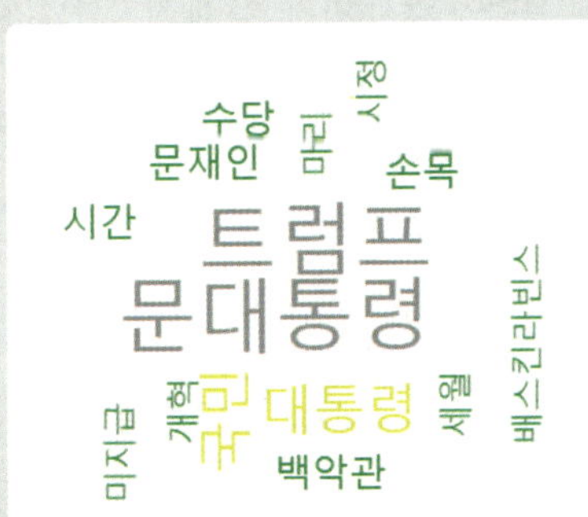

2 다양한 텍스트 데이터의 처리

이 절에서는 스티브잡스의 스탠포드 졸업 연설문과 문재인 대통령의 취임 연설문에서 무엇을 강조하고 있는지 살펴보고자 한다. 이를 위해서 앞에서 다룬 여러 텍스트 함수들을 이용하여 나타나는 단어를 추출하고 빈도를 계산하여 시각화하여 본다.

2.1 영어 연설문 키워드 분석

"ch9_speech_eng.txt" 파일은 스티브잡스의 스탠포드 졸업연설문 텍스트이다. 이 연설문에 나타나는 단어의 빈도를 구하여 분석해 봄으로써 스티브잡스가 졸업연설문에서 무엇을 강조했는지를 분석하려고 한다.

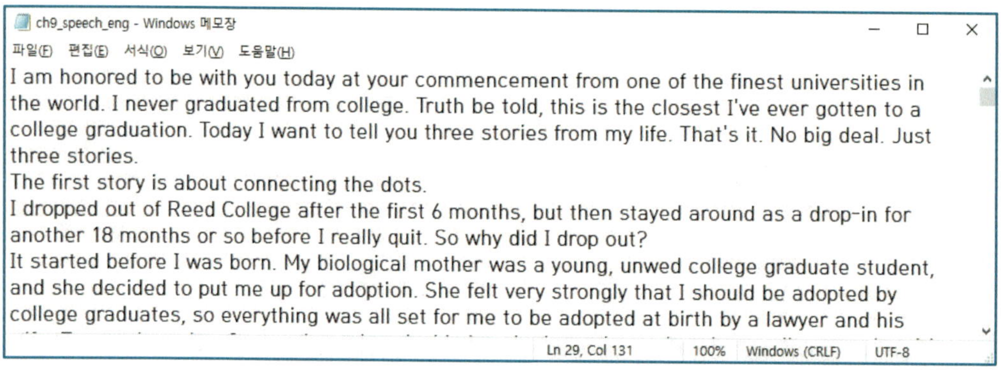
ch9_speech_eng - Windows 메모장

파일(F) 편집(E) 서식(O) 보기(V) 도움말(H)

I am honored to be with you today at your commencement from one of the finest universities in the world. I never graduated from college. Truth be told, this is the closest I've ever gotten to a college graduation. Today I want to tell you three stories from my life. That's it. No big deal. Just three stories.
The first story is about connecting the dots.
I dropped out of Reed College after the first 6 months, but then stayed around as a drop-in for another 18 months or so before I really quit. So why did I drop out?
It started before I was born. My biological mother was a young, unwed college graduate student, and she decided to put me up for adoption. She felt very strongly that I should be adopted by college graduates, so everything was all set for me to be adopted at birth by a lawyer and his

Ln 29, Col 131 | 100% | Windows (CRLF) | UTF-8

영어 텍스트이므로 1.3절에서 설명한 것처럼 tm 패키지 함수를 사용해야 한다. 따라서 tm 패키지가 설치되어 있지 않을 경우 프로그램 실행에 앞서 먼저 tm 패키지를 설치하고 로드하는 작업을 해주어야 한다.

1절에서 살펴본 바와 같이 텍스트 분석 및 시각화 과정은 ① 파일 읽기 ② 텍스트 전처리 ③ 텍스트 분석 ④ 시각화 순서로 이루어진다.

다음 프로그램은 연설문이 저장된 "ch9_speech_eng.txt" 파일을 불러와서 전처리를 하는 과정이다. 여기서 전처리는 불필요한 기호 제거, 문자를 소문자로 변경, 공백을 기준으로 단어 분할, 불용어 제거가 포함된다.

```
[ Script ]              # ch9_2_1_1.R
library(tm)
setwd("~/R_test/ch_09")

# ① "ch9_speech_eng.txt" 파일 줄 단위로 읽어 오기
speech <- readLines("./data/ch9_speech_eng.txt")

# ② 문자열 전처리
speech1 <- gsub(",", "", speech)                    # 불필요한 기호 제거
speech2 <- gsub("\\.", "", speech1)
speech3 <- tolower(speech2)                         # 대문자를 소문자로 바꾸기

word <- strsplit(speech3, " ")                      # " "(공백) 구분자로 단어 분할
word1 <- unlist(word)                               # unlist함수 이용 벡터로 변환
word2 <- removeWords(word1, stopwords("en"))        # word1에서 불용어를 삭제
word3 <- gsub("will", "", word2)                    # 불필요한 단어(will) 삭제
word4 <- word3[nchar(word3) >= 2]                   # 단어의 글자 수가 2이상인 단어 추출
print(word4)
----------------------------------------------------------------------
[ Console ]
> source('~/R_test/ch_09/ch9_2_1_1.R', encoding = 'UTF-8')
 [1] "honored" "today" "commencement" "one"     "finest"      "universities"
 [7] "world"   "never" "graduated"    "college" "truth"       "told"
[13] "closest" "ever"  "gotten"       "college" "graduation"  "today"
 /* 생략 */
```

다음으로 전처리가 끝난 정제된 단어들의 빈도수를 구하고 이 중 출현빈도 상위 20개의 단어를 구해야 한다. 과정에 대한 자세한 설명은 1.3절을 참조하기 바란다.

```
[ Script ]              # ch9_2_1_1.R
/* 생략 */
# ③ 단어의 빈도수 계산
wordCount1 <- table(word4)
# 빈도수가 큰 순서로 정렬해서 상위 20개 추출
wordCount <- head(sort(wordCount1, decreasing = TRUE), 20)
print(wordCount)
```

```
[ Console ]
> source('~/R_test/ch_09/ch9_2_1_1.R', encoding = 'UTF-8')
word4
    life  college  one     years       apple    just    never dropped later
     16      14     9        9           8        8       8       7      7
 looking  months   death  everything first    great  know   now      want
      7       7       6        6         6        6       6     6        6
    best  company
      5       5
```

다음은 단어들의 출현 빈도를 막대그래프로 시각화하는 과정이다. 프로그램 실행 결과 단어 출현 빈도 수 상위 20개 단어들의 출현빈도가 가로 막대그래프로 시각화 된 것을 볼 수 있다.

```
[ Script ]          # ch9_2_1_1.R
/* 생략 */
# ④ 단어의 빈도수에 따른 가로막대 생성
par(mar = c(4, 6, 4, 4))                # 여백 설정 : c(아래쪽, 왼쪽, 위쪽, 오른쪽)
barplot(wordCount,  horiz = TRUE, main="The Commencement address by Steve Job",
            las = 1, xlim = c(0, 20), col = "blue",
            cex.axis = 1.5, cex.names = 1.2, cex.main=2)
------------------------------------------------------------------------------
[ Plots ]
```

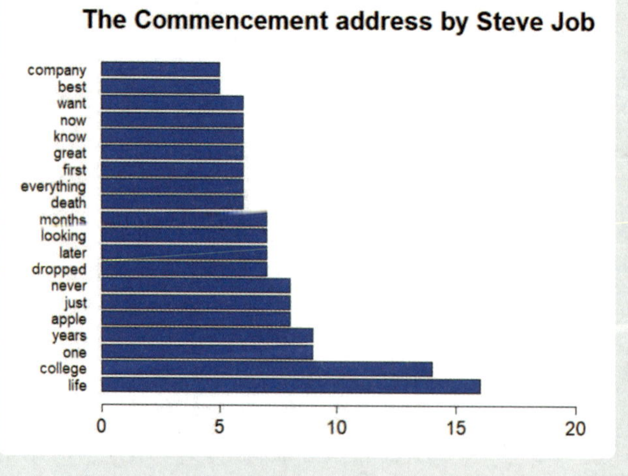

2.2 한글 연설문 키워드 분석

이번에는 문재인 대통령 취임 연설문에서 담고 있는 단어의 빈도를 구하고 주요 단어를 시각적으로 나타내어 국가의 정책 방향을 파악해 보려고 한다. 다음은 분석할 텍스트 데이터이다.

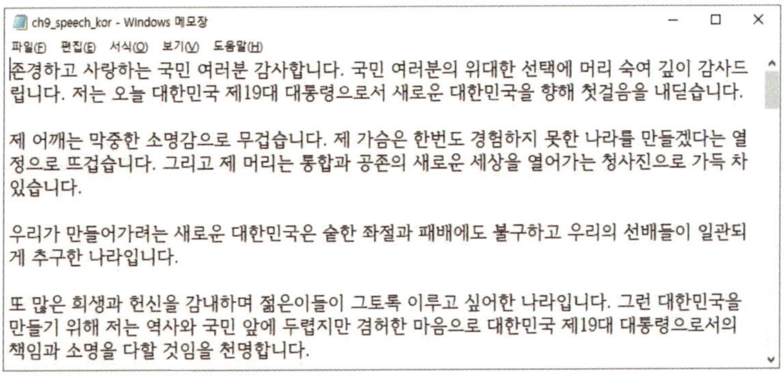
ch9_speech_kor - Windows 메모장

파일(F) 편집(E) 서식(O) 보기(V) 도움말(H)

존경하고 사랑하는 국민 여러분 감사합니다. 국민 여러분의 위대한 선택에 머리 숙여 깊이 감사드립니다. 저는 오늘 대한민국 제19대 대통령으로서 새로운 대한민국을 향해 첫걸음을 내딛습니다.

제 어깨는 막중한 소명감으로 무겁습니다. 제 가슴은 한번도 경험하지 못한 나라를 만들겠다는 열정으로 뜨겁습니다. 그리고 제 머리는 통합과 공존의 새로운 세상을 열어가는 청사진으로 가득 차 있습니다.

우리가 만들어가려는 새로운 대한민국은 숱한 좌절과 패배에도 불구하고 우리의 선배들이 일관되게 추구한 나라입니다.

또 많은 희생과 헌신을 감내하며 젊은이들이 그토록 이루고 싶어한 나라입니다. 그런 대한민국을 만들기 위해 저는 역사와 국민 앞에 두렵지만 겸허한 마음으로 대한민국 제19대 대통령으로서의 책임과 소명을 다할 것임을 천명합니다.

한글 텍스트이므로 1.3절에서와 같이 KoNLP 패키지 함수와 NIADic 사전을 사용한다. KoNLP 패키지가 설치나 로드가 되어 있지 않다면 프로그램 실행에 앞서 먼저 KoNLP 패키지를 설치하고 로드하는 작업을 해주어야 하며 NIADic 사전을 불러오는 작업을 먼저 수행해야 한다. 이에 대한 자세한 사항은 1.3절을 참고하면 된다.

연설문 텍스트를 워드클라우드로 나타내는 과정은 텍스트 파일 읽기 > 텍스트 전처리 > 단어 빈도수 계산하기 > 워드클라우드로 시각화로 구성된다. 다음 R 프로그램은 "ch9_speech_kor.txt" 파일을 읽어서 한글 텍스트의 전처리를 하는 과정이다. 전처리에는 한글 명사 추출하기와 2글자 이상 단어를 추출하는 것이 포함된다.

```
[ Script ]          # ch9_2_2_1.R
library(KoNLP)
library(RColorBrewer)
useNIADic()
setwd("~/R_test/ch_09")
speech  <- readLines("./data/ch9_speech_kor.txt") # 텍스트 파일 줄 단위로 읽기

# 텍스트 전처리하기
noun1 <- extractNoun(speech)                # 명사추출하기
noun2 <- unlist(noun1)                      # 리스트를 벡터로 변환하기
noun3 <- noun2[nchar(noun2) >= 2]           # noun2에서 단어의 글자 수가 2이상인 단어 추출
```

```
[ Console ]
> print(noun3)
  [1] "존경"      "사랑"       "국민"      "여러분"     "감사"
  [6] "국민"      "여러분"     "위대"      "선택"       "머리"
 [11] "오늘"      "대한민국"   "제19대"    "대통령"     "대한민국"
 /* 생략 */
```

다음으로 2글자 이상인 명사들을 대상으로 table() 함수를 이용하여 빈도수를 계산하고 출현빈도가 높은 상위 20개 단어들을 추출한다.

```
[ Script ]          # ch9_2_2_1.R
/* 생략 */
nounCount1 <- table(noun3)          # 단어의 빈도수 계산
# 빈도가 큰 순서로 정렬해서 앞부분 20개 보기
nounCount <- head(sort(nounCount1, decreasing = TRUE), 20)
print(nounCount)
--------------------------------------------------------------------
[ Console ]
noun3
  대통령   국민    대한민국  나라    여러분   역사    대통령의  대화    세상
  28       23      10        8       7        6       5         5       5
  오늘     우리    정치      존경    선거     시작    위대      해결    갈등
   5        5       5         5       4        4       4         4       3
  감사     광화문
   3        3
 /* 생략 */
```

이제 출현 빈도가 높은 20개 단어들에 대해 시각화 해보자. 다음 프로그램에서와 같이 막대 그래프로 시각화 하는 것은 2.1절에서와 동일하다. 막대 그래프로 시각화된 결과를 통해 연설문 텍스트에서 “대통령”과 “국민”이 20회 이상 출현하였고, 그 뒤로 “대한민국”, “나라” 등의 단어가 출현빈도가 높음을 알 수 있다.

```
[ Script ]          # ch9_2_2_1.R
/* 생략 */
par(mar = c(4, 6, 4, 4))                # 여백 설정 : c(아래쪽, 왼쪽, 위쪽, 오른쪽)
barplot(nounCount,  horiz = TRUE, las = 1, xlim = c(0, 30), col = rainbow(7),
        main = "문재인 대통령 취임 연설", cex.main=2, cex.axis=1.4, cex.name=1.2)
------------------------------------------------------------------------------
[ Plots ]
```

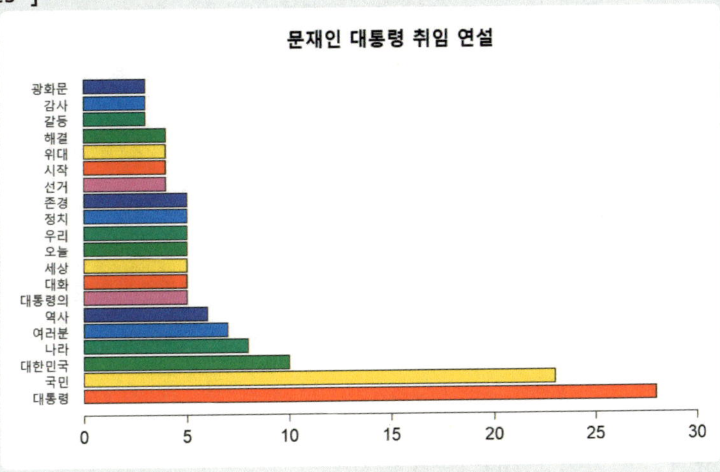

다음은 문재인 대통령 연설문의 단어들을 워드클라우드로 시각화한다. wordcloud() 함수의 colors 옵션을 지정하여 다양한 색으로 단어들을 시각화하였다. wordcloud() 함수에 대한 자세한 설명은 1.3절을 참조하기 바란다.

```
[ Script ]          # ch9_2_2_1.R
/* 생략 */
pal <- brewer.pal(9, "Set1")          # 색상코드 생성
# 출현 빈도 상위 20개 단어 대상 워드클라우드 생성
wordcloud(names(nounCount), freq=nounCount, scale=c(4,1),
          rot.per=0.25, random.order=FALSE, colors=pal)  # 색상 옵션 지정
```

```
[ Plots ]
```

다음은 연설문에 등장한 단어 중 출현 빈도가 2 이상인 단어들을 대상으로 워드클라우드를 생성한다. colors 옵션을 colors=rainbow(length(nounCount1))로 지정하여 단어의 색을 무지개 색으로 표시하였다.

```
[ Script ]            # ch9_2_2_1.R
/* 생략 */
# 전체 출현단어 중 빈도 2 이상 단어를 대상으로 워드클라우드 생성, 무지개 색 설정
wordcloud(names(nounCount1), freq=nounCount1, min.freq=2, scale=c(4,1), rot.per=0.25,
          random.order=FALSE,  colors=rainbow(length(nounCount1)))
-----------------------------------------------------------------------
[ Plots ]
```

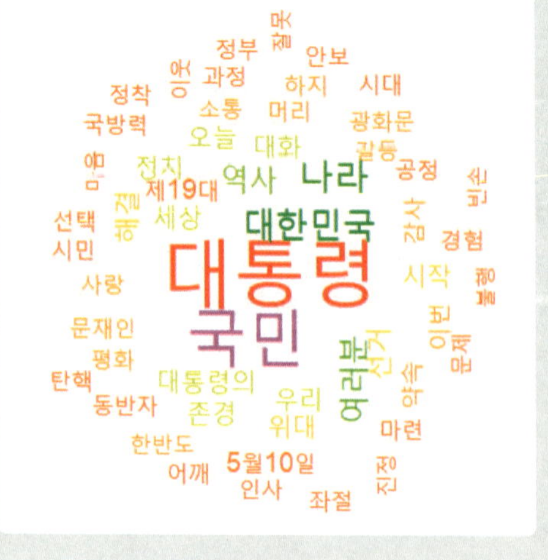

연습문제

01 다음은 비틀즈의 "Yesterday" 가사이다. 주어진 "ch9_ex01_yesterday.txt" 파일을 이용하여 다음 문제를 해결하시오.

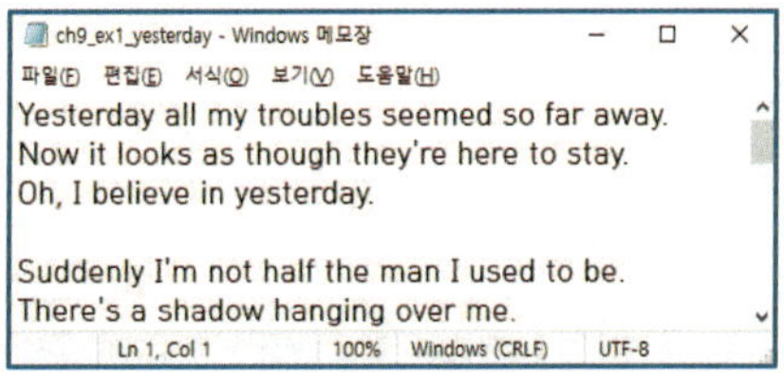

ch9_ex1_yesterday - Windows 메모장

파일(F) 편집(E) 서식(O) 보기(V) 도움말(H)

Yesterday all my troubles seemed so far away.
Now it looks as though they're here to stay.
Oh, I believe in yesterday.

Suddenly I'm not half the man I used to be.
There's a shadow hanging over me.

Ln 1, Col 1 | 100% | Windows (CRLF) | UTF-8

(1) 단어 단위로 분할하여 단어의 출현 빈도가 높은 단어 5개를 출력하시오. 단, 쉼표(,)와 점(.)은 제거하고 모든 단어는 소문자로 처리하시오.

(2) 문장부호 apostrophe(')의 빈도수와 apostrophe가 나타난 단어를 출력하시오.

(3) 전치사 등 불용어는 제거하고 2번 이상 출현한 단어의 빈도수로 가로 막대그래프를 그리시오.

02 다음은 2017년 문재인 대통령 한·미 비즈니스 연설문이다.
주어진 "ch9_ex02_speech.txt" 파일을 이용하여 출현 빈도 상위 20개 단어에 대한 워드클라우드를 생성하시오. 단, 2글자 이상의 단어만 대상으로 하시오.

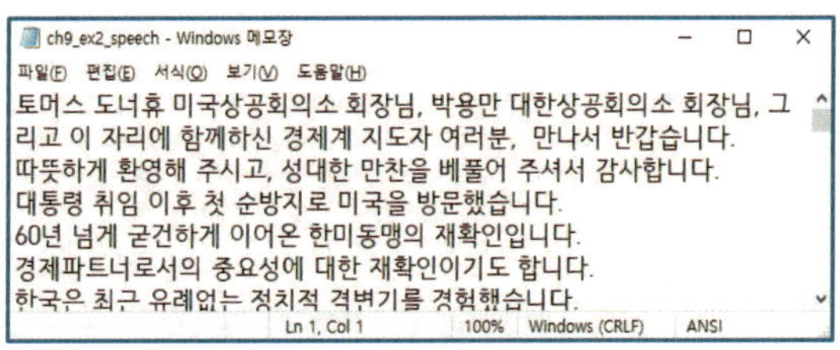

ch9_ex2_speech - Windows 메모장

파일(F) 편집(E) 서식(O) 보기(V) 도움말(H)

토머스 도너휴 미국상공회의소 회장님, 박용만 대한상공회의소 회장님, 그리고 이 자리에 함께하신 경제계 지도자 여러분, 만나서 반갑습니다.
따뜻하게 환영해 주시고, 성대한 만찬을 베풀어 주셔서 감사합니다.
대통령 취임 이후 첫 순방지로 미국을 방문했습니다.
60년 넘게 굳건하게 이어온 한미동맹의 재확인입니다.
경제파트너로서의 중요성에 대한 재확인이기도 합니다.
한국은 최근 유례없는 정치적 격변기를 경험했습니다.

Ln 1, Col 1 | 100% | Windows (CRLF) | ANSI

Part IV

빅데이터와의 만남

최근에 가장 주목을 받는 기술 중에 하나로 빅데이터 기술을 꼽을 수 있다. 빅데이터는 단순히 오랜 시간 동안 축적된 데이터만을 의미하는 게 아니라 오늘날 정보화 시대에 대용량으로 빠르게 축적되는 다양한 형식의 데이터를 말한다. 이와 같은 빅데이터는 종종 원유에 비교되기도 한다. 즉, 무수히 많은 데이터에서 원하는 정보를 생성하는 것은 수천 미터의 바닷속에서 원유를 채굴하는 것만큼이나 복잡한 작업이지만 원유만큼 다양한 가치를 가지고 있다는 의미이다. 이러한 작업을 위해 컴퓨터와 함께 R언어와 같은 프로그래밍 도구는 빅데이터에서 정보를 편리하게 찾을 수 있도록 지원하고 있다. 여러분은 이전 파트에서 R언어를 사용할 수 있는 기본적인 지식을 습득하였다. 그러므로 여러분의 주변에 산재해 있는 다양한 형태의 데이터로부터 의미 있는 정보를 추출하여, 주어진 문제를 효율적으로 해결할 수 있는 빅데이터 처리의 첫걸음을 내디뎠다고 할 수 있다.

또한, 알파고 이후로 우리 생활 속에서 인공지능, 머신러닝, 딥러닝 이라는 말이 자주 사용되고 있다. 이미 인공지능 기술로 구현된 가상 인간이 CF에서 활약하고 있다. 이러한 인공지능도 결국 기계가 사람처럼 지능적으로 문제를 해결하도록 연구하는 분야이다. 수십 년 동안 사람이 특정값을 입력했을 때 어떤 값이 출력되도록 수동으로 코딩을 했다면, 이제는 정해진 규칙이 아니라 컴퓨터가 스스로 학습을 할 수 있도록 하는 것이다. 다양한 분야에서 인공지능을 발전시키고 실생활에 응용하기 위한 수많은 연구와 실험을 진행하고 있다.

본 파트에서는 4차 산업 혁명의 핵심인 빅데이터의 활용에 대하여 알아본다. 10장에서는 빅데이터의 특성을 이해하고 R언어 프로그래밍을 이용하여 빅테이터를 수집하고 활용하는 방법에 대하여 살펴본다. 11장에서는 웹 공간에서 제공되는 수많은 데이터 중에서 우리에게 주어진 문제 해결에 필요한 부분을 획득해서 활용할 수 있는 방법에 대하여 살펴본다. 마지막 12장에서는 인공지능 기능으로 데이터를 분석하는 방법에 대하여 살펴본다. 이를 통해 항상 새로운 데이터가 생성되는 인터넷 환경에서 더욱 빠르게 정보를 수집하고 분석하여 여러분에게 주어진 문제를 빠르게 해결할 수 있는 역량을 강화한다.

컴퓨터 비전공자를 위한 빅데이터 활용의 시작

R 언어 프로그래밍

10 빅데이터의 이해

1 빅데이터의 수집과 활용

우리 생활 전반에 ICT(Information and Communication Technology) 기술이 접목되고 주변의 모든 것들이 네트워크에 연결되면서 단위 시간 당 생성되는 데이터의 양이 기존의 상상을 초월하게 되었다. 구글의 전 CEO이자 현재 Alphabet, Inc.의 회장 에릭 슈미트(Eric Schmidt)는 2003년까지 인류가 축적해 온 전체 데이터가 5엑사바이트(exabyte) 수준인데 이제는 단 하루 만에 그 정도의 분량을 쏟아내는 시대라고 말하며 데이터 처리의 중요성을 강조하였다. 이처럼 빅데이터(Big Data)란 일차적으로는 과거에 비해 엄청나게 증가한 양의 데이터를 의미한다. 그러나 단순히 많은 양의 데이터만을 빅데이터라고 하진 않는다. 세계적인 IT분야의 리서치 업체인 가트너(Gartner)는 빅데이터의 특징을 규모(Volume), 다양성(Variety), 속도(Velocity)의 3V로 정의하였다.

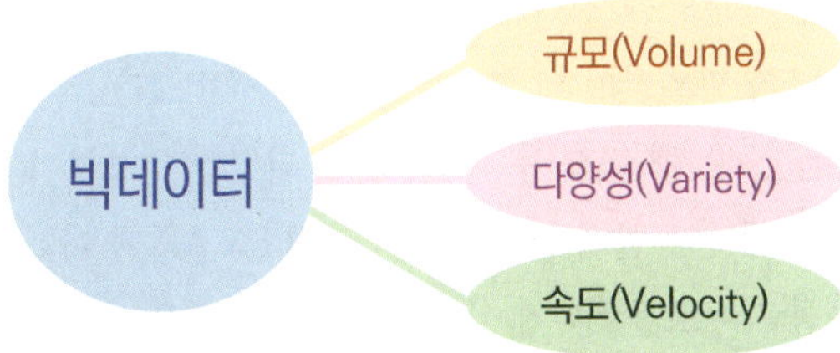

첫 번째 특징인 규모(Volume)는 데이터의 물리적 크기를 말한다. 트위터(Twitter)에서는 하루 평균 1억 건 이상의 데이터가 생성되고, 유튜브(Youtube)의 하루 평균 동영상 재생 건수는 40억 회를 훨씬 넘는다. 이제 다루는 데이터의 규모가 커져 제타바이트(zetabyte) 시대로 진입하고 있다.

두 번째 특징인 다양성(Variety)은 데이터의 유형이 표 형식의 잘 갖추어진 정형데이터 뿐만 아니라 인터넷의 발달로 텍스트, 오디오, 비디오, 위치 정보 등 다양한 형식의 데이터가 발생함을 의미한다. 즉, 한 가지 데이터 형태가 아닌 다양한 형태의 데이터를 갖는 것이 빅데이터의 특징이다. 빅데이터는 형태에 따라 기존 데이터 환경에서 주로 사용해 왔던 관계형 데이터베이스(RDB)에 저장된 데이터나 스프레트시트 형식의 정형 데이터, XML이나 HTML과 같은 형식의 메타 데이터나 스키마를 포함하는 반정형 데이터, 텍스트나 비디오, 이미지 같은 비정형 데이터로 그 종류가 나뉜다. 빅데이터는 이 모든 데이터를 포함하기 때문에 이를 수집하고 다룰 수 있는 기술이 필요하다.

세 번째 특징인 속도(Velocity)는 데이터 처리 능력을 말한다. 빅데이터는 실시간으로 데이터가 생성되고 이동한다. 이 때문에 빅데이터 기술은 대용량의 데이터를 수집·가공·분석하는 일련의 과정을 실시간 또는 일정 주기에 맞춰 빠르게 처리하고 분석할 수 있어야 한다.

빅데이터는 인터넷 포털 사이트, SNS, 인터넷 쇼핑몰, 기상 위성, 사물인터넷(IoT), CCTV 등 많은 영역에서 지금도 실시간으로 생성되고 있다. 이러한 빅데이터를 수집하고 필요에 따라 잘 가공하여 활용한다면 기업에서는 고객 수요를 예측하거나 새로운 제품 개발 및 고객 맞춤형 서비스 제공 등 다양한 분야에 이용하여 경쟁력을 높일 수 있고, 국가나 기관에서는 적절한 정책 수립 등에 도움을 받을 수 있으며, 개인들도 기존의 데이터에서 손쉽게 새로운 가치를 창출해 낼 수도 있을 것이다. 따라서 이 절에서는 빅데이터를 수집하고 가공하여 활용하는 방법에 대해 살펴본다.

1.1 빅데이터의 수집

실시간으로 생성되는 엄청난 양의 다양한 형태의 데이터를 빠르게 처리하고 분석해야 하는 빅데이터의 특성에 따라 최근에는 네이버, 카카오, 구글 등 많은 인터넷 사이트들이 자사에서 실시간으로 만들어지는 데이터를 OPEN API를 이용하여 공유할 수 있도록 허용하고 있다. 또한, 우리나라에서는 정부가 보유한 공공데이터를 적극 개방하여 공공기관에서 수집되는 많은 정보들을 공공데이터포털이나 서울 열린데이터 광장 사이트 등을 통해 파일 데이터 형태뿐만 아니라 OPEN API 형태로 실시간으로 제공하고 있다. 그 외에도 교통정보나 한국은행 경제 통계시스템 등 다양한 정보들이 OPEN API 형태로 제공되고 있어 누구나 무료로 데이터를 공유할 수 있다. 따라서 OPEN API에 대해서 알아보고, OPEN API를 통해 제공되는 데이터를 제공 사이트들로부터 실시간으로 수집해 오는 방법을 살펴보자.

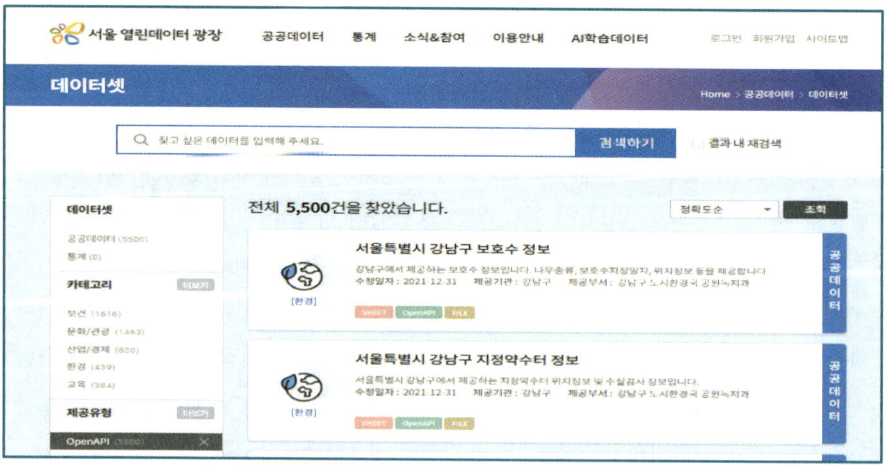

1) OPEN API란?

OPEN API(Open Application Programming Interface)란 사이트에서 제공하는 서비스나 데이터를 누구나 쉽게 사용할 수 있도록 공개된 프로그래밍 인터페이스다. OPEN API를 이용하면 정부나 네이버에서 제공하는 실시간 코로나19 확진자 발생 현황 데이터를 이용하여 이용자들이 한 눈에 확진자 현황을 알아볼 수 있도록 지도로 표시하거나 동선을 알려주는 앱 개발과 같은 새로운 서비스를 만들어 낼 뿐만 아니라, 기상 정보를 제공하는 사이트의 OPEN API를 이용하여 항공사나 여행사 사이트에서도 사용자의 편의를 위해 우리나라 또는 전 세계의 기상 정보를 보여줄 수도 있다. 또한, 인터넷 쇼핑몰은 OPEN API를 통해 상품에 대한 정보를 제공해서 타 사이트를 통해서도 자사의 상품에 접근할 수 있도록 한다. 이처럼 OPEN API 제공 사이트들은 자신들의 서비스나 데이터를 일반 개발자나 타사 등에 개방하여 자사의 비즈니스를 더욱 확대하고 수익을 창출하는 서비스의 중추 역할을 할 수 있다는 장점이 있으며, 일반 개발자나 타사들은 많은 노력을 들이지 않고도 기존에 만들어진 서비스나 데이터를 이용하여 새로운 가치를 창출해 낼 수 있다는 장점을 가진다. 특히 데이터의 경우, 기존의 csv나 xlsx 파일 형태로 데이터를 제공하는 방식은 사이트에 방문하여 매번 수동으로 데이터를 다운로드 받아 사용해야 하는 반면, OPEN API는 사이트에서 제공하는 데이터를 웹 프로토콜(HTTP)로 호출할 수 있도록 제공하고 있으므로 웹 페이지에 수동으로 접속하지 않아도 프로그램에서 직접 호출하여 사용할 수 있고 실시간으로 제공되는 데이터를 활용할 수 있다는 장점이 있다.

대부분의 OPEN API 사이트는 무료로 서비스나 데이터를 개방하고 있으나 과도한 트래픽이 발생하는 것을 방지하기 위하여 사이트 정책에 따라 일일 트래픽을 제한하기도 한다. 또한, 허용 트래픽을 초과하여 사용하고자 하는 경우 또는 일부 서비스에 대해서는 유료화 정책을 펴는 곳도 있다.

주요 OPEN API 사이트

- 공공데이터포털 : https://www.data.go.kr/
- 국가통계포털 : https://kosis.kr/openapi/index/index.jsp
- 서울열린데이터광장 : https://data.seoul.go.kr/
- 교통정보공개서비스 : http://openapi.its.go.kr/portal/main.do
- 한국은행경제통계시스템 : https://ecos.bok.or.kr/jsp/openapi/OpenApiController.jsp?t=main
- 네이버 : https://developers.naver.com/main/
- 카카오 : https://developers.kakao.com/
- 구글 : https://developers.google.com/
- 트위터 : https://developer.twitter.com/en
- 옥션 : http://developer.auction.co.kr/
- API스토어 : https://www.apistore.co.kr/main.do

2) OPEN API를 이용한 빅데이터 수집

OPEN API를 이용하여 사이트들이 제공하는 데이터를 수집하기 위해서 사용자는 먼저 해당 사이트에서 인증키를 발급받아야 한다. 그리고 사이트의 URL과 발급된 인증키, 수집하고자 하는 데이터 이름 등의 요청인자들을 결합한 데이터 호출용 OPEN API URL을 생성하여 원하는 데이터를 호출하면 해당 데이터를 JSON 또는 XML 형식의 공개된 포맷으로 받을 수 있어서 서비스 프로그램 개발이나 데이터 분석에 활용할 수 있다. JAVA, PYTHON 등 대부분의 프로그램 언어들이 OPEN API 사이트에 접속하여 데이터를 호출하고 그 결과로 제공받은 JSON이나 XML 형식의 데이터를 처리할 수 있는 기능들을 제공하고 있고, R언어도 이들을 간단히 처리하기 위한 패키지들을 제공하고 있다. 단, 사이트에 따라서 호출을 위한 URL을 생성하는 방법은 약간씩 다를 수 있고, 데이터 제공 형식도 사이트나 데이터에 따라 XML 형식만 제공하기도 하고 XML과 JSON 형식 모두를 제공하기도 하는 등 약간씩의 차이가 있을 수 있다. 이에 대한 설명은 각 OPEN API 사이트에서 자세히 설명하고 있으므로 참고하면 된다.

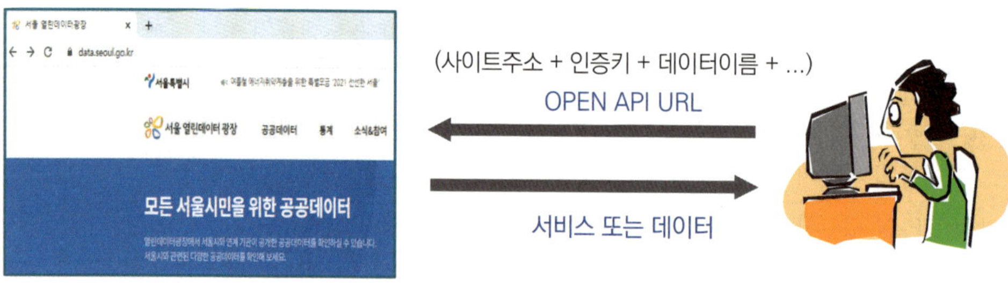

〈OPEN API 제공 사이트〉 〈사용자〉

본 절에서는 최근 몇 년간 가계대출의 변화를 살펴보기 위해 한국은행 경제통계시스템 OPEN API 사이트(https://ecos.bok.or.kr/jsp/openapi/OpenApiController.jsp)에서 제공하는 가계신용 정보를 OPEN API로 호출하여 R 프로그램에서 처리하는 방법을 살펴봄으로써 OPEN API를 이용한 빅데이터 수집 방법을 알아본다.

■ 인증키 발급받기

한국은행 경제통계시스템 OPEN API를 이용하기 위해서는 먼저 아래 그림의 ① [OPEN API 인증키 신청]을 클릭하여 OPEN API 인증키를 발급받아야 한다. 인증키 발급 신청 후 ② [My Page]를 클릭하여 OPEN API 신청 시 입력한 이메일 주소와 비밀번호로 로그인하면 ③ 발급된 인증키 현황을 확인할 수 있다.

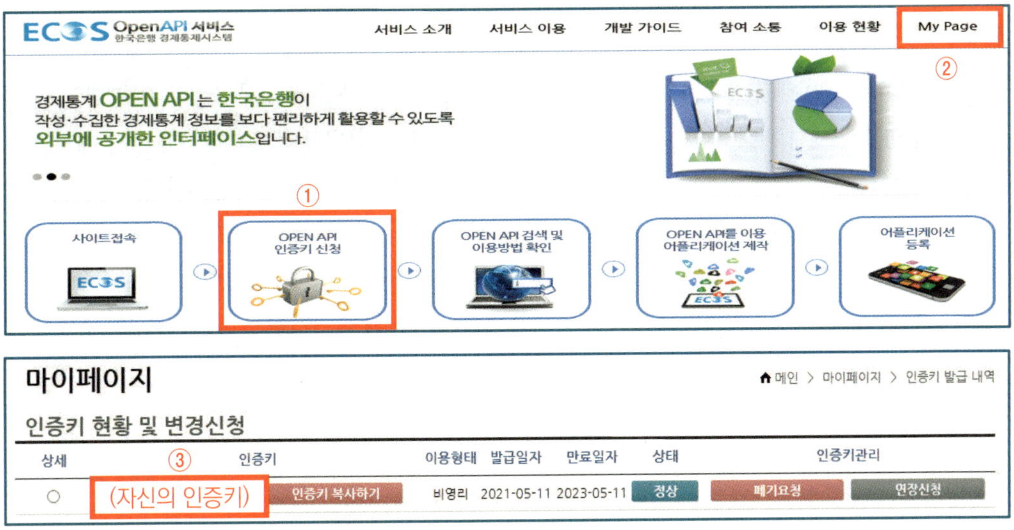

■ 통계코드 검색하기

한국은행 경제통계시스템 OPEN API 사이트에서 찾고자 하는 가계 신용정보와 관련하여 제공하는 데이터가 있는지 살펴보려면 아래 그림의 ① [개발 가이드] - ② [통계코드검색]을 클릭하여 필요한 데이터가 있는지 찾으면 된다. 만약 최근 몇 년간(2015~2020년)의 가계대출 변화를 알아보기 위해 해당 사이트에서 제공하는 데이터 목록 중 ③ [3.6.1 가계 신용(분기별)] 데이터에서 ④ [가계 대출] - [기타대출] 데이터가 필요하다면 이들 데이터목록 옆에 기술된 통계코드(008Y001, 11000B0)를 살펴보아야 한다. 이는 프로그램에서 해당 데이터를 호출하기 위한 OPEN API URL을 생성하는데 사용된다.

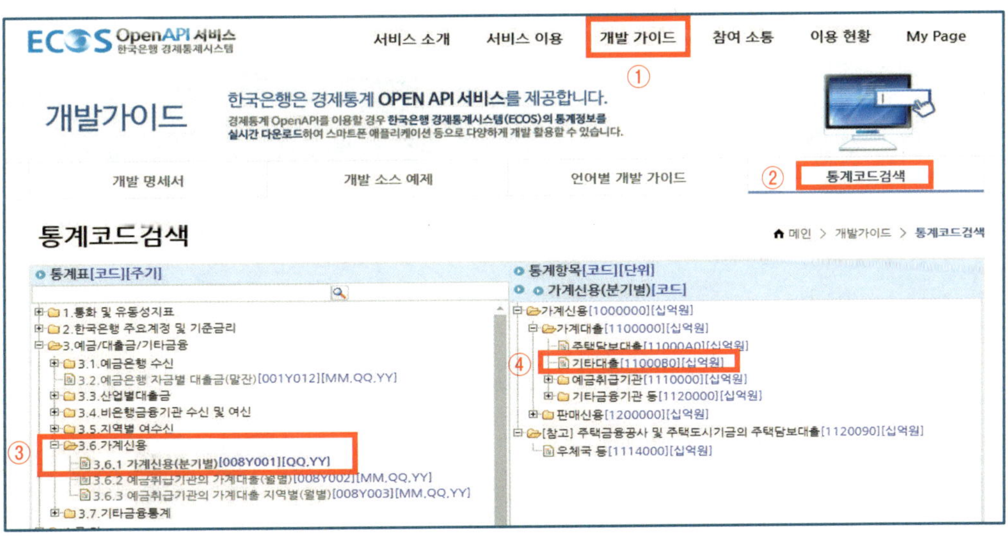

■ OPEN API URL 생성하기

이용하고자 하는 데이터를 호출하기 위한 OPEN API URL을 생성하기 위해 사이트의 ① [개발 가이드] - ② [개발 명세서]에서 서비스명을 ③ [통계 조회 조건 설정]으로 선택한다. 그러면 사용자가 해당 사이트에서 제공하는 데이터를 이용하기 위해 OPEN API URL을 통해 사이트에 제공해야 하는 [요청인자]에 대한 설명과 그 요청이 받아들여졌을 때 해당 사이트가 사용자에게 제공할 [출력값]에 대한 설명을 확인할 수 있다. 사용자는 프로그램에서 요청인자에 맞게 URL을 구성하여 데이터를 호출하여야 하며, 호출이 성공했을 때 제공되는 데이터의 항목이 무엇을 의미하는지 여기서 제공하는 [출력값] 설명을 참고하면 된다. 또한, [메시지 설명]에서는 호출이 성공하지 못했을 경우 나타나는 에러 메시지에 대해 설명하고 있다.

한국은행 경제통계시스템 OPEN API 사이트에서 제공하는 [3.6.1 가계 신용(분기별)] - [가계 대출] - [기타대출] 데이터를 이용하기 위해 사용자는 해당 사이트의 기본주소에 요청인자 정보를 결합한 다음과 같은 형식의 URL을 생성하여 호출하여야 한다.

```
①                              ②                  ③              ④  ⑤ ⑥ ⑦  ⑧          ⑨
http://ecos.bok.or.kr/api/StatisticSearch/(자신의인증키)/xml/kr/1/24/008Y001/QQ/
2015/2020/11000B0/?/?/
⑩    ⑪    ⑫       ⑬ ⑭
```

① OPEN API 기본주소
② 서비스명
③ 자신의 인증키
④ 요청타입 (xml 또는 json)
⑤ 언어 (kr 또는 en)
⑥ 요청시작건수 (전체 결과값 중에 시작번호)
⑦ 요청종료건수 (전체 결과값 중에 끝번호)
⑧ 통계표코드 (통계코드검색 참고)
⑨ 주기 (YY/QQ/MM/DD) - 통계코드검색에서 데이터마다 명시되어 있음)
⑩ 검색시작일자
⑪ 검색종료일자
⑫ 통계항목1코드(선택)
⑬ 통계항목2코드(선택)
⑭ 통계항목3코드(선택)

그러나 사용자가 수동으로 이러한 형식의 URL을 생성해내기가 쉽지 않으므로 한국은행 경제통계시스템에서는 요청인자를 이용하여 데이터를 호출하기 위한 OPEN API URL 생성을 쉽게 할 수 있도록 [샘플 테스트]를 제공하고 있다. 따라서 아래 그림에서와 같이 ① 각 요청인자에 대한 값을 입력하고 ② [검색]을 클릭하면 ③ 아래에 해당 데이터를 호출할 수 있는 URL을 자동으로 생성하여 제공하므로 이를 복사해서 사용하면 된다. 또한, API 호출 결과도 미리 체크해 볼 수 있도록 디스플레이해 준다.

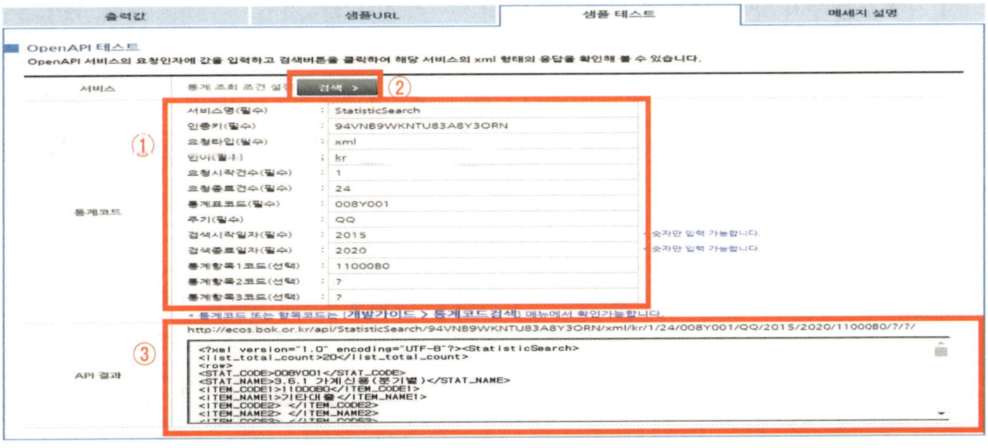

■ R 프로그램에서 OPEN API 데이터 호출하기

이제 한국은행 경제통계시스템 OPEN API 사이트에서 호출하고자 하는 데이터에 대한 OPEN API URL이 생성되었으므로 R 프로그램에서 직접 2015년부터 2020년까지의 [3.6.1 가계 신용(분기별)] - [가계대출] - [기타대출] 데이터를 OPEN API로 호출하여 보자. 한국은행 경제통계시스템 OPEN API는 XML이나 JSON 타입으로 데이터를 제공한다. 따라서 요청타입에 "xml"이나 "json"을 선택하여 제공받는 데이터 타입을 정할 수 있다. 많은 OPEN API 사이트에서 XML 타입을 기본으로 제공하고 있으므로 R언어에서 이를 처리하는데 유용한 함수들을 포함하고 있는 "XML" 패키지를 이용하여 프로그램을 작성해 보자. "XML" 패키지는 추가설치 패키지이므로 다음과 같이 설치하고 메모리에 로드시켜 주어야 한다.

```
[ Script ]
install.packages("XML")
library(XML)
```

"XML" 패키지의 함수 중 다음 4가지 함수를 이용하면 R 프로그램에서 OPEN API 데이터를 XML 타입으로 호출하여 우리가 잘 알고 있는 데이터 프레임 구조로 변환할 수 있다.

- xmlParse() : xml 파일(또는 url)에 대해 R에서 인식할 수 있는 구조로 변환
- xmlRoot() : xml 문서 객체의 루트노드에 접근 및 출력
- getNodeSet() : xml 문서 객체에서 지정한 태그의 노드 세트 구성
- xmlToDataFrame() : xml 구조를 데이터 프레임 구조로 변환

[3.6.1 가계 신용(분기별)] - [가계 대출] - [기타대출] 데이터를 OPEN API를 이용하여 XML 타입으로 호출하여 R에서 인식할 수 있는 구조로 변환하기 위한 프로그램은 다음과 같다. url은 앞에서 생성한 OPEN API URL을 복사해서 사용하면 된다. 실행 결과, 한국은행 경제통계시스템에 수동으로 접근하여 데이터를 파일로 다운로드 받아오지 않아도 R 프로그램에서 직접 XML 타입의 데이터 구조로 가계대출 데이터를 호출하는 것을 볼 수 있다.

```
[ Script ]
# ch10_1_1_1.R
# install.packages("XML")
library(XML)
```

```
# 한국은행 경제통계시스템-[3.6.1 가계신용(분기별)] - [기타대출] URL
url <- "http://ecos.bok.or.kr/api/StatisticSearch/(자신의인증키)/xml/kr/
1/24/008Y001/QQ/2015/2021/11000B0/?/?/"

# OpenAPI URL에 대해 R에서 인식할 수 있는 구조로 변환
xmlFile <- xmlParse(url)
print(xmlFile)
------------------------------------------------------------------
[ Console ]
> source('~/R_test/ch_10/ch10_1_1_1.R', encoding = 'UTF-8')
<?xml version="1.0" encoding="UTF-8"?>
<StatisticSearch>
  <list_total_count>24</list_total_count>
  <row>
    <STAT_CODE>008Y001</STAT_CODE>
    <STAT_NAME>3.6.1 媛□怨꾩떊??遺꾧린蹂?</STAT_NAME>
    <ITEM_CODE1>11000B0</ITEM_CODE1>
    <ITEM_NAME1>湲고??□異?/ITEM_NAME1>
     ...
```

그런데 print(xmlFile)로 출력한 결과 한글이 깨지는 것을 볼 수 있다. 이 경우, xmlRoot(xmlFile) 함수를 실행시키면 다음과 같이 한글이 깨지지 않고 루트노드부터 볼 수 있다.

```
[ Script ]
# ch10_1_1_1.R
/* 생략 */
# xml 객체의 루트노드에 접근 및 출력
xmlRoot(xmlFile)
------------------------------------------------------------------
[ Console ]
> source('~/R_test/ch_10/ch10_1_1_1.R', encoding = 'UTF-8')
<StatisticSearch>
  <list_total_count>24</list_total_count>
  <row>
    <STAT_CODE>008Y001</STAT_CODE>
    <STAT_NAME>3.6.1 가계신용(분기별)</STAT_NAME>
    <ITEM_CODE1>11000B0</ITEM_CODE1>
```

```
    <ITEM_NAME1>기타대출</ITEM_NAME1>
    ...
    <TIME>20151</TIME>
    <DATA_VALUE>466967.3</DATA_VALUE>
  </row>
  <row>
    <STAT_CODE>008Y001</STAT_CODE>
    <STAT_NAME>3.6.1 가계신용(분기별)</STAT_NAME>
    <ITEM_CODE1>11000B0</ITEM_CODE1>
    <ITEM_NAME1>기타대출</ITEM_NAME1>
    ...
    <TIME>20152</TIME>
    <DATA_VALUE>478277.2</DATA_VALUE>
  </row>
  ...
```

위 결과에서 하나의 데이터 단위가 〈row〉로 시작하여 〈/row〉로 끝나는 것을 확인할 수 있다. 따라서 getNodeSet() 함수를 이용하여 row 태그의 노드 세트를 구성하고 이를 xmlToDataFrame() 함수를 이용하여 데이터 프레임으로 변환하여 보자. 실행 결과, 〈row〉 ... 〈/row〉 노드의 하위 태그들을 각각의 열로 구성한 데이터 프레임 구조로 변환된 것을 볼 수 있다. 각 열의 의미는 한국은행 경제통계시스템 OPEN API 개발 명세서에서 설명하고 있는 [출력값]을 참조하면 된다.

```
[ Script ]
# ch10_1_1_1.R
/* 생략 */
# row 노드세트에 대해 데이터 프레임으로 변환
df <- xmlToDataFrame(getNodeSet(xmlFile, "//row"))
print(df)
-----------------------------------------------------------------
[ Console ]
> source('~/R_test/ch_10/ch10_1_1_1.R', encoding = 'UTF-8')
 STAT_CODE        STAT_NAME ITEM_CODE1 ITEM_NAME1 ITEM_CODE2 ITEM_NAME2
ITEM_CODE3 ITEM_NAME3 UNIT_NAME  TIME DATA_VALUE
1    008Y001 3.6.1 가계신용(분기별)    11000B0    기타대출        십억원  20151   466967.3
2    008Y001 3.6.1 가계신용(분기별)    11000B0    기타대출        십억원  20152   478277.2
3    008Y001 3.6.1 가계신용(분기별)    11000B0    기타대출        십억원  20153   486631.9
4    008Y001 3.6.1 가계신용(분기별)    11000B0    기타대출        십억원  20154   499642.2
   ...
```

■ 데이터 가공 및 그래프로 나타내기

최근 몇 년간(2015~2020년)의 가계대출 변화를 알아보기 위해 위에서 생성된 데이터 프레임에서 필요한 열만 추출하여 그래프로 나타내보자. 위 데이터 프레임에서 분기를 나타내는 "TIME" 열과 가계대출금을 나타내는 "DATA_VALUE" 열만으로 구성된 새로운 데이터 프레임을 생성한다.

```
[ Script ]
# ch10_1_1_1.R
/* 생략 */
# 필요한 열만 추출
new_df <- data.frame("분기"=df$TIME, "가계대출금"=df$DATA_VALUE)
print(new_df)
----------------------------------------------------------------------
[ Console ]
> source('~/R_test/ch_10/ch10_1_1_1.R', encoding = 'UTF-8')
    분기    가계대출금
1  20151   466967.3
2  20152   478277.2
3  20153   486631.9
4  20154   499642.2
      ...
```

그런데, xmlToDataFrame() 함수를 이용하여 생성된 데이터 프레임의 모든 열은 문자형(character)으로 생성된다. 따라서 가계대출금은 as.numeric() 함수를 이용하여 숫자형으로 변환한 후 그래프로 나타내었다. 그래프는 "ggplot2" 패키지를 이용하여 가계대출금 변화를 나타내 보았다. 여기서 사용된 "ggplot2" 패키지는 앞 장에서 살펴본 기본 그래프 패키지 함수보다 훨씬 다양한 그래프를 손쉽게 그릴 수 있는 함수들을 포함하고 있다. 따라서 10장에서는 "ggplot2" 패키지를 이용해서 그래프를 그려보도록 한다. "ggplot2" 패키지는 추가설치 패키지이므로 먼저 다음과 같이 설치하고 로드시켜 주어야 한다.

```
[ Script ]
install.packages("ggplot2")
library(ggplot2)
```

그래프는 ggplot() 기본 함수를 이용하여 x축은 분기, y축은 가계대출금으로 나타내었으며, geom_line() 함수를 이용하여 선 그래프를 그리고 geom_point() 함수를 이용하여 산점도 그래프를 중첩해서 나타내었다. ggtitle() 함수를 이용하여 그래프 제목을 나타내었고, x축의 분기명이 가로로 나타나면 복잡하므로 theme(axis.text.x=element_text(angle=90))을 이용하여 각 분기명이 세로(90도)로 나타나도록 설정을 추가하였다. 실행 결과, 가계대출은 매 분기 지속적으로 증가해 왔으며 특히 2020년 들어 급격하게 증가하는 것을 볼 수 있다.

```
[ Script ]
# ch10_1_1_1.R
/* 생략 */
# 가계대출금을 문자형에서 숫자형으로 변환
new_df$가계대출금 <- as.numeric(new_df$가계대출금)

# install.packages("ggplot2")
library(ggplot2)

# 가계 대출금 분기별 변화 그래프로 나타내기
ggplot(new_df, aes(x=분기, y=가계대출금, group=1)) +
  geom_line() +
  geom_point(size=3, shape=1, color="red") +
  ggtitle("분기별 가계신용(2015 ~ 2020, 단위:십억원)") +
  theme(axis.text.x=element_text(angle=90))
```

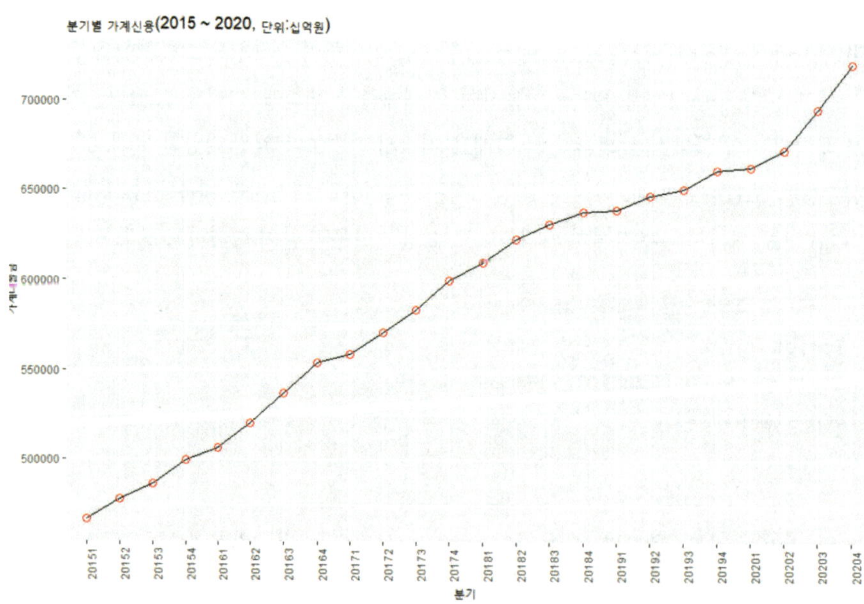

Tip "ggplot2" 패키지

"ggplot2" 패키지는 R 프로그램에서 가장 많이 사용되는 대표적인 시각화 도구 중 하나이다. "ggplot2" 패키지로 그래프를 그리기 위한 기본 함수는 ggplot(데이터세트, aes(x, y, 기타데이터속성))이며, 여기에 그래프 유형(산점도 그래프, 선 그래프, 막대 그래프 등) 선택, 설정(축범위, 색, 제목 등)을 추가하는 함수를 +로 연결하여 작성한다. 그래프 유형은 아래의 예제처럼 선 그래프와 산점도 그래프 2가지를 모두 선택하는 등 겹쳐서 그릴 수 있도록 여러 개를 선택해도 되며, 설정추가도 아래 예제처럼 필요에 따라 여러 가지를 +로 연결시켜 추가해 주면 된다. 이때 +는 각 라인의 맨 마지막에 위치시킨다.

```
ggplot(new_df, aes(x=분기, y=가계대출금, group=1)) +      ← ggplot() 기본함수
  geom_line() + geom_point(size=3, shape=1, color="red") +  ← 그래프 유형 선택
  ylim(400000, 800000) +
  ggtitle("분기별 가계신용(2015~2020, 단위:십억원)") +       ← 설정 추가
  theme(axis.text.x=element_text(angle=90))
```

1.2 빅데이터에서 정보 찾기

실시간 코로나19 확진자 발생 현황 데이터를 이용하여 이용자들이 한 눈에 확진자 현황을 알아볼 수 있도록 지도로 표시하기 위해서는 정부나 네이버에서 제공하는 확진자 현황 데이터를 OPEN API를 이용하여 실시간으로 수집해 와야 한다. 이렇게 한 종류의 데이터만을 수집함으로써 해결할 수 있는 문제도 있으나 경우에 따라서는 여러 종류의 데이터를 수집해서 이들을 융합해야 해결할 수 있는 복잡한 문제도 있다. 만약 올 여름 해운대 피서객 수를 예측하고자 한다면 기상정보나 숙박업소 예약률, 항공, 철도, 고속버스 예약률 등 여러 사이트에서 제공하는 서비스와 정보를 융합하여야 보다 정확한 예측이 가능할 것이다. 이렇게 웹에서 제공하고 있는 다양한 정보와 서비스를 융합하여 새로운 서비스나 정보를 만들어 내는 것을 매시업(Mashup)이라고 한다. 본 절에서는 여러 개의 데이터를 수집해서 이들을 융합함으로써 해결할 수 있는 문제를 살펴본다.

길동은 서울에서 음악학원을 차리기로 결정하고 어느 자치구에 음악학원을 차리면 좋을지 알아보려고 한다. 길동이 차리고자 하는 음악학원은 청소년을 주 대상으로 하므로 단순히 생각하면 음악학원 수에 비해 청소년 수가 많은 자치구에 음악학원을 차리면 보다 유리할 것으로 판단할 수 있다. 그런데 음악학원들의 규모가 모두 다르므로 단순히 음악학원 수를 비교 대상으로 삼는 것보다는 각 자치구 내의 음악학원들의 정원 수 합계를 구하여 정원 수 대비 청소년 수가 많은 자치구에 음악학원을 차린다면 더 유리할 수 있다. 그러면 음악학원 정원 수 대비 청소년 수가 많은 자치구를 어떻게 구할 수 있을까? 이 문제

를 해결하기 위해서는 자치구별 음악학원 정원 수 정보와 자치구별 청소년 수 정보가 필요하다. 그러나 이 두 정보를 모두 포함하고 있는 데이터는 없으므로 본 절에서는 서울 열린데이터 광장 사이트(https://data.seoul.go.kr/)에서 각각의 정보를 담고 있는 데이터를 따로 수집하여 이를 융합하는 방법으로 자치구별 음악학원 정원 수 대비 청소년 수의 비율을 구해본다.

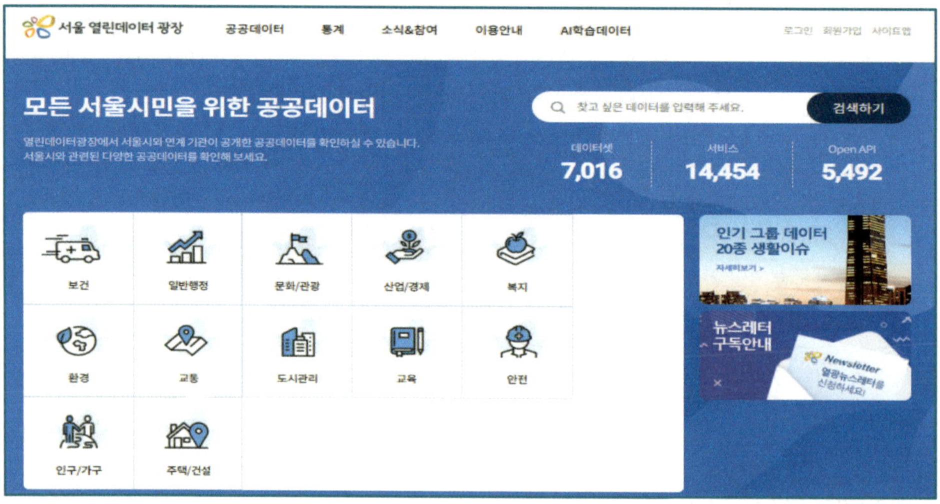

자치구별 음악학원 정원 수 정보를 위해 "서울특별시 학원 교습소정보" 데이터를 수집하고, 자치구별 청소년 수 정보를 위해 "자치구단위 서울생활인구(내국인)" 데이터를 수집한다. 그런데 "서울특별시 학원 교습소정보" 데이터에는 자치구 정보가 "양천구"와 같은 자치구명으로 되어 있고, "자치구단위 서울생활인구(내국인)" 데이터에는 자치구명이 아닌 "11110"과 같은 자치구코드로 되어 있으므로 이를 융합하기 위해 자치구코드와 자치구명을 모두 가지고 있는 "서울시 문화행사정보 자치구코드 정보"를 수집하여 사용한다. 이 3가지의 최근 데이터를 OPEN API를 이용하여 수집하고 이들을 융합함으로써 자치구별 음악학원 정원 수 대비 청소년 수의 비율을 백분율로 계산하고 이를 그래프로 나타내어 어느 자치구에 음악학원을 차리면 좋을지 판단해 보자.

앞 절의 한국은행 경제 통계시스템 OPEN API 사이트에서처럼 서울 열린데이터 광장 사이트의 OPEN API를 이용하기 위해서는 먼저 인증키를 발급받아야 한다. 그리고 필요한 데이터를 검색한 후 인증키와 데이터의 서비스명 등의 요청인자로 구성된 OPEN API URL을 생성하여야 한다.

■ 인증키 발급받기

서울 열린데이터 광장 사이트에 로그인한 후 [나의화면] - [인증키 신청] - [일반 인증키 신청]을 클릭하여 인증키를 신청한다. 신청이 완료되면 [나의화면] - [인증키 관리]에서 발급된 인증키를 확인할 수 있다.

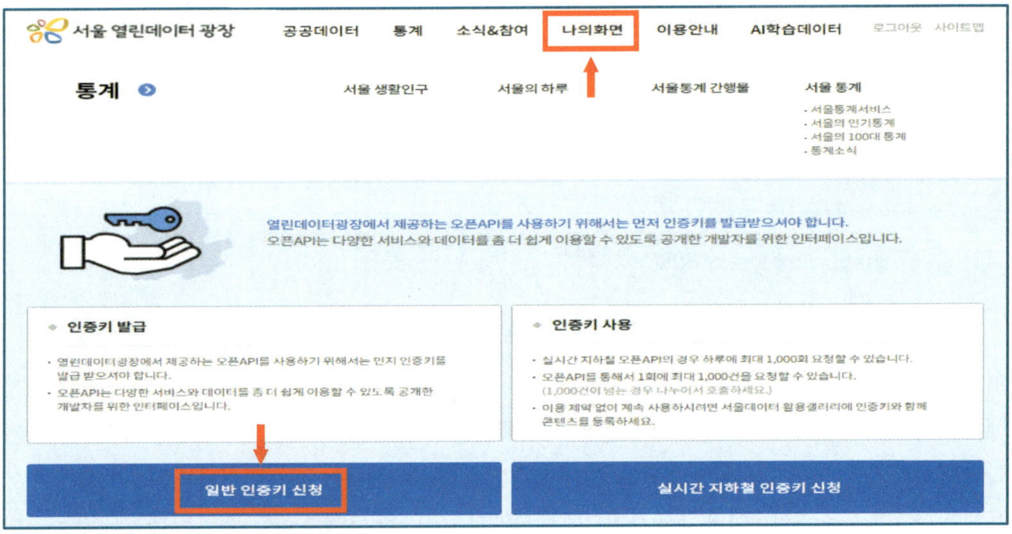

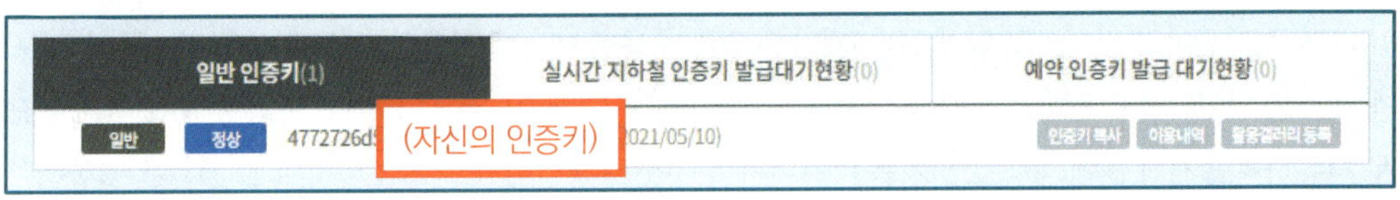

■ 데이터 검색하기

서울 열린데이터 광장 사이트에서 필요한 데이터를 검색하기 위해 [공공데이터]를 클릭하여 검색창에 찾고자 하는 데이터("서울특별시 학원 교습소정보")를 입력한다. 이 데이터는 SHEET 형태의 파일로도 제공되고 있지만 OPEN API 형태로도 제공되고 있음을 확인할 수 있다.

■ OPEN API URL 생성하기

이용하고자 하는 데이터를 호출하기 위한 OPEN API URL을 생성하기 위해 검색한 데이터를 클릭해서 들어간 후, 미리보기의 [Open API]를 클릭하면 그 데이터를 호출하기 위한 샘플 URL을 제공하고 있다. 다음은 "서울특별시 학원 교습소정보"를 검색했을 때의 샘플 URL이다.

```
                    ①                      ②③
http://openapi.seoul.go.kr:8088/(인증키)/xml/neisAcademyInfo/1/5/
```

이 중 ① 인증키 위치에 앞에서 발급받아 놓은 자신의 인증키를 복사하여 붙여 넣는다. 또한, ②와 ③ 위치에는 요청 데이터 시작 위치와 종료 위치를 숫자로 넣는다. "서울특별시 학원 교습소정보"에서 제공하는 학원 데이터는 약 25,000여개 정도 된다. 보다 정확한 결과를 위해서는 25,000여개를 모두 호출하여 사용해야 하지만 서울 열린데이터 광장 사이트에서 OPEN API로 한 번에 호출할 수 있는 데이터 수는 최대 1000개로 제한하고 있으므로 앞에 1000개만 호출하여 문제 해결에 사용하도록 해보지. 처음부터 1000개의 학원 데이터를 수집하려면 시작 위치를 1, 종료 위치를 1000으로 설정한다. 만약 25,000여개를 모두 사용하려면 시작 위치와 종료 위치를 바꾸어가며 URL을 생성해서 반복 호출하여 그 결과를 결합해주면 된다. 요청했을 때의 출력값에 대한 설명 및 에러 메시지도 여기서 제공하고 있으므로 참조한다. 또한, 데이터의 내용을 미리 확인해 보려면 [미리보기] - [Sheet]에서 확인해 보면 표 형식으로 볼 수 있다.

```
학원_교습소정보
http://openapi.seoul.go.kr:8088/(자신의인증키)/xml/neisAcademyInfo/1/1000/
```

같은 방법으로 "자치구단위 서울생활인구(내국인)", "서울시 문화행사정보 자치구코드 정보"에 대한 OPEN API URL을 생성하면 다음과 같다. "자치구단위 서울생활인구(내국인)" 데이터는 자치구 25개에 대해 시간대별로 데이터들이 생성되어 있으나 최근 하나의 시간대 데이터만 수집해 오면 되므로 시작 위치를 1, 종료 위치를 25로 정한다. 또한, "서울시 문화행사정보 자치구코드 정보"는 첫 번째 데이터의 경우 자치구 이름이 "인근지역"으로 들어가 있고, 2번째부터 26번째까지 25개의 자치구 정보가 들어가 있으므로 시작 위치를 2, 종료 위치를 26으로 정한다.

```
자치구단위 서울 생활인구(내국인)
http://openapi.seoul.go.kr:8088/(자신의인증키)/xml/SPOP_LOCAL_RESD_JACHI/1/25/

서울시 문화행사정보 자치구코드 정보
http://openapi.seoul.go.kr:8088/(자신의인증키)/xml/SearchConcertDetailServicCGG/2/26/
```

■ R 프로그램에서 OPEN API 데이터 호출하여 정보 찾기

이제 앞에서 생성된 OPEN API URL을 이용하여 3개의 데이터를 각각 호출하여 필요한 데이터만 가공한 후 이들을 융합함으로써 길동이 어디에 음악학원을 차리면 좋을지 판단해 보자. 이를 위한 작업 과정을 간단히 나열하면 다음과 같다.

> [1단계] "서울특별시 학원 교습소정보" 데이터에서 자치구별 음악학원의 정원 수 합계 구하기
> [2단계] "자치구단위 서울 생활인구(내국인)" 데이터에서 자치구별 청소년 수 구하기
> [3단계] "서울시 문화행사정보 자치구코드 정보" 데이터에서 자치구 명칭과 코드 매핑 정보 구하기
> [4단계] 여러 개(1~3단계)의 정보를 융합하여 음악학원 위치 판단하기

[1단계] "서울특별시 학원 교습소정보" 데이터에서 자치구별 음악학원의 정원 수 합계 구하기

앞에서 생성된 OPEN API URL을 이용해서 "서울특별시 학원 교습소정보"를 호출하여 자치구별 음악학원의 정원 수 합계를 구해보자. OPEN API를 이용하여 XML 타입으로 호출하여 데이터 프레임 구조로 변환하기 위한 프로그램은 다음과 같다.

```
[ Script ]
# ch10_1_2_1.R
# install.packages("ggplot2")        # 그래프 시각화를 위한 패키지
# install.packages("XML")            # xml 처리를 위한 패키지
library(ggplot2)
library(XML)

# 서울 열린데이터 광장 - 서울특별시 학원 교습소 정보 URL
url <- "http://openapi.seoul.go.kr:8088/(자신의인증키)/xml/neisAcademyInfo/1/1000/"

xmlFile <- xmlParse(url)      # OpenAPI URL에 대해 R에서 인식할 수 있는 구조로 변환

xmlRoot(xmlFile)              # xml 객체의 루트노드에 접근 및 출력

# row 노드세트에 대해 데이터 프레임으로 변환
privateDF <- xmlToDataFrame(getNodeSet(xmlFile, "//row"))
View(privateDF)
------------------------------------------------------------------------
```

	ADMST_ZONE_NM	ACA_INSTI_SC_NM	ACA_ASNUM	ACA_NM	ESTBL_YMD
1	동대문구	학원	1000000043	도우리이용기술학원	19670209
2	동대문구	학원	1000000064	대성회계실무학원	19681227
3	동대문구	학원	1000000083	국제전자과학학원	19680210
4	동대문구	학원	1000000147	조이앤플레이음악학원	19720630

결과로 생성된 데이터 프레임에는 다양한 종류의 학원이 있고 하나의 학원을 설명하기 위한 22개의 열이 존재한다. 이 데이터에서 우리가 구하고자 하는 것은 자치구별 음악학원의 정원 수이므로 필요한 행과 열만 추출해서 사용한다. 다음은 교습과정 명이 "음악"인 행에 대해 필요한 4개의 열만 추출하는 프로그램이다.

```
[ Script ]
# ch10_1_2_1.R
/* 생략 */
# 필요한 행과 열 추출하여 데이터 프레임 생성
# 추출 행 : 교습과정명(LE_CRSE_NM) == "음악"
# 추출 열 : "구이름", "교습소명", "정원수", "교습과정명"
musicDF <- privateDF[privateDF$LE_CRSE_NM == "음악", c(1, 4, 10, 15)]
colnames(musicDF) <- c("구이름", "교습소명", "정원수", "교습과정명")
print(musicDF)
------------------------------------------------------------------
[ Console ]
> source('~/R_test/ch_10/ch10_1_2_1.R', encoding = 'UTF-8')
     구이름          교습소명              정원수      교습과정명
4    동대문구        조이앤플레이음악학원    98          음악
8    중랑구          금파음악학원          117          음악
13   동대문구        주미음악학원           32          음악
  ...
```

이제 자치구 별로 음악학원 정원 수 합계를 구하여 출력해 보자. xmlToDataFrame() 함수에 의해 생성된 데이터 프레임의 모든 열들은 문자형으로 되어 있으므로 합계 계산을 위해 먼저 "정원수" 열에 대해 as.integer() 함수를 이용하여 정수형으로 변환시켜 준 후, 자치구별 음악학원 정원 수 합계를 구하기 위해 tapply() 함수를 이용하였다.

```
[ Script ]
# ch10_1_2_1.R
/* 생략 */
# 자치치구별 음악학원 정원수 합계 출력
musicDF$정원수 <- as.integer(musicDF$정원수)
totPerGu <- tapply(musicDF$정원수, musicDF$구이름, sum)
print(totPerGu)
```

```
[ Console ]
> source('~/R_test/ch_10/ch10_1_2_1.R', encoding = 'UTF-8')
 강동구   강서구   구로구   금천구   노원구   도봉구   동대문구  마포구   서대문구
  2409    1604     1382     920     2368     927     1855     1052     655
 송파구   양천구   영등포구  용산구   은평구   종로구   중구     중랑구
  2869    1023     834      170     918      152     319      1777
```

위의 결과로 생성된 totPerGu는 class(totPerGu)를 수행시켜 보면 데이터 구조가 "array"임을 알 수 있다. 따라서 차후 다른 데이터와의 융합을 쉽게 할 수 있도록 as.data.frame.table() 함수를 이용하여 데이터 프레임 구조로 변환하고 열이름도 (구이름, 정원수)로 수정하여 준비해 놓도록 하자.

```
[ Script ]
# ch10_1_2_1.R
/* 생략 */
# array 구조를 데이터 프레임으로 변환
totPerGuDF <- as.data.frame.table(totPerGu)
colnames(totPerGuDF) <- c("구이름", "정원수")
print(totPerGuDF)
--------------------------------------------------------------------
[ Console ]
> source('~/R_test/ch_10/ch10_1_2_1.R', encoding = 'UTF-8')
     구이름   정원수
1    강동구   2399
2    강서구   1614
3    구로구   1382
4    금천구    920
5    노원구   2368
6    도봉구    927
  ...
```

[2단계] "자치구단위 서울 생활인구(내국인)" 데이터에서 자치구별 청소년 수 구하기

이제 앞에서 생성된 OPEN API URL을 이용해서 "자치구단위 서울생활인구(내국인)"을 호출하여 자치구별 청소년 수를 구해보자. OPEN API를 이용하여 XML 타입으로 호출하여 데이터 프레임 구조로 변환하기 위한 프로그램은 다음과 같다.

```
[ Script ]
# ch10_1_2_2.R
# 서울 열린데이터 광장 - "자치구단위 서울생활인구(내국인)" 정보 URL
url <- "http://openapi.seoul.go.kr:8088/(자신의인증키)/xml/SPOP_LOCAL_RESD_JACHI/1/25/"

xmlFile <- xmlParse(url)   # OpenAPI URL에 대해 R에서 인식할 수 있는 구조로 변환

xmlRoot(xmlFile)           # xml 객체의 루트노드에 접근 및 출력

# row 노드세트에 대해 데이터 프레임으로 변환
guPopDF <- xmlToDataFrame(getNodeSet(xmlFile, "//row"))
View(guPopDF)
--------------------------------------------------------------------
```

	STDR_DE_ID	TMZON_PD_SE	ADSTRD_CODE_SE	TOT_LVPOP_CO	MALE_F0T9_LVPOP_CO	MALE_F10T14_LVP
1	20180801	00	11110	224653.7104	5362.4091	3053.5242
2	20180801	00	11140	201218.5746	4739.2288	1924.3744
3	20180801	00	11170	259461.1516	6489.942	3242.8568
4	20180801	00	11200	332713.1668	11820.3955	4958.1654

결과로 생성된 데이터 프레임에는 남자 0세부터 9세, 남자 10세부터 14세, ..., 남자 70세 이상, 여자 0세부터 9세, 여자 10세부터 14세, ..., 여자 70세 이상 구간이 각 열로 나뉘어져 있다. 이 중, 우리는 음악학원의 주 대상인 청소년 수를 구하고자 하므로 남자 10세부터 14세를 나타내는 열(MALE_F10T14_LVPOP_CO)과 여자 10세부터 14세를 나타내는 열(FEMALE_F10T14_LVPOP_CO)을 as.integer() 함수를 이용하여 정수형으로 변환한 후 두 값을 더하여 청소년 수를 구하고, "구코드"(ADSTRD_CODE_SE)와 "청소년수" 열로 구성된 데이터 프레임을 만들어 준비한다.

```
[ Script ]
# ch10_1_2_2.R
/* 생략 */
# "구코드", "청소년수"("10~14남"과 "10~14여"를 더한 값)로 구성된 데이터 프레임 만들기
numofYouth <- as.integer(guPopDF$MALE_F10T14_LVPOP_CO)
                    + as.integer(guPopDF$FEMALE_F10T14_LVPOP_CO)
youthDF <- data.frame("구코드"= guPopDF$ADSTRD_CODE_SE,
                   "청소년수" = numofYouth)
print(youthDF)
```

```
[ Console ]
> source('~/R_test/ch_10/ch10_1_2_2.R', encoding = 'UTF-8')
  구코드     청소년수
1  11110      6127
2  11140      3861
  ...
```

[3단계] "서울시 문화행사정보 자치구코드 정보" 데이터에서 자치구 명칭과 코드 매핑 정보 구하기

위에서 두 개의 데이터로부터 각각 자치구별 음악학원 정원 수 합계와 자치구별 청소년 수를 데이터 프레임으로 구해 놓았다. 따라서 이 둘을 자치구 정보를 기준으로 융합하면 자치구별 음악학원 정원 수 합계와 청소년수로 구성된 데이터 프레임을 생성해 낼 수 있다. 그런데 [1단계]의 자치구별 음악학원 정원 수 합계를 구하기 위해 "서울특별시 학원 교습소정보" 데이터로부터 생성한 데이터 프레임 totPerGuDF에서는 자치구를 "강서구", "종로구" 등 명칭으로 나타내고 있고, [2단계]의 자치구별 청소년 수를 구하기 위해 "자치구단위 서울생활인구(내국인)" 데이터로부터 생성한 데이터 프레임 youthDF에서는 자치구를 "11110", "11140"과 같이 자치구 코드로 나타내고 있다. 따라서 두 데이터 프레임을 융합하기 위해서는 자치구 명과 자치구 코드를 매핑시킬 수 있는 정보가 필요하다. 이는 "서울시 문화행사정보 자치구코드 정보" 데이터에서 제공하고 있으므로 앞에서 생성해 놓은 OPEN API URL을 이용해서 호출하여 데이터 프레임 구조로 변환해 보자.

```
[ Script ]
# ch10_1_2_3.R
# 서울 열린데이터 광장 - "서울시 문화행사정보 자치구코드 정보" URL
url <- "http://openapi.seoul.go.kr:8088/(자신의인증키)/xml/SearchConcertDetailServicCGG/2/26/"

# OpenAPI URL에 대해 R에서 인식할 수 있는 구조로 변환
xmlFile <- xmlParse(url)

# xml 객체의 루트노드에 접근 및 출력
xmlRoot(xmlFile)

# row 노드세트에 대해 데이터 프레임으로 변환
guCodeDF <- xmlToDataFrame(getNodeSet(xmlFile, "//row"))
print(guCodeDF)
-----------------------------------------------------------------
[ Console ]
> source('~/R_test/ch_10/ch10_1_2_3.R', encoding = 'UTF-8')
       GCODE      GCODE_1
1  1111000000     종로구
2  1114000000     중구
3  1117000000     용산구
4  1120000000     성동구
  ...
```

위 결과에서 GCODE가 10자리로 구성되어 있다. 그런데 앞에서 구한 "자치구단위 서울생활인구(내국인)" 데이터에서는 자치구 코드를 앞 5자리만 사용하고 있다. 따라서 substr() 함수를 이용하여 앞 5자리만 추출하고 열이름을 (구코드, 구이름)으로 수정한다.

```
[ Script ]
# ch10_1_2_3.R
/* 생략 */
# 구코드의 앞 5자리만 추출
# "자치구단위 서울생활인구(내국인) 정보"에서 구코드를 앞 5자리만 사용하고 있음.
guCodeDF$GCODE<- substr(guCodeDF$GCODE, 1, 5)

colnames(guCodeDF) <- c("구코드", "구이름")    # 열이름 수정
print(guCodeDF)
-----------------------------------------------------------------
[ Console ]
> source('~/R_test/ch_10/ch10_1_2_3.R', encoding = 'UTF-8')
    구코드     구이름
1   11110     종로구
2   11140     중구
3   11170     용산구
    ...
```

[4단계] 여러 개(1~3단계)의 정보를 융합하여 음악학원 위치 판단하기

이제 [1단계]부터 [3단계]까지에서 구한 3개의 데이터 프레임을 융합하여 자치구별 음악학원 정원 수 대 청소년 수의 비율을 구하고 그래프로 시각화하여 어디에 음악학원을 차리면 좋을지 판단해 보자.

우리가 실제로 결합해야 할 데이터 프레임은 (구코드, 청소년수) 열로 구성된 youthDF와 (구이름, 정원수) 열로 구성된 totPerGuDF이다. 그런데 이 두 데이터 프레임에는 공통 열이 없어 결합을 할 수 없다. 따라서 ① 먼저 (구코드, 청소년수) 열로 구성된 youthDF와 (구코드, 구이름) 열로 구성된 guCodeDF를 "구코드"를 기준으로 결합하여 (구코드, 구이름, 청소년수)로 구성된 데이터 프레임을 생성한 후 (구이름, 청소년수) 열만 추출한다. ② 그리고 (구이름, 정원수) 열로 구성된 totPerGuDF와 "구이름"을 기준으로 결합하면 (구이름, 청소년수, 정원수)로 구성된 데이터 프레임을 생성할 수 있다.

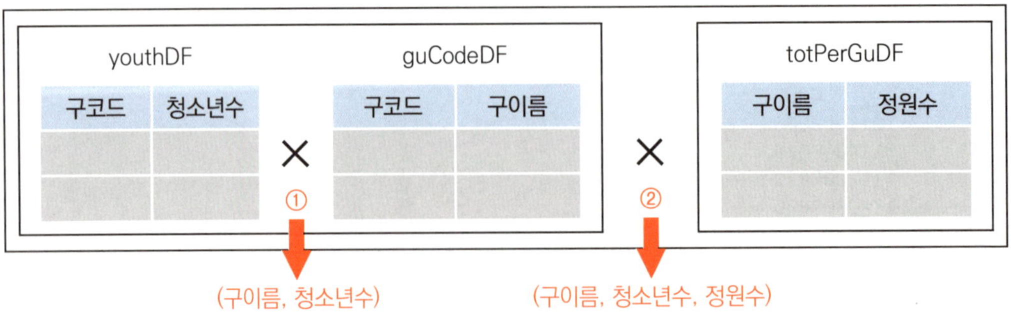

다음 프로그램은 앞부분에 1~3단계에서 작성한 프로그램을 복사해 오고 merge() 함수를 이용하여 위 그림의 ①과 ②의 결합을 수행한 것이다.

```
[ Script ]
# ch10_1_2_4.R

# 이 위치에 ch10_1_2_1.R 복사
# 이 위치에 ch10_1_2_2.R 복사
# 이 위치에 ch10_1_2_3.R 복사

# 1 ~ 3단계의 정보를 융합하여 자치구별 음악학원 정원수 대비 청소년수 비율 구하기
# guCodeDF(구코드, 구이름)와 youthDF(구코드, 청소년수)를 구코드를 기준으로
# 결합하여 (구이름, 청소년수)를 열로 가지는 데이터 프레임 생성
newYouthDF <- merge(guCodeDF, youthDF, by=c("구코드"))
newYouthDF <- newYouthDF[, c("구이름","청소년수")]

# newYouthDF(구이름, 청소년수)와 totPerGuDF(구이름, 정원수)를 구이름을 기준으로
# 결합하여 (구이름, 청소년수, 정원수) 열을 가지는 데이터 프레임 생성
finalDF <- merge(newYouthDF, totPerGuDF, by=c("구이름"))
print(finalDF)
----------------------------------------------------------------------
[ Console ]
> source('~/R_test/ch_10/ch10_1_2_4.R', encoding = 'UTF-8')
    구이름    청소년수    정원수
1   강동구    19101      2409
2   강서구    19472      1604
3   구로구    12500      1382
4   금천구     5640       920
  ...
```

이제 자치구별 청소년수와 음악학원 정원수를 구했으므로 자치구별 음악학원 정원수 대비 청소년 수의 비율을 백분율로 계산하여 데이터 프레임의 마지막 열에 추가하고 이를 그래프로 나타내 보자. 백분율은 소수점 첫째짜리까지 나타나도록 round() 함수를 사용하여 반올림하였다. 그래프는 "ggplot2" 패키지를 이용하여 x축을 "구이름", y축을 "비율"로 설정하고, 막대 그래프 geom_col() 함수를 선택하여 나타내었다. 또한, 옵션 "fill=구이름"을 사용하여 막대 그래프 내부가 구이름 별 색깔로 채워지게 설정하였다.

```
[ Script ]
# ch10_1_2_4.R
/* 생략 */
# 자치구별 음악학원 정원수 대비 청소년 수의 비율을  백분율로 계산하여
# 데이터 프레임에 열 추가
rate <- round(finalDF$청소년수/finalDF$정원수*100, 1)
finalDF <- cbind(finalDF, "비율"=rate)
print(finalDF)

# 자치구별 음악학원 정원수 대비 청소년 수의 비율을 그래프로 나타내기
ggplot(finalDF, aes(x=구이름, y=비율, fill=구이름)) +
  geom_col() +
  ggtitle("구별 음악학원 정원 수 대비 청소년 수의 비율") +
  theme(axis.text.x=element_text(angle=90))
-----------------------------------------------------------------
[ Console ]
> source('~/R_test/ch_10/ch10_1_2_4.R', encoding = 'UTF-8')
    구이름    청소년수     정원수    비율
1   강동구    19101       2409     792.9
2   강서구    19472       1604    1214.0
3   구로구    12500       1382     904.5
4   금천구     5640        920     613.0
  ...
```

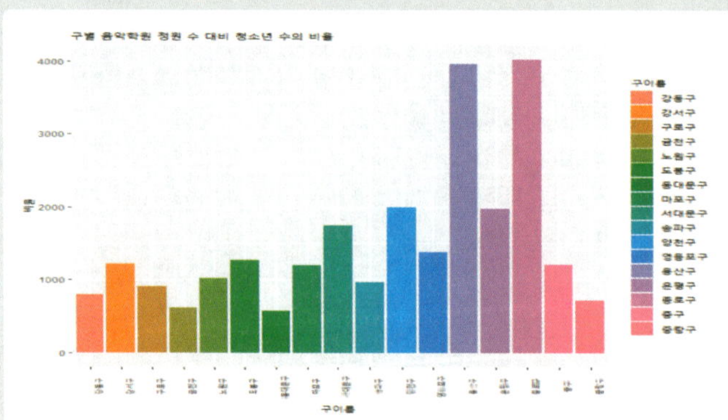

실행 결과, 용산구와 종로구가 음악학원 정원 수 대비 청소년 수의 비율이 매우 높음을 확인할 수 있다. 따라서 이 정보만 이용하여 길동이 음악학원을 어디에 차릴지 판단한다면 용산구나 종로구에 음악학원을 차리는 것이 다른 지역에 차리는 것보다는 유리할 수 있다고 판단할 수 있을 것이다. 우리는 앞에서 1000개의 학원 데이터만을 호출하여 사용하였다. 그러나 전체 데이터인 25000여개의 데이터를 모두 호출하여 처리한다면 보다 정확한 정보를 얻을 수 있을 것이다.

2 다양한 빅데이터의 활용

1.1절에서는 한국은행 경제통계시스템 OPEN API 사이트에서 제공하는 가계신용 정보를 이용하여 최근 몇 년간 가계대출 정보를 그래프로 그려봄으로써 가계 대출 변화 추이를 살펴보았다. 그 결과, 가계 대출이 매년 꾸준히 증가하고 있고 특히 2020년에는 급격히 증가한 것을 볼 수 있었다. 가계 대출이 2020년에 급격히 증가한 것은 코로나19가 하나의 원인으로 짐작될 수 있다. 따라서 이 절에서는 최근 몇 년간의 산업체별 대출금에도 변화가 있는지 살펴보고, 다른 해에 비해 2020년에 특히 대출금이 많이 증가한 산업체가 무엇인지 알아본다. 또한, 서울 열린데이터 광장 사이트에서 제공하는 사회 통계 데이터를 이용하여 서울 지하철역의 개선 및 부대시설 확충, 노선 확대 등의 판단, 또는 비즈니스 등에 활용할 수 있도록 서울 지하철역 중 승하차 인원이 가장 많은 역을 알아보고, 각 호선의 평균 승하차 인원도 구해본다.

2.1 경제 통계 데이터의 활용

2020년 코로나19로 인하여 기업 및 많은 소상공인들이 어려움을 호소했고, 이를 극복하기 위해 정부와 지자체등에서는 기업 및 소상공인 특별 대출을 통한 지원을 확대하고 있다. 이에 1.1절에서 살펴보았던 가계 대출 증가뿐만 아니라 2020년에는 산업체 대출도 다른 해에 비해 증가했을 것으로 예상할 수 있다. 따라서 이 절에서는 한국은행 경제통계시스템 OPEN API 사이트에서 제공하는 "산업별 대출금 정보"를 호출하여 2015~2020년까지 산업체별 대출금 정보를 그래프로 그려 봄으로써 2020년에 대출금의 급격한 변화가 있었는지 살펴본다. 또한, 다른 해에 비해 2020년에 대출금이 많이 증가한 산업체 종류가 무엇인지도 살펴본다.

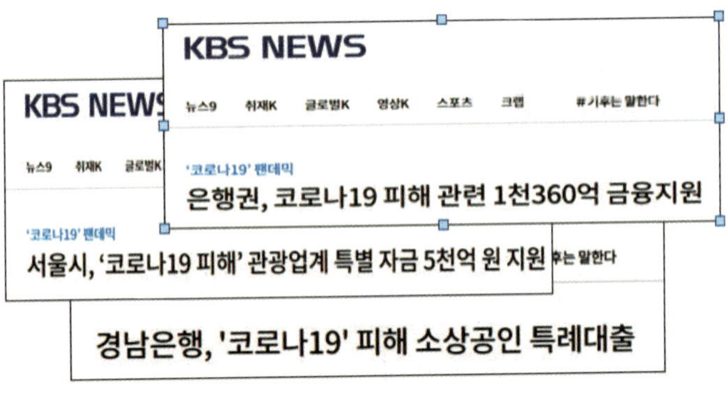

■ 통계코드 검색하기

먼저 산업체별 대출금 데이터를 수집하기 위해 한국은행 경제통계시스템 OPEN API 사이트에서 해당 데이터의 통계코드를 알아보자. 한국은행 경제통계시스템 OPEN API 사이트에 접속하여 [개발 가이드] - [통계코드검색]을 클릭하여 [3.3.1.1 산업별대출금(예금취급기관)] 데이터 옆에 기술된 통계코드(007Y020)를 확인할 수 있다. 통계코드 옆의 [QQ,YY]는 이 데이터가 분기별 또는 연도별로 호출 가능함을 의미한다. 여기서는 연도별 대출금 변화를 알아보려고 하므로 연도별로 호출해 본다.

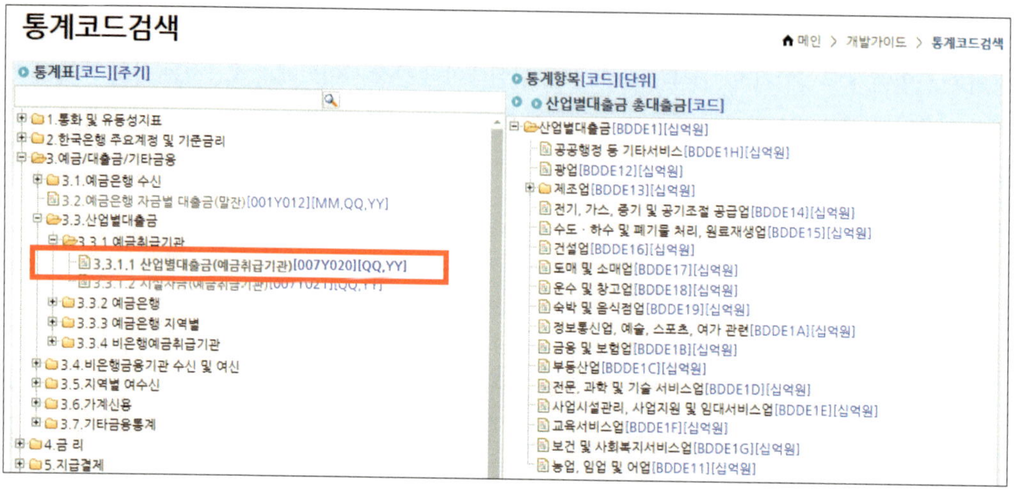

■ OPEN API URL 생성하기

1.1절에서 발급받은 인증키와 수집하고자 하는 데이터의 통계코드를 이용하면 해당 데이터를 호출하기 위한 OPEN API URL을 생성할 수 있다. [3.3.1.1 산업별대출금(예금취급기관)] 데이터를 호출하기 위한 OPEN API URL을 생성하기 위해 [개발 가이드] - [개발 명세서]에서 서비스명을 [통계 조회 조건 설정]으로 선택하고 [샘플 테스트]를 클릭한다. 한국은행 경제통계시스템에서는 데이터를 호출하기 위한 OPEN API URL 생성을 쉽게 할 수 있도록 [샘플 테스트]를 제공하고 있으므로 이를 사용하면 된다. ①의 칸들을 호출하고자 하는 데이터에 맞게 채워주면 되는데, 인증키는 1.1절에서 발급받은 인증키를 복사해서 붙여넣기 하고, 요청시작건수는 1, 요청종료건수는 52로 설정한다. [3.3.1.1 산업별대출금(예금취급기관)]에는 현재 40여개의 산업체 종류에 대한 238개의 데이터가 들어가 있으나 여기서는 9개의 산업체 종류에 대한 52개의 데이터만 다루어 보도록 하겠다. 만약 모두 다루려고 하면 요청종료건수를 238로 설정하면 된다. 그리고 통계표코드는 007Y020, 주기는 YY, 검색시작일자는 2015, 검색종료일자는 2020으로 설정해 준 후 ②의 [검색]을 클릭하면 ③의 OPEN API URL이 생성되는 것을 확인할 수 있다. 이 OPEN API URL을 R 프로그램으로 복사해서 사용하도록 하자.

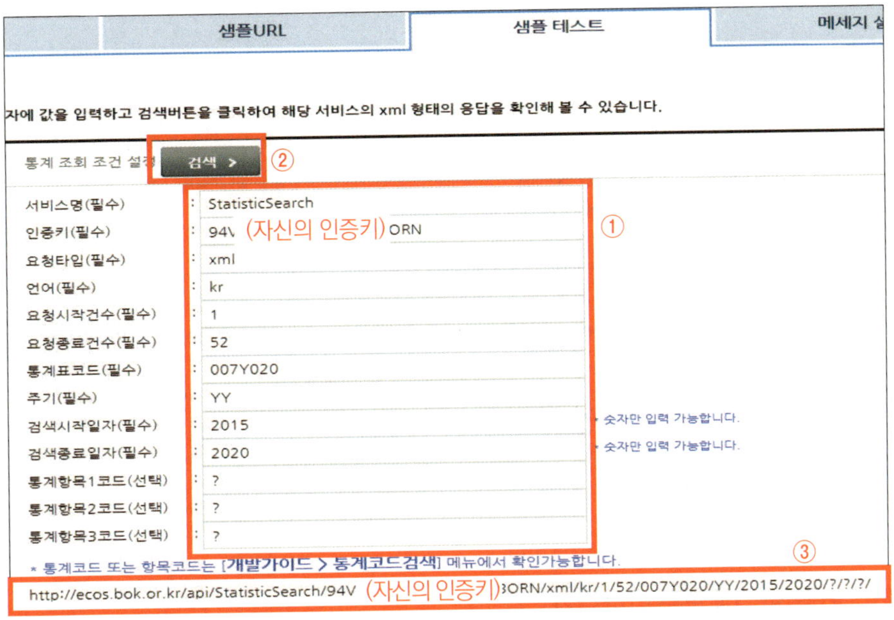

■ R 프로그램에서 OPEN API 데이터 호출하기

앞에서 생성한 OPEN API URL을 이용하여 R 프로그램에서 직접 2015년부터 2020년까지의 [3.3.1.1 산업별대출금(예금취급기관)] 데이터를 호출하고 이를 데이터 프레임으로 변환하는 프로그램은 다음과 같다. XML 타입의 데이터 처리와 그래프 표현을 위해 "XML"과 "ggplot2" 패키지를 로드하였다. 또한, 호출한 XML 타입의 데이터는 데이터 프레임 구조로 변환하여 View() 함수를 이용하여 출력해 보았다.

```
[ Script ]
# ch10_2_1_1.R
# install.packages("ggplot2")
# install.packages("XML")
library(ggplot2)
library(XML)

# 한국은행 경제통계시스템-3.3.1.1 산업별대출금 (통계코드 : 007Y020 )
url <- "http://ecos.bok.or.kr/api/StatisticSearch/(자신의인증키)/xml/kr/
1/52/007Y020/YY/2015/2020/?/?/?/"

# OpenAPI URL에 대해 R에서 인식할 수 있는 구조로 변환
xmlFile <- xmlParse(url)
```

```
# xml 객체의 루트노드에 접근 및 출력
xmlRoot(xmlFile)

# row 노드세트에 대해 데이터 프레임으로 변환
df <- xmlToDataFrame(getNodeSet(xmlFile, "//row"))
View(df)
-------------------------------------------------------------------
```

	STAT_CODE	STAT_NAME	ITEM_CODE1	ITEM_NAME1	ITEM_CODE2	ITEM_NAME2	ITEM_CODE3	ITEM_NAME3	UNIT_NAME	TIME	DATA_VALUE
1	007Y020	3.3.1.1 산업별대출금(예금취급기관)	BDDE19	숙박 및 음식점업					십억원	2015	41270.9
2	007Y020	3.3.1.1 산업별대출금(예금취급기관)	BDDE19	숙박 및 음식점업					십억원	2016	45801.2
3	007Y020	3.3.1.1 산업별대출금(예금취급기관)	BDDE19	숙박 및 음식점업					십억원	2017	50363.7
4	007Y020	3.3.1.1 산업별대출금(예금취급기관)	BDDE19	숙박 및 음식점업					십억원	2018	55630
5	007Y020	3.3.1.1 산업별대출금(예금취급기관)	BDDE19	숙박 및 음식점업					십억원	2019	61707.7
6	007Y020	3.3.1.1 산업별대출금(예금취급기관)	BDDE19	숙박 및 음식점업					십억원	2020	74876.3

■ 데이터 가공 및 그래프로 나타내기

최근 몇 년간(2015~2020년)의 산업체별 대출 변화를 알아보기 위해 위에서 생성된 데이터 프레임에서 필요한 열만 추출하여 그래프로 나타내보자. 위 결과로 나타나는 데이터 프레임 df는 총 11개의 열로 구성되어 있다. 각 열의 의미는 한국은행 경제통계시스템 OPEN API 개발 명세서에 게시되어 있는 [출력값] 메뉴의 설명을 참조하면 된다. 이 중, 우리는 산업체코드(ITEM_CODE1)와 산업체명(ITEM_NAME1), 연도(TIME), 대출금(DATA_VALUE)에 해당하는 열만으로 구성된 새로운 데이터 프레임 구조로 만들어 사용한다.

```
[ Script ]
# ch10_2_1_1.R
/* 생략 */
# 필요한 열만 추출
newDF <- df[, c("ITEM_CODE1", "ITEM_NAME1", "TIME", "DATA_VALUE")]
colnames(newDF) <- c("산업체코드", "산업체명", "연도", "대출금")
print(newDF)
-------------------------------------------------------------------
[ Console ]
> source('~/R_test/ch_10/ch10_2_1_1.R', encoding = 'UTF-8')
  산업체코드  산업체명                    연도   대출금
1 BDDE19     숙박 및 음식점업             2015   41270.9
2 BDDE19     숙박 및 음식점업             2016   45801.2
3 BDDE19     숙박 및 음식점업             2017   50363.7
```

```
4   BDDE19    숙박 및 음식점업                  2018  55630.0
5   BDDE19    숙박 및 음식점업                  2019  61707.7
6   BDDE19    숙박 및 음식점업                  2020  74876.3
  ...
51  BDDE1A    정보통신업, 예술, 스포츠, 여가 관련  2019 31255.6
52  BDDE1A    정보통신업, 예술, 스포츠, 여가 관련  2020 38591.6
```

먼저 연도별 대출금 합계를 그래프로 시각화해 봄으로써 2020년에 대출금의 급격한 변화가 있었는지 살펴보자. 그런데 xmlToDataFrame() 함수를 이용하여 생성된 데이터 프레임의 모든 열은 문자형(character)으로 생성된다. 따라서 대출금은 as.numeric() 함수를 이용하여 숫자형으로 변환한 후 그래프로 나타내었다. 그래프는 x축은 연도, y축은 대출금으로 하여 geom_col() 함수를 이용하여 막대 그래프로 나타내었다. 또한, "fill=산업체명" 옵션을 줌으로써 막대 그래프 안이 산업체별로 색깔이 채워지도록 하였다. 실행 결과, 2020년 대출금 증가 폭이 다른 해의 증가 폭에 비해 훨씬 큼을 확인할 수 있다.

```
[ Script ]
# ch10_2_1_1.R
/* 생략 */
# 대출금을 문자형에서 숫자형으로 변경
newDF$대출금 <- as.numeric(newDF$대출금)

# 연도별 합계 그래프로 나타내기
ggplot(newDF, aes(x=연도, y=대출금, fill=산업체명)) +
  geom_col() +
  ggtitle("연도별 대출금 합계(단위:십억원)")
-------------------------------------------------------------------
[ Plots ]
```

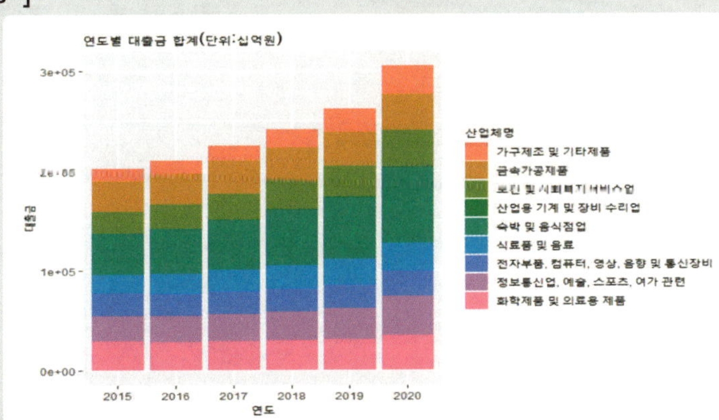

이제 산업체별 대출금 변화를 그래프로 그려서 2020년에 급격히 대출금이 증가한 산업체가 어떤 것인지도 살펴보자. 그래프는 x축은 연도, y축은 대출금으로 하여 geom_line() 함수를 이용하여 선 그래프로 나타내었다. 또한, "group=산업체명" 옵션을 줌으로써 산업체명 별로 선 그래프가 그려지도록 하였다. 실행 결과, 2015~2019년까지는 전 산업체에서 대출금이 고른 증가세를 보였으나 2020년에는 "숙박 및 음식점업"에서 급격한 증가세가 나타나는 것을 볼 수 있다. 또한, "정보통신업, 예술, 스포츠, 여가 관련" 산업체에서도 다른 해에 비해 증가세가 급격해지는 것을 확인할 수 있다.

```
[ Script ]
# ch10_2_1_1.R
/* 생략 */
# 산업체별 대출금 변화 그래프로 나타내기
ggplot(newDF, aes(x=연도, y=대출금, group=산업체명)) +
  geom_line(aes(colour=산업체명), size=2) +
  ggtitle("산업체별 대출금 변화 추이(단위:십억원)")
-------------------------------------------------------------------
[ Plots ]
```

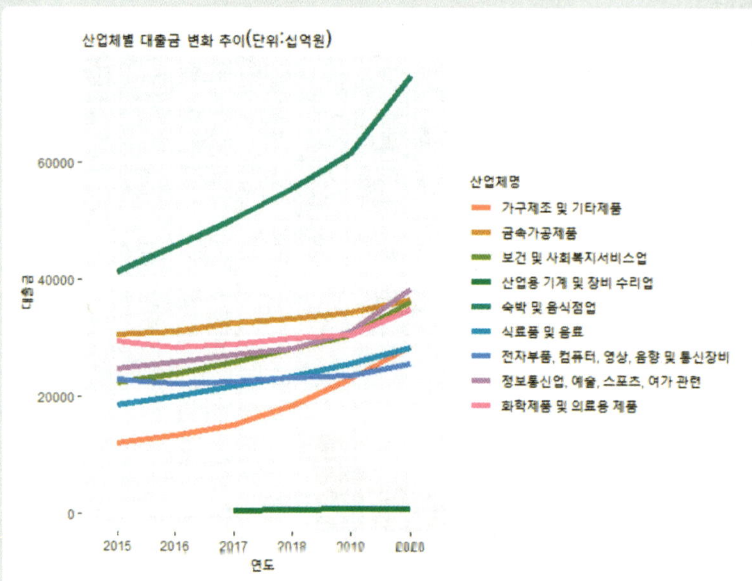

2.2 사회통계 데이터의 활용

이 절에서는 서울 열린데이터 광장 사이트에서 제공하는 "서울시 지하철호선별 역별 승하차 인원 정보"를 OPEN API로 호출하여 서울 지하철역 중 승하차 인원이 가장 많은 역을 알아보고, 각 호선의 평균 승하차 인원도 조사해 보자. 이러한 정보는 서울 지하철역의 개선 및 부대시설 확충, 노선 확대 등의 판단 등에 활용될 수 있고 그 외에도 다양한 비즈니스 등에 활용될 수 있을 것이다.

■ 데이터 검색하기

서울 열린데이터 광장 사이트에서 필요한 데이터를 검색하기 위해 [공공데이터]를 클릭하여 검색창에 찾고자 하는 데이터("서울시 지하철호선별 역별 승하차 인원 정보")를 입력한다. 이 데이터는 SHEET 형태의 파일로도 제공되고 있지만 OPEN API 형태로도 제공되고 있음을 확인할 수 있다.

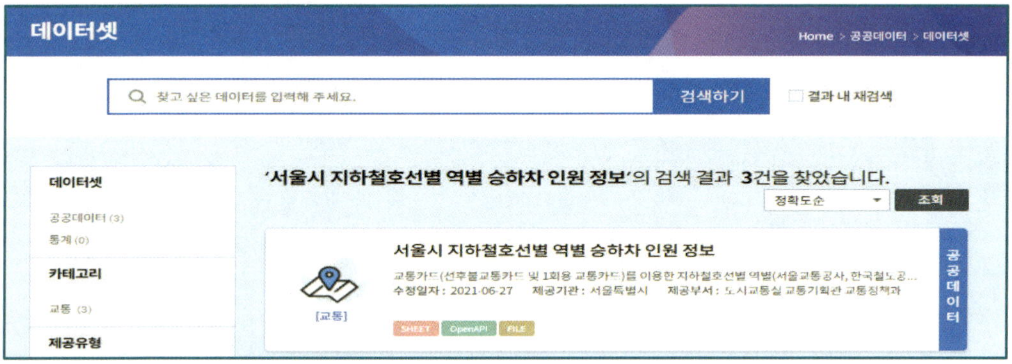

■ OPEN API URL 생성하기

이용하고자 하는 데이터를 호출하기 위한 OPEN API URL을 생성하기 위해 검색한 데이터를 클릭해서 들어간 후, 미리보기의 [Open API]를 클릭하면 그 데이터를 호출하기 위한 샘플 URL을 제공하고 있다. 다음은 "서울시 지하철호선별 역별 승하차 인원 정보"를 검색했을 때의 샘플 URL이다.

```
                              ①                                ② ③ ④
http://openapi.seoul.go.kr:8088/(인증키)/xml/CardSubwayStatsNew/1/5/20151101
```

이 중 ① 인증키 위치에는 1.2절에서 발급받아 놓은 인증키를 복사하여 붙여 넣는다. 또한, ②와 ③ 위치에는 요청 데이터 시작 위치와 종료 위치를 숫자로 넣는다. "서울시 지하철호선별 역별 승하차 인원 정보"에서 1호선에서 9호선까지의 하루분의 데이터를 가져오기 위해 시작 위치는 1, 종료 위치는 306으로 설정한다. 또한, ④의 위치에는 호출해 올 사용일자를 YYYYMMDD 형식으로 입력하면 되므로 "20210601"로 설정해 보자. 최종적으로 생성된 OPEN API URL은 다음과 같다.

```
지하철호선별 역별 승하차 인원
url <- "http://openapi.seoul.go.kr:8088/(자신의인증키)/xml/CardSubwayStatsNew/1/306/
20210601"
```

■ R 프로그램에서 OPEN API 데이터 호출하기

앞에서 생성한 OPEN API URL을 이용하여 R 프로그램에서 직접 "서울시 지하철호선별 역별 승하차 인원 정보" 데이터를 호출하고 이를 데이터 프레임으로 변환하는 프로그램은 다음과 같다. XML 타입의 데이터 처리와 그래프 표현을 위해 "XML"과 "ggplot2" 패키지를 로드하였다. 또한, 호출한 XML 타입의 데이터는 데이터 프레임 구조로 변환하여 View() 함수를 이용하여 출력해 보았다.

```
[ Script ]
# ch10_2_2_1.R
# install.packages("ggplot2")
# install.packages("XML")
library(ggplot2)
library(XML)

# 서울 열린데이터 광장 - 서울시 지하철호선별 역별 승하차 인원 정보
url <- "http://openapi.seoul.go.kr:8088/(자신의인증키)/xml/CardSubwayStatsNew/1/306/20210601"

# OpenAPI URL에 대해 R에서 인식할 수 있는 구조로 변환
xmlFile <- xmlParse(url)

# xml 객체의 루트노드에 접근 및 출력
xmlRoot(xmlFile)

# row 노드세트에 대해 데이터 프레임으로 변환
passengerDF <- xmlToDataFrame(getNodeSet(xmlFile, "//row"))
View(passengerDF)
--------------------------------------------------------------
```

Filter

	USE_DT	LINE_NUM	SUB_STA_NM	RIDE_PASGR_NUM	ALIGHT_PASGR_NUM	WORK_DT
1	20210601	1호선	서울역	39859	37520	20210604
2	20210601	1호선	동묘앞	8062	8374	20210604
3	20210601	1호선	시청	21454	21916	20210604
4	20210601	1호선	종각	33888	33666	20210604

■ 데이터 가공 및 그래프로 나타내기

승하차 인원이 가장 많은 역 정보와 각 호선별 승하차 인원 평균을 구하기 위해 위에서 생성된 데이터 프레임에서 필요한 열만 추출하여 그래프로 나타내보자. 위 결과로 나타나는 데이터 프레임 passengerDF는 총 6개의 열로 구성되어 있다. 각 열의 의미는 해당 데이터 페이지에서 설명하고 있는 [출력값]을 참조하면 된다. 이 중, 우리는 2열에서 5열까지의 호선(LINE_NUM)과 역명(SUB_STA_NM), 승차인원(RIDE_PASGR_NUM), 하차인원(ALIGHT_PASGR_NUM)으로 구성된 새로운 데이터 프레임으로 만들어 사용한다.

```
[ Script ]
# ch10_2_2_1.R
/* 생략 */
# 필요한 열만 추출하여 열이름 변경
newDF <- passengerDF[, 2:5]
colnames(newDF) <- c("호선", "역명", "승차인원", "하차인원")
print(newDF)
--------------------------------------------------------------------
[ Console ]
> source('~/R_test/ch_10/ch10_2_2_1.R', encoding = 'UTF-8')
    호선          역명       승차인원     하차인원
1   1호선         서울역       39859        37520
2   1호선         동묘앞        8062         8374
3   1호선         시청         21454        21916
4   1호선         종각         33888        33666
    ...
```

위의 newDF에는 승차인원과 하차인원이 따로 나타나 있으므로 이들을 더하여 각 역별 승하차인원을 계산한 후 맨 뒤에 승하차인원 열을 추가해 보자. 그런데 xmlToDataFrame() 함수를 이용하여 생성된 데이터 프레임의 모든 열은 문자형(character)으로 생성된다. 따라서 승차인원과 하차인원은 as.integer() 함수를 이용하여 정수형으로 변환한 후 승하차인원을 계산하였다.

```
[ Script ]
# ch10_2_2_1.R
/* 생략 */
# 승차인원과 하차인원을 더하여 승하차인원 열 추가
totNum <- as.integer(newDF$승차인원) + as.integer(newDF$하차인원)
newDF <- cbind(newDF, "승하차인원"=totNum)
print(newDF)
```

```
[ Console ]
> source('~/R_test/ch_10/ch10_2_2_1.R', encoding = 'UTF-8')
     호선              역명          승차인원        하차인원          승하차인원
1    1호선             서울역          39859          37520             77379
2    1호선             동묘앞           8062           8374             16436
3    1호선             시청            21454          21916             43370
4    1호선             종각            33888          33666             67554
     ...
```

위에서 구해진 newDF를 이용하여 승하차인원이 가장 많은 역을 출력하는 프로그램은 다음과 같다. 실행 결과, 2021년 6월 1일에 승하차인원이 가장 많은 역은 2호선 강남역이었음을 보여준다.

```
[ Script ]
# ch10_2_2_1.R
/* 생략 */
# 승하차 인원이 가장 많은 역 출력
print(newDF[which.max(newDF$승하차인원),])
----------------------------------------------------------------------
[ Console ]
> source('~/R_test/ch_10/ch10_2_2_1.R', encoding = 'UTF-8')
     호선     역명     승차인원     하차인원     승하차인원
32   2호선    강남     79921       78691       158612
```

다음은 각 호선의 승하차인원 평균을 구하는 프로그램이다. 여기서는 tapply() 함수를 이용하여 호선별 승하차인원 평균을 구하였다.

```
[ Script ]
# ch10_2_2_1.R
/* 생략 */
# 각 호선의 승하차 인원 평균 구하기
meanofLine <- tapply(newDF$승하차인원, newDF$호선, mean)
print(meanofLine)
----------------------------------------------------------------------
[ Console ]
> source('~/R_test/ch_10/ch10_2_2_1.R', encoding = 'UTF-8')
 1호선    2호선    3호선    4호선    5호선    6호선    7호선    8호선     9호선
41593.90 52286.68 28362.85 35409.46 22026.38 16686.70 26555.08 21120.59 21206.84
```

위의 결과로 생성된 meanofLine은 class(meanofLine)을 수행시켜 보면 데이터 구조가 "array"임을 알 수 있다. 따라서 데이터 프레임 구조로 변환하여 그래프로 시각화해 보자. 다음 프로그램에서는 as.data.frame.table() 함수를 이용하여 데이터 프레임 구조로 변환하고 열 이름을 (호선, 승하차인원평균)으로 수정하였다. 그래프는 x축은 호선, y축은 승하차인원평균으로 하여 geom_col() 함수를 이용하여 막대 그래프로 나타내었다. 또한, "fill=호선" 옵션을 줌으로써 막대 그래프 안이 호선에 따라 색깔이 채워지도록 하였다. 실행 결과, 지하철 2호선의 승하차인원평균이 가장 높은 것을 알 수 있다.

```
[ Script ]
# ch10_2_2_1.R
/* 생략 */
# array 구조를 데이터 프레임으로 변환하고 열이름 바꾸기
meanofLineDF <- as.data.frame.table(meanofLine)
colnames(meanofLineDF) <- c("호선", "승하차인원평균")

# 호선별 승하차인원 평균을 그래프로 그리기
ggplot(meanofLineDF, aes(x=호선, y=승하차인원평균, fill=호선)) +
  geom_col() +
  ggtitle("지하철 호선별 승하차 인원 평균")
--------------------------------------------------------------------
[ Plots ]
```

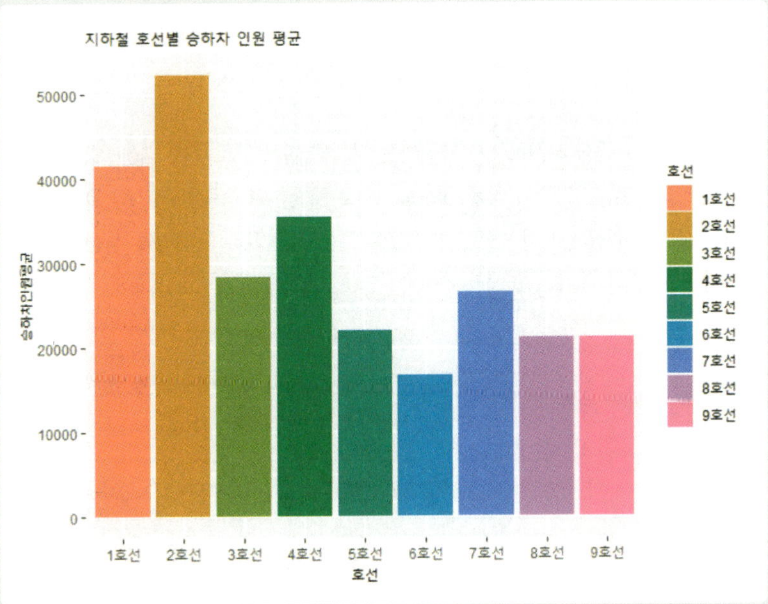

연습문제

01 한국은행 경제통계시스템 OPEN API 사이트에서 제공하는 [1.1. 주요 통화금융지표 (통계코드 : 010Y002) – 화폐발행잔액(말잔)(항목선택코드 : AAAA11)] 데이터에 대해 2015~2020년까지의 데이터를 연도별로 R 프로그램으로 호출한 후, 연도("TIME")와 화폐발행잔액("DATA_VALUE")을 이용하여 다음과 같이 그래프로 나타내 보시오.

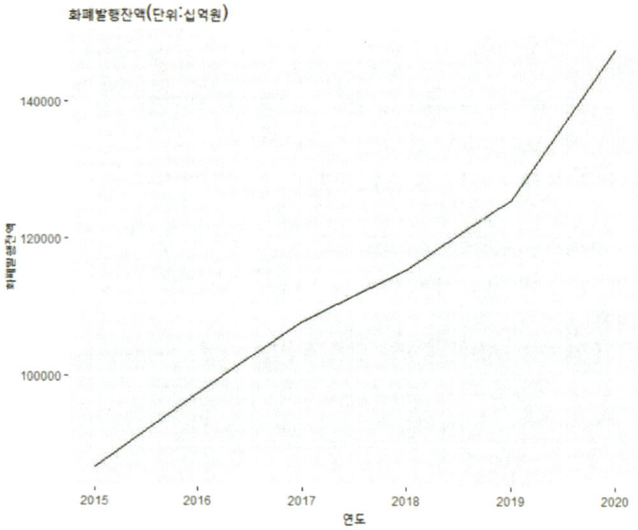

02 서울 열린데이터 광장 사이트에서 제공하는 "서울특별시 코로나19 백신 예방접종 현황" 데이터에 대해 최근 5일간의 데이터를 OPEN API로 호출하여 접종일("S_VC_DT"), 일차접종누계("FIR_INC"), 이차접종누계("SCD_INC")로 구성된 데이터 프레임을 생성해 보시오.

	접종일	일차접종누계	이차접종누계
1	2021.06.26	2825885	865395
2	2021.06.25	2821282	858697
3	2021.06.24	2811191	835878
4	2021.06.23	2802006	813666
5	2021.06.22	2792660	791467

11 웹 데이터에서 정보 찾기

1 웹 데이터의 수집과 활용

평소에 여러분은 제법 많은 시간을 웹 검색에 할애하고 있을 것이다. 단순히 뉴스 기사나 블로그를 보면서 새로운 사실을 알고 싶을 수도 있고, 어떤 문제가 주어졌을 때 그 문제를 해결하기 위한 관련 지식을 얻기 위해 웹 검색을 할 수도 있다. 그때마다 넘치는 많은 뉴스 기사를 대하게 되고, 다 살펴볼 수 없을 정도의 많은 관련 지식이 검색되는 것을 경험한 적이 있을 것이다. 그만큼 웹 공간에는 수많은 데이터가 제공되고 있어 수동적인 방법으로는 이러한 수많은 데이터에 접근하는 것은 사실상 불가능하다. 따라서 웹 공간에서 제공되는 수많은 데이터 중에 문제 해결에 필요한 부분을 얼마나 쉽게 빨리 획득해서 활용할 수 있는가는 여러분의 문제 해결 능력을 결정짓는 중요한 요소가 될 수 있다. 이 장에서는 R 프로그래밍을 이용하여 웹 데이터를 효율적으로 수집하고 활용할 수 있는 방법을 다루어 본다.

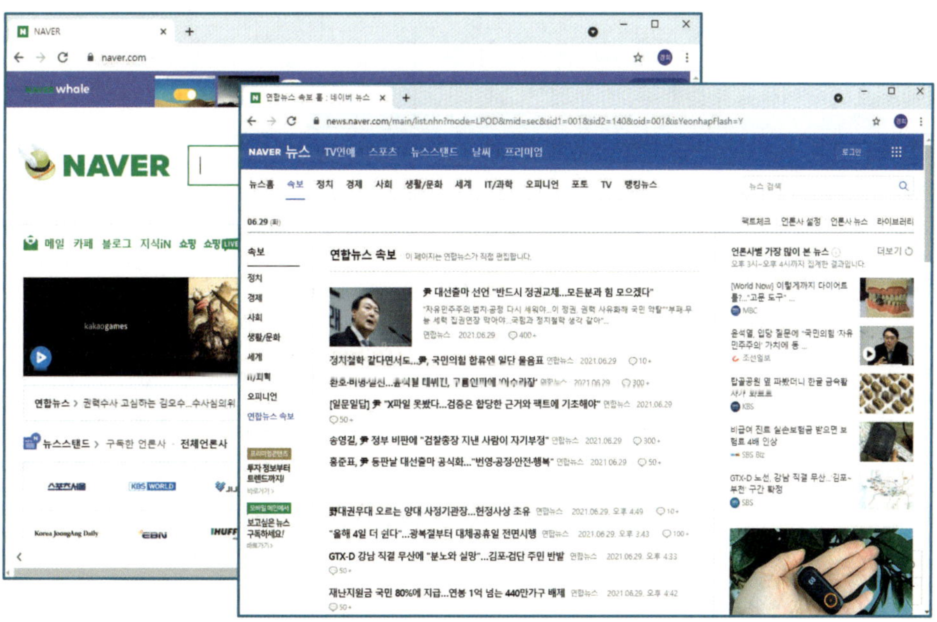

1.1 웹 데이터의 수집

만약 여러분들이 최근 며칠 동안 뉴스에서 가장 이슈가 되고 있는 일이 무엇인지를 알아보고 싶다면 뉴스 사이트에서 최근 뉴스들을 살펴볼 것이다. 또한, 최근 출시된 영화 중 어느 것을 볼지 정하려고 한다면 웹 사이트에서 최근 출시된 영화들을 검색해 보고 사람들의 평판을 살펴보려 할 것이다. 이와 같이 어떤 문제를 해결해야 할 때 여러분들은 의식적으로 또는 무의식적으로 웹 사이트의 데이터를 검색해 보는 습관을 가지고 있을 것이다. 이때, 웹 사이트에 기대하는 심리는 수많은 데이터 중에서 찾고자 하는 데이터가 존재할 것이라 생각한다. 실제로 웹 사이트들에는 우리의 관심사와 직접적 또는 간접적으로 관련된 수많은 데이터가 제공되고 있어 그것을 잘 활용할 수만 있다면 문제 해결에 있어 중요한 정보를 획득할 수 있는 경우가 많다.

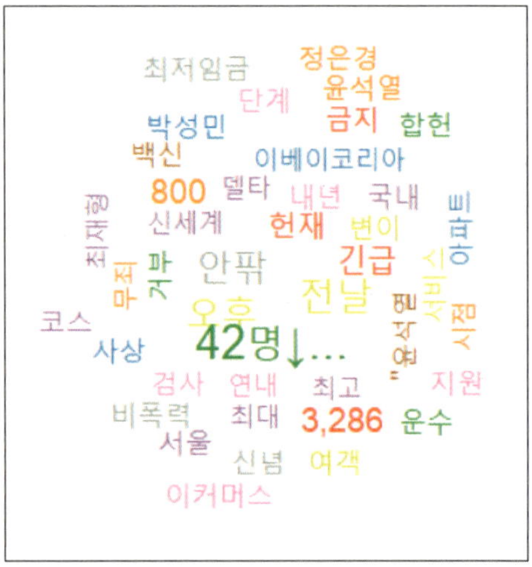

그런데 최근 며칠 동안 뉴스에서 가장 이슈가 되고 있는 일을 알아보려 할 때, 며칠 동안의 뉴스 기사라 하더라도 웹 사이트에서 제공되고 있는 기사의 양이 적지 않아 일일이 읽어서 가장 이슈가 되는 것을 수동으로 분석해 내는 것은 많은 시간이 걸리는 작업이다. 특히 뉴스 기사들을 이것저것 읽다가 뭐가 주요 이슈였는지는 명확히 말하기 어려울 수도 있다. 이 경우 웹 사이트에서 뉴스 기사를 수집해 오고, 수집한 뉴스 기사에 나오는 단어들을 추출한 후, 가장 많이 출현하는 단어들을 오른쪽 그림과 같이 워드 클라우드로 시각화해 주는 작업을 프로그램으로 자동화하여 처리할 수 있다면 우리는 최근 며칠간 뉴스에서 이슈가 되고 있는 일을 쉽고 정확하게 파악할 수 있을 것이다. 또한, 이러한 일련의 작업을 프로그램으로 자동화시키면 하루, 며칠, 또는 한 달 동안의 이슈를 알아보는 작업으로 쉽게 확장할 수 있게 된다.

이처럼 웹 공간에 여러분이 생각하는 이상의 수많은 데이터가 제공되고 있고 그 중에 유용한 정보들이 포함되어 있다면, 얼마나 빨리 필요한 정보를 수집해 올 수 있느냐는 중요한 문제가 될 수 있다. 따라서 이 절에서는 R 프로그래밍을 이용하여 자동으로 웹 데이터들을 수집하는 방법을 다루어 본다.

1) 웹 데이터의 특징

아래의 그림은 네이버 뉴스 사이트(네이버 - 연합뉴스)이다. 이 사이트에서 실시간으로 생성, 변경되는 뉴스 기사들을 R 프로그램을 이용하여 자동으로 수집해 오려고 한다. 그런데, 뉴스 기사들이 따로 파일로 제공되지 않고 웹 페이지 자체에 포함되어 있으므로 웹 페이지의 html 소스 코드 자체를 R 프로그램으로 불러와서 소스 코드에서 필요한 부분만 추출하는 함수를 이용하여 필요한 데이터를 수집해야 한다.

프로그램을 이용하여 웹 페이지의 데이터를 자동으로 수집하는 것을 스크래핑(Scraping) 또는 크롤링(Crawling)이라고 한다. 이 교재에서는 스크래핑이라는 용어로 사용하기로 한다.

스크래핑을 위해서는 웹에서 html 소스 코드를 프로그램으로 불러온 후, html 태그를 이용하여 원하는 부분의 데이터를 수집하는 방식을 사용한다. 따라서 스크래핑을 위해서는 먼저 데이터 수집을 위한 웹 페이지의 주소를 확인한 후, 해당 웹 문서의 소스 코드를 살펴보고 추출할 부분의 html 태그 정보를 찾아야 한다. 그 다음 웹 페이지 주소를 이용하여 해당 웹 문서를 R 프로그램으로 불러와서 찾아놓은 html 태그 정보를 이용하여 필요한 부분만 추출해 낼 수 있다.

아래 그림은 네이버 뉴스 사이트의 html 소스 코드이다. 크롬으로 네이버 - 연합뉴스 사이트(https://news.naver.com/main/list.nhn?mode=LPOD&mid=sec&sid1=001&sid2=140&oid=001&isYeonhapFlash=Y)에 접속하여 해당 웹 페이지에서 [마우스 오른쪽 버튼] - [검사]를 클릭하거나 [F12]를 누르면 아래 그림과 같이 html 소스 코드를 볼 수 있다.

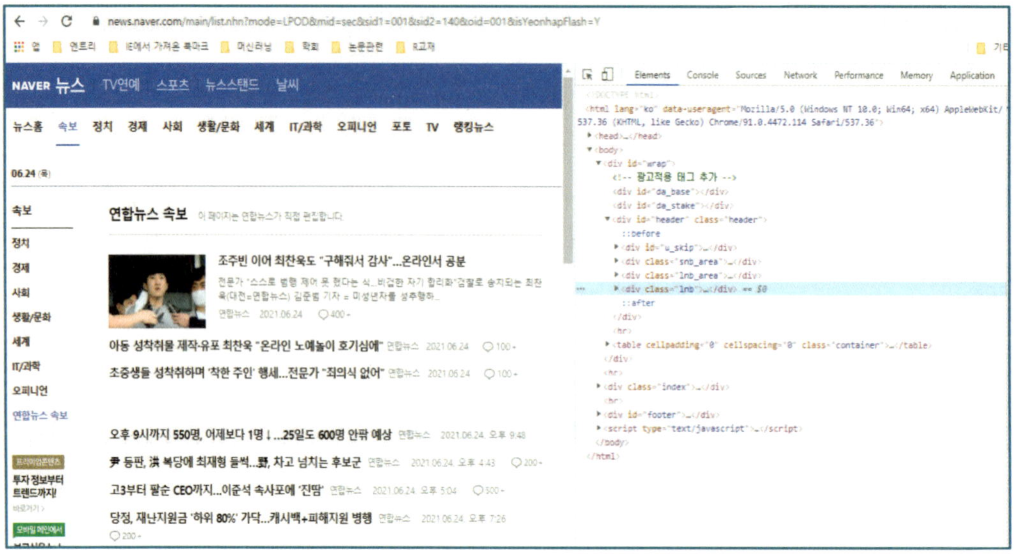

html 코드가 〈head〉와 〈body〉 부분으로 나누어져 있으며, 〈div〉와 같은 html 태그와 id, class와 같은 속성들로 구성되어 있음을 볼 수 있다. 또한, 각 태그 왼쪽 옆에 화살표들을 클릭해 보면 하위 태그들이 나타나는 트리 형태로 html 요소들이 구성되어 있음을 확인할 수 있다. 따라서 이 절에서는 네이버 뉴스 기사에서 필요한 부분만 수집해 오기 위해 html 태그를 이용하여 웹 데이터를 R 프로그램으로 스크래핑하는 방식을 알아본다.

2) 웹 데이터 수집 함수

html 태그를 이용하여 웹 페이지의 데이터를 수집하기 위해서는 추가 설치 패키지인 "rvest" 패키지를 설치하여 제공되는 함수들을 사용하면 쉽게 웹 데이터를 수집할 수 있다.

```
[ Script ]
install.packages("rvest")
library(rvest)
```

네이버 뉴스 사이트 스크래핑을 위해서는 "rvest" 패키지 함수 중 다음 3가지 함수를 사용하면 된다. 이 함수들은 웹 페이지를 R 프로그램으로 불러와서 필요한 부분만 추출하는 작업을 수행하는 함수들이다.

- read_html() - 웹 페이지(url)의 html 소스를 head와 body로 불러오는 함수
- html_nodes() - 불러온 html에서 필요한 태그 부분만 추출하는 함수
- html_text() - html에서 텍스트 부분만 추출하는 함수

■ read_html() 함수

read_html() 함수는 웹 페이지(url)의 html 소스를 head와 body로 불러오는 함수이다. 다음 프로그램은 네이버 뉴스 사이트를 read_html() 함수를 이용하여 R 프로그램으로 불러오는 부분이다. R 프로그램으로 불러온 결과인 newsSrc를 출력해 보면 해당 웹 페이지의 html 소스 코드를 〈head〉와 〈body〉 부분으로 나누어 불러오고 있음을 확인할 수 있다.

```
[ Script ]
# ch11_1_1_1.R
# install.packages("rvest")
library(rvest)

# 네이버 뉴스 URL
url <- "https://news.naver.com/main/list.nhn?mode=LPOD&mid=sec&sid1=001
&sid2=140&oid=001&isYeonhapFlash=Y"

# 네이버 뉴스 페이지의 html을 R로 불러오기
newsSrc <- read_html(url)
print(newsSrc)
---------------------------------------------------------------------
[ Console ]
> source('~/R_test/ch_11/ch11_1_1_1.R', encoding = 'UTF-8')
{html_document}
<html lang="ko">
[1] <head>\n<meta http-equiv="Content-Type" content="text/html; charset=
UTF-8">\n<meta charset="euc-k ...
[2] <body>\r\n\t<div id="wrap">\r\n\t\t<!-- 광고적용 태그 추가 -->\r\n\t
\t<div id="da_base"></div>\r\n\t\t<di ...
```

■ html_nodes() 함수

read_html() 함수를 이용해 불러온 html 소스 코드는 네이버 뉴스 페이지의 모든 내용을 포함하고 있다. 이 웹 페이지에는 뉴스 기사도 있지만 그림이나 광고 등 여러 내용으로 구성되어 있다. 이 중, 뉴스 기사만 수집하고자 한다면 html 소스 코드에서 그 부분이 어떤 html 태그로 표현되어 있는지 확인할 필요가 있다.

크롬에서 네이버 뉴스 페이지에 접근한 후, 해당 페이지에서 [마우스 오른쪽 버튼] - [검사]를 클릭하거나 [F12]를 누르면 아래 그림에서와 같이 [Elements] 창에서 html 소스 코드를 볼 수 있고, ① 맨 왼쪽 위 화살표를 누른 후 ② 뉴스 기사 중 수집하고자 하는 부분을 클릭하면 ③ html 소스 코드에서 그 기사 부분의 html 태그 정보를 알아낼 수 있다. 또는, 수집하고자 하는 뉴스 기사에서 마우스 오른쪽 버튼 - 검사를 클릭하면 그에 해당하는 소스 코드에 쉽게 접근할 수 있다. 네이버 뉴스의 기사에 해당하는 부분들을 이와 같은 방법으로 클릭해 보면 해당 페이지의 기사들이 아래 그림에서와 같이 〈a ... class="nclicks(cnt_flashart)"〉로 표현되고 있음을 알 수 있다. 〈a〉는 태그, class는 속성을 의미하고, 뉴스 기사는 class 속성의 값이 "nclicks(cnt_flashart)"로 나타나고 있다. 따라서 네이버 뉴스의 기사들을 수집해 오려면 class = "nclicks(cnt_flashart)" 인 태그 부분만 자동으로 수집해 올 수 있도록 프로그래밍하면 된다. 물론 사이트마다, 그리고 웹 사이트에서 추출해 오고 싶은 부분마다 html 태그 정보는 다를 수 있으므로 그때마다 필요한 부분의 태그 정보를 알아내는 작업을 먼저 해주어야 한다.

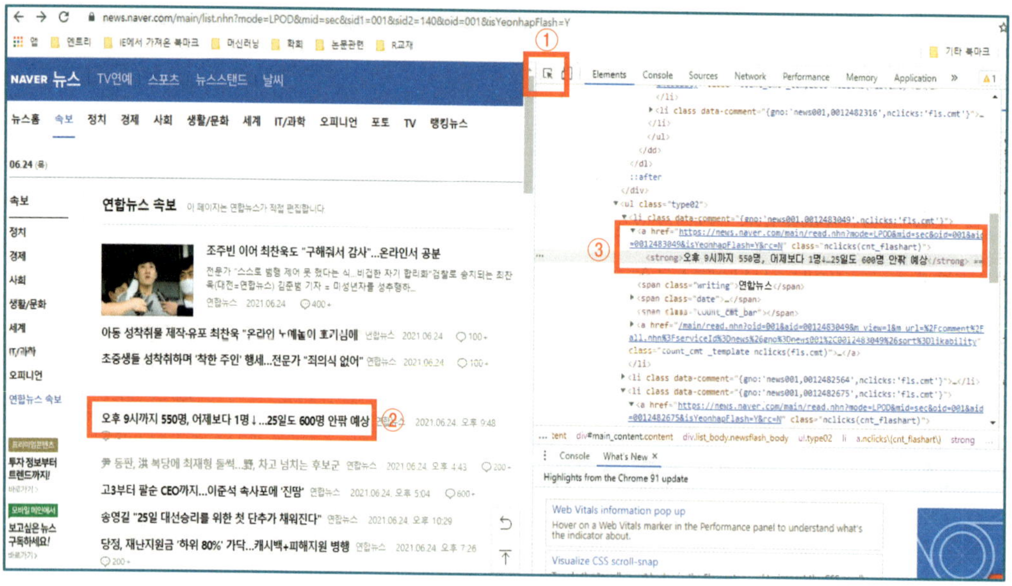

다음은 html_nodes() 함수를 이용하여 class = "nclicks(cnt_flashart)" 부분의 태그만 추출하는 프로그램 부분이다. html_nodes(newsSrc, ".nclicks\\(cnt_flashart\\)")와 같이 class 이름 안의 기호는 R 언어에서 사용되는 기호와 혼동되지 않도록 \\을 붙여야 한다. 따라서 class 이름 안의 괄호가 함수의 괄호와 혼동되지 않도록 \\(와 같이 사용하였다. 또한 class 이름 nclicks\\(cnt_flashart\\) 앞의 . 은 class 속성임을 의미한다.

```
[ Script ]
# ch11_1_1_1.R
/* 생략 */
# 불러온 html 소스코드에서 class="nclicks(cnt_flashart)"부분만 추출
newsTag <- html_nodes(newsSrc, ".nclicks\\(cnt_flashart\\)")
print(newsTag)
-----------------------------------------------------------------
[ Console ]
> source('~/R_test/ch_11/ch11_1_1_1.R', encoding = 'UTF-8')
{xml_nodeset (10)}
 [1] <a href="https://news.naver.com/main/read.nhn?mode=LPOD&amp;mid=
sec& amp;oid=001&amp;aid=0012482701&amp;isYeonhapFlash=Y&amp;rc=N" class
="nclicks(cnt_flashart)" ...
 [2] <a href="https://news.naver.com/main/read.nhn?mode=LPOD&amp;mid=
sec &amp;oid=001&amp;aid=0012483049&amp;isYeonhapFlash=Y&amp;rc=N" class
="nclicks(cnt_flashart)" ...
 [3] <a href="https://news.naver.com/main/read.nhn?mode=LPOD&amp;mid=
sec&amp;oid=001&amp;aid=0012482564&amp;isYeonhapFlash=Y&amp;rc=N" class
="nclicks(cnt_flashart)" ...
...
```

Tip html_nodes() 함수에서 사용하는 html 요소 표현

newsTag <- html_nodes(newsSrc, ".nclicks\\(cnt_flashart\\)")
에서 "nclicks\\(cnt_flashart\\)" 앞의 점(.)은 class 속성임을 나타내는 기호이다.
웹 문서를 스크래핑 할 때 <a>, <div>, <strong> 등과 같은 태그와 태그의 속성인 class, id를 주로 사용하는데 태그는 아무것도 붙이지 않고, class는 앞에 점(.)을, id는 앞에 #을 붙여 구분한다.

■ html_text() 함수

위에서 html_nodes() 함수를 이용하여 네이버 뉴스 기사를 추출하였다. 그런데, 위 프로그램 결과에서 보면 html 태그들이 섞여 있어 뉴스 기사를 보기가 쉽지 않으므로 그 중 텍스트 부분만 추출하기 위해서는 다음과 같이 html_text() 함수를 사용하면 된다.

```
[ Script ]
# ch11_1_1_1.R
/* 생략 */
# 텍스트 부분만 추출
newsText <- html_text(newsTag)
print(newsText)
------------------------------------------------------------------------
[ Console ]
> source('~/R_test/ch_11/ch11_1_1_1.R', encoding = 'UTF-8')
 [1] "조주빈 이어 최찬욱도 \"구해줘서 감사\"…온라인서 공분"
 [2] "오후 9시까지 550명, 어제보다 1명↓…25일도 600명 안팎 예상"
 [3] "국힘 토론배틀 16강에 장천·김연주…최연소 고3도 진출"
 [4] "송영길 \"25일 대선승리를 위한 첫 단추가 채워진다\""
 ...
```

프로그램 실행 결과, 네이버 뉴스 기사가 텍스트 부분만 모두 추출되었다. “rvest” 패키지에서 제공하는 read_html(), html_nodes(), html_text() 함수 3개를 이용하여 웹 페이지에서 필요한 부분만 간단하게 스크래핑해 올 수 있음을 확인할 수 있다.

1.2 여러 페이지 웹 데이터의 수집과 활용

1.1절에서는 네이버 뉴스 사이트의 첫 페이지에 있는 뉴스 기사만을 스크래핑하는 방법을 다루어 보았다. 그러나 오늘의 뉴스 기사만 하더라도 여러 페이지에 걸쳐서 제공되어 이들에 대해 일일이 주소를 넣어주고 한 페이지씩 스크래핑하는 것은 효율적이지 못하다. 따라서 여러 페이지에서 제공되는 뉴스 기사를 자동으로 스크래핑할 수 있다면 더욱 많은 정보를 쉽고 빠르게 얻을 수 있을 것이다. 네이버 뉴스 기사뿐만 아니라 여러분이 웹 사이트에서 수집하고자 하는 데이터들 중에는 여러 페이지에 걸쳐 제공되고 있는 경우가 많으므로 여러 페이지에서 자동으로 데이터를 스크래핑하는 방법을 살펴보자. 따라서 이 절에서는 첫 페이지뿐만 아니라 페이지 번호를 바꾸어가며 여러 페이지에서 자동으로 뉴스 기사를

스크래핑할 수 있도록 1.1절의 프로그램을 확장해 본다. 또한, 여러 페이지에 걸쳐 스크래핑한 뉴스 기사가 많은 양이어서 한눈에 주요 이슈 파악이 어려울 수 있으므로 스크래핑한 결과를 한눈에 파악할 수 있도록 워드 클라우드로 시각화하여 본다.

1.1절처럼 네이버 사이트에서 연합뉴스를 클릭하여 들어가면 첫 페이지 주소가 "https://news.naver.com/main/list.nhn?mode=LPOD&mid=sec&sid1=001&sid2=140&oid=001&isYeonhapFlash=Y"로 나타나지만 2페이지를 클릭했다가 다시 1페이지를 클릭하면 주소가 "https://news.naver.com/main/list.nhn?mode=LPOD&sid2=140&sid1=001&mid=sec&oid=001&isYeonhapFlash=Y&date=20210624&page=1"과 같이 바뀐다. 또한, 2페이지, 3페이지를 클릭해 보면 맨 마지막 1, 2, 3 숫자만 바뀌는 것을 확인할 수 있다. 이렇게 각 페이지를 클릭해 보면 주소에서 앞 부분 "https://news.naver.com/main/list.nhn?mode=LPOD&sid2=140&sid1=001&mid=sec&oid=001&isYeonhapFlash=Y&date=20210624&page="까지는 공통으로 나타나고 페이지마다 뒤에 1, 2, 3이 붙는 것을 볼 수 있다. 이 특성을 이용하면 여러 개의 페이지 주소를 자동으로 생성하여 각 페이지에서 뉴스 기사를 스크래핑할 수 있다.

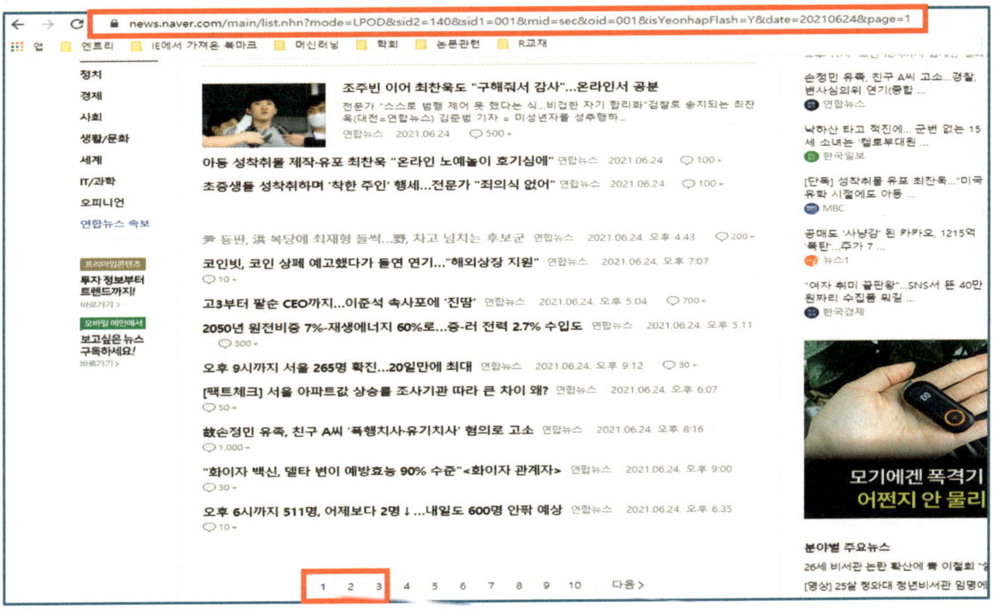

네이버 뉴스 사이트에서 여러 개의 페이지를 스크래핑하기 위한 과정을 간단히 나타내면 다음과 같다. ②-㉡부터 ②-㉣까지는 1.1절에서 다룬 부분이며, 여기서는 10개의 페이지 주소를 자동으로 생성하여 각 페이지에서 스크래핑한 결과를 합치도록 하였다. 이를 위해 all_news를 빈 벡터로 초기화하여 준비하고 매 반복마다 생성되는 스크래핑 결과를 all_news에 추가하여 최종적으로 all_news를 파일에 저장하도록 하였다.

① 초기화하기
  (ㄱ) url_front를 공통된 주소 부분으로 정하기
  (ㄴ) all_news를 빈 벡터로 초기화하기
② num을 1부터 10까지 증가시키며 다음을 반복하기
  (ㄱ) url_front와 num을 연결시켜 url 생성하기
  (ㄴ) url 페이지의 html 을 R로 불러오기
  (ㄷ) class="nclicks(cnt_flashart)" 부분만 추출하기
  (ㄹ) 텍스트 부분만 추출하기
  (ㅁ) 추출한 부분을 all_news에 추가하기
③ all_news를 파일에 저장하기

여러 페이지를 자동으로 스크래핑하는 프로그램이 복잡하고 어렵게 느껴질 수 있으므로 먼저 10개의 뉴스 페이지 주소(url)를 자동으로 생성하는 부분을 살펴보고, 1.1절에서 다루었던 프로그램 부분을 추가해서 프로그램을 완성해 본다.

각 뉴스 페이시 주소들을 자동으로 생성하기 위해서는 반복문을 사용하면 쉽게 해결할 수 있다. 다음 프로그램은 반복문을 사용하여 10개의 뉴스 페이지 주소를 자동으로 생성해 내는 과정이다. 반복문으로 num 값을 하나씩 증가시켜 가며 문자열 함수인 paste() 함수를 이용하여 평점 페이지 주소의 공통된 부분에 num을 연결시켜 각 페이지 주소를 자동으로 생성하고 있다.

```
[ Script ]
# ch11_1_2_1.R
# 네이버 뉴스 페이지 URL 공통부분
url_front <- "https://news.naver.com/main/list.nhn?mode=LPOD&sid2=140&
sid1=001&mid=sec&oid=001&isYeonhapFlash=Y&date=20210624&page="

for(num in 1:10) {
  url <- paste(url_front, num, sep="")     # 각 페이지 URL 생성하기
  print(url)
}
-------------------------------------------------------------------
[ Console ]
> source('~/R_test/ch_11/ch11_1_2_1.R', encoding = 'UTF-8')
[1] "https://news.naver.com/main/list.nhn?mode= ... date=20210624&page=1"
[1] "https://news.naver.com/main/list.nhn?mode= ... date=20210624&page=2"
...
[1] "https://news.naver.com/main/list.nhn?mode= ... date=20210624&page=10"
```

1.1절에서 다루었던 ②-㉡부터 ②-㉣까지의 각 페이지를 스크래핑하는 과정과 각 페이지에서 스크래핑한 결과를 news_all에 추가하는 과정은 매 반복마다 실행하면 되므로 위 프로그램의 반복문 안에 삽입하면 된다. 전체 프로그램은 다음과 같다.

```
[ Script ]
# ch11_1_2_2.R
# install.packages("rvest")
library(rvest)

# 네이버 뉴스 페이지 URL 공통부분
url_front <-
"https://news.naver.com/main/list.nhn?mode=LPOD&sid2=140&sid1=001&mid
=sec&oid=001&isYeonhapFlash=Y&date=20210624&page="

all_news <- c()       # 각 페이지의 뉴스 기사를 스크래핑해서 합치기 위한 변수
for(num in 1:10) {    # 주소 뒤에 1,2,3,4, 바꿔가며 10페이지 반복문으로 가져오기
  url <- paste(url_front, num, sep="")    # 각 페이지 URL 생성하기

  # 네이버 뉴스 페이지의 html을 R로 불러오기
  newsSrc <- read_html(url)
  # 불러온 html 소스코드에서 class="nclicks(cnt_flashart)"부분만 추출
  newsTag <- html_nodes(newsSrc, ".nclicks\\(cnt_flashart\\)")
  # 텍스트 부분만 추출
  newsText <- html_text(newsTag)

  # 추출한 뉴스 기사 추가하기
  all_news <- c(all_news, newsText)
}
# 파일에 저장하기
writeLines(all_news, "naver_news.txt")
```

실행 결과, 작업 폴더에 다음 그림과 같은 naver_news.txt 파일이 생성된 것을 확인할 수 있다.

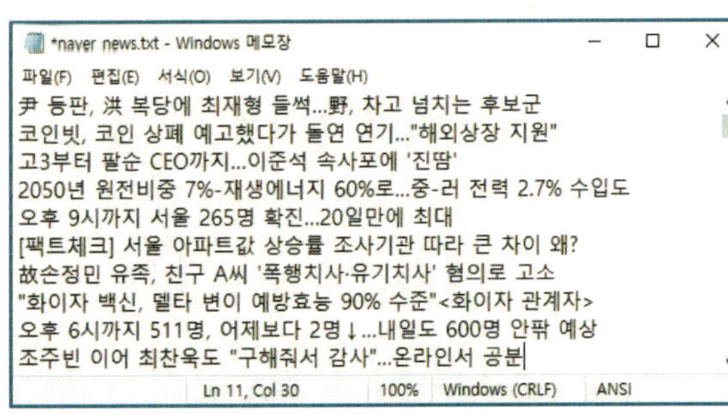

이제 수집된 all_news를 이용하여 최근 주요 이슈를 한 눈에 살펴볼 수 있도록 워드 클라우드로 시각화하여 보자. 이를 위해서는 앞에서 살펴본 “KoNLP” 패키지와 “wordcloud” 패키지를 이용하여 명사를 추출하고 이들의 빈도수를 계산하여 워드 클라우드로 시각화하여야 한다. 이를 위한 프로그램은 다음과 같다.

```
[ Script ]
# ch11_1_2_2.R
/* 생략 */
# 명사 추출하여 워드 클라우드로 나타내기
library(KoNLP)
library(wordcloud)
library(RColorBrewer)     # 색상 추가

# 명사 추출하여 벡터로 변환
noun1 <- extractNoun(all_news)
noun2 <- unlist(noun1)

# noun2에서 단어의 글자 수가 2이상인 단어 추출
noun3 <- noun2[nchar(noun2) >= 2]

# 단어의 빈도수 계산
nounCount <- table(noun3)

# 워드 클라우드로 나타내기
pal <- brewer.pal(9, "Set1")          # 색상코드 생성
wordcloud(names(nounCount), freq = nounCount, scale = c(4,1), rot.per = 0.25,
        min.freq =3, random.order = FALSE, random.color = TRUE, colors = pal)
-------------------------------------------------------------------
[ Plots]
```

2 다양한 웹 데이터의 활용

1절에서는 실시간으로 생성, 변경되는 뉴스 페이지들을 R 프로그램으로 스크래핑하기 위한 방법을 살펴보았다. 이 절에서는 네이버 뉴스 사이트에서 특정 검색어(예. "인공지능")로 검색한 페이지들의 내용을 스크래핑하여 해당 검색어와 연관되는 단어들을 워드 클라우드로 나타내보고, 웹 페이지에 게시된 최근 5년간의 kbo 순위 테이블을 R 프로그램으로 불러와서 그래프로 그려봄으로써 최근 5년간 각 구단의 성적 변화 추이를 살펴보자.

2.1 인터넷 뉴스 데이터 수집 및 활용

여러분들은 좀 더 알아보고 싶은 내용이 있을 때 인터넷 검색을 가장 먼저 시도해 볼 것이다. 그런데 정보의 홍수 속에 살고 있는 여러분은 검색어를 입력하고 매우 많은 검색 결과를 접하게 된다. 그 결과는 여러 페이지에 걸쳐 제공되고 있어 페이지를 넘겨가며 검색 결과를 확인하기 힘들다고 느낄 때가 있다. 따라서 이 절에서는 인터넷 사이트에 검색어를 입력하고 그 검색 결과에서 필요한 부분을 R 프로그램으로 스크래핑하여, 검색어와 연관되는 단어들을 한 눈에 살펴볼 수 있도록 검색 결과를 워드 클라우드로 시각화하여 본다. 이 절에서 다루는 스크래핑 프로그램은 네이버 뉴스 사이트에서의 검색을 대상으로 하지만 같은 방법으로 네이버의 다른 서비스 페이지, 또는 다른 인터넷 검색 사이트에도 적용할 수 있다.
네이버 뉴스 사이트에서 검색어를 입력하는 경우 여러 페이지가 검색 결과로 제공된다. 그러나 여러 페이지를 스크래핑하는 프로그램이 어렵게 느껴질 수 있으므로 검색어를 입력하여 결과로 나타나는 첫 페이지를 먼저 스크래핑해 보고 여러 페이지를 스크래핑하도록 프로그램을 확장해 본다.

1) 네이버 뉴스 사이트에서 검색 결과 첫 페이지 스크래핑하기

크롬에서 네이버 사이트에 접근하여 검색 창에 "인공지능"을 입력하여 검색하고 아래 그림의 ① [뉴스]를 클릭해 보면 인공지능과 관련된 뉴스 기사가 나타나는 것을 확인할 수 있을 것이다. 1절에서 살펴보았듯이 웹 페이지를 스크래핑하기 위해서는 웹 페이지의 주소를 알아야 하고, 해당 페이지에서 수집하고자 하는 부분의 태그 정보를 알아야 하므로 이에 대한 정보를 확인해 보자.
"인공지능"으로 검색한 페이지의 주소를 확인하기 위해 ②의 웹 페이지 주소를 확인해 보자. 웹 페이지 주소는 "https://search.naver.com/search.naver?where=news&sm=tab_jum&query=인공지능"

으로 맨 뒤에 검색어("인공지능")가 포함되어 있음을 확인할 수 있다. R 프로그램에서 해당 페이지를 스크래핑하기 위해서 이 주소를 URL로 사용하면 되고, 만약 검색어가 "인공지능"이 아닌 "빅데이터"라면 맨 뒤의 "인공지능" 자리에 "빅데이터"로 대체만 해주면 수동으로 네이버에서 "빅데이터"를 검색하여 해당 페이지를 알아내지 않아도 "빅데이터"와 관련된 뉴스 기사 페이지를 스크래핑할 수 있다.
여기서는 검색어와 관련된 뉴스 기사의 제목들만 스크래핑해 보자. ③의 뉴스 기사 제목 부분에서 마우스 오른쪽 버튼 - 검사를 누르거나 [F12]를 클릭하여 ④ 위치의 태그 정보를 찾는다. 태그 정보 확인 결과, 뉴스 기사 부분이 class = "news_tit"로 되어 있음을 알 수 있을 것이다.

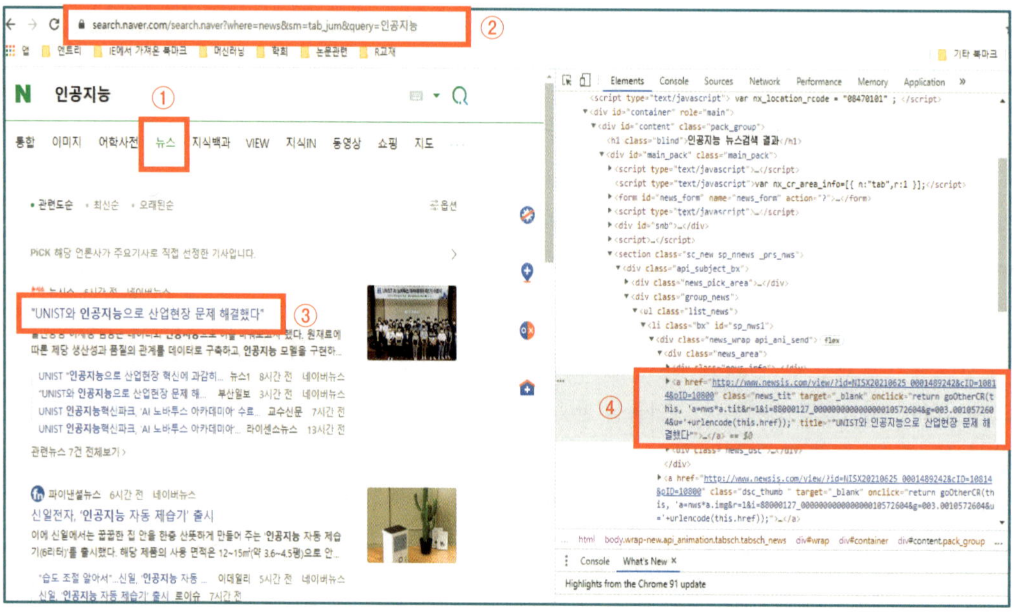

앞에서 구한 웹 페이지 주소와 태그 정보를 이용하여 검색어("인공지능")로 검색한 뉴스 기사의 제목들을 스크래핑하는 프로그램은 다음과 같다. 위 그림의 ② 부분에 있는 페이지 주소를 복사해서 R 프로그램에 붙여 넣으면 한글 "인공지능" 부분이 "%EC%9D%B8%EA%B3%B5%EC%A7%80%EB%8A%A5"와 같이 깨져 보인다. 프로그램에서 깨져 보이는 그대로 두어도 되고, 아니면 그 부분을 "인공지능"으로 다시 입력해 주어도 상관없다. 해당 주소를 url로 하여 read_html() 함수를 이용하여 html 소스를 불러오고, html_nodes() 함수를 이용하여 class="news_tjt" 부분을 추출한 후 html_text() 함수를 이용하여 텍스트 부분만 추출하였다. 실행 결과, 검색어("인공지능")로 검색된 한 페이지의 뉴스 기사 제목들이 스크래핑됨을 확인할 수 있다.

```
[ Script ]
# ch11_2_1_1.R
# install.packages("rvest")
library(rvest)

# NAVER news에서 검색어로 검색한 결과 페이지의 URL
url <-  "https://search.naver.com/search.naver?where=news&sm=tab_jum&
query=인공지능"

# html을 R로 불러오기
newsSrc <- read_html(url)

# 불러온 html 소스코드에서 class="news_tit" 부분만 추출
newsTag <- html_nodes(newsSrc, ".news_tit")

# 텍스트 부분만 추출
newsText <- html_text(newsTag)
print(newsText)
----------------------------------------------------------------------
[ Console ]
> source('~/R_test/ch_11/ch11_2_1_1.R', encoding = 'UTF-8')
 [1] "\"UNIST와 인공지능으로 산업현장 문제 해결했다\""
 [2] "신일전자, '인공지능 자동 제습기' 출시"
 [3] "창원시, 제조AI 창원 위한 '인공지능 추진협의회' 공식출범"
 [4] "인공지능이 만든 문장·번역·이미지 오류 자동으로 고친다"
    ...
```

2) 네이버 뉴스 사이트에서 검색 결과 여러 페이지 스크래핑하기

네이버 뉴스 사이트에서 검색어("인공지능")로 검색한 결과가 여러 페이지에 걸쳐 제공되고 있으므로 페이지 주소를 바꾸어 가며 여러 페이지를 스크래핑할 수 있는 프로그램으로 확장해 보자. 이를 위해서는 1.2절에서 살펴본 것처럼 페이지에 따라 달라지는 주소의 규칙을 발견해야 한다. 아래 그림의 ① 부분의 페이지 숫자를 차례로 클릭해 보면 ②의 주소창에 주소가 변화하는 것을 볼 수 있다. 2 페이지를 클릭한 후 다시 1페이지를 클릭하면 주소가 "https://search.naver.com/search.naver?where=news&sm=tab_pge&query=인공지능&sort=0&photo=0&field=0&pd=0&ds=&de=&cluster_rank=349&mynews=0&office_type=0&office_section_code=0&news_office_checked=&nso=so:r,p:all,

a:all&start=1"과 같이 바뀌게 되고 2페이지, 3페이지에 따라 맨 뒤의 숫자만 11, 21로 10씩 변경된다. 따라서 맨 뒤의 숫자는 (페이지 번호 - 1) * 10 + 1로 계산하여 붙여주면 된다. 가운데의 "cluster_rank =349" 부분의 숫자도 클릭을 반복함에 따라 변경되지만 페이지에는 영향을 미치지 않으므로 신경쓰지 않아도 된다.

이제 여러 페이지의 주소를 차례로 생성해 낼 수 있는 규칙을 발견했으므로 반복문을 사용하여 페이지 주소를 1페이지부터 차례로 만들고 각 반복마다 해당 페이지를 스크래핑하여 데이터를 합치면 여러 페이지를 스크래핑한 결과를 얻을 수 있다. 다음 프로그램은 반복문을 사용하여 10개의 뉴스 페이지를 스크래핑하는 과정이다. 각 페이지의 주소가 1, 11, 21과 같이 맨 뒤의 숫자가 바뀌므로 페이지의 공통 부분을 url_front로 두고, 매 반복마다 (num - 1)*10 + 1을 계산하여 url_front 뒤에 붙여서 해당 페이지의 url을 생성해 내었다. all_news는 빈 벡터로 초기화한 후 매 반복마다 생성된 url의 뉴스 제목 부분을 스크래핑하여 all_news에 추가하였다. 실행 결과, 각 페이지 당 10개씩 총 100개의 뉴스 기사 제목이 스크래핑되는 것을 확인할 수 있다.

```
[ Script ]
# ch11_2_1_2.R
# install.packages("rvest")
library(rvest)

# NAVER news에서 검색어로 검색한 결과 페이지의 URL 공통부분
url_front <- "https://search.naver.com/search.naver?where=news&sm=tab_
pge&query=인공지능&sort=0&photo=0&field=0&pd=0&ds=&de=&cluster_rank=57&
mynews=0&office_type=0&office_section_code=0&news_office_checked=&nso
=so:r,p:all,a:all&start="

all_news <- c()          # 각 페이지의 뉴스 기사를 스크래핑해서 합치기 위한 변수

for(num in 1:10) {       # 뒤에 페이지 숫자 바꾸어 가며 10페이지 반복문으로 가져오기
  # 각 페이지 URL 생성하기
  url <- paste(url_front, (num-1)*10 + 1, sep="")
  # html을 R로 불러오기
  newsSrc <- read_html(url)
  # 불러온 html 소스코드에서 class="news_tit" 부분만 추출
  newsTag <- html_nodes(newsSrc, ".news_tit")
  # 텍스트 부분만 추출
  newsText <- html_text(newsTag)
  # 추출한 뉴스 기사 추가하기
  all_news <- c(all_news, newsText)
}
print(all_news)
--------------------------------------------------------------------
[ Console ]
> source('~/R_test/ch_11/ch11_2_1_2.R', encoding = 'UTF-8')
  [1] "\"UNIST와 인공지능으로 산업현장 문제 해결했다\""
  [2] "신일전자, '인공지능 자동 제습기' 출시"
    ...
[100] "제조 산업현장에 인공지능 본격 적용... 산업부, '25년까지 12,750명의 AI 융..."
```

이제 수집된 all_news를 이용하여 인공지능과 연관되는 단어들을 한 눈에 살펴볼 수 있도록 워드 클라우드로 시각화하여 보자. 이를 위해서는 앞에서 살펴본 "KoNLP" 패키지와 "wordcloud" 패키지를 이용하여 명사를 추출하고 이들의 빈도수를 계산하여 워드 클라우드로 시각화하여야 한다. 이를 위한 프로그램은 다음과 같다.

```
[ Script ]
# ch11_2_1_2.R
/* 생략 */
# 명사 추출하여 워드 클라우드로 나타내기
library(KoNLP)
library(wordcloud)
library(RColorBrewer)     # 색상 추가

# 명사 추출하여 벡터로 변환
noun1 <- extractNoun(all_news)
noun2 <- unlist(noun1)

# noun2에서 단어의 글자 수가 2이상인 단어 추출
noun3 <- noun2[nchar(noun2) >= 2]

# 단어의 빈도수 계산
nounCount <- table(noun3)

# 워드 클라우드로 나타내기
pal <- brewer.pal(9, "Set1")          # 색상코드 생성
wordcloud(names(nounCount), freq = nounCount, scale = c(4,1), rot.per = 0.25,
        min.freq =2, random.order = FALSE, random.color = TRUE, colors = pal)
---------------------------------------------------------------------
[ Plots]
```

이 절에서는 네이버 뉴스 사이트에서 “인공지능”으로 검색한 결과 페이지들을 R 프로그램으로 스크래핑하는 프로그램을 작성해 보았다. 만약 여러분들이 다른 검색어로 검색한 결과 페이지들을 스크래핑하고 싶다면 위 주소에서 “query=인공지능” 부분만 다른 검색어로 바꾸어 준 후 프로그램을 실행시켜 보기 바란다.

2.2 스포츠 데이터 수집 및 활용

앞에서 여러분은 웹 데이터를 스크래핑할 때 html_text() 함수를 이용하여 html 태그를 제거한 텍스트 부분만 추출해 보았다. 그런데 웹 페이지에는 텍스트 정보뿐만 아니라 아래의 그림과 같이 표 형식의 데이터가 직접 게시되어 있는 경우가 종종 있다. 이러한 표 형식의 데이터가 파일로 제공되고 있다면 파일을 다운로드하여 6장에서 다룬 파일 입출력 함수를 이용하여 R 프로그램으로 불러올 수 있지만 웹 페이지에 바로 게시되어 있는 경우는 그렇지 못하다. 따라서 이 절에서는 웹 페이지에 직접 게시된 표 형식의 데이터를 R 프로그램으로 불러와서 처리하는 방법을 살펴보자.

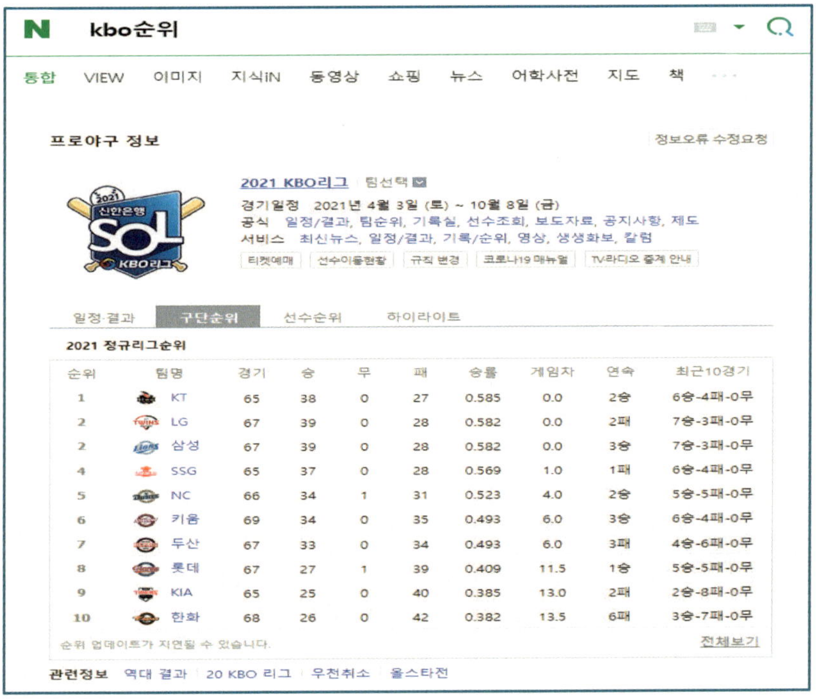

순위	팀명	경기	승	무	패	승률	게임차	연속	최근10경기
1	KT	65	38	0	27	0.585	0.0	2승	6승-4패-0무
2	LG	67	39	0	28	0.582	0.0	2패	7승-3패-0무
2	삼성	67	39	0	28	0.582	0.0	3승	7승-3패-0무
4	SSG	65	37	0	28	0.569	1.0	1패	6승-4패-0무
5	NC	66	34	1	31	0.523	4.0	2승	5승-5패-0무
6	키움	69	34	0	35	0.493	6.0	3승	6승-4패-0무
7	두산	67	33	0	34	0.493	6.0	3패	4승-6패-0무
8	롯데	67	27	1	39	0.409	11.5	1승	5승-5패-0무
9	KIA	65	25	0	40	0.385	13.0	2패	2승-8패-0무
10	한화	68	26	0	42	0.382	13.5	6패	3승-7패-0무

앞에서 다룬 "rvest" 패키지에는 html_table()이란 함수를 제공하고 있다. 앞의 예제들에서 html_text() 함수를 사용하여 텍스트만 추출하였듯이 html_table() 함수를 사용하면 표 형식의 데이터를 추출해 낼 수 있다. 이를 이용하여 위의 그림에서처럼 네이버에서 "kbo 순위"를 검색하여 나타나는 웹 페이지의 프로야구 정보에서 최근 5년간(2016~2020년)의 구단 순위 표를 스크래핑한 후 구단별 순위의 변화 추이를 그래프로 나타내보자. 먼저 "kbo 순위"로 검색했을 때 나타나는 페이지에 있는 하나의 구단 순위 표만 스크래핑하는 프로그램을 작성해 본 후, 2016~2020년까지 최근 5년간의 구단 순위 표를 스크래핑하여 그래프로 나타내는 프로그램으로 확장해 본다.

1) KBO 순위 검색 결과 첫 페이지 스크래핑하기

크롬에서 네이버 사이트에 접근하여 검색 창에 "kbo 순위"를 입력하여 검색하면 아래 그림과 같이 프로야구 정보를 확인할 수 있다. 그 중 구단 순위 표를 R 프로그램으로 스크래핑하기 위해서는 해당 웹 페이지 주소와 수집하고자 하는 표에 대한 태그 정보 확인이 필요하므로 이에 대한 정보를 확인해 보자. "kbo 순위"로 검색한 페이지의 주소를 확인하기 위해서는 ①에 나타나는 웹 페이지 주소("https://search.naver.com/search.naver?where=nexearch&sm=top_hty&fbm=0&ie=utf8&query=kbo+순위")를 확인하면 된다. 또한 ②의 구단 순위 표에 대한 태그 정보를 확인하기 위해 마우스 오른쪽 버튼 - 검사를 누르거나 [F12]를 클릭하여 ③ 위치의 태그 정보를 찾는다. 태그 정보 확인 결과, 구단 순위 표 부분이 〈table ... class = "tb_type2"〉로 되어 있음을 알 수 있을 것이다.

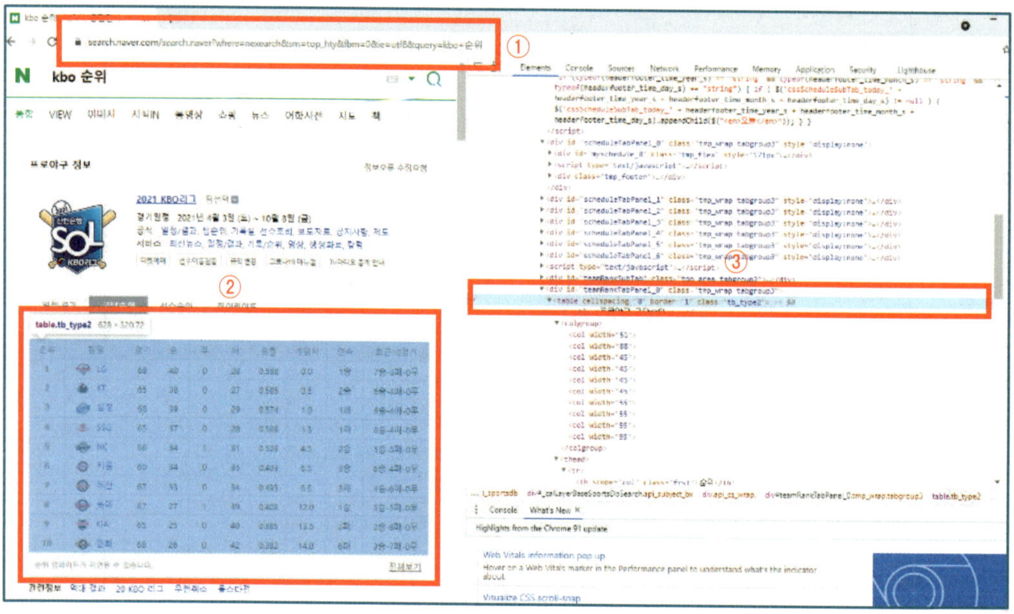

앞에서 구한 웹 페이지 주소와 태그 정보를 이용하여 구단 순위표를 스크래핑하는 프로그램은 다음과 같다. 위 그림의 ① 부분에 있는 페이지 주소를 복사해서 R 프로그램에 붙여 넣으면 한글 "순위" 부분이 "%EC%88%9C%EC%9C%84"와 같이 깨져 보인다. 프로그램에서 깨져 보이는 그대로 두어도 되고, 아니면 그 부분을 "순위"로 다시 입력해도 상관없다. 해당 주소를 url로 하여 read_html() 함수를 이용하여 페이지의 html 소스를 불러오고, html_nodes() 함수를 이용하여 class="tb_type2" 부분을 추출한 후 html_table() 함수를 이용하여 순위 표만 추출하였다. 이때 추출하고자 하는 표가 한글을 포함하는 경우 html_table() 함수는 EUC-KR 또는 CP949(한국어판 MS Windows의 기본 코드) 인코딩 방식을 처리하지 못하므로 Sys.setlocale() 함수를 이용하여 "English"로 바꾼 후 html_table() 함수를 적용하고 다시 "Korean"으로 바꾸어 주었다. 또한, html_table()의 결과로 생성된 kboTable은 class(kboTable)을 실행시켜 보면 리스트 구조임을 확인할 수 있다. 따라서 이를 다루기 쉬운 데이터 프레임 구조로 변환하기 위해 as.data.frame() 함수를 사용하였다. 실행 결과, 웹 페이지에 게시된 구단 순위 표가 데이터 프레임 구조로 생성되었음을 확인할 수 있다.

```
[ Script ]
# ch11_2_2_1.R
# install.packages("rvest")
library(rvest)

# KBO 순위 URL
url <- "https://search.naver.com/search.naver?where=nexearch&sm=top_hty
&fbm=0&ie=utf8&query=kbo+순위"

# KBO 순위 페이지의 html을 R로 불러오기
kboSrc <- read_html(url)

# 불러온 html 소스코드에서 class="tb_type2" 부분만 추출
kboTag <- html_nodes(kboSrc, ".tb_type2")

# 순위표 추출하기
# html_table은 EUC-KR 또는 CP949 인코딩 방식의 R 객체를 처리하지 못하므로
# English로 바꾼 후 html_table() 적용하고 다시 Korean으로 바꾼다.
Sys.setlocale("LC_ALL", "English")
kboTable <- html_table(kboTag)
Sys.setlocale("LC_ALL", "Korean")

# 데이터 프레임 구조로 변환
kboDF <- as.data.frame(kboTable)
print(kboDF)
--------------------------------------------------------------------
[ Console ]
> source('~/R_test/ch_11/ch11_2_2_1.R', encoding = 'UTF-8')
   순위   팀명  경기  승  무   패   승률    게임차   연속    최근10경기
1     1    KT   68   41   0   27  0.603   0.0     5승    8승-2패-0무
2     2    LG   71   41   0   30  0.577   1.5     1패    6승-4패-0무
3     3   SSG   70   39   2   29  0.574   2.0     2승    5승-3패-2무
4     4   삼성   73   40   1   32  0.556   3.0     3패    4승-5패-1무
5     5    NC   69   36   2   31  0.537   4.5     4승    6승-3패-1무
6     6   키움   73   37   0   36  0.507   6.5     1승    8승-2패-0무
    ...
```

2) 최근 5년간 KBO 순위 검색 결과 스크래핑하기

하나의 구단 순위 표를 스크래핑해 보았으므로 이제 최근 5년간 구단 순위 표를 자동으로 스크래핑해서 그래프로 나타내 봄으로써 최근 5년간 구단 순위의 변화 추이를 살펴보자. 이를 위해서는 1.2절에서 살펴본 것처럼 연도별 구단 순위 표를 게시하고 있는 페이지 주소들의 달라지는 규칙을 발견해야 한다. 아래 그림의 ① 부분의 "20 KBO 리그", "19 KBO 리그" 등을 차례로 클릭해 보면 ②의 주소창에 주소가 변화하는 것을 볼 수 있다. "20 KBO 리그", "19 KBO 리그"를 클릭하면 주소가 "https://search.naver.com/search.naver?where=nexearch&sm=tab_etc&query=2019%20KBO%20리그%20정규시즌&ie=utf8" 형태로 바뀌게 되고, 이 중, 중간에 있는 "query=2019" 부분만 선택하는 연도에 따라 숫자가 달라짐을 알 수 있다.

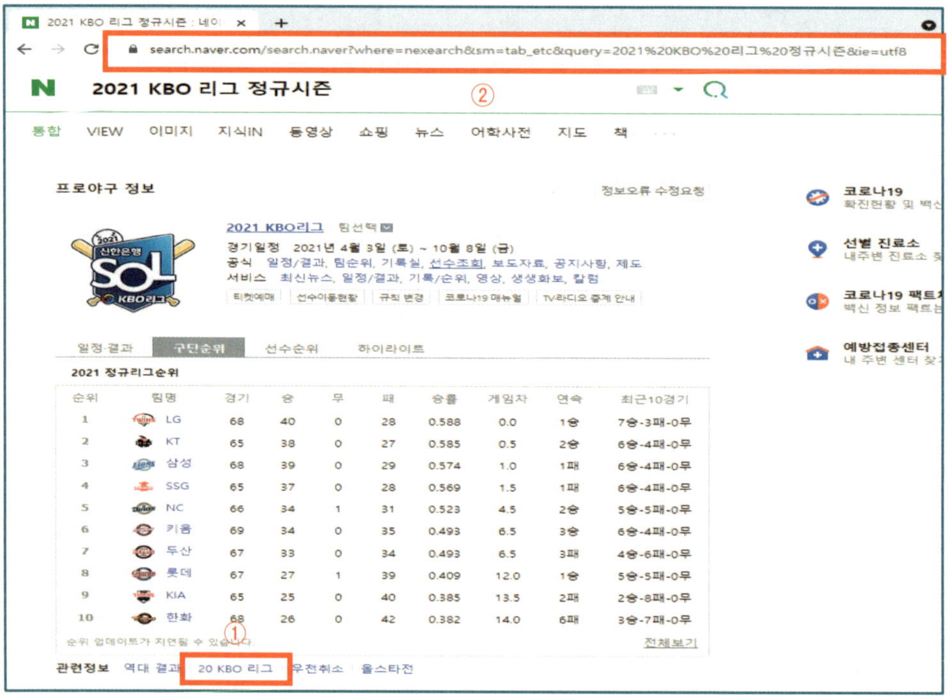

이제 연도별 구단 순위 표가 게시된 페이지의 주소를 차례로 생성해 낼 수 있는 규칙을 발견했으므로 반복문을 사용하여 2016~2020년까지 연도별 페이지 주소를 차례로 만들고 각 반복마다 연도별 구단 순위 표를 스크래핑하여 데이터를 합치면 최근 5년간 구단 순위 표를 스크래핑한 결과를 얻을 수 있다. 다음 프로그램은 반복문을 사용하여 최근 5년간(2016~2020년)의 구단 순위 표를 스크래핑하는 과정이다.

프로그램에서 각 페이지의 주소가 가운데서 연도만 바뀌므로 주소의 공통되는 앞부분을 url_front로 두고 공통되는 뒷부분을 url_end로 둔 후, 매 반복마다 year를 2016부터 2020까지 1씩 증가시키면서 url_front, year, url_end를 연결하여 해당 페이지의 url을 생성해 내었다. 매 반복마다 스크래핑한 구단 순위 데이터에서 "키움" 구단은 2018년까지 "넥센"으로 등록되어 있으므로 "넥센"을 "키움"으로 변경해 주고, 2016~2017년까지 "KT"가 소문자 "kt"로 등록되어 있어 "KT"로 변경해 주는 전처리를 하였다. 구단 순위 표를 스크래핑하면 순위, 팀명, 경기, 승, 무, 패 등 여러 정보가 제공되고 있지만 우리는 최근 5년간 구단별 순위 변화 추이를 살펴보는 게 목적이므로 팀명과 순위만 사용하도록 한다. 따라서 kboRankDF_all은 팀명, 연도, 순위로 구성된 빈 데이터 프레임으로 초기화한 후, 매 반복마다 스크래핑한 연도별 구단 순위 데이터에서 가져온 팀명과 순위, 그리고 반복문에서 사용한 year 값을 이용한 연도의 3개의 열로 구성된 데이터 프레임을 만들어 rbind() 함수를 이용하여 행으로 추가했다.

```
[ Script ]
# ch11_2_2_2.R
# install.packages("rvest")
library(rvest)

# KBO 순위 URL front / end 부분
url_front  <-  "https://search.naver.com/search.naver?where=nexearch&sm=
tab_etc&query="
url_end <- "%20KBO%20리그%20정규시즌&ie=utf8"
# 빈 데이터 프레임 만들기
kboRankDF_all <- data.frame("팀명"=c(), "연도"=c(), "순위"=c())

for (year in 2016:2020) {
  # url 자동으로 생성하기
  url <- paste(url_front, year, url_end, sep="")

  # KBO 순위 페이지의 html을 R로 불러오기
  kboSrc <- read_html(url)
  # 불러온 html 소스코드에서 class="tb_type2" 부분만 추출
  kboTag <- html_nodes(kboSrc, ".tb_type2")
  # 순위표 추출하기
  # html_table은 EUC-KR 또는 CP949 인코딩 방식의 R 객체를 처리하지 못하므로
  # English로 바꾼 후 html_table() 적용하고 다시 Korean으로 바꾼다.
  Sys.setlocale("LC_ALL", "English")
  kboTable <- html_table(kboTag)
  Sys.setlocale("LC_ALL", "Korean")
```

```
    # 데이터 프레임 구조로 변환
    kboDF <- as.data.frame(kboTable)
    kboRankDF <- data.frame("팀명"=kboDF$팀명, "연도"=year, "순위"=kboDF$순위)

    # 넥센 ==> 키움, kt ==> KT로 팀명 변경
    kboRankDF[kboRankDF$팀명 == "넥센", "팀명"] <-"키움"
    kboRankDF[kboRankDF$팀명 == "kt", "팀명"] <-"KT"

    # 매 년 순위 데이터를 kboRankDF_all에 합치기
    kboRankDF_all <- rbind(kboRankDF_all, kboRankDF)
}
print(kboRankDF_all)
--------------------------------------------------------------------
[ Console ]
> source('~/R_test/ch_11/ch11_2_2_2.R', encoding = 'UTF-8')
     팀명    연도    순위
1   두산    2016     1
2    NC     2016     2
3   키움    2016     3
       ...
49   SK     2020     9
50  한화    2020    10
```

실행 결과, 2016~2020년까지 10개의 구단에 대한 (팀명, 연도, 순위) 데이터 50개가 수집됨을 확인할 수 있다. 이제 최근 구단별 순위 변화 추이를 한 눈에 살펴볼 수 있도록 그래프로 시각화해 보자. 앞에서 수집된 데이터 kboRankDF_all을 "ggplot2" 패키지를 이용하여 그래프로 나타내기 위한 프로그램은 다음과 같다. x축은 연도, y축은 순위로 하여 geom_line() 함수와 geom_point() 함수를 이용하여 선 그래프와 산점도 그래프가 중첩되어 나타나게 하였다. 또한, scale_y_continuous(breaks=seq(0,10,1))를 이용하여 y축 간격이 1에서 10까지 1씩 일정하게 변화하도록 하였다.

```
[ Script ]
# ch11_2_2_2.R
/* 생략 */
# 구단 순위 변화 그래프로 나타내기
# install.packages("ggplot2")
library(ggplot2)

ggplot(kboRankDF_all, aes(x=연도, y=순위)) +
  geom_line(aes(colour=팀명),size=2) +
  geom_point(size=2) +
  scale_y_continuous(breaks= seq(0,10,1)) +      #일정한 간격으로 y축 설정
  ggtitle("kbo 순위 변화 추이(2016 ~ 2020년)")
------------------------------------------------------------------------
[ Plots]
```

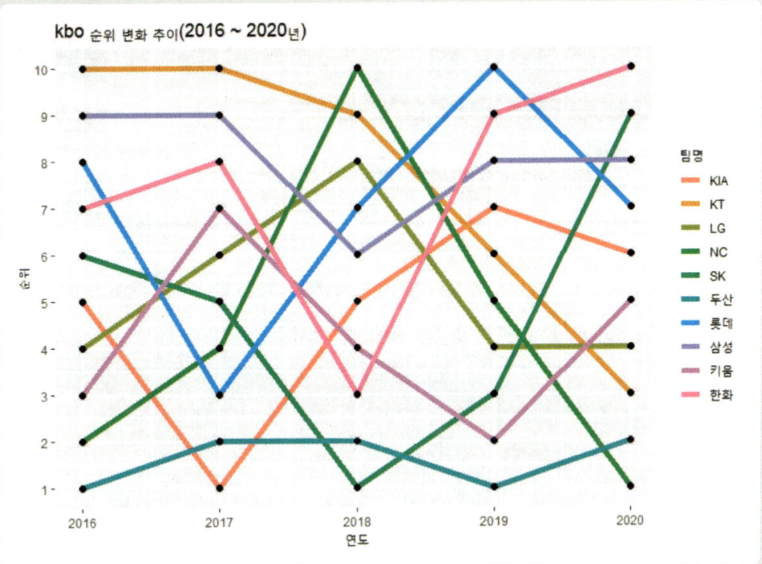

최근 5년간 구단별 순위 변화를 그래프로 시각화한 결과, 대부분의 구단들이 순위에 혼조세를 보이고 있는 반면, 두산이 꾸준히 상위권에서 고른 성적을 유지하고 있고 KT가 매년 약진하고 있는 것으로 보여진다.

연습문제

01 다음(DAUM) 랭킹 뉴스 사이트(https://news.daum.net/ranking/popular)에서 뉴스 기사 제목들을 스크래핑해 오는 프로그램을 작성해 보시오.

02 다음(DAUM) 뉴스 사이트에서 "인공지능"으로 검색한 결과 중, 1 ~ 10페이지까지의 뉴스 기사 제목들을 스크래핑해 오는 프로그램을 작성해 보시오.

12 빅데이터와 인공지능

1 인공지능으로 데이터 분석

컴퓨터가 있기 이전부터 사람들은 주어진 문제에 대하여 필요한 자료를 수집하고, 정리 및 요약을 통해 문제에 대한 최선의 답을 구하기 위한 노력을 해왔다. 주어진 자료에서 합계나 평균과 같이 필요한 정보를 계산하는 등 자료를 수집 · 정리 · 요약하거나 모집단에서 추출된 표본자료에서 얻은 정보를 이용하여 모집단에 대한 특성을 추리했다. 1990년대 들어서면서 컴퓨터 과학자들은 실용적인 머신러닝 연구를 위해 통계로 다루고 있는 사례들을 컴퓨터를 이용해 효율적으로 해결할 방안을 찾기 시작했다.

딥러닝(Deep Learning)이란 여러 층을 가진 인공신경망을 사용하여 머신러닝 학습을 수행하는 것으로 심층학습이라고도 부른다. 기존 머신러닝에서는 학습하려는 데이터의 여러 특징 중에서 어떤 특징을 추출할지를 사람이 직접 분석하고 판단해야 하지만 딥러닝에서는 기계가 자동으로 학습하려는 데이터에서 특징을 추출하여 학습하게 된다. 이처럼 딥러닝과 머신러닝의 가장 큰 차이점은 바로 기계의 자가 학습 여부로 볼 수 있다. 따라서 딥러닝이란 기계가 자동으로 대규모 데이터에서 중요한 패턴 및 규칙을 학습하고, 이를 토대로 의사결정이나 예측 등을 수행하는 기술로 정의할 수 있다.

딥러닝에 사용되는 인공신경망 알고리즘에는 지도학습 방식의 ANN, DNN, CNN, RNN을 비롯해, 비지도학습 방식의 AE와 GAN 그리고 강화학습 DQN 등 다양한 형태의 수많은 알고리즘이 개발되어 활용되고 있으며, 하나의 문제를 해결하기 위해 두 개 이상의 알고리즘을 혼합하여 사용하기도 한다.

딥러닝 프레임워크(framework)는 검증된 수많은 라이브러리와 사전 학습된 다양한 딥러닝 알고리즘을 제공해서 개발자가 빠르고 손쉽게 인공지능 모델을 만들도록 도와주는 일종의 패키지이다. 이러한 딥러닝 프레임워크를 사용하면 누구나 쉽게 머신러닝을 구현할 수 있다.

지금부터 다양한 딥러닝 프레임워크와 라이브러리에 대해서 살펴보자.

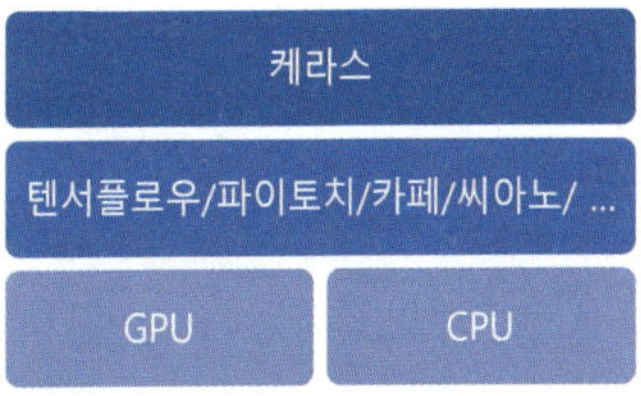

■ 텐서플로우(TensorFlow)

가장 인기 있는 딥러닝 라이브러리 중의 하나인 텐서플로우는 구글이 2015년에 오픈소스로 공개한 딥러닝 프레임워크이다. 파이썬(Python) 기반 라이브러리로 여러 CPU 및 GPU와 모든 플랫폼, 데스크톱 및 모바일에서 사용할 수 있다. 또한 C++, R과 같은 다른 언어도 지원하며 딥러닝 모델을 직접 작성하거나 케라스와 같은 라이브러리를 사용하여 작성할 수 있다. 텐서플로우는 주로 이미지 인식이나 반복 신경망 구성, 기계 번역, 필기 숫자 판별 등을 위한 각종 신경망 학습에 사용될 수 있다. 특히 대규모 예측 모델 구성에도 뛰어나 테스트부터 실제 서비스까지, 사실상 거의 모든 딥러닝 프로젝트에서 범용적으로 활용될 수 있다. 실제 구글의 거의 모든 AI 제품과 서비스에 사용되고 있다.

■ 케라스(Keras)

케라스는 파이썬으로 작성된 매우 가볍고 배우기 쉬운 오픈 소스 신경망 라이브러리다. 텐서플로우는 물론, MXNet에서도 구동된다. 씨아노와 텐서플로우는 매우 훌륭한 딥러닝 라이브러리이지만 저수준의 라이브러리라서 직접 사용하여 모델을 만드는 것은 어려울 수 있다. 이러한 문제를 해결하기 위해 케라스는 보다 단순화된 인터페이스로 개발되었다. 딥러닝 비전문가라도 각자 분야에서 손쉽게 딥러닝 모델을 개발하고 활용할 수 있도록 직관적인 API를 제공하고 있다. 케라스를 이용하면 처음 머신러닝을 시작하는 사람도 간단한 문제를 빠른 시간 내에 구현해 볼 수 있다.

■ 파이토치(PyTorch)

파이토치는 페이스북 인공지능 연구팀이 만든 파이썬 기반 오픈소스 머신러닝 프레임워크이다. 파이토치는 절차가 간단하고 그래프가 동적으로 변화할 수 있으며, 코드 자체도 파이썬과 유사해 진입 장벽이 낮은 편이다. GPU를 이용한 연산이 필요한 경우나 최대한의 유연성과 속도를 지닌 딥러닝 연구 플랫폼이 필요한 경우 파이토치가 적합한 머신러닝 프레임워크이다.

■ 카페(Caffe)

카페는 2013년 버클리 인공지능 연구소와 여러 공헌자에 의해 개발된 프레임워크이다. 컴퓨터 비전 머신러닝에 특화되어 있으며 주로 C/C++ 기반으로 사용된다. 계산 시 GPU 자원을 활용해 성능을 최적화할 수 있다. 활용 영역은 주로 비전, 음성 인식 계통이며, 로봇공학과 신경과학 영역에서도 일부 사용된다.

■ 아파치(MXNet)

아마존이 공식 지원하는 오픈소스 딥러닝 프레임워크이다. MxNet의 강점은 무엇보다 폭넓은 언어 지원과 사용 범위다. 딥러닝 언어의 대표주자인 파이썬은 물론이고, C++, 스칼라, 줄리아, 매트랩, 자바스크립트, 클로저, 펄, R 등을 지원하며, 모바일 기기부터 서버 수준까지의 디바이스를 모두 사용할 수 있다. CPU와 GPU 연산을 모두 지원하지만 특히 GPU 클러스터에 최적화되어 있다. MXNet은 2차원 이미지를 3차원으로 변환하거나, 시간에 따른 사용자와 대상 사이의 관계 예측, 이미지 내 객체 인식 연구 등에 활용될 수 있다. 또 자동차 자율주행을 위한 객체 탐지에도 활용될 수 있다.

■ 씨아노(Theano)

'최초의 딥러닝 라이브러리' 중 하나인 씨아노(theano)는 파이썬 기반이며 CPU 및 GPU의 수치계산에 매우 유용하다. 파이썬 라이브러리의 하나로 다차원 배열과 관계가 있는 수학적 표현을 정의하고, 최적화하며, 평가하도록 해준다. 텐서플로우와 마찬가지로 테아노는 저수준 라이브러리로 딥러닝 모델을 직접 만들거나 그 위에 래퍼 라이브러리를 사용하여 프로세스를 단순화할 수 있으나 확장성이 뛰어나지 않으며 다중 GPU 지원이 부족하다는 단점이 있다.

■ CNTK

MS 리서치팀이 만든 CNTK(Microsoft Computational Network Toolkit)는 딥러닝 모델을 교육하기 위한 오픈소스 딥러닝 도구이다. MS는 번역 기술, 음성인식, 이미지 인식 등과 관련한 트레이닝을 할 때 CNTK를 직접 이용했다고 한다. 파이썬 및 C++ 같은 언어를 지원한다. 강화학습 모델 또는 GAN(Generative Adversarial Networks)을 쉽게 구현할 수 있다.

이처럼 인공지능 개발을 위한 프레임워크는 매우 다양하다. 대부분이 GPU를 활용한 딥러닝 라이브러리를 지원하기 때문에 학습 속도 자체로는 큰 차이가 없다. 어떤 딥러닝 프레임워크를 사용해야 하는가에 대한 답변은 상황에 따라 다르다. 따라서 다루고자 하는 문제의 목적과 학습에 사용하는 데이터에 따라 적절한 딥러닝 프레임워크나 라이브러리를 선택하여 사용하면 된다. 12장에서는 R언어가 제공하는 neuralnet 패키지를 활용하여 인공지능으로 문제를 해결해보자.

1.1 성적데이터를 이용하여 합격여부 예측하기

인공지능의 분류 모델은 그룹 레이블이 적힌 학습 데이터로 학습한 후 새로 입력된 데이터가 속한 그룹을 찾아내는 것으로 분류 모델의 결과는 학습 데이터의 레이블 중 하나이다. 즉 A, B 레이블로 구성된 데이터 세트를 학습한 분류 모델에서 새로운 데이터의 결과는 A, B 중 하나이다. 이러한 분류 모델을 적용하면 수신된 메일이 스팸 메일인지 아닌지, 사진 속 사람이 남자인지 여자인지와 같은 이진 분류뿐 아니라, 포도주 정보를 입력하여 포도주 종류를 구분하거나 다양한 나비 사진으로 나비의 품종을 구분하는 등 다중 분류 문제들도 해결할 수 있다.

인공지능으로 문제 해결을 할 때 데이터의 수집 → 데이터의 전처리 → 학습 모델 구축 → 예측 및 성능 평가 순으로 진행한다.

문제 해결을 위해 수집되는 데이터는 인공지능 학습 용도로 적합하지 않은 경우가 많다. 따라서 먼저 데이터를 탐색하는 과정을 통해 데이터의 특징과 구조에 대한 정보를 얻고 처리하는 전처리 과정이 필요하다. 기계가 학습하기 위해서는 비어 있는 행이나 열이 없어야 하고 대부분 문자 형태가 아닌 숫자 형태로 되어 있어야 한다. 아래와 같이 Sex, Ticket, Cabin, Embarked 열처럼 문자로 되어있는 데이터는 학습하기 쉽도록 숫자 형태로 바꾸어 준다. 또한 Age, Cabin 열과 같이 데이터가 없는 경우는 여러 가지 결측치 처리 방법인 제거, 대체, 유지 중 하나를 이용하여 처리한다.

PassengerId	Survived	Pclass	Name	Sex	Age	SibSp	Parch	Ticket	Fare	Cabin	Embark
1	0	3	Braund, Mr. Owen Harris	male	22	1	0	A/5 21171	7.25		S
2	1	1	Cumings, Mrs. John Brac	female	38	1	0	PC 17599	71.2833	C85	C
3	1	3	Heikkinen, Miss. Laina	female	26	0	0	STON/O2. 3	7.925		S
4	1	1	Futrelle, Mrs. Jacques He	female	35	1	0	113803	53.1	C123	S
5	0	3	Allen, Mr. William Henry	male	35	0	0	373450	8.05		S
6	0	3	Moran, Mr. James	male		0	0	330877	8.4583		Q
7	0	1	McCarthy, Mr. Timothy J	male	54	0	0	17463	51.8625	E46	S
8	0	3	Palsson, Master. Gosta	male	2	3	1	349909	21.075		S
9	1	3	Johnson, Mrs. Oscar W	female	27	0	2	347742	11.1333		S
10	1	2	Nasser, Mrs. Nicholas (A	female	14	1	0	237736	30.0708		C
11	1	3	Sandstrom, Miss. Margu	female	4	1	1	PP 9549	16.7	G6	S

〈타이타닉 호 탑승자 데이터〉

학습 모델을 만들기 전에 먼저 데이터를 훈련 데이터와 테스트 데이터로 나눈다. 두 개의 데이터 세트로 나누는 이유는 훈련 데이터와 테스트 데이터가 겹치는 것을 막기 위해서이다. 학습된 기계가 자신이 학습한 데이터에 대해 좋은 성능을 내는 것은 당연한 결과이므로 새로운 데이터에 대해서도 좋은 성능을 내어야 학습이 잘 되었다고 할 수 있다. 테스트 데이터는 학습이 잘 되었는지 검증할 수 있을 크기여야 하며 대부분 전체 데이터의 20~30% 정도를 부여한다. 훈련 데이터를 사용하여 학습 모델을 구축하고, 마지막으로 테스트 데이터를 이용하여 모델의 성능을 평가한다.

출석, 과제, 퀴즈, 중간, 기말 점수를 이용하여 합격과 불합격을 판정한 작년의 성적 데이터가 있다. 이때 기말고사를 시행하지 않은 상태에서 출석, 과제, 퀴즈, 중간고사 점수를 입력하여 합격과 불합격을 예측할 수 있는지 알아보자. 중간고사를 마친 시점에서 본인의 최종 결과를 예측할 수 있다면 기말고사 준비를 열심히 할 수 있지 않을까?

먼저 학습을 위해 필요한 신경망 패키지(neuralnet, nnet)를 불러온다. 이 프로그램에서는 그래프를 그리기 위한 ggplot2 패키지도 불러온다. 패키지가 설치되어 있지 않다면 install.packages를 통해 설치한다. 그런 다음 read.csv() 함수를 이용해 데이터를 읽어온다. 전처리가 필요한지 알아보기 위해서 summary() 함수로 결측치 데이터가 있는지 살펴보자.

```
[ Script ]
# ch12_1_1_1.R
# 출석, 과제, 퀴즈, 중간 점수를 이용하여 neuralnet 패키지로 합격 불합격 예측하기
# install.packages(c("neuralnet","nnet", "ggplot2"))
library(neuralnet)
library(nnet)
library(ggplot2)
setwd("~/R_test/ch_12")                # 작업폴더 지정
df <- read.csv("./data/학생성적데이터.csv")
summary(df)
--------------------------------------------------------------------
[ Console ]
> source('~/R_test/ch_12/ch12_1_1_1.R', encoding = 'UTF-8')
```

```
> summary(df)    #각 컬럼에서 결측치 찾기
      번호          출석             과제             퀴즈            중간          합격여부
 Min.   : 1   Min.   : 0.000   Min.   : 0.000   Min.   : 2.10   Min.   : 3.90   Length:97
 1st Qu.:25   1st Qu.: 8.000   1st Qu.: 8.000   1st Qu.: 6.85   1st Qu.:20.00   Class :character
 Median :49   Median :10.000   Median :10.000   Median : 8.20   Median :27.00   Mode  :character
 Mean   :49   Mean   : 8.562   Mean   : 8.318   Mean   : 7.59   Mean   :24.11
 3rd Qu.:73   3rd Qu.:10.000   3rd Qu.:10.000   3rd Qu.: 9.05   3rd Qu.:29.40
 Max.   :97   Max.   :10.000   Max.   :10.000   Max.   :10.00   Max.   :34.30
              NA's   :1        NA's   :1        NA's   :1
```

위와 같이 출석, 과제, 퀴즈 열에 각각 결측치가 존재한다. 결측치(NA) 데이터는 인공지능 학습에 방해가 되므로 제거한다. na.omit() 함수는 결측값이 들어있는 행을 모두 제거하는 함수이다.

```
na.omit(데이터프레임)                    # 결측값이 들어있는 행을 모두 제거
```

na.omit() 함수를 실행한 다음 다시 summary() 함수를 수행하여 결측치가 모두 제거되었는지 확인한다.

```
[ Script ]
# ch12_1_1_1.R
/* 생략 */
df <- na.omit(df)    # 결측치 제거
summary(df)          # 결측치 제거 확인
---------------------------------------------------------------------
[ Console ]
> source('~/R_test/ch_12/ch12_1_1_1.R', encoding = 'UTF-8')
```

```
> summary(df)         # 결측치 제거 확인
      번호            출석             과제              퀴즈            중간          합격여부
 Min.   : 1.00   Min.   : 0.000   Min.   : 0.000   Min.   : 2.10   Min.   : 3.90   Length:96
 1st Qu.:24.75   1st Qu.: 8.000   1st Qu.: 8.000   1st Qu.: 6.85   1st Qu.:19.82   Class :character
 Median :49.50   Median :10.000   Median :10.000   Median : 8.20   Median :26.80   Mode  :character
 Mean   :49.15   Mean   : 8.562   Mean   : 8.318   Mean   : 7.59   Mean   :24.07
 3rd Qu.:73.25   3rd Qu.:10.000   3rd Qu.:10.000   3rd Qu.: 9.05   3rd Qu.:29.40
 Max.   :97.00   Max.   :10.000   Max.   :10.000   Max.   :10.00   Max.   :34.30
```

퀴즈, 중간 점수에 따른 합격 여부를 그래프로 그려서 인공지능 학습 이전에 시각적으로 데이터를 확인해 보자. 그래프를 그린 결과 아래와 같이 합격과 불합격이 어느 정도 분리가 되는 것을 알 수 있다.

```
[ Script ]
# ch12_1_1_1.R
/* 생략 */
# 퀴즈, 중간에 따른 합격여부 그래프 확인
ggplot(data = df, aes(x = 퀴즈  , y = 중간)) +
  geom_point(aes(color = 합격여부, shape = 합격여부), size = 3)
---------------------------------------------------------------------
[ Console ]
> source('~/R_test/ch_12/ch12_1_1_1.R', encoding = 'UTF-8')
```

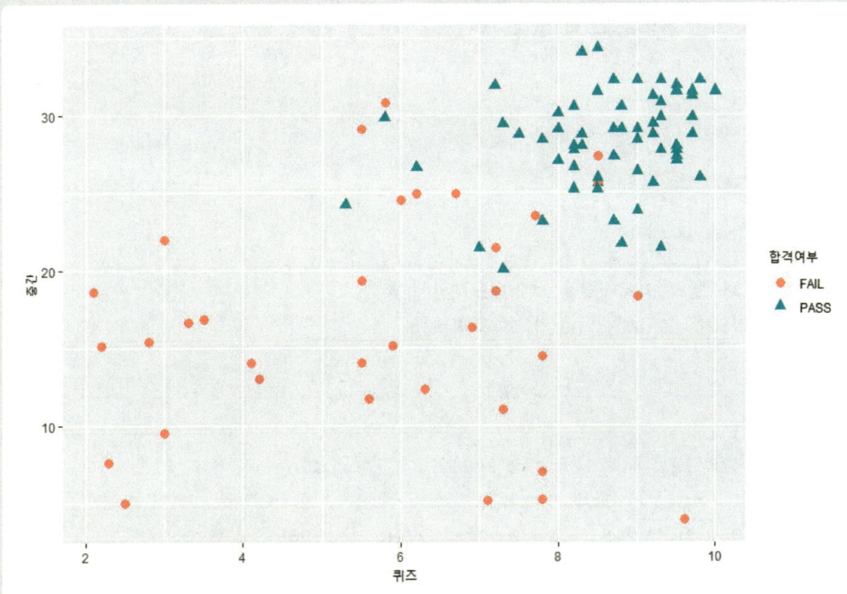

성적데이터로 합격여부를 예측하려고 할 때, 합격여부 열의 값은 'Fail','Pass' 범주형 데이터이다. neuralnet 패키지는 결과 열로 범주형 데이터를 사용할 수 없다. 따라서 아래와 같이 결과에 해당하는 Fail, Pass 열을 만들고 데이터가 해당 분류에 속하는 경우 1을 값을 갖도록 한다.

```
       FAIL PASS
  [1,]    0    1
  [2,]    0    1
  [3,]    0    1
   ...
 [93,]    1    0
 [94,]    1    0
 [95,]    1    0
```

위와 행렬을 지시행렬(indicator matrix)이라고 부른다. df$Pass <- df$합격여부=="Pass", df$Fail <- df$합격여부== "Fail" 과 같이 조건 연산자를 이용해서 지시행렬을 생성할 수도 있지만 결과가 여러 개인 다중 분류의 경우 class.ind()의 사용이 더 편리하다. nnet 패키지의 class.ind() 함수는 주어진 분류나 범주형 데이터에 대한 지시행렬을 만든다. class.ind() 함수를 사용하여 합격여부에 대한 지시행렬을 만들고 이를 기존 데이터 프레임에 추가한다.

```
class.ind(팩터 또는 분류클래스의 벡터)          # 지시행렬 만들기
```

```
[ Script ]
# ch12_1_1_1.R
/* 생략 */
# FAIL, PASS 열의 지시행렬을 데이터프레임에 추가
df <- cbind(df, class.ind(df$합격여부))
head(df)
------------------------------------------------------------------
[ Console ]
> source('~/R_test/ch_12/ch12_1_1_1.R', encoding = 'UTF-8')
   번호 출석        과제   퀴즈    중간    합격여부   FAIL PASS
1    1   10   10   8.    0      27.0    PASS      0     1
2    2   10   10   9.    5      27.3    PASS      0     1
3    3    8   10   8.    5      31.5    PASS      0     1
4    4    9   10   7.    2      31.9    PASS      0     1
5    5    7    9   7.    3      20.0    PASS      0     1
6    6   10   10   7.    7      23.5    FAIL      1     0
```

인공지능의 다음 단계는 전체 데이터를 학습시킬 때 사용할 훈련 데이터와 학습이 잘 되었는지 검증할 테스트 데이터로 나누는 것이다. 학습이 잘 되려면 어느 한쪽으로 데이터가 편향되지 않도록 훈련 데이터가 골고루 추출되어야 한다. 따라서 골고루 훈련 데이터를 뽑기 위해 난수를 생성해서 무작위로 샘플을 추출하도록 하자. 난수는 매번 실행할 때마다 다른 값이 생성된다. 이 경우 여러 인공지능 모델의 성능을 비교할 때 정확한 비교를 할 수 없으므로 set.seed() 함수를 이용하여 초반에 나온 난수 값이 변하지 않도록 고정해준다.

```
set.seed(숫자)            # 난수 생성시 seed를 고정해서 같은 결과를 얻게 하는 함수
sample(데이터, 크기)      # 데이터에서 지정된 크기만큼 무작위로 샘플을 추출해주는 함수
```

sample() 함수는 데이터에서 지정된 크기만큼 무작위로 샘플을 추출해주는 함수이다. 데이터를 분리할 때 sample() 함수를 통해 생성된 추출된 데이터를 훈련 데이터에 할당하고 나머지는 테스트 데이터에 할당한다. dim() 함수를 사용하여 데이터의 크기를 확인한다.

```
[ Script ]
# ch12_1_1_1.R
/* 생략 */
set.seed(1)
df.train.idx <- sample(x = nrow(df), size = nrow(df)*0.7)    # 70:30 으로 나눈다
df.train <- df[df.train.idx,]
df.test <- df[-df.train.idx,]
dim(df.train)     # 훈련데이터의 크기를 확인한다
dim(df.test)      # 테스트데이터의 크기를 확인한다
----------------------------------------------------------------------
[ Console ]
> source('~/R_test/ch_12/ch12_1_1_1.R', encoding = 'UTF-8')
> dim(df.train)
[1] 67  8
> dim(df.test)
[1] 29  8
```

이제 데이터가 준비되었다면 학습을 시작해보자. 신경망 학습에 사용되는 neuralnet() 함수는 문제에 따라 은닉층의 개수와 은닉 노드의 개수를 많게 또는 적게 정할 수도 있다. 다양한 방법을 시도해서 제일 좋은 학습 모델을 찾는다.

```
neuralnet(formula, 데이터, 은닉층)          # 신경망 학습에 사용되는 함수
neuralnet( Fail  + Pass ~ 출석 + 과제 + 퀴즈 + 중간, data=df.train, hidden = 3)
```

위와 같이 neuralnet() 함수는 학습할 식, 데이터 세트, 은닉층의 노드 개수를 지정한다. 학습할 식은 결과 ~ 입력 형식으로 만들어 주어야 한다. 입력되는 데이터 프레임의 열이 많은 경우 다음과 같이 names() 함수를 이용하여 열 이름을 조회하고, 사용하지 않는 열 이름을 제외한 열 이름과 + 기호를 연결하여 학습할 식을 만들 수 있다.

```
[ Script ]
# ch12_1_1_1.R
/* 생략 */
# formula : Fail + Pass ~ 출석 + 과제 + 퀴즈 + 중간  만들기
n <- names(df.train)
```

```
f <- as.formula(paste("FAIL+PASS ~", paste(n[!n %in% c("PASS","FAIL","번호",
"합격여부")], collapse = " + ")))
# 학습 모델 만들기
df.net <- neuralnet(f , data=df.train, hidden = 3)
plot(df.net)                               # 학습 모델 그리기
-----------------------------------------------------------------------
[ Console ]
> source('~/R_test/ch_12/ch12_1_1_1.R', encoding = 'UTF-8')
```

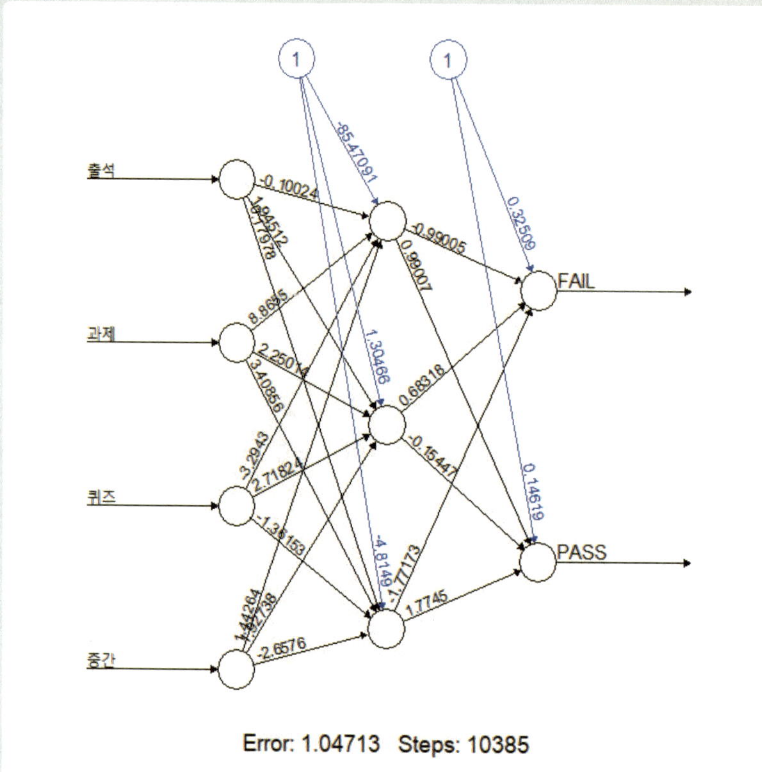

Tip %in%

%in% 연산자는 조건을 지정할 때 사용되는 논리연산자이다. 다음과 같이 매칭을 확인해서, 참 또는 거짓을 반환한다.

```
> 3 %in% c(1,2,3)
[1] TRUE
```

생성된 모델을 그래프로 그려보면 위와 같다. 4개의 입력속성으로 3개의 노드를 가진 은닉층에서 학습하여 2개의 출력값으로 나온다. 각 은닉 노드와 연결된 값은 계산함수의 가중치, 파란선은 계산함수의 교차점(intercept)을 나타내고 있다. 훈련 데이터에 대해 10385번 수행해서 나온 에러율은 1.04713로 어느 정도 만족할 만한 학습이 이루어졌다고 볼 수 있다.

마지막으로 학습된 모델을 이용하여 예측을 해보자. compute() 함수는 앞에서 개발한 모델에 테스트 데이터를 적용하여 예측 결과를 계산한다. 이때 compute() 함수가 여러 패키지에 있어 어느 패키지의 함수인지 알 수 없어 오류가 발생할 때 neuralnet::compute 와 같이 패키지명::함수명으로 사용하면 오류가 발생하지 않는다.

```
compute(학습모델, 데이터세트 )              # 인공신경망 학습모델에서 새로운 데이터로 값을 예측
```

테스트 세트의 2~6열을 입력으로 해서 예측한 결과는 다음과 같다. 학습으로 예측된 값의 결과는 각각 Fail로 판정할 확률, Pass로 판정할 확률로 주어진다. 즉 3번 데이터의 경우 결과가 Fail 확률이 약 0.018이고 Pass 확률이 약 0.98 이다.

```
[ Script ]
# ch12_1_1_1.R
/* 생략 */
# 학습 모델로 테스트세트 예측하기
df.prediction <- neuralnet::compute(df.net, df.test[2:6])
head(df.prediction$net.result)
----------------------------------------------------------------------
[ Console ]
> source('~/R_test/ch_12/ch12_1_1_1.R', encoding = 'UTF-8')
> head(df.prediction$net.result)
         [,1]       [,2]
3  0.01821129 0.9817910
4  0.01821129 0.9817910
5  0.83898820 0.1610016
8  0.01835966 0.9816427
9  0.01822009 0.9817822
10 0.01841830 0.9815840
```

max.col() 함수를 이용하여 확률이 큰 열 번호로 예측 값으로 정한 다음, 알아보기 쉽게 문자열로 매핑하여 출력하면 다음과 같다. 3번 데이터의 경우 큰 값이 2번째 열이므로 Pass로 판정하여 출력한다.

```
[ Script ]
# ch12_1_1_1.R
/* 생략 */
predict_values <- max.col(df.prediction$net.result) # 확률이 큰 열번호로 예측값 설정
predicted <- c('FAIL', 'PASS')[predict_values]
print(predicted)
------------------------------------------------------------------------
[ Console ]
> source('~/R_test/ch_12/ch12_1_1_1.R', encoding = 'UTF-8')
> print(predicted)
 [1] "PASS" "PASS" "PASS" "PASS" "PASS" "PASS" "PASS" "FAIL" "PASS"
[10] "FAIL" "PASS" "PASS" "PASS" "PASS" "PASS" "FAIL" "PASS" "PASS"
[19] "PASS" "PASS" "FAIL" "PASS" "FAIL" "FAIL" "FAIL" "FAIL" "FAIL"
[28] "FAIL" "FAIL"
```

위 결과를 좀 더 알아보기 쉽게 나타내 보자. 인공지능에서 분류 알고리즘의 성능을 알아보기 쉽게 나타내기 위해 표 형식의 혼동행렬(confusion matrix)을 사용한다. 행렬의 각 행은 예측된 클래스의 값을 나타내고 각 열은 실제 클래스 값을 나타낸다. confusion이라는 이름은 시스템이 두 개의 클래스를 얼마나 혼동하는지를 쉽게 알 수 있다는 사실에서 유래되었다. table() 함수를 이용하여 혼동행렬형식으로 출력해보자.

```
[ Script ]
# ch12_1_1_1.R
/* 생략 */
# 혼동행렬(confusion matrix) 출력하기
table(predicted,df.test$합격여부)
------------------------------------------------------------------------
[ Console ]
> source('~/R_test/ch_12/ch12_1_1_1.R', encoding = 'UTF-8')
> table(predicted,df.test$합격여부)
predicted FAIL PASS
     FAIL    6    2
     PASS    1   20
```

예측한 결과(predicted)와 실제 값(df.test$합격여부)으로 위와 같이 혼동행렬을 얻을 수 있다. 전체 29개의 데이터에서 Pass를 올바르게 예측한 경우가 20개, Fail을 올바르게 예측한 경우가 6개이고, Pass를 Fail로 잘못 예측한 경우는 2개, Fail을 Pass로 잘못 예측한 경우가 1개이다.

```
[ Script ]
# ch12_1_1_1.R
/* 생략 */
# Accuracy 출력하기
mean(predicted == df.test$합격여부)
--------------------------------------------------------------------------
[ Console ]
> source('~/R_test/ch_12/ch12_1_1_1.R', encoding = 'UTF-8')
> # Accuracy 출력하기
> mean(predicted == df.test$합격여부)
[1] 0.8965517
```

테스트 데이터의 예측 결과에 대한 정확도는 26/29 (맞춘 경우/전체)으로 약 89.7%의 정확성을 보인다고 할 수 있다. 즉 '중간고사까지의 성적으로 합격/불합격을 예측할 수 있는 정확도가 약 89.7% 정도이다'라는 의미이다. 아래와 같이 본인의 출석 10점, 과제 5점, 퀴즈 8점, 중간고사 18점으로 데이터 프레임 score를 만들고 score 변수를 학습 모델에 입력하여 어떠한 결과 얻는지 예측해보자.

```
[ Script ]
# ch12_1_1_1.R
/* 생략 */
# 나의 점수로 최종 결과 확인해보기
score <- data.frame(v1=10,v2=5,v3=8,v4=18)
df.prediction <- neuralnet::compute(df.net, score)
predict_values <- max.col(df.prediction$net.result)
predicted <- c('FAIL', 'PASS')[predict_values]
print(predicted)
--------------------------------------------------------------------------
[ Console ]
> source('~/R_test/ch_12/ch12_1_1_1.R', encoding = 'UTF-8')
> print(predicted)
[1] "FAIL"
```

Tip 혼동행렬 (Confusion Matrix)

혼동행렬(Confusion Matrix) 또는 정오표란 분류 모델의 학습 성능평가를 위한 행렬이다.
분류가 Y, N 두 종류가 있다고 할 때, 모델에서 구한 분류의 예측값과 데이터 실제값의 발생 빈도를 나열한 행렬을 혼동행렬이라 하며 다음과 같이 나타낸다.

		실제값 Y	실제값 N
예측값	Y	True Positive	False Positive
예측값	N	False Negative	True Negative

True와 False는 예측이 정확했는지를 뜻하며 Positive와 Negative는 예측의 Y와 N을 의미한다. 정확한 예측 발생빈도는 True Positive(TP)와 True Negative(TN)의 합을 의미한다.
caret 패키지의 confusionMatrix 함수를 이용하여 아래와 같이 다양한 정보를 얻을 수 있다.

```
library(caret)
pred <- as.factor(predicted)                # 예측값
actual <- as.factor(df.test$합격여부)        # 실제값
confusionMatrix(pred, actual)               # 혼동행렬
-----------------------------------------------------------------------
[ Console ]
          Confusion Matrix and Statistics

                    Reference
          Prediction FAIL PASS
                FAIL    6    2
                PASS    1   20

                     Accuracy : 0.8966
                       95% CI : (0.7265, 0.9781)
          No Information Rate : 0.7586
          P-Value [Acc > NIR] : 0.05607

                        Kappa : 0.7307

       Mcnemar's Test P-Value : 1.00000

                  Sensitivity : 0.8571
                  Specificity : 0.9091
               Pos Pred Value : 0.7500
               Neg Pred Value : 0.9524
                   Prevalence : 0.2414
               Detection Rate : 0.2069
         Detection Prevalence : 0.2759
            Balanced Accuracy : 0.8831

             'Positive' Class : FAIL
```

Tip neuralnet 패키지

인간의 뇌를 구성하는 뉴런의 작동 원리를 컴퓨터 환경에서 구현하고 이를 이용해 학습을 수행하는 기법으로 신경망(neuralnet)이 있다. 신경망은 아래와 같이 왼쪽부터 Input(입력층), Hidden(은닉층), Output(출력층)으로 표현할 수 있다. 입력이 들어오면 입력한 값에 대응하는 출력값을 만들기 위해 우리 눈에는 보이지 않는 은닉층에서 학습한다. 학습을 통해 생성된 은닉층은 새로운 입력값에 대해 결과를 예측할 수 있게 된다.

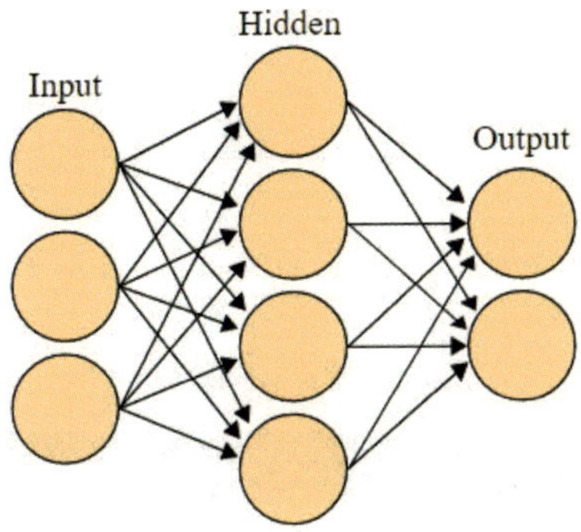

neuralnet 함수에서 사용되는 인자들은 다음과 같다.

- formula: 'response variables ~sum of covariates'의 형태로 기본값은 없다.
- data: formula에 지정된 변수를 포함하는 데이터프레임으로 기본값은 없다.
- hidden: 은닉층과 은닉뉴런의 수를 지정하는 벡터이다. 예를 들어 (3, 2, 1)은 3개의 은닉층으로 첫 번째 은닉층에는 3개의 뉴런이 있고, 두 번째 은닉층에는 2개의 뉴런이, 세 번째 은닉층에는 1개의 뉴런이 있는 경우를 나타낸다. 기본값은 1이다.
- threshold: 오차함수의 편미분 값이 일정 수준 이하일 때 반복수행을 중단하는 임계치로서 기본값은 0.01이다.
- rep: 훈련 절차를 수행하는 횟수로 기본값은 1이다.
- startweights: 미리 지정한 가중치의 초기값 벡터로서 기본값은 표준정규분포에서 랜덤하게 생성된 값들이다.
- algorithm: 알고리즘의 유형을 나타내는 문자열이다. backprop, rprop+ , rprop-, sag, slr 등이 있다. 기본값은 'rprop+'이다.
- err.fct: 미분 가능한 오차함수로, 문자열 'sse'와 'ce'가 사용된다.
- act.fct: 미분 가능한 활성화함수로서 문자열 'logistic'과 'tanh'이 있다. 기본값은 'logistic'이다.
- linear.output: 논리형으로 만약 act.fct이 출력뉴런에 적용되지 않으면 linear.output은 TRUE로 놓는다. 기본값은 TRUE이다.
- likelihood: 논리형으로 만일 오차함수가 negative log-likelihood 함수이면 likelihood는 TRUE이어야 한다. 기본값은 FALSE이다

1.2 에어비앤비 숙소 정보로 숙박료 예측하기

지난 학기 엔트리의 인공지능 모델을 활용하여 에어비앤비 숙박 가격 추정 모델을 학습하였다. 자신의 숙소와 비슷한 조건의 다른 에어비앤비 업소들의 가격을 비교해서 숙박료를 정할 수 있도록 인공지능 추정 모델을 이용하였다. 아래와 같이 엔트리의 '지도학습: 예측'을 이용하여 핵심 속성을 "최대수용인원", "침실갯수", "화장실 개수"로 설정하고, 예측속성을 "평균 숙박료"로 설정한 다음 학습하기를 통해 모델을 생성하였다. 엔트리 프로그램을 통해 예측 속성의 값을 입력하면, 인공지능 모델이 숙박료를 예측하였다.

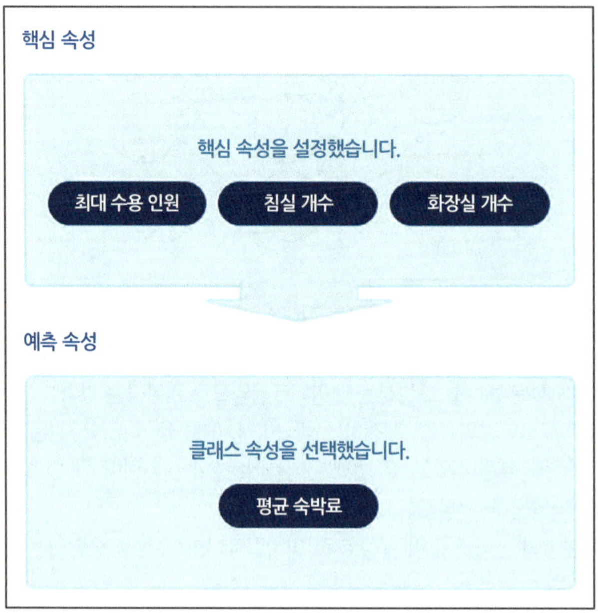

엔트리의 예측모델은 핵심 속성의 개수를 3개 이하로 정하기 때문에 예측에 한계가 있다. R언어에서 제공하는 neuralnet 패키지에서는 속성의 개수에 제한을 두지 않는다. 이번에는 neuralnet 패키지를 이용하여 숙박료를 예측해 보자.

학습을 위해 필요한 패키지 neuralnet, Metrics을 불러온 뒤 read.csv() 함수를 이용해 데이터를 읽어온다. 먼저 데이터 전처리가 필요한지 알아보기 위해 summary() 함수로 결측치 데이터가 있는지 등을 살펴보자.

```
[ Script ]
# ch12_1_2_1.R
# 에어비앤비 숙소 정보를 활용하여 neuralnet으로 숙박비 예측하기
library(neuralnet)
library(Metrics)
setwd("~/R_test/ch_12")  # 작업폴더 지정
df <-read.csv("./data/LA에어비앤비숙소정보.csv",header=TRUE, encoding='UTF-8')
df <- df[c("최대수용인원","화장실개수","침실개수","리뷰개수","리뷰평점","평균숙박료")]
summary(df)
---------------------------------------------------------------------
[ Console ]
> source('~/R_test/ch_12/ch12_1_2_1.R', encoding = 'UTF-8')
```

```
> summary(df)
  최대수용인원      화장실개수        침실개수          리뷰개수         리뷰평점          평균숙박료
 Min.   : 1.00   Min.   : 0.000   Min.   : 1.000   Min.   :  0.0   Min.   : 1.000   Min.   :   1.0
 1st Qu.: 2.00   1st Qu.: 1.000   1st Qu.: 1.000   1st Qu.: 14.0   1st Qu.: 9.000   1st Qu.:  78.0
 Median : 2.00   Median : 1.000   Median : 1.000   Median : 47.0   Median :10.000   Median : 117.0
 Mean   : 3.19   Mean   : 1.622   Mean   : 1.488   Mean   :101.4   Mean   : 9.424   Mean   : 173.5
 3rd Qu.: 4.00   3rd Qu.: 2.000   3rd Qu.: 2.000   3rd Qu.:133.2   3rd Qu.:10.000   3rd Qu.: 189.0
 Max.   :16.00   Max.   :11.000   Max.   :22.000   Max.   :762.0   Max.   :10.000   Max.   :5000.0
```

summary() 함수로 살펴본 결과 에어비앤비숙소의 각 항목 별로 최소값과 최대값 범위가 크게 차이 나는 것을 알 수 있다. 인공지능 알고리즘은 데이터가 가진 속성들을 비교하여 학습을 하는데 특성의 스케일이 심하게 차이가 나는 경우 학습에 문제가 생길 수 있다. 숙소정보에서는 리뷰개수 속성이 큰 스케일을 가지기 때문에 학습에 더 큰 영향을 줄 수 있다. 따라서 모든 데이터가 동일한 정도의 스케일이 되도록 해주는 것을 '정규화(normalize)'라고 한다. 최소-최대 정규화는 데이터를 정규화하는 가장 일반적인 방법으로 각 속성에 대해 최소값은 0, 최대값은 1로 설정하고 그 외 값들은 0과 1사이의 값으로 변환한다. 만약 X라는 값에 대해 최소-최대 정규화를 한다면 아래와 같은 수식을 사용할 수 있다.

$$(X - MIN) / (MAX - MIN)$$

사용자 정의함수 normailze를 정의해서 모든 숫자 열에 대해 정규화를 한 결과는 다음과 같다.

```
[ Script ]
# ch12_1_2_1.R
/* 생략 */
# 최대-최소 정규화 하기
normalize<-function(x){
  return((x-min(x))/(max(x)-min(x)))
}
df_norm<-as.data.frame(sapply(df,normalize))   # 데이터 정규화 하기
head(df_norm)
----------------------------------------------------------------------
[ Console ]
> source('~/R_test/ch_12/ch12_1_2_1.R', encoding = 'UTF-8')
> head(df_norm)
   최대수용인원  화장실개수    침실개수     리뷰개수     리뷰평점    평균숙박료
1  0.33333333 0.18181818 0.04761905 0.002624672 0.7777778 0.02280456
2  0.00000000 0.13636364 0.00000000 0.036745407 1.0000000 0.01340268
3  0.00000000 0.09090909 0.00000000 0.027559055 0.8888889 0.03080616
4  0.06666667 0.09090909 0.00000000 0.000000000 1.0000000 0.00980196
5  0.06666667 0.09090909 0.00000000 0.406824147 0.8888889 0.00820164
6  0.13333333 0.09090909 0.00000000 0.301837270 0.8888889 0.01280256
```

sample() 함수를 이용하여 전체 데이터를 모델 학습을 위해 사용할 훈련 데이터와 학습된 모델 검증을 위해 사용할 테스트 데이터로 나눈다. 데이터가 준비되었다면 neuralnet() 함수를 사용하여 학습을 시작해보자. '평균숙박료 ~ 최대수용인원 + 화장실개수 + 침실개수 + 리뷰개수 + 리뷰평점'와 같은 식을 만들고, 5개의 은닉노드를 가진 층으로 설정한다. 예측의 경우 linear.output = TRUE 로 설정한다.

```
[ Script ]
# ch12_1_2_1.R
/* 생략 */
# 데이터세트 나누기
set.seed(1)
n <- nrow(df_norm)
df.tain.idx <- sample(n,n*0.8)
n <- names(df_norm)
# 모델 학습하기
f <- as.formula(paste("평균숙박료 ~", paste(n[!n %in% "평균숙박료"], collapse = " + ")))
```

```
df.net <- neuralnet(f,   data = df_norm[df.tain.idx, ],
                    hidden =5,   linear.output = TRUE)
plot(df.net)
--------------------------------------------------------------------
[ Console ]
> source('~/R_test/ch_12/ch12_1_2_1.R', encoding = 'UTF-8')
```

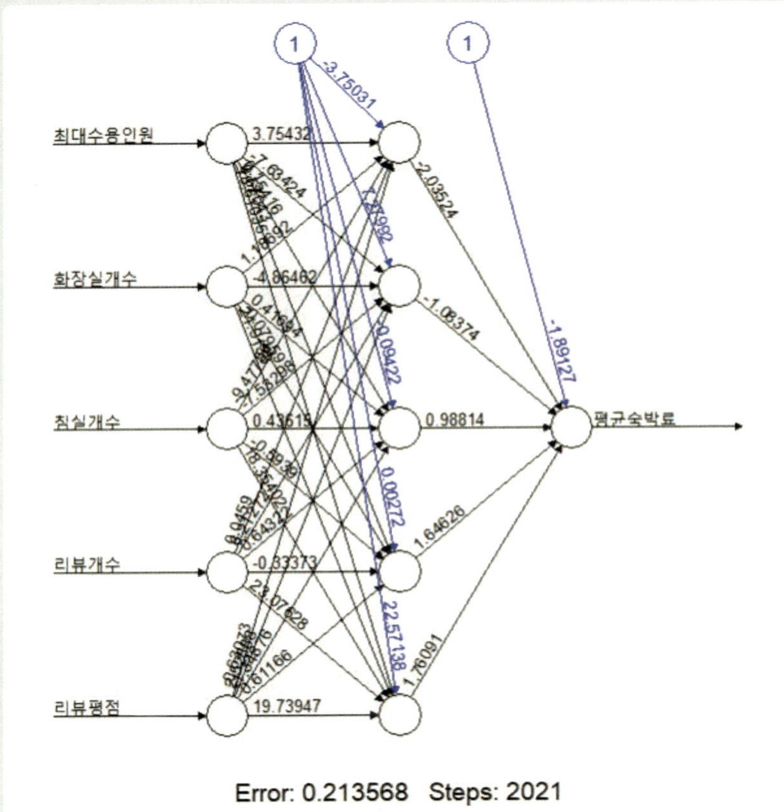

생성된 모델을 그래프로 그려보면 위와 같다. 5개의 입력속성으로 5개의 노드를 가진 은닉층에서 학습하여 1개의 출력값으로 나온다. 각 은닉 노드와 연결된 값은 계산함수의 가중치, 파란선은 계산함수의 교차점(intercept)을 나타내고 있다. 훈련 데이터에 대해 2021번 수행해서 나온 에러율은 0.213568로 어느 정도 만족할 만한 학습이 이루어졌다고 볼 수 있다.

마지막으로 학습된 모델을 이용하여 예측을 해보자. compute() 함수를 이용하여 앞에서 개발한 모델에 테스트 데이터를 적용하여 예측값을 계산하였다. 예측한 결과의 정확성을 분석해보자. 인공지능뿐만 아니라 통계학에서도 자주 사용되는 추측값에 대한 정확성 측정 방법 중 하나가 평균 제곱 오차

(Mean squared error -MSE)이다. 평균제곱오차는 실제 관측값과 예측한 값의 오차 제곱에 대해 평균을 취한 것으로 이 값이 작을수록 원본과의 오차가 적으므로 '추측한 값의 정확성이 높다'라고 말할 수 있다. 한눈에 알아보기도 쉽고, 계산하기도 쉬워서 추정한 값에 대한 정확도 측정을 위해 많이 사용된다. R언어에서는 Metrics 패키지에서 mse() 함수를 제공한다.

```
mse(실관측값, 예측한값)                    # 평균제곱오차 함수
```

```
[ Script ]
# ch12_1_2_1.R
/* 생략 */
# 예측하기
df.prediction<-compute(df.net, df_norm[-df.tain.idx, c(1:5)])
plot(df_norm[-df.tain.idx,6], df.prediction$net.result)
mse(df_norm[-df.tain.idx,6], df.prediction$net.result)
---------------------------------------------------------------------
[ Console ]
> source('~/R_test/ch_12/ch12_1_2_1.R', encoding = 'UTF-8')
> mse(df_norm[-df.tain.idx,6], df.prediction$net.result)
[1] 0.0008841937
```

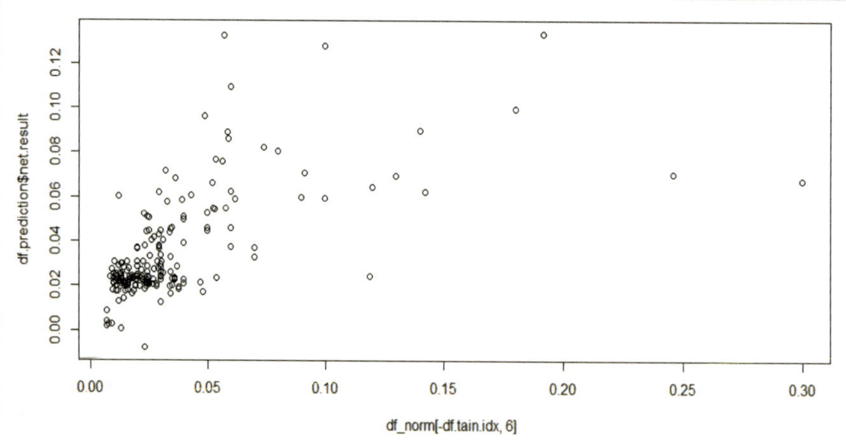

평균제곱오차(mse)의 값이 0.0008841937로 측정되었으며 이 값이 작으므로 '추측한 값의 정확성이 높다'라고 말할 수 있다. 또한 실제 관측값과 예측한 값을 그래프로 그려보았을 때 위와 같이 실제 관측값이 커짐에 따라 예측한 값이 점차적으로 커지는 양의 상관관계가 있는 것도 알 수 있다.

2 인공지능을 이용한 다양한 데이터 분석

2.1 붓꽃 품종 분류하기

꽃에 관심이 있는 사람이 들에서 발견한 붓꽃의 품종을 알고 싶다고 하자. 이 사람은 붓꽃의 꽃잎(petal)과 꽃받침(sepal)의 폭과 길이를 센티미터 단위로 측정하였다. 이미 식물학자가 setosa, versicolor, virginica 종으로 분류한 붓꽃의 측정 데이터도 가지고 있다. 이 측정값을 이용해서 앞에서 채집한 붓꽃이 어떤 품종인지 구분해보자.

우리의 목표는 어떤 품종인지 구분해놓은 측정 데이터를 이용해 새로 채집한 붓꽃의 품종을 예측하는 인공지능 모델을 만드는 것이다. 붓꽃의 품종을 정확하게 분류한 데이터가 있으므로 이 문제는 지도 학습에 속하며, 붓꽃의 품종 중 하나를 선택하기 때문에 분류에 해당한다.
학습에 필요한 neuralnet, nnet, ggplot2 패키지를 불러온다. 패키지가 설치되어 있지 않다면 install.packages를 통해 설치한다. 인공지능을 학습하는데 가장 많이 응용되는 데이터가 붓꽃(iris) 데이터이다. 데이터를 불러와서 df 변수에 저장한다. 먼저 전처리 작업이 필요한지 알아보기 위해 summary() 함수로 데이터를 살펴보자. 5개의 속성으로 Sepal.Length, Sepal.Width, Petal.Length, Petal.Width, Species로 구성되어 있고, 결측치가 없으며, 품종(Species)별 50개씩 총 150개의 데이터가 있다.

```
[ Script ]
# ch12_2_1_1.R
# iris데이터의 속성을 neuralnet으로 학습한 뒤 속성으로 iris데이터의 종류를 분류하자.
# install.packages(c("neuralnet","nnet", "ggplot2"))
library(neuralnet)
library(nnet)
library(ggplot2)
df <- iris
summary(df)
-----------------------------------------------------------------------
[ Console ]
> source('~/R_test/ch_12/ch12_1_2_1.R', encoding = 'UTF-8')
```

```
> summary(df)
  Sepal.Length    Sepal.Width     Petal.Length    Petal.Width          Species
 Min.   :4.300   Min.   :2.000   Min.   :1.000   Min.   :0.100   setosa    :50
 1st Qu.:5.100   1st Qu.:2.800   1st Qu.:1.600   1st Qu.:0.300   versicolor:50
 Median :5.800   Median :3.000   Median :4.350   Median :1.300   virginica :50
 Mean   :5.843   Mean   :3.057   Mean   :3.758   Mean   :1.199
 3rd Qu.:6.400   3rd Qu.:3.300   3rd Qu.:5.100   3rd Qu.:1.800
 Max.   :7.900   Max.   :4.400   Max.   :6.900   Max.   :2.500
```

다음과 같이 Sepal.Length, Petal.Length에 따른 Species를 그래프로 그려서 학습 이전에 시각적으로 데이터를 탐색해보자.

```
[ Script ]
# ch12_2_1_1.R
/* 생략 */
# Sepal.Length, Petal.Length 에 따른 Species  그래프 확인
ggplot(data = df, aes(x = Sepal.Length  , y =Petal.Length)) +
  geom_point(aes(color = Species, shape = Species), size = 3)
-----------------------------------------------------------------------
[ Console ]
> source('~/R_test/ch_12/ch12_2_1_1.R', encoding = 'UTF-8')
```

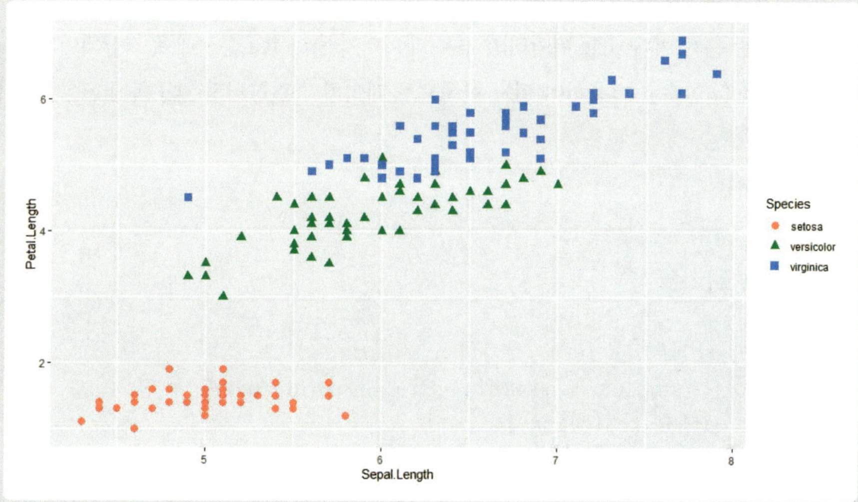

그래프로 나타내 본 결과 Sepal.Length, Petal.Length의 속성으로 품종별로 어느 정도 분리가 되는 것을 알 수 있다. 그 외 다른 속성으로도 품종별 분리가 되는지 알아보자.
훈련할 데이터의 결과값 품종(Species)이 범주형 데이터이므로 nnet 패키지의 class.ind() 함수를 사용하여 Species별 품종에 대한 지시행렬(indicator matrix)을 만들어 데이터 프레임에 추가하는 전처리 과정을 진행한다.

```
[ Script ]
# ch12_2_1_1.R
/* 생략 */
# Species 열의 지시행렬을 데이터프레임에 추가
df <- cbind(df, class.ind(df$Species))
head(df)
----------------------------------------------------------------------
[ Console ]
> source('~/R_test/ch_12/ch12_2_1_1.R', encoding = 'UTF-8')
```

```
> head(df)
  Sepal.Length Sepal.Width Petal.Length Petal.Width Species setosa versicolor virginica
1          5.1         3.5          1.4         0.2  setosa      1          0         0
2          4.9         3.0          1.4         0.2  setosa      1          0         0
3          4.7         3.2          1.3         0.2  setosa      1          0         0
4          4.6         3.1          1.5         0.2  setosa      1          0         0
5          5.0         3.6          1.4         0.2  setosa      1          0         0
6          5.4         3.9          1.7         0.4  setosa      1          0         0
```

인공지능의 다음 단계는 전체 데이터를 학습시킬 때 사용할 훈련 데이터와 학습이 잘 되었는지 검증할 테스트 데이터로 나누는 것이다. iris 데이터의 경우 데이터가 Species 순서대로 저장되어 있어서 학습이 잘 되려면 sample() 함수를 이용하여 어느 한쪽으로 데이터가 편향되지 않도록 골고루 데이터를 나누어야 한다.

```
[ Script ]
# ch12_2_1_1.R
/* 생략 */
set.seed(1)
df.train.idx <- sample(x = nrow(df), size = nrow(df)*0.7)  # 70:30으로 나눈다
df.train <- df[df.train.idx,]
df.test <- df[-df.train.idx,]
dim(df.train)            # 훈련데이터의 크기를 확인한다
dim(df.test)             # 테스트데이터의 크기를 확인한다
----------------------------------------------------------------------
[ Console ]
> source('~/R_test/ch_12/ch12_2_1_1.R', encoding = 'UTF-8')
> dim(df.train)    #훈련데이터의 크기를 확인한다
[1] 105   8
> dim(df.test)     #테스트데이터의 크기를 확인한다
[1] 45    8
```

이제 데이터가 준비되었다면 neuralnet() 함수를 이용해 학습을 시작해보자. neuralnet() 함수에 학습할 식, 데이터 세트, 은닉층의 노드 개수를 지정한다. 학습할 식은 결과 ~ 입력 형식으로 만들어 주어야 한다. 입력되는 데이터 프레임의 열이 많은 경우 다음과 같이 열 이름을 이용하여 자동화해서 학습할 식을 만들 수 있다.

```
[ Script ]
# ch12_2_1_1.R
/* 생략 */
# formula : 'setosa + versicolor + virginica  ~ Sepal.Length + Sepal.Width
+ Petal.Length + Petal.Width' 식 만들기
n <- names(df.train)
f <- as.formula(paste("setosa + versicolor + virginica ~ ", paste(n[!n
%in% c("setosa","virginica","versicolor","Species")], collapse = " + ")))
```

```
# 학습 모델 만들기
df.net <- neuralnet(f , data=df.train, hidden =c(3,2))
plot(df.net)            # 학습 모델 그리기
-----------------------------------------------------------------------
[ Console ]
```

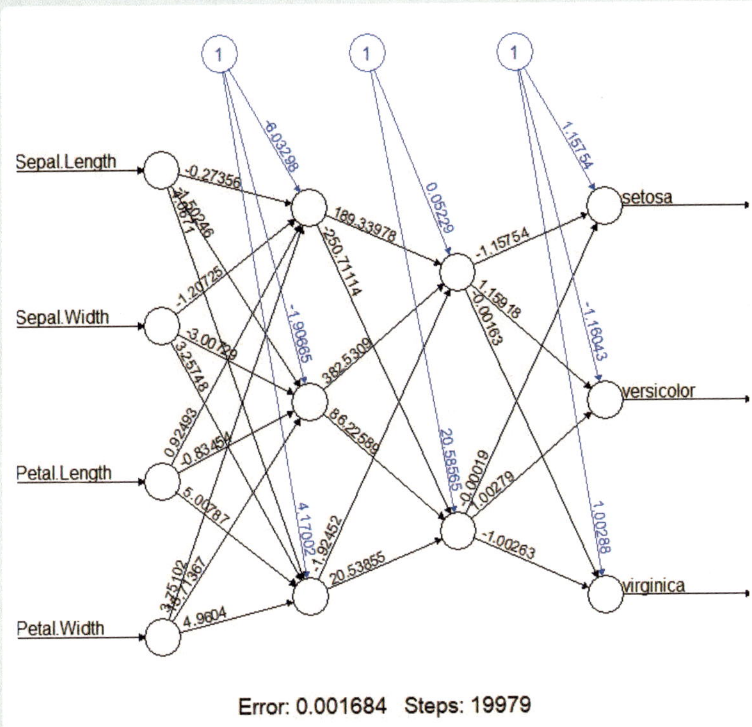

생성된 모델을 그래프로 그려보면 위와 같다. 4개의 입력속성으로 각각 3개, 2개의 은닉 노드를 가진 2개의 은닉층에서 학습하여 3개의 출력값으로 나온다. 각 은닉 노드와 연결된 값은 계산함수의 가중치, 파란선은 계산함수의 교차점(intercept)를 나타내고 있다. 훈련 데이터에 대해 19979번 수행해서 나온 에러율은 0.001684 로 어느 정도 만족할 만한 학습이 이루어졌다고 볼 수 있다.

마지막으로 학습된 모델을 이용하여 예측을 해보자. 앞에서 개발한 모델에 테스트 데이터를 적용하여 예측 결과의 정확성을 검증하는 과정이다. 예측한 결과(predicted)와 실제 값(df.test$Species)의 혼동행렬(confusion matrix)을 출력해 보자.

```
[ Script ]
# ch12_2_1_1.R
/* 생략 */
# 학습 모델로 테스트세트 예측하기
df.prediction <- neuralnet::compute(df.net, df.test[1:4])
# 혼동행렬(confusion matrix) 출력하기
predict_values <- max.col(df.prediction$net.result)
predicted <- c('setosa', 'versicolor', 'virginica')[predict_values]
table(predicted,df.test$Species )
# Accuracy 출력하기
mean(predicted == df.test$Species )
---------------------------------------------------------------------
[ Console ]
> source('~/R_test/ch_12/ch12_2_1_1.R', encoding = 'UTF-8')
> table(predicted,df.test$Species )
predicted    setosa versicolor virginica
  setosa         15          0         0
  versicolor      0         17         2
  virginica       0          0        11
>
> # Accuracy 출력하기
> mean(predicted == df.test$Species )
[1] 0.9555556
```

위와 같이 각 품종을 올바르게 예측한 경우가 15 + 17 + 11 = 44개이고, virginica를 versicolor로 잘못 예측한 경우가 2개이다. 테스트 데이터의 예측 결과에 대한 정확도는 44/46(올바르게 예측한 수/ 전체)로 계산한 결과 약 95.56%의 정확성을 보인다고 할 수 있다.

2.2 빅데이터로 병원비 예측하기

몸이 아파서 병원에 가야 할 때 가장 먼저 드는 생각은 병원비 걱정이다. 이때 만약 나와 비슷한 상황의 환자들이 지불한 진료비를 알 수 있다면 조금은 안심하고 병원을 찾을 수 있을 것이다. 환자의 진료 데이터를 이용하여 병원비를 예측하자. 이때 사용되는 인공지능 학습 방법은 지도학습 중 예측이다.

프로그램 작성 과정은 다음과 같다. 학습에 필요한 neuralnet, Metrics 패키지를 불러온 다음 read.csv() 함수를 이용해 데이터를 읽어온다. 전처리 과정이 필요한지 알아보기 위해 summary() 함수로 결측치 데이터가 있는지 살펴보자.

```
[ Script ]
# ch12_2_2_1.R
# 환자들의 진료 데이터를 이용하여 neuralnet으로 학습하고 병원비를 예측해보자
# install.packages(c("neuralnet","Metrics"))
library(neuralnet)
library(Metrics)
setwd("~/R_test/ch_12")  # 작업폴더 지정
df <- read.csv("./data/병원비예측.csv",header=TRUE)
summary(df)
--------------------------------------------------------------------------------
[ Console ]
> source('~/R_test/ch_12/ch12_2_2_1.R', encoding = 'UTF-8')
```

```
> summary(df)
      age            sex                 bmi           children        smoker
 Min.   :18.00   Length:1338        Min.   :15.96   Min.   :0.000   Length:1338
 1st Qu.:27.00   Class :character   1st Qu.:26.30   1st Qu.:0.000   Class :character
 Median :39.00   Mode  :character   Median :30.40   Median :1.000   Mode  :character
 Mean   :39.21                      Mean   :30.66   Mean   :1.095
 3rd Qu.:51.00                      3rd Qu.:34.69   3rd Qu.:2.000
 Max.   :64.00                      Max.   :53.13   Max.   :5.000
    region             charges
 Length:1338        Min.   : 1122
 Class :character   1st Qu.: 4740
 Mode  :character   Median : 9382
                    Mean   :13270
                    3rd Qu.:16640
                    Max.   :63770
```

summary() 함수의 결과 데이터를 보면 sex, smoker, region 열의 경우 문자로 되어 있으므로 학습을 위해 숫자로 변경하는 전처리 과정이 필요하다. sex 필드의 경우 'female'은 1로, 'male'의 값은 0으로 변경한다. smoker 필드의 경우 'yes'는 1로, 'no'는 0으로 변경한다. region 열의 값 'southwest', 'southeast', 'northwest', 'northeast' 는 숫자 1, 2, 3, 4로 변경한다. 또한 각 열마다 데이터의 크기가 차이가 나는 것을 알 수 있다. 따라서 모든 숫자 데이터가 동일한 정도의 스케일이 되도록 최소-최대 정규화를 한다.

```
[ Script ]
# ch12_2_2_1.R
/* 생략 */
# 전처리
df$sex <- ifelse(df$sex == 'female', 1, 0)
df$smoker <- ifelse(df$smoker == 'yes', 1, 0)
df$region <- ifelse(df$region  == 'southwest', 1,
                ifelse(df$region  == 'southeast', 2,
                 ifelse(df$region == 'northwest', 3,4)))
# 최대-최소 정규화 하기
normalize<-function(x){
  return((x-min(x))/(max(x)-min(x)))
}
df_norm<-as.data.frame(sapply(df,normalize))    # 데이터 정규화하기
head(df_norm)
---------------------------------------------------------------------
[ Console ]
> source('~/R_test/ch_12/ch12_2_2_1.R', encoding = 'UTF-8')
```

```
> head(df_norm)
         age sex       bmi children smoker    region     charges
1 0.02173913   1 0.3212268      0.0      1 0.0000000 0.251610731
2 0.00000000   0 0.4791499      0.2      0 0.3333333 0.009635976
3 0.21739130   0 0.4584342      0.6      0 0.3333333 0.053115187
4 0.32608696   0 0.1814635      0.0      0 0.6666667 0.333010048
5 0.30434783   0 0.3475921      0.0      0 0.6666667 0.043815692
6 0.28260870   1 0.2631154      0.0      0 0.3333333 0.042056034
```

sample() 함수를 이용하여 전체 데이터를 모델 학습을 위해 사용할 훈련 데이터와 학습된 모델 검증을 위해 사용할 테스트 데이터로 나눈다. 학습 데이터가 준비되었다면 neuralnet() 함수를 사용하여 학습을 시작해보자. 'charges ~ . ' 와 같은 식을 만든다. 모든 필드가 학습에 입력으로 사용된다면 모든 필드를 나열하지 않고 . 으로 대신할 수 있다. 5개의 은닉노드를 가진 은닉층으로 설정하자. 은닉노드의 수를 다양하게 바꾸어 실행해 보고, 더 좋은 예측 결과를 가지는 은닉노드의 수를 찾아보자. 예측의 경우 linear.output = TRUE 로 설정한다.

```
[ Script ]
# ch12_2_2_1.R
/* 생략 */
# 데이터세트 나누기
set.seed(1)
n <- nrow(df_norm)
df.tain.idx <- sample(n,n*0.8)
# 모델 학습 하기
df.net <-neuralnet( charges ~ . , data = df_norm[df.tain.idx, ],
                hidden =5, linear.output = TRUE)
plot(df.net)
--------------------------------------------------------------------------------
[ Console ]
> source('~/R_test/ch_12/ch12_2_2_1.R', encoding = 'UTF-8')
```

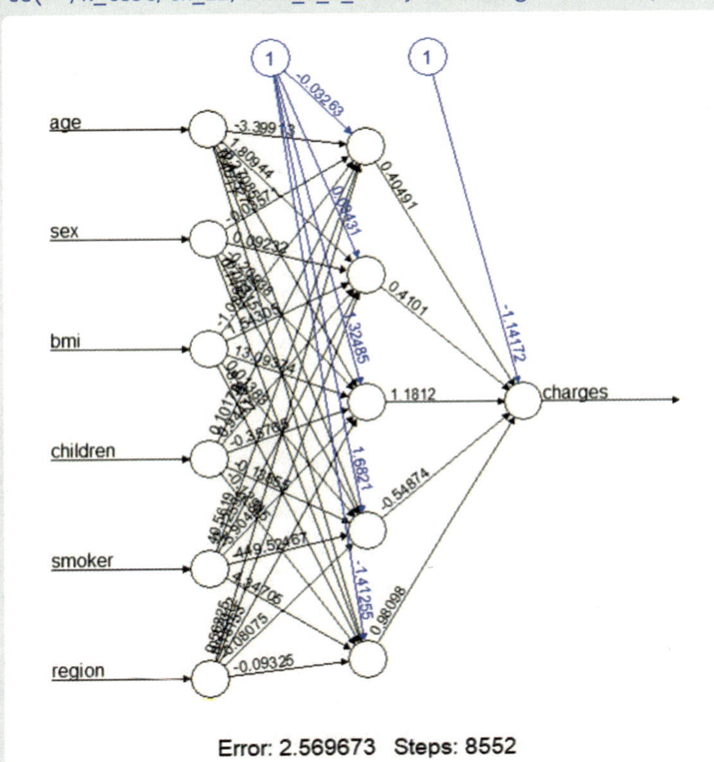

생성된 모델을 그래프로 그려보면 위와 같다. 6개의 입력속성으로 5개의 노드를 가진 은닉층에서 학습하여 1개의 출력값으로 나온다. 훈련 데이터에 대해 8552번 수행해서 나온 에러율은 2.569673로 어느 정도 만족할 만한 학습이 이루어졌다고 볼 수 있다.

마지막으로 학습된 모델을 이용하여 예측을 해보자. 앞에서 개발한 모델에 테스트 데이터를 적용하여 예측 결과의 정확성을 검증하는 과정이다. R언어의 Metrics 패키지에서 제공하는 mse() 함수를 이용하여 실제 관측값과 예측한 값의 오차의 제곱의 합(mse)을 구해보자.

```
[ Script ]
# ch12_2_2_1.R
/* 생략 */
# 예측하기
df.prediction<-compute(df.net, df_norm[-df.tain.idx, c(1:6)])
plot(df_norm[-df.tain.idx,7], df.prediction$net.result)
mse(df_norm[-df.tain.idx,7], df.prediction$net.result)
------------------------------------------------------------------
[ Console ]
> source('~/R_test/ch_12/ch12_2_2_1.R', encoding = 'UTF-8')
> mse(df_norm[-df.tain.idx,6], df.prediction$net.result)
[1] 0.006904358
```

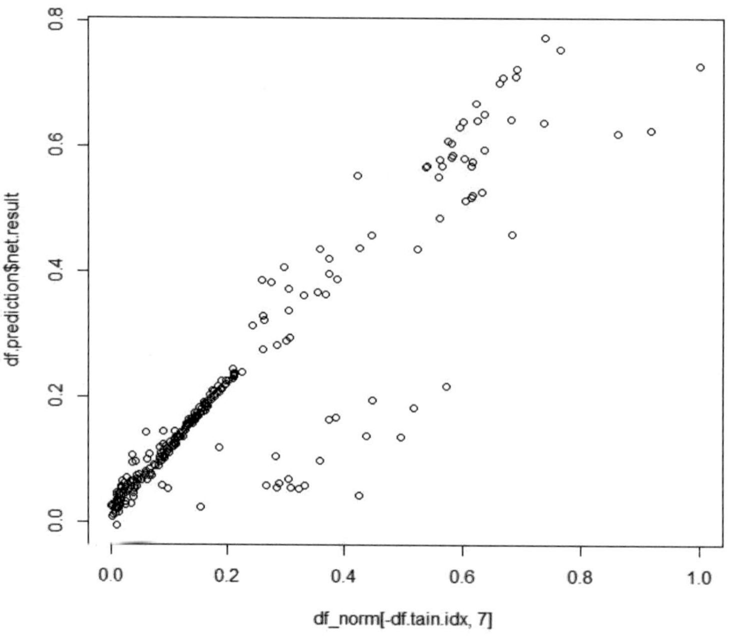

평균제곱오차(mse)의 값이 0.006904358로 측정되었으며 이 값이 작으므로 '추측한 값의 정확성이 높다'라고 말할 수 있다. 또한 실제 관측값과 예측한 값을 그래프로 그려보았을 때 위와 같이 실제 관측값이 커짐에 따라 예측한 값이 점차적으로 커지는 양의 상관관계가 있는 것도 알 수 있다.

연습문제

01 Mass 패키지에서 제공하는 Boston 주택가격 데이터가 있다. 보스턴의 506개 타운의 13개 데이터 열(범죄율, 비소매상업지역비율, 일산화농도, 방의 수, 하위계층비율 등)을 이용하여 해당 타운의 주택가격 중앙값을 예측해 보려고 한다. 이 데이터를 학습하여 주택 중간 가격(medv)을 예측하는 학습모델을 작성해보시오.

(https://www.kaggle.com/c/house-prices-advanced-regression-techniques 참고)

```
> library(MASS)
> data("Boston")
> head(Boston)
     crim zn indus chas   nox    rm  age    dis rad tax ptratio  black lstat medv
1 0.00632 18  2.31    0 0.538 6.575 65.2 4.0900   1 296    15.3 396.90  4.98 24.0
2 0.02731  0  7.07    0 0.469 6.421 78.9 4.9671   2 242    17.8 396.90  9.14 21.6
3 0.02729  0  7.07    0 0.469 7.185 61.1 4.9671   2 242    17.8 392.83  4.03 34.7
4 0.03237  0  2.18    0 0.458 6.998 45.8 6.0622   3 222    18.7 394.63  2.94 33.4
5 0.06905  0  2.18    0 0.458 7.147 54.2 6.0622   3 222    18.7 396.90  5.33 36.2
6 0.02985  0  2.18    0 0.458 6.430 58.7 6.0622   3 222    18.7 394.12  5.21 28.7
```

02 타이타닉 호에서 탑승했던 사람들의 정보를 바탕으로 생존자를 예측하는 문제를 해결해 보려고 한다. 'survival' 열은 각 승객의 생존여부가 '1'과 '0'으로 표기되어 있다. 'pclass'는 각 티켓의 등급이고 이밖에도 성별, 연령, 동반자, 티켓번호, 요금, 객실번호, 승선한 항구명 등이 있다. 테스트 세트에 있는 승객의 생존유무를 '1' 또는 '0'으로 예측한 결과를 만들고 그 정확도를 구해보시오. (https://www.kaggle.com/c/titanic 참고)

PassengerId (double)	Survived (double)	Pclass (double)	Name (character)	Sex (character)	Age (double)	SibSp (double)	Parch (double)	Ticket (character)	Fare (double)	Cabin (character)
1	0	3	Braund, Mr. Owen Harris	male	22	1	0	A/5 21171	7.2500	NA
2	1	1	Cumings, Mrs. John Bradley (Florence Briggs Thayer)	female	38	1	0	PC 17599	71.2833	C85
3	1	3	Heikkinen, Miss. Laina	female	26	0	0	STON/O2. 3101282	7.9250	NA
4	1	1	Futrelle, Mrs. Jacques Heath (Lily May Peel)	female	35	1	0	113803	53.1000	C123
5	0	3	Allen, Mr. William Henry	male	35	0	0	373450	8.0500	NA
6	0	3	Moran, Mr. James	male	NA	0	0	330877	8.4583	NA
7	0	1	McCarthy, Mr. Timothy J	male	54	0	0	17463	51.8625	E46
8	0	3	Palsson, Master. Gosta Leonard	male	2	3	1	349909	21.0750	NA
9	1	3	Johnson, Mrs. Oscar W (Elisabeth Vilhelmina Berg)	female	27	0	2	347742	11.1333	NA

컴퓨터 비전공자를 위한 빅데이터 활용의 시작

R 언어 프로그래밍

초판 1쇄 발행 2021년 8월 31일
초판 2쇄 발행 2025년 2월 28일

지은이 박성호 문경희 양자영 이윤정 조미숙

펴낸이 최 재 원
펴낸곳 부산대학교 출판문화원
등록 제1983-000001호 1983. 11. 10.
주소 부산광역시 금정구 부산대학로63번길 2
전화 (051) 510 – 1932, 1933, 1935, 1819
전송 (051) 512 – 7812
E-mail pnupress@pusan.ac.kr
홈페이지 http://press.pusan.ac.kr

※ 잘못된 책은 바꿔 드립니다.

ISBN 978-89-7316-719-7 03000

※ 본 교재는 과학기술정보통신부와 정보통신기획평가원의 SW중심대학지원사업의 지원에 의해 발간되었음(2016-0-00019)